明清时期
河西走廊社会变迁
学术研讨会论文集

中国社会科学院古代史研究所
武威市凉州文化研究院 编

赵现海 张国才 主编

张 岩 席晓喆 副主编

中西书局

图书在版编目(CIP)数据

明清时期河西走廊社会变迁学术研讨会论文集／中
国社会科学院古代史研究所，武威市凉州文化研究院编；
赵现海，张国才主编；张岩，席晓喆副主编.—上海：
中西书局，2022
  ISBN 978-7-5475-2026-0

  Ⅰ.①明… Ⅱ.①中… ②武… ③赵… ④张… ⑤张
… ⑥席… Ⅲ.①河西走廊-社会变迁-明清时代-学术
会议-文集 Ⅳ.①K924.2-53

  中国版本图书馆 CIP 数据核字(2022)第 214839 号

明清时期河西走廊社会变迁学术研讨会论文集

中国社会科学院古代史研究所　武威市凉州文化研究院 编

赵现海　张国才 主编

张　岩　席晓喆 副主编

责任编辑	李碧妍
装帧设计	黄　骏
责任印制	朱人杰
出版发行	上海世纪出版集团 *中西書局*(www.zxpress.com.cn)
地　　址	上海市闵行区号景路 159 弄 B 座(邮政编码：201101)
印　　刷	上海中华印刷有限公司
开　　本	700 毫米×1000 毫米　1/16
印　　张	27.75
字　　数	426 000
版　　次	2022 年 12 月第 1 版　2022 年 12 月第 1 次印刷
书　　号	ISBN 978-7-5475-2026-0/K · 408
定　　价	180.00 元

目　录

致 辞 一

中共武威市委书记　柳　鹏

尊敬的赵笑洁书记，

尊敬的各位领导、各位专家学者、朋友们：

在这金风送爽、硕果累累的美好时节，"明清时期河西走廊社会变迁"学术研讨会隆重开幕了。这既是我们贯彻落实习近平总书记关于历史文化保护重要论述的具体行动，也是进一步挖掘凉州文化内涵，提炼其精神标识和文化精髓，打造凉州文化品牌的一场学术盛宴，旨在让凉州文化更好地推陈出新、古为今用、助力发展。在此，我谨代表中共武威市委、市政府，向出席研讨会的各位领导、专家、学者、媒体记者朋友们，表示热烈的欢迎！

武威是一个既有足够历史长度，又有足够文化厚度的城市，从长度看，武威早在公元前121年即为河西四郡首郡，著名的"凉州会盟"也发生在武威；从厚度看，天马文化、五凉文化、西夏文化、佛教文化、民俗文化等，都在中国文化发展史上留下了辉煌灿烂的绚丽篇章，形成了厚重的文化积淀和多彩的文化形态。尤其在明清时期，武威文风兴盛，是凉州文化发展的一个黄金阶段，明代以文庙扩建为标志，儒学达到了新的高度；清代创立了成章书院、北溟书院、雍凉书院等众多书院，"人文荟萃，英才辈出"，文教事业得到蓬勃发展，形成了"书城不夜"的优秀历史传承，对后世文化事业产生了广泛而深远的影响。

习近平总书记在甘肃考察时指出，要大力挖掘、传承、保护、弘扬传统文化，揭示蕴含其中的文化精神、文化胸怀，坚定文化自信。近年来，我们坚持以文塑旅、以旅彰文，设立了凉州文化研究院等一批文化研究机构，成功举办了凉州文化论坛和凉州文化学术研讨会等一批文化节会，出版了《话说五凉》《中国马文化》等一批文化研究著作，推出了李铭汉等一批文化名人，实施了雷台文化旅游综合体等一批重点建设项目，推动凉州文化的挖掘、研究、传承和弘扬达到新的学术高度,凉州文化品牌形象得到全面展现,有力提升了武威的知名度和影响力。

文化因交流而丰富,因包容而多彩,因互鉴而提高。真诚期望各位领导、专家学者依托这次研讨会的平台优势,充分发挥各自学术特长,集思广益、兼收并蓄,指导和支持我们更好传承和弘扬凉州文化,更好向外界展示凉州文化。也真诚期待各位专家关注关心武威、宣传推介武威,为打造凉州文化品牌凝聚智慧和力量。

我们将以此为契机,持续深挖凉州文化丰富内涵,进一步促进凉州文化创造性转化和创新性发展,在新时代更好助推文化旅游名市建设,更好助力武威高质量发展,奋力谱写全面建设社会主义现代化国家武威篇章!

最后,预祝研讨会圆满成功!衷心祝愿各位领导、专家学者和朋友们身体健康、万事如意!

致 辞 二

中国社会科学院古代史研究所党委书记 赵笑洁

尊敬的柳鹏书记、尊敬的王国斌市长、各位领导、各位学者、各位朋友：

大家上午好！

非常高兴能够在秋意渐浓的美丽时节，再次来到历史文化名城——武威，参加"明清时期河西走廊社会变迁"学术研讨会，在此我谨代表中国社会科学院古代史研究所，向本次会议的隆重召开，表示热烈的祝贺！向莅临本次会议的各位领导、各位学者、各位朋友，表示诚挚的问候！

我们的老所长郭沫若为我们研究所与武威的联系建立起了浓厚而牢不可破的文化情缘，他是"铜奔马"的伯乐。此行是我第二次来到武威。四个月前，我第一次来到武威，便被这片美丽的土地深深吸引和感染。广阔的大西北，是我国的历史高地、文化高地，而武威尤其是其中的典型代表。悠久的历史、灿烂的文化、深厚的底蕴、热情的人们，都给我留下了深刻而难以忘怀的印象。在首次武威之行中，我们启动了包括老所长郭沫若在内的"文化名人的艺术世界——8＋名人故居纪念馆联盟武威巡展"，并向凉州文化研究院捐赠了图书。这两项活动得到了武威市委、市政府的大力支持，非常成功，反响巨大，接下来的巡展活动连续举办了 5 次，既宣传了对民族文化做出杰出贡献的文化名人，又推动了武威的文化建设，丰富了人们的文化生活。活动期间，我个人也与武威广大干部职工结下了深厚友谊。今天，我们在这里隆重召开"明清时期河西走廊社会变迁"学术研讨会，是为了进一步挖掘武威历史文化资源，推动武威文化事业建设，积极向外宣传凉州文化。能够参加如此有意义的活动，我倍感荣幸。

在党的领导下，中国人民经过长期奋斗，一步步站起来，富起来，强起来。一个民族的强大，不止要拥有强大的物质实力，还要拥有强大的精神实力。2019 年 8 月，习近平总书记在甘肃视察时指出，要大力挖掘、传承、保护、弘扬中华优秀传统文化,揭示蕴含在其中的文化精神、文化胸怀,坚定文化自信。在庆祝中国共产党成立 100 周年大会上的讲话中,习近平总书记做出一个重大论断,那就是"推进马克思主义基本原理同中华优秀传统文化相结合"。当前,弘扬中华优秀传统文化,推进创造性转化、创新性发展,是在新时代凝聚全国各民族,塑造主流价值观念,建设有鲜明中国特色的人类文明新形态的重要手段。

武威的历史文化是中华优秀传统文化的重要组成部分。武威地处河西走廊的东端起点,是丝绸之路的重要节点。武威是中华文明的发源地之一,早在上古时期,勤劳的先民们就已经在武威生活繁衍,创造了独具特色的马家窑文化、齐家文化、沙井文化。西汉时期,河西走廊的开辟、河西四郡的设立,加强了中央政权对边疆少数民族地区的管理,维护了国家的长期统一。而"武威"这一闪亮的名字,就是中华民族刚健有为的民族精神的浓缩和写照。长期以来,武威一直是中外经济文化交流的枢纽、西北各民族交往交流交融的中心。各民族在这里繁衍生息,各种文化在这里交相辉映。从两汉时期的河西四郡,到魏晋时期的五凉故都;从隋唐时期的盛世凉州,到西夏辅郡、明清府卫,武威厚重、独特的文化积淀,已经成为中华民族的深层记忆,永不消退,就像鸠摩罗什寺、天梯山石窟、大云寺、凉州会盟纪念地、武威文庙那样,历尽岁月沧桑,却巍然屹立;又如千古传唱的凉州词,成为触发每个人文化遥思的不断琴弦。

依托丰富的历史文化资源,武威市委、市政府积极挖掘本地历史文化资源,推动文化旅游名市建设,取得了令人瞩目的成就。中国社会科学院是我国哲学社会科学的研究重镇,古代史研究所作为中国古代史研究的重要学术机构,一直致力于构建中国古代史研究学科体系、理论体系、话语体系,服务于党和国家重大理论和现实关照。与此同时,我所也积极推进基础理论研究与应用对策研究的融合,并把"两类"研究有机融合的成果应用到参与地方文化事业建设,推动学用结合、学以致用。近年来,古代史研究所通过多种形式,大力支持、推动武威市文化事业,开展了广泛合作。2018 年,古代史研究所就和武威市委、市政府签署协议,设立凉州文化研究基地,秉承"立足武威、研究武威、服务武威"的原则,依托人才资源和学科优势,组织学术研究和课题公关,举办了一系列国际性、高层次的学术研讨会,全方位挖掘武威的历史文化资源,凝聚区域人文精神,提升地域文化品位。

此次古代史研究所与武威市委、市政府联合举办的"明清时期河西走廊社会变迁"学术研讨会设置了多项议题,目的就是尝试从多个主题、多个视角,全面审视并努力总结明清中国边疆治理的历史经验,推进西部地区经济社会的全面建设,为当前我国治理体系与治理能力的现代化提供历史借鉴。

因为疫情的原因,本次学术研讨会的筹备过程"一波三折"。但令我们欣慰的是,来自国内众多科研机构和高校的专家学者,一直坚定地支持我们,提交了数十篇高质量、前沿性的学术论文。武威市委、市政府一直关心、支持本次学术研讨会的筹备工作,为此召开了多次工作会议,保障了本次学术研讨会得以如期召开。市委宣传部、凉州文化研究院、市新闻传媒集团与我所明史研究室、清史研究室为了本次研讨会的顺利召开,多次反复协商,制定工作方案,付出了巨大努力。真诚希望各位与会的专家学者,珍惜这次难得的相聚,贡献你们的真知灼见,碰撞出思想的火花,充分交流,砥砺前行,推进学术的繁荣发展。

最后,预祝本次学术研讨会取得圆满成功,衷心祝愿各位领导、各位学者、各位朋友身体健康、万事如意。

谢谢大家!

明代河西走廊的气候、屯垦与土地沙化

高寿仙

北京行政学院校刊编辑部

河西走廊东西绵延一千余公里,南北宽数十至百余公里,因地处黄河以西、夹峙两山之间而得名。历史上的河西走廊,曾经拥有非常优美的自然环境,境内河湖众多、绿洲成片,乔木林、灌木丛浓密覆盖。可惜时至今日,河西走廊成为中国沙漠化最严重的地区之一。对于河西走廊沙漠化的过程和原因,学者们已经作过大量研究。大家都认识到这是气候因素和人为因素共同作用的结果,但对于哪种因素发挥了主要的驱动作用却存在分歧。本文拟以明朝时期为中心,在梳理各家观点的基础上,对相关情况作点粗略考察。

一、明朝时期河西走廊的气候状况

气候因素对自然环境的影响是一个长期复杂的过程。要想相对准确地判断气候变化对于明朝河西走廊沙漠化的影响,首先必须在弄清数千年来河西走廊气候变化周期的基础上,确定明朝时期的冷暖干湿状况及其对该区域不同地理环境的影响。

自 20 世纪 20 年代开始,陆续有学者利用考古和古文献资料研究中国气候史,竺可桢 1972 年发表的《中国近五千年来气候变动的初步研究》,[1]是这方面一篇影响深远的经典名文。该文论据虽然存在一些问题,[2]但极大地推动了相关研究。此后学者们除进一步发掘文献记载外,还广泛利用树木年

---

① 竺可桢:《中国近五千年来气候变动的初步研究》,《考古学报》1972 年第 1 期。
② 参见牟重行《中国五千年气候变迁的再考证》,气象出版社,1996 年。

轮、湖泊沉积物、孢粉、冰芯岩、石笋等信息载体,对中国历史气候进行了更加细致的研究。从这些研究成果看,数千年来,中国气候经历了多次冷暖变化,但在冷暖变化的时段划分方面,目前学术界的分歧仍然很大。图1是一些学者根据考古资料和历史记载勾勒的5 000年来中国的气候变化曲线,其间经历了五个暖期和四个冷期,五个暖期的平均气温波动幅度为0℃—2℃,四个冷期的平均气温波动幅度为1℃—2℃。① 可以看出,明朝正处在第四冷期(1400—1900年)的前半段。这个冷期在国际学术界被称为"小冰期",是一种全球性气候现象。埃斯波尔等根据北半球14个树轮点的序列,重建了过去1 000多年的温度变化曲线,也表明北半球13世纪开始进入小冰期,19世纪后半叶结束,其中17世纪中前期为最冷期,温度下降0.8℃②。

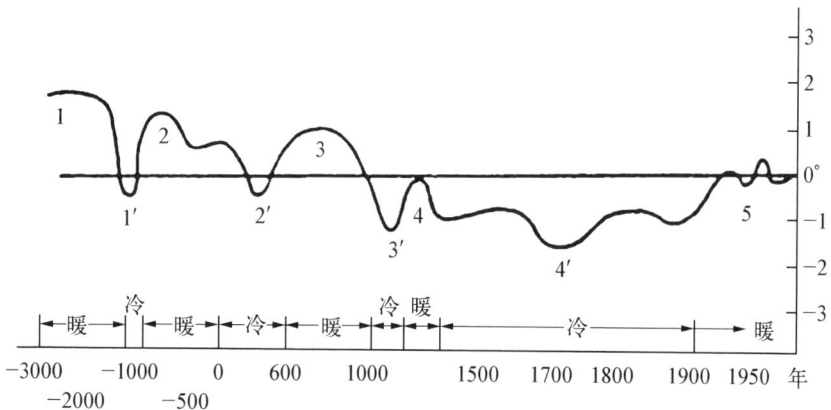

图1　中国5 000年来平均气温变化曲线与冷暖期分布情形

　　资料来源:采自刘昭民《中国历史上气候之变迁》(台湾商务印书馆,1992年)第25页;系据戚启勋《大气科学》(台湾大中国图书公司,1980年)第391页图改绘。

　　说明:(1)此图与竺可桢《中国近五千年来气候变动的初步研究》一文中提供的变动曲线基本相同而略有修改。(2)图中1、2、3、4、5代表5个暖期,1′、2′、3′、4′代表4个冷期(横坐标的年代比例尺向左方减少)。

① 参见戚启勋《大气科学》,台湾大中国图书公司,1980年,第390—392页;刘昭民《中国历史上气候之变迁》,台湾商务印书馆,1992年,第5、6章;文焕然、文榕生《中国历史时期冬半年气候冷暖变迁》,科学出版社,1996年,第8章;王邨《近万年来我国中原地区气候在年降水量方面的变迁和未来趋势》,载同氏编著《中原地区历史旱涝气候研究和预测》,气象出版社,1992年。

② J. Esper, E. R. Cook, F. H. Schweingruber, "Low-frequency Signals in Long Tree-ring Chronologies for Rconstructing Past Temperature Variability," *Science*, 2002, 295(22).

　　尽管气候变化具有全球同步性，但受地形和大气环流等因素影响，不同地区冷暖变化的起止时间和升降幅度还是存在较大差别。此外，历史气候资料不够完整和准确，也会导致学者们的判断出现差异。关于公元初至 20 世纪初河西地区的气候变化，程弘毅综合各个学科的相关研究成果，大致归纳出这样的结论：

　　　温度变化：(1) 公元初至 3 世纪初为暖期；(2) 3 世纪初至 6 世纪末为冷期；(3) 6 世纪末至 8 世纪末为暖期；(4) 8 世纪末至 10 世纪初为冷期；(5) 10 世纪初至 14 世纪初为暖期；(6) 14 世纪初至 20 世纪初为冷期。

　　　干湿情况：(1) 公元初至 3 世纪初偏湿；(2) 3 世纪初至 6 世纪末偏干；(3) 6 世纪末至 9 世纪末偏湿；(4) 9 世纪末至 11 世纪末偏干；(5) 11 世纪末至 13 世纪末偏湿；(6) 13 世纪末至 16 世纪末偏干；(7) 16 世纪末至 20 世纪初偏湿。①

　　将温度变化与干湿情况加以对比，有些时段气候湿润期与寒冷期、干旱期与温暖期之间具有对应关系，但有些时段并不对应。明代就属于不太对应的时期：从温度看，明朝前期处在温暖期，中叶开始进入寒冷期；但从降水量看，明朝前中期均偏干，进入明朝末期才转为偏湿。史志林将相关数据整合，绘制了河西走廊黑河流域气温、降水和径流量的对比关系图，可以参看（见图 2）。李并成也指出，东部湿润区受季风影响，气候变化以暖湿—冷干的搭配组合及其周期交替为基调，而西北干旱区则存在着暖干—冷湿气候期占有较高频度的现象。其中 15、16 世纪（明代中期）湿润指数很小，17、18 世纪湿润指数较高。②

---

① 参见程弘毅《河西地区历史时期沙漠化研究》，兰州大学博士学位论文，2007 年，第 126—132 页；陆志翔等《黑河流域近两千年人—水—生态演变研究进展》，《地球科学进展》2015 年第 3 期；史志林《历史时期黑河流域环境演变研究》，兰州大学博士学位论文，2017 年，第 76—83 页。

② 参看李并成《河西走廊历史时期气候干湿状况变迁考略》，《西北师范大学学报（自然科学版）》1996 年第 4 期。

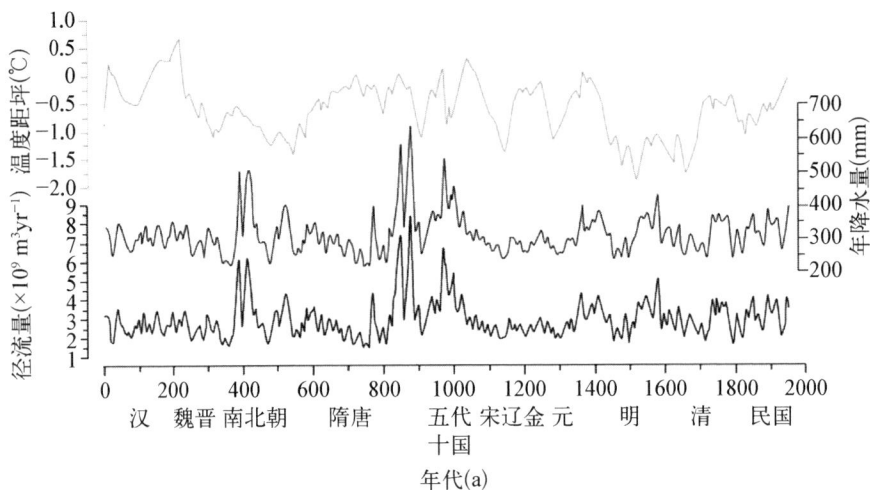

图 2   黑河流域 2 000 年以来温度、降水、径流量

资料来源：采自史志林《历史时期黑河流域环境演变研究》(兰州大学博士学位论文，2017年)第 81 页。

二、明朝时期河西走廊的屯垦农业

河西走廊在汉、唐两代都曾出现较大规模的农业开发，但在从五代到元朝的数百年间，农业经济明显退化。据研究，这一阶段河西走廊的农业开发，以元朝时期成效最为显著，但其发展程度仍较有限，当时整个河西地区的人口数量也不超过 10 万。①

河西走廊被纳入明朝控制范围，始于洪武五年(1372)。是年，为配合主力部队进攻漠北，冯胜率军进入河西走廊，直抵西部的瓜州(今安西)、沙州(今安西东)等地。但这支部队人数有限，无法留下较多兵力戍守，遂设立甘肃卫(今张掖)、庄浪卫(今永登)，次年又设立凉州卫(今武威)，用以羁縻故元降众，如凉州卫指挥金事就由故元知院脱林担任。② 洪武九年，归附明朝的原元朝岐王朵儿只班叛乱，导致明朝再次派遣大军进入河西走廊，并从兰

---

① 参见李并成《元代河西走廊的农业开发》，《西北师大学报》1990 年第 3 期；《元时期河西走廊的开发》，载《历史地理》第 18 辑，上海人民出版社，2002 年。

② 《明太祖实录》卷76，洪武五年十一月壬子条；卷93，洪武七年十月甲辰条。

州等地调遣官军守御各卫,逐步实现了对河西走廊的实际控制。此后于洪武十五年设永昌卫,二十三年设山丹卫、甘州左卫(今张掖),二十五年增设甘州右、中卫,二十七年设肃州卫(今酒泉),二十九年增设甘州前、后卫,并设镇番卫(今民勤),三十年设镇夷所(今高台县西北),逐步完成了陕西行都司的体系架构。洪武以后略有微调,如正统九年(1444)增设古浪守御千户所,景泰七年(1456)增设高台守御千户所,但总体格局变化不大。① 在明代"九边"之中,以陕西行都司为基础的甘肃镇处在最西边,明人形容其形势和作用云:"甘肃一线之路,孤悬千五百里,西控西域,南隔羌戎,北遮胡虏。"②

明代河西走廊的农业开发者,主要就是上述卫所的军人及其家属。但受资料所限,对于河西走廊的军事人口数量,只能有个大概了解。王尊旺对明代文献中所载甘肃镇的官军数量进行了搜集整理,从表1所列数据看,前后起伏很大,其中数额较高者应当属于原额人数,较低者应当属于实存人数。明代前期,军人负担尚不太重,粮饷支放也比较及时,军人逃亡者为数不多。但自成化以后,随着军官役占军人、克扣军饷等行为日益泛滥,各边镇普遍出现军人逃亡现象,而甘肃镇就属于逃亡情况比较严重的地区。嘉靖十三年(1534),兵部在一份题本中谈道:"河西地方寒苦,人不乐居,新旧军人率多逃亡。"③嘉靖三十八年,总督陕西三边侍郎魏谦吉谈道:"甘肃孤悬河外,东起金城抵玉关,地广兵稀,额兵八万六百余人,半多逃亡,兼之老弱,其堪征操者仅二万七千有奇。"④尽管存在军人逃亡现象,但有多少人真正离开这一地区尚难判断。有些学者认为,逃亡军人绝大多数并未离开河西,加之大批移民定居河西和人口自然增殖,河西人口由明初在12万以上,增加到明中叶以后的30万以上。⑤ 如表1所示,明代后期军人约在5万左右,加上家属和逃亡但未离开此区的人口,达到30万是确有可能的。

---

① 参看马顺平《明代陕西行都司及其卫所建置考实》,《中国历史地理论丛》2008年第2辑;胡凡《论明初甘肃镇的形成》,《重庆三峡学院学报》2018年第1期。
② 魏焕:《巡边总论·甘肃保障》,载《明经世文编》卷249。
③ 章潢:《图书编》卷47《陕西·三边四镇总叙·经略河西》。
④ 《明世宗实录》卷471,嘉靖三十八年四月壬戌条。
⑤ 参见唐景绅《明清时期河西垦田面积考实》,《兰州大学学报》1983年第4期。

表 1　明代甘肃镇军队数量变化表

时　　间	数量(人)	时　　间	数量(人)
永乐时期(1403—1424)	70 000	嘉靖二十五年(1546)	38 022
正统十年(1445)	42 800	嘉靖二十八年(1549)	39 882
天顺时期(1457—1464)	89 000	嘉靖三十四年(1555)	35 000
成化三年(1467)	41 800	嘉靖四十五年(1566)	91 571
弘治十三年(1500)	37 500	隆庆三年(1569)	47 512
弘治十六年(1503)	41 060	万历八年(1580)	46 901
正德十三年(1518)	28 000	万历中期	50 000
嘉靖四年(1525)	30 000	万历四十八年(1620)	59 081
嘉靖十年(1531)	40 245	崇祯元年(1628)	51 980
嘉靖十九年(1540)	36 164		

资料来源：采自王尊旺《明代九边军费考论》(天津古籍出版社,2015年)第82页。

　　明代河西走廊的屯田数量也模糊不清。马顺平对此作过专门考察,他搜集汇总了11条数据(详见表2),可以看出,如同军人数量一样,屯田数额也是起伏不定,尤其万历十年、十一年两个相邻年份,屯田数额相差16 767顷,比有些年份屯田总额还多。马氏结合相关史料对这些数据进行了评估,认为明代陕西行都司的屯田数额,总体保持在2—3万顷,万历清丈后增加到4万多顷。在地域分布上,以嘉靖二十一年(1542)各卫屯田数为例：甘州五卫7 514顷,肃州卫2 130顷,西宁卫2 980顷,庄浪卫1 514顷,镇番卫1 521顷,永昌卫1 116顷,山丹卫1 300顷,凉州卫8 087顷,高台所1 025顷,镇夷所699顷,古浪所573顷。[①] 除西宁卫、庄浪卫(今甘肃永登)和碾伯千户所(今青海乐都)外,其他卫所屯田均在河西走廊范围。程弘毅曾对明代河西地区的人口分布情况进行估测,嘉靖年间河西地区总人口30.6万,

① 参见马顺平《明代陕西行都司屯田数额考》,载《明史研究论丛》第9辑,紫禁城出版社,2011年。

人口密度为每平方公里 1.36 人,具体分布情况如下:石羊河流域人口 13.7 万,人口密度 3.29 人/平方公里;黑河流域人口 15.9 万,人口密度 1.11 人/平方公里;疏勒河流域人口 1 万,人口密度 0.24 人/平方公里。①

表 2　明代甘肃镇屯田数量变化表

时　　间	数量(顷)	时　　间	数量(顷)
洪武三十年(1397)	26 340	嘉靖二十年(1541)	27 313
正统四年(1439)	11 691	嘉靖二十一年(1542)	27 841
弘治十五年(1502)	13 012	隆庆元年(1567)	25 836
正德三年(1508)	29 331	万历十年(1582)	29 226
嘉靖七年(1528)	25 331	万历十一年(1583)	45 993
嘉靖十年(1531)	19 871		

资料来源:采自马顺平《明代陕西行都司屯田数额考》(载《明史研究论丛》第 9 辑,紫禁城出版社,2011 年)。

在河西走廊开展农业生产,需要依靠南面祁连山的冰雪融水,这些融水形成了三条内陆河,自东南向西北依次为石羊河、黑河和疏勒河。疏勒河流域降水量太小,通常被划入塔里木盆地荒漠区,不适宜进行屯垦,明代军屯主要在中东部的黑河流域和石羊河流域进行。为了稳定和提高农田产量,明代在河西走廊兴修了不少水利工程,如甘州有阳化西渠、大慕化西渠、鸣沙渠、红崖头二坝等 80 处渠坝,山丹有洪水河坝渠、大黄山坝等 15 处渠坝,高台有纳凌渠、七坝渠等 21 处渠坝。②《读史方舆纪要》中提到一些卫所的水利情况:甘州"卫境之渠以数十计,俱有溉田之利";永昌卫塞占口渠"源出雪山,经塞占山口下流合水磨川,分为九渠,卫境之田,借以灌溉";高台所"所境之渠十有二,分溉境内之田";镇夷所"所境有永丰等渠二十,分流溉田";古浪所"所境有暖泉等渠,分引溉田"。③据汪桂生统计,仅黑河流域内

---

① 参见程弘毅《河西地区历史时期沙漠化研究》,第 187 页。
② 参见田澍《明代对河西走廊的开发》,《光明日报》2000 年 4 月 21 日,第 08 版。
③ 顾祖舆:《读史方舆纪要》卷 63《陕西十二·甘肃行都司》。

的灌渠总数就达 130 道以上,浇灌着沿黑河干流的张掖灌区,沿讨赖河的酒泉灌区,丰乐河、马营河和摆浪河灌区,山丹—民乐山前灌区。可以看出,不仅南部干流右岸的灌溉渠系密度进一步增加,左岸地势较高地区也开始出现灌渠。① 正是由于水资源比较丰富,明代地处黑河沿岸的卫所还广泛种植水稻,曾任甘肃行太仆寺卿的郭绅《观刈稻诗》云:"边方浑似江南景,每至深秋一望黄。穗老连畴从秀色,稻繁隔陇有余香。"②

三、明朝时期河西走廊的土地沙化

河西走廊总面积达 40 万平方公里(含黑河下游一带),但只有占总面积不到 5% 的绿洲区域适宜农业开发。而沙漠化的大致次序,则是首先出现在流域下游天然绿洲上,然后逐渐向中游天然绿洲及人工绿洲蔓延,最后蔓延到流域上游山区。③ 明朝上继汉、唐,开始了又一轮较大规模的农业垦殖,而且对中游绿洲地区的开发已经达到比较充分的地步。汪桂生以地方志资料为基础,结合现代地形图和实地考察,确定了黑河流域 176 处明代墩、堡、寨的位置,均分布在明长城以南的黑河中游地区;除镇夷所西部的戈壁沙漠地区外,大部分堡寨的相互间距在 5 公里以内,与长城边墙的间距也大多在 5 公里以内。通过与元代对比,汪氏还指出,明代居民点的范围有特别显著的扩展,遍布黑河中游的大部分沿河地区,甚至向南扩展到海拔较高的山前冲积扇地区。④

随着屯垦地域的拓展,人工绿洲面积自然有所扩大,但同时也会对生态环境造成破坏,导致一些区域的土地沙化。其表现主要有三个方面:其一,被开辟成农田的绿洲区域,有些生态比较脆弱,耕种一段时间后可能会发生

---

① 参见汪桂生《黑河流域历史时期垦殖绿洲的时空变化与驱动机制研究》,兰州大学博士学位论文,2014 年,第 107—108 页;史志林《历史时期黑河流域环境演变研究》,第 207—209 页。

② 黄文炜等校注:《重修肃州新志》,中华书局,2008 年,第 58 页。

③ 参见史志林《历史时期黑河流域环境演变研究》,第 123 页;李静《黑河流域生态环境历史演变研究》,浙江师范大学硕士学位论文,2007 年,第 63—69 页。

④ 参看汪桂生《黑河流域历史时期垦殖绿洲的时空变化与驱动机制研究》,第 106—107 页。

沙化。据颉耀文等对民勤绿洲的考察,明朝时期沙漠化过程已出现明显端倪,位居坝区绿洲西部的居民已经开始向重兴乡、双茨科、四坝寨、六坝湖等地转移,红沙堡、东安堡、老爷庙一带沙漠化已显著发生。① 其二,分布在河流中游地区的天然和人工绿洲,不少都是毗邻沙漠甚至为沙漠所环绕。正如李并成所指出的,绿洲与荒漠间通常有一条过渡地带,宽数公里至数十公里不等,人类对绿洲边缘荒漠植被的过度樵采和放牧,导致了风沙活动的活跃。明朝屯田军士要采草养马,伐薪烧炭,为了防止蒙古人接近边墙还时常北出"烧荒",对绿洲边缘荒漠植被造成不小的破坏。② 其三,河流下游的绿洲依靠中游来水的支持,但随着中游农垦用水量的扩大,下游绿洲就可能逐步消失。明代中游地区大规模的屯垦和水利建设,必然会对下游来水量产生影响。有学者指出,明代甘州五卫的农业大发展,导致黑河水源紧缺,正义峡以下主河道经常断流,加之额济纳河东支流河床的泥沙淤积,逐渐断流废弃,繁荣历时长达1 000多年的古居延绿洲,最终沦为沙漠。③

李并成对历史时期河西走廊的沙漠化过程进行了系统考察,指出有三个时期的沙漠化非常明显:一是汉代后期,主要发生在民勤县西沙窝北部三角城周围和其西部沙井柳湖墩、黄蒿井、黄土槽一带,古居延绿洲三角洲下部一些地区,马营河下游新墩子城一带,金塔东沙窝北部、西部一带,玉门花海比家滩,芒草沟下游北部、西部一带等,沙漠化总面积约1 680平方公里;二是唐代中后期,主要发生在民勤西沙窝大部、民勤端字号—风字号沙窝、张掖黑水国北部、金塔东沙窝南部、马营河摆浪河下游大部、芦草沟下游南部东部、古阳关绿洲等,沙漠化总面积约1 760平方公里;三是明清时期,主要发生在石羊河下游、石羊河中游高沟堡等地、黑河下游、张掖黑水国南部、疏勒河洪积冲积扇西缘西部等处,沙漠化总面积约1 160平方公里。④ 程弘

---

① 参见颉耀文、陈发虎、王乃昂《近2 000年来甘肃民勤盆地绿洲的空间变化》,《地理学报》2004年第5期。
② 参见李并成《河西走廊历史时期绿洲边缘荒漠植被破坏考》,《中国历史地理论丛》2003年第4辑。
③ 参见刘蔚等《黑河流域不同类型土地沙漠化驱动力分析》,《中国沙漠》2004年第4期。
④ 参见李并成《河西走廊历史时期沙漠化研究》,科学出版社,2003年,第238、251、266页。

毅则根据对古城废弃时间的梳理统计,认为河西走廊大规模的沙漠化过程主要集中在魏晋南北朝、唐末五代、明清两朝,三个时期沙漠化面积分别为1 070、1 765、6 884平方公里。① 两位学者的结论不尽相同,但都肯定从明代开始,河西走廊进入了第三次较大规模的沙漠化时期。

对于历史时期河西走廊沙漠化的驱动因素,学者们已经作过大量研究。大家普遍认为,清代特别是清代中期以降,河西走廊人口大幅增加,突破了干旱地带人口压力的"临界指标",是造成河流湖泊快速萎缩和沙漠化快速扩展的决定性因素。但对于明代以及明代以前沙漠化的主要成因,学者们的看法分歧颇大:李并成等学者认为,尽管气候变迁是不可忽视的重要因素,但其影响相对于人类活动来说是有限的,人类活动才是引起沙漠化过程的主要因素。② 但也有一些学者持不同看法,如王乃昂等认为,清代以前河西走廊沙漠化过程的发展深受气候之干湿状况影响,是时空尺度不同的一系列气候地貌过程的产物,人类活动对沙漠化的影响基本处于从属地位。③ 汪桂生认为,汉代至元代自然因素驱动效应更显著,明清以来人文因素地位更甚。④ 程弘毅借鉴人口生物学家保罗·埃利希(Paul Ehrlich)和能源分析学家约翰·侯德伦(John Holdren)提出的 I=PAT 公式,⑤估算了历史时期人类活动对环境影响强度的数值,其中西汉后期为 2.9,唐代后期和明代后期为 4.8,清代中叶急剧升高到 18 以上(参看图 3)。⑥

必须指出,在当今相关数据已相对完备的情况下,对于人为因素还是自然因素是导致全球气候变暖的主要原因,学者们仍然争论不休。而对于包括河西走廊在内的历史时期沙漠化成因的探讨,由于但不限于以下两条原

---

① 参见程弘毅《河西地区历史时期沙漠化研究》,第 121 页。

② 参看李并成《河西走廊历史时期沙漠化研究》,第 127—139 页;景爱《额济纳河下游环境变迁的考察》,《中国历史地理论丛》1994 年第 1 期;杜海斌《居延二千年历史环境的变迁》,《中国历史地理论丛》2003 年第 1 期。

③ 参看王乃昂等《近 2ka 河西走廊及毗邻地区沙漠化过程的气候与人文背景》,《中国沙漠》2003 年第 1 期。

④ 参看汪桂生《黑河流域历史时期垦殖绿洲的时空变化与驱动机制研究》,第 143—145 页。

⑤ 即环境影响(I)是人口(P)、单位人口的财富(A)及所使用的技术(T)三者之乘积。

⑥ 参看程弘毅《河西地区历史时期沙漠化研究》,第 220—295 页。

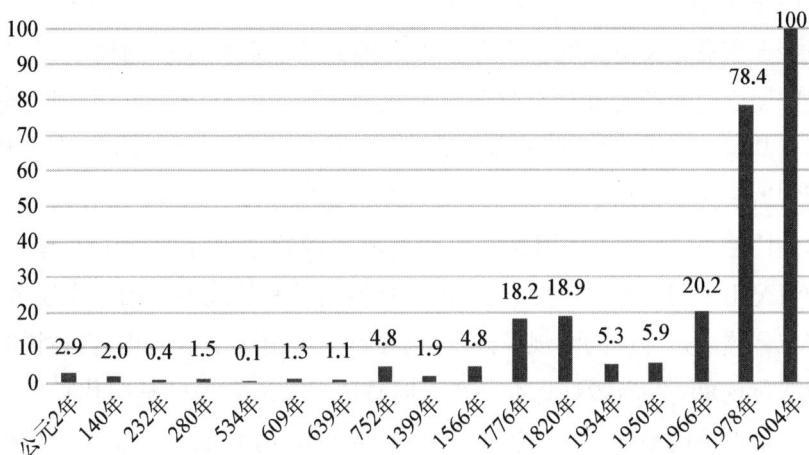

图 3　历史时期人类活动的环境影响强度

资料来源：据程弘毅《河西地区历史时期沙漠化研究》第 226—227 页表 7 - 3 制作。

因,迄今仍处在比较粗略的阶段:其一,由于相关资料比较匮乏,对于历史时期河西走廊各种经济指标的变化情况,目前还只能作出一个大概估计,未必十分准确。如程弘毅在估计人类活动对环境的影响值时,粮食单产一项,西汉元始二年(公元 2 年)采用 264 市斤/亩,唐天宝十一载(752)采用 334 市斤/亩,明洪武年间和嘉靖年间均采用 300 市斤/亩,清乾隆四十一年(1776)采用 367 市斤/亩;人均粮食占有量一项,元始二年为 527. 8 千克,天宝十一载为 859. 5 千克,洪武年间为 905. 2 千克,嘉靖年间为 941. 9 千克,乾隆四十一年剧降为 340. 8 千克。这些数值的设定是否适当,还值得斟酌。其二,气候研究涉及多个学科,不同学者的结论也往往存在歧异。如李并成认为,河西绿洲的三次大规模沙漠化面临的气候条件并不相同,其中汉代和唐代处在干旱期,而明代后期以来至清末处在湿润期。[①] 而王乃昂、程弘毅等认为,南北朝、唐末五代和明清两朝为河西走廊沙漠化过程三次大发展时期,它们均对应近两千来的气候干冷阶段。[②] 赫明林则指出,公元元年至公元 1000 年之间是一段较长时间的温暖湿润气候,他称之为"汉、唐温暖湿润期",此

---

① 参见李并成《河西走廊历史时期沙漠化研究》,第 238、251、266 页。

② 参看王乃昂等《近 2ka 河西走廊及毗邻地区沙漠化过程的气候与人文背景》,《中国沙漠》2003 年第 1 期;程弘毅《河西地区历史时期沙漠化研究》,第 230 页。

期降雨充沛,水资源丰富,植被发育,是晚全新世的一次最适宜时期。①

　　在大家对相关情况的认识存在很大差异甚至截然相反的情况下,对于清代中期以前河西走廊沙漠化的主要成因,恐怕在今后相当长时间里都不易达成共识。就明代情况而言,从前文图 2 可知,河西走廊的年降水量和径流量在这一时期经历了一个高—低—高的变化过程,但这并没有改变沙漠化的总体趋势,看来人为因素对于此期的沙漠化很可能发挥了主导作用。这种情况不独河西走廊为然,也出现在长城沿线其他地方。据王杰瑜考察,明代在晋冀沿边地区的大规模开发,也导致当地出现土壤退化、森林锐减等环境恶化现象。② 当然对此也存在不同看法。如河套地区是明代长城沿线沙漠化最严重的地区之一,韩昭庆、曹永年指出,河套地区农业垦殖规模不大,长城沿线流沙范围的扩大,应当主要是自然因素造成的。③ 总的来说,对于明代河西走廊的沙漠化问题,还要结合西部长城沿线的总体情况加以综合考量。此外还要注意,河西走廊内部东西之间、南北之间的地理条件存在很大差异,不同区域的环境承载能力不同,导致沙漠化的主要因素可能也不尽相同,有些地方人类活动是主因,有些地方气候变化是主因,需要进行更加细致的分区考察和分析。

---

① 参见赫明林《河西走廊地质历史中宋辽干冷期灾变事件及其影响》,《甘肃地质》2006年第 1 期。

② 参见王杰瑜《明朝军事政策与晋冀沿边地区生态环境变迁》,《山西大学学报》2006 年第 3 期。

③ 参见韩昭庆《明代毛乌素沙地变迁及其与周边地区垦殖的关系》,《中国社会科学》2003 年第 5 期。曹永年《明万历间延绥中路边墙的沙壅问题——兼谈生态环境研究中的史料运用》,《内蒙古师范大学学报》2004 年第 1 期;《明代河套地区的人文地理与生态环境》,载萧瑞玲等《明清内蒙古西部地区的开发与沙化》,中华书局,2005 年。

明清时期石羊河下游绿洲的土地开发
与沙漠化过程再考

李并成
西北师范大学历史文化学院

石羊河下游绿洲地处河西走廊东部,行政区划上隶属甘肃省武威市民勤县所辖。这里属于典型的大陆性干旱气候,年降水量仅约110毫米,而蒸发量高达2 600多毫米,且被其东面的巴丹吉林沙漠和西面的腾格里沙漠包围,仅南面石羊河一线与武威绿洲连通,其潜在沙漠化的威胁很大。

笔者曾研究得出,石羊河下游绿洲是我国历史时期发生沙漠化的典型地区。今天民勤县的西沙窝昔日曾是一片繁荣的绿洲,面积达1 000平方公里,约在唐代中后期发生沙漠化过程,演变为沙丘连绵的区域。史实表明,西沙窝古绿洲的废弃沙漠化是与汉唐时期大规模的土地开发相伴发生的。[①]今天的民勤绿洲则是明清时期开发出来的"新"绿洲。然而明清大规模的土地开发,又使得沙漠化过程重新活跃起来,笔者亦曾撰文就此问题作过专题探讨。[②] 今拟在此基础上,裒辑有关史料,作进一步深入的讨论。

一、明清时期石羊河下游土地开发概况

明代,本区属于九边之一甘肃镇的防卫要地,因而其边防建设和开发经

---

① 详笔者下列论文:《残存在民勤县西沙窝中的古代遗址》,《中国沙漠》1990年第2期,第34—42页;《河西走廊汉唐古绿洲沙漠化的调查研究》,《地理学报》1998年第2期,第106—115页;《石羊河下游早在唐代中期就已演变成了"第二个楼兰"》,《开发研究》2007第2期,第153—157页。

② 李并成:《石羊河下游绿洲明清时期的土地开发及其沙漠化过程》,《西北师范大学学报(自然科学版)》1989年第4期,第56—61页。

营受到重视。洪武二十九年(1396)于元小河滩城旧址(今民勤县城)置临河卫,三十年改为镇番卫,卫所领导的屯田遂成为这一时期区内土地开发的主要形式。

一如汉唐,明时本区再兴大规模的屯田兵民移徙之举,绿洲的劳动力资源又有较多增加。民勤县出土的《补修圣容寺碑记》曰:"宋国公冯胜统兵下河西,余孽殆尽,爰设为卫,徙内地民戍之。"[①]李万禄从其收览的 28 部民勤县家谱中考出,这些家户其先祖均为明清两代前来本县屯田的兵民,无一例外。[②] 其原籍为南京、凤阳、徐州的户数占多数,亦有河北、山西、河南、陕西、湖北以及甘肃东部来的人户。上述情形表明,明初平定河西后遂有不少的将士留戍边庭,在本区从事农垦,繁衍生息,爰成为绿洲这一时期土地开发劳动力资源的主要组成部分。如陈氏宗谱记:"始祖玘,原籍江南江陵应天府,洪武四年随冯胜将军征西而来,易兵卫民。"许氏宗谱记:"始祖升,随冯胜将军从戍至镇,以军功授千户指挥,徙镇。同戍之军户一十八名,称之为十八名落业指挥官。"再如王氏家谱云:"世祖宗仁,原系山西洪洞大槐树人",因奄达寇边和饥疫兼臻,壮丁疏散四方,于万历年间"宅于此邦"。民勤县志办公室李培尧同志告诉笔者,他家宗谱上就记着,祖籍南京,明初移至镇番,先祖曾任仓官。

除卫所戍卒屯田外,本区亦有民屯、商屯和非屯田性质的民间土地开发。乾隆二年《重修肃州新志》引明修《肃镇志》云:"凡黑田地通曰屯田。而内中又分别屯田若干,科田若干,现在纳粮、上草、当差,与内地民田无异。则后日之民田,皆当时之屯田也。"

由史料查得,明代本区的开垦自洪武年间起一直在大规模地进行。顺治修《重刊凉镇志·官师志》云,洪武时敕包括镇番卫在内的河西各卫所:"仓粮务在催征,以时收贮,如法兼管各该地屯田水利,严督该管官司,每岁趁时整理。如有……官豪势要之家侵夺水利,妨废灌溉田亩者,……依律问,拟照例发落。"可见明王朝对河西屯田的高度重视。

为便于防御,永乐十二年(1414)九月,命边将置屯堡为守备,并遣官来

---

①　转引自道光五年纂《镇番县志》卷 2《建置考》。

②　李万禄:《从谱牒记载看明清两代民勤县的移民屯田》,《档案》1987 年第 3 期,第 17 页。

西北各地督办。这些屯堡遂成为明代隶属于卫之下的主要居民点。根据这些屯堡的分布地域可以复原出明代本区农田开垦的范围。《天下郡国利病书》第 18 册《陕西上》载："镇番卫,堡十三、墩四十九。"查《明一统志》《读史方舆纪要》等文献,可将这 13 所屯堡的位置考定,它们均位于今民勤县南部,即"坝区"绿洲之域,最北部的屯堡为县城东北 30 华里的六坝堡,从而表明明代石羊河下游的开发范围不出今坝区绿洲,或者说其开垦地域大体上是在明长城以内,长城以北的今民勤县"湖区"的广大地域未得垦辟。据《甘肃通志稿》卷 36 引《陕西通志》载,嘉靖时镇番卫有屯地 2 223.46 顷,约合今 1.3 万公顷(明清时一亩合今 0.921 6 市亩)。

清初本区的行政建置因明之旧,雍正二年(1724)改卫为县。清廷亦重边政,于边地实行了宽租招垦、徙民实边、改变戍军为屯丁、"行蠲免,薄赋敛"等一系列有利于土地开发和生产发展的措施,从而加速了本区开发的进程。

清代本区再兴屯垦。雍正十二年(1734)题准在长城以北的柳林湖地区大举民屯,画地 2 498 顷 50 亩,以《千字文》编号,共编 133 号,"每号二十户或十余户,每户地一顷。官给车牛宅舍银二十两,限五年节次扣还。未至五年,奉旨豁免其半。每户给京石籽种麦六石"①。柳林湖系石羊河下游终端湖——青土湖南部的湖滨草甸地段,因地下水位较高、红柳遍布得名。清代本区的土地开发已由坝区绿洲推进至湖区绿洲。因灌溉水源所限,对于柳林湖区新开之地每年只能配给一次其上中游武威绿洲和民勤坝区绿洲的冬春农闲时的余水,称之为"安种水"(坝区绿洲每年则可配水 4 次),在这里实行的是一种冬春大定额饱灌安种水结合洗盐,作物生长期基本不灌溉的半旱农耕制,依赖这种一次性安种水的灌足灌够,加之湖区本身较高的地下水位及作物生长期十分有限的降雨,作物亦可有所收获。这是绿洲人民在总水量有限的情况下为充分利用水源、扩大耕作面积因地制宜所创造的一种新的灌溉、耕作方式,反映了这一时期本区水土资源利用程度的提高和开发规模的扩大。

除新辟柳林湖地外,清代坝区绿洲的开垦范围亦有较大扩展,已突破明

---

① (清)张珣美:《镇番县志》卷 1《地理志》,乾隆十四年修。

长城一线。由乾隆十四年修《镇番县志》卷一《地理志》中可见,坝区南部向东发展,"红崖堡(镇番县西南40公里,已圮)东边外,如乱沙窝、苦豆墩,昔属域外,今大半开垦。居民稠密,不减内地"。坝区北部朝北拓进,如"六坝湖,县东北三十余里,今垦为田"。这即是今东坝镇冰草湖村一带,原系长城外的沼泽滩地。而在坝区绿洲内部,反映耕地面积扩展和土地开发强度加大的村落数量的增加为数可观。检之方志,除明代所设堡寨外,清代新增的村社即达30余所,并且这些村社属于较大的居民点,而在绿洲内部尚有更多较小一级的聚落。如道光《镇番县志·户口》载,蔡旗堡周围就有上莽台、焦家湾、李家地湾、蔡家庄、李家荒地湾等村落,计地方圆约2公里,村民们掘泉取水溉田。村落密度的增加反映了绿洲土地利用程度的提高。

柳林湖北部已干涸的青土湖(原为石羊河终闾湖的一部分)亦有间或辟为农田的。乾隆《镇番县志》载:"青土湖,县东北二百里,……涝则水,草茂盛,屯户借以刍牧,间有垦作屯田处。"这里的一些地段可以凭借较高的地下水位进行粗放的旱作农耕,当地称之为"种撞田"。可见这一时期土地资源利用程度之充分和利用强度之大。

清代石羊河下游大规模的开发成效显著,区内耕地面积和人口数量均有大幅度增长。乾隆年间本区共有耕地373 877亩,①约合今2.3万公顷,较明嘉靖年间增长了76.9%。这一数字尚只是征收赋税的起科地面积,不含那些"准民过割"和招民垦种永不起科的地亩。

清代中叶武威、镇番二县粮食产量增长较快。笔者考得,其亩产量合今亩今量达78.1 kg/市亩,总产量达10.98万吨,②人口的增加更为迅速(详后)。绿洲生态系统的环境容量是有一定限度的,耕地和人口的大规模增加,过度开垦,过度樵柴,使本区水土资源利用方面的矛盾日趋尖锐起来。尽管当时人们对水资源的利用率已有较大程度提高(如利用冬春农闲水开发柳林湖区),绿洲的水利管理制度也颇为严格,然而有限的水资源终难满足日趋膨胀的人口负担及不断增大的农田面积的需要,绿洲生态环境不堪

---

① (清)张珲美:《镇番县志》卷1《地理志》,乾隆十四年修。
② 李并成:《河西地区历史上粮食亩产量的研究》,《西北师大学报(社)》1992年第2期,第16—21页。

重负,沙漠化的发生也就在所难免。

二、释"移丘"

明清时期,石羊河下游还出现了"移丘"地的垦辟,沙漠化发生的主要地段亦在所谓"移丘换段"之地。何谓"移丘"? 于当地方志中可以找到诠释。乾隆《镇番县志》曰,本邑"西北多流沙,东南多卤湿,俯念民瘼者听民相地移丘"。1919 年修《镇番县志》亦曰:"镇邑自风沙患起,上流壅塞,移丘开荒,逐水而居者所在皆是。"即由于原耕作地段生态环境恶化(主要是风沙之患)而被迫弃耕,不得不逐水相地另择他处移垦,名为"移丘"。因此种情况比较普遍,因而"移丘地",或曰"移丘案"作为一种专门术语于志乘中每每出现。这一环境后果的发生突出地反映了石羊河下游绿洲脆弱的生态条件与这一时期人类的剧烈开发改造活动之间不相适应的尖锐矛盾。

其实,移丘之举早在明代后期即见诸史乘。如《镇番遗事历鉴》记,嘉靖三十九年(1560)头坝民人二百余众,因原有耕地沙漠化,遂寻找他地"移丘拓田,共辟新地十五顷,卫定三年免征税粮"。移出的主要区段为受沙漠化影响最为强烈的下游绿洲西北部、东北部及西南隅,亦即红沙堡沙窝、红崖山附近的黑山堡红崖堡以至野猪湾堡一带、青松堡南乐堡沙山堡一带、高家沙窝—湖马沙窝等地,其沙漠化土地总面积超过 130 平方公里(详后)。

移丘移入之地主要在本区南部坝区绿洲上游河段一带,这里"近水楼台",人们纷纷前来垦辟。如前面提到的因"头坝渠多沙患",人们遂移至上游的红崖堡东边外,如乱沙窝、苦豆墩等"昔属域外"的地方,"今大半开垦,居民稠密,不减内地"。然而移入此地后好景并不太长,由于水源的不足(移丘地每年仅配给 1 次水)和沙漠化过程的继续,除少部分地区(大坝口南部的大、小新沟一带)今天仍然耕种外,其余大部分地段在清末至民初均沙化荒弃。今天所见这里的弃耕地上已为密集的柽柳灌丛沙堆占据。此外坝区绿洲和柳林湖之间的内河、外河两岸亦有不少民户移入。

由上可见,移丘实为在沙漠化步步威逼下人们的不得已之举。它虽然可以解一时之难,但终非长远之计。尤令我们看到的是,移丘所带来的环境恶果特别严重,每次移垦不仅要被迫放弃原有的耕地听其裸露、任凭风沙肆虐,愈益加重沙漠化危害,而且还要大量破坏新移入地段的原有旱生植被和地表结皮以从事垦辟,虽然旱生植被较为稀疏,地表结皮较薄且脆(此种结皮系多年的自然固结作用形成),但亦可有效地抵挡相当程度的风沙吹蚀,它们的破坏无疑给风沙肆虐大开方便之门。并且移丘旋移旋弃,不断造成新的地表裸露,导致沙漠化过程的不断蔓延。

三、人口增长与沙漠化过程

随着明清时期石羊河下游大规模土地开发的实施,本区的人口亦有显著增长。明嘉靖(1522—1566)中,镇番卫有户 1 871,有口 3 363。① 迨至清乾隆十三年(1748),约两个世纪镇番县户数增至 8 191,②较嘉靖时增长了3.36 倍;若以户均 5 口计,则人口数为 40 955 人,较嘉靖年间竟增长了11.18 倍。逮至道光五年(1825),仅约 70 余年全县户数又增至 16 756,又较乾隆时增长了 1.05 倍;人口数增至 184 542 人,③较乾隆时增长了 3.51 倍,这一数字已与今民勤县人口数差之不多。其发展速度较我国封建社会一些学者所认可的在治平时期人口增长率为 30 年加 1 倍的速度还要快。④ 及至道光十五年(1835),镇番户数又增至 16 758,人口数增至 189 462。⑤

然而值得引起注意的是,自道光以后镇番县的人口增长趋于缓慢。据宣统元年(1909)修《镇番县志》卷 4《贡赋考·户口》记载,咸丰八年(1858)镇番县人口增至 189 785 人,距道光十五年时隔 23 年人口仅增加了 323 人,增长了 1.7‰,与 30 年翻一番的水平已不可同日而语。显然此种情形与这一时期本区沙漠化的强烈进行干系甚大。更值得注意的是,本区的人口变迁自咸丰以后直到清末,一改故辙,呈负增长态势。光绪六年至十六年(1880—1890)全县户数减至 16 067,人口数减至 183 403;光绪二十七年至三十年(1901—1904)人口数进一步减至 123 595 人。从咸丰八年至此不足半

---

① (清)苏铣:《凉镇志·户口》,顺治十四年(1657)修。
② (清)张玿美:《镇番县志》卷 1《地理志》,乾隆十四年修。
③ (清)许协:《镇番县志》卷 3《田赋考·户口》,道光五年修。
④ (明)徐光启:《徐光启集·钦奉明旨画屯田疏》,崇祯六年(1633)。
⑤ (清)常孝义:《镇番县志》卷 4《贡赋考·户口》,宣统元年修。

个世纪,本区人口数减少了近 1/3。这一过程固然与清代后期的政治腐败、剥削加重有关,但其主要原因乃是由于绿洲地区人口演变的规律使然。由人口盲目增长所造成的沙漠化的危害迫使被灾贫民"不能不奔走他方,自谋生计",从而使得清代后期本区人口被迫大量迁出。他们或远走新疆,或近趋河套、阿盟,或驼行半路而流落于张掖、安西、敦煌等地。据乾隆《朱批屯垦》,随着中央政府对新疆统一大业的完成,乾隆二十四年至四十五年(1759—1780),数以万计的甘肃农民举家迁往天山南北,从事边疆开发。三十六年(1771)十二月凉、甘、肃三州迁往济木萨尔 400 户(镇番为凉州属县)。四十三年(1778)凉、甘、肃迁往昌吉等地 1 255 户。四十三年十二月至四十四年(1779)三月,由凉州等地迁往乌鲁木齐等地 1 882 户。四十四年十二月又由镇番迁往乌鲁木齐等处 317 户等。可见这一时期人口外迁较多,本区成了开发祖国西北边疆的劳动力输出地区之一。民勤县政协李万禄实地调查,今天新疆的奇台、库车、乌鲁木齐等 30 多个县、市均有不少清代后期流入的民勤民户。[①] 据 1946 年修《敦煌县志》,乾隆时该县专门设有安置民勤移民的村落——镇番庙村。据笔者在内蒙古阿拉善盟地方志办公室等处访问得知,现该盟境内约 1/3 以上的人口系清末以来民勤移民的后代。因而民勤当地至今留下了"天下有民勤人,民勤人没有天下"的俗谣。

　　人口的大量增加、土地大规模的开垦使得本区有限的水资源日益不敷其用,水土利用方面的矛盾斗争愈演愈烈,因水源不足农田弃耕和大规模破坏固沙植被而引发的沙漠化过程也接踵而至。对于明清以来沙漠化的原因,道光《镇番县志》有一定的认识。曰:"镇邑在昔,土旷人稀,……故百物丰裕,号为奥区。嗣以生齿日繁,兼风沙壅据,上游移丘开荒者沿河棋布。因河水细微,泽梁亦涸,土沃泽饶成往事矣。"1919 年《续修镇番县志》亦云:本县"土地肥瘠视水转移。镇邑明末清初地广人稀,水足产饶,颇形优渥。自风沙患起,上流壅塞,移丘开荒,逐水而居者所在皆是。殖民地垦,河流日微,将有人满土减之忧。至水族孳息泽梁涸,而多鱼无梦,土沃泽饶竟成往事矣"。沙漠化的主因正是在于"生齿日繁"、"人满土减"所带来的"河水细

[①]　李万禄:《浅议腾格里沙漠中的阿民驼路》,《阿拉善盟公路交通史料选编》第 2 辑,1988 年,第 31—46 页。

微，泽梁亦涸"，在于人口的盲目增长与绿洲自然资源（尤其是水资源）有限的承载能力之间无法调和的矛盾斗争。

道光《镇番县志》又记："我朝轻徭薄赋，休生养息，户口较昔已增十倍，土田仅增二倍耳"，由此发出了以二倍之田何以养十倍之民的感叹。《续修镇番县志》亦云："（今）民众广而土不广，以三倍之地养五倍之人，人与地两相比例超过之数已有二倍。此二倍之人垦田无田，垦地无地。……有可耕之人而无可耕之地，其病源已昭然可见。为司牧者若不设法开垦，急谋生聚，广积储以足食，轻负担以纾困，一任数万生灵流离迁徙而不为之所是，社会经济日形支绌，农业政策不见发达，窃恐人满土减，将来国家税、地方税无论直接间接，俱难责偿，能无惧焉！"

上述论者虽然看到了人口剧增的后果，强调土地资源要与人口数量相协调，然而他们并未指出耕地数量的增加还必须要由绿洲生态环境容量（主要是水资源）所容许，还必须与绿洲水资源的数量、质量及其开发利用的程度相协调。真正的病源并非土地开垦不广，恰恰相反，正在于人口巨大压力下的无计划盲目开垦而给本区有限的水资源以及绿洲脆弱的生态环境容量和支付能力造成的巨大冲击和压力产生的恶果。由人口的剧烈增长所带来的盲目开垦，其结果必然导致潜在沙漠化因素的活化，造成可利用土地资源的丧失，而这又使得现有耕地上人口负载量更形加大，又会导致更大规模的盲目开垦，绿洲的环境容量更加无法承受，从而引起土地沙漠化更为剧烈地进行。由此形成恶性循环，这必然会受到大自然的惩罚。

四、明清时期镇番城的沙害

明清时期石羊河下游绿洲沙漠化发生发展的状况，我们可以先来考察一下镇番卫设置以来遭受沙患的一些记载。镇番卫"明洪武时因元小河滩空城修葺为卫，周围三里五分。成化元年（1465）……展筑西北二面三里余，……后飞沙拥城。嘉靖二十五年（1546）……筑西关以堵飞沙"①。可见明代下游绿洲重新开垦不久，飞沙的侵袭就已盛行，就连地处坝区绿洲中部

---

① （清）张玿美：《镇番县志》卷2《建置志》，乾隆十四年修。

的镇番卫城也不免受其危害。嘉靖时为堵飞沙还不得不专门增筑西关,足见沙害之烈。都御史杨博《奏请添筑西关疏》曰:"乃今风沙壅积,几与城埒,万一猾虏突至,因沙乘城,岂惟凉、永坐撤藩篱,实甘肃全镇安危所系。……今右参政张玺欲于镇番填筑关厢,一则消除沙患,一则增置重险。"①及至万历四年(1576),又将卫城全部用砖包砌,并"建城楼三、角楼四、逻铺十九、月城三,池深一丈五尺、阔三丈,门俱有桥"②,使卫城得以进一步加修增固。然而好景不长,据《镇番遗事历鉴》记载,仅隔二岁,万历六年(1578)宁夏人杨恩任镇番参将,"下车伊始,即瞻顾城垣,巡查防御。是时北垣沙碛拥积,几与城埒,公深以设防不济慨叹之。不数日即率民兵清除淤沙,补葺城垣,劳作不息,食饮不遑"③。迨天启七年(1627),又见"飞沙拥城,参将相希尹躬率军夫,多方堵御,城保"。

　　入清以后,沙患益烈。康熙元年(1662),因飞沙壅塞,又"重修西门楼"。然而这种加筑只能奏效于一时,不能防患于长久,飞沙的吹扬并未因此而停息。至康熙五年(1666),"风沙之沿堞而下者,若水之流,环庙而立者,若水之潴"。康熙三十年(1691)"风沙拥城,高于雉堞,东南则土城坟起,危似□墙,惟逻铺粗有形迹。是年参将杨钧以军民五百人搬沙清淤,又以柴草插风墙一百二十丈"。"军民□□搬沙,月无虚日,劳而无功。且沙以掀翻,易于漫溢,故罢其役"④。到了乾隆十四年(1749)镇番卫城已是"各楼皆圮,池平桥坏,砌砖剥落,存者仅二三,女墙歆缺,水洞亦淤";尤其是地当盛行风向前冲的县城西北部"则风拥黄沙,高于雉堞。……惟逻铺粗有形迹耳"⑤。逮至道光年间更是"楼倾砖落,沙漠孤城,一任风雨飘摇,星霜剥蚀。……咸丰二年(1852),……环顾周围,西北则飞沙壅堞,东南则腐土委尘,残垣断堵,径窦豁开。除西城及东北隅计有数十丈均被沙淤尚存城墙外,余皆坍平,车马往来,直成通衢"。同治四年(1865),"陕生回变,……十二月二十七日,回军

---

① (清)许协:《镇番县志》卷 2《建置考》,道光五年修。

② (清)张玿美:《镇番县志》卷 2《建置志》,乾隆十四年修。

③ (清)谢树森著(道光二十八年),谢广恩补辑(1936 年):《镇番遗事历鉴》,李玉寿校本,香港天马图书有限公司,2000 年。

④ (清)张玿美:《镇番县志》卷 2《建置志》,乾隆十四年修。

⑤ (清)张玿美:《镇番县志》卷 2《建置志》,乾隆十四年修。

蜂拥城下，以新筑培垾之塘，御千百回军，加以沙碛枕籍，高于城齐，一时人情汹惧，呼号待毙。……"①。当时"旧城故址，因土地卤舄，加以飞沙积压，塘垣堕坏，不堪收拾。居民渐侵为坦途，其岿然独存于沙碛中者，不过十百之一二耳。……急于为备，伐木为城，黄沙壅处，畚之削之，刻日敦迫，咄嗟立办，借以保全。……是年修城，缘土掘沙，不便兴作，自此始置门扉，役夫乘便往来"②。翌年"城郭不全，……人们荷扉架木，堵绝防守。……又虑风沙无垠，高于城齐，恐寇阶以登，乃用众力碾沙城下，沙分而城见，百堵皆新，人有固志，而孤城皆获保全矣"③。同治五年(1866)"因移沙患，辟置一门，专为车马转运交通便利起见，平时紧闭不开"④。光绪三年(1877)"并将北城东边大砂碛长约一十六弓，西南角小砂碛长约十余弓，派车挖运"⑤。"自是厥后，屡修屡废，虽经上宪迭催，究未切实拓修。……(流沙)日积月累，渐消渐敝，过其故墟，已非金汤之旧矣"⑥。到了宣统年间，"沙患尤为可虑，迩来东西北三面壅塞之势过于曩昔，且高于城堞，不啻恒河之数，行者便登若大路。然将徙城以避沙，则处处飞来，迁地弗良。将刷沙以完城，则大工大役费无所出"⑦。

　　可见自明成化以来石羊河下游绿洲开垦不久，沙患即接踵而至。进入清代以后随着更大规模开发的进行，沙患有加无已，愈演愈烈，以至为护守城池不得不投入众多的人力物力搬运积沙，甚至经年累月，移沙不止。然而流沙的壅塞旋清旋生，屡有所聚，成了当政者尤感焦虑的严重问题。镇番城的沙患从一个侧面反映了整个下游绿洲沙漠化过程强烈进行的实况，而这一过程正是伴随着土地开发规模的不断扩大而日趋加剧的。

①　周树清：《续修镇番县志》卷 2《建置考》，1919 年。
②　(清)谢树森著(道光二十八年)，谢广恩补辑(1936 年)：《镇番遗事历鉴》，李玉寿校本。
③　(清)常孝义：《镇番县志》卷 1《建置考》，宣统元年修。
④　周树清：《续修镇番县志》卷 2《建置考》，1919 年。
⑤　周树清：《续修镇番县志》卷 2《建置考》，1919 年。
⑥　(清)谢树森著(道光二十八年)，谢广恩补辑(1936 年)：《镇番遗事历鉴》，李玉寿校本。
⑦　(清)谢树森著(道光二十八年)，谢广恩补辑(1936 年)：《镇番遗事历鉴》，李玉寿校本。

五、边墙、渠道、农田的沙害

明清以来,石羊河下游长城沿线、引灌渠道、农田遭受沙害的记载亦屡见不鲜。道光二年(1822)甘肃总督佛保查勘邑边,上《筹边疏略》,曰:"镇番沙碛卤湿,沿边墙垣,随筑随倾,难以修葺。今西北边墙,半属沙淤,不能恃为险阻,惟有瞭望兵丁而已。红崖堡一带,康熙三十六年拨兵筑垒,颇似长城之制。至于东南边墙,沙淤渺无形迹,其旧址有存者,止土脊耳。"一些昔日恃为险阻的军事隘口,如阿拉古山口、抹山口等亦不免沙害,"今则流沙淤压,随处皆成通衢矣"。①

道光《镇番县志》引《旧水利图说》曰,镇邑行水的畅塞因"沟坝有无沙患不一,无沙沟道水可捷行,不失时刻;被沙沟渠中多淤塞,遇风旋挑旋覆,水到亦细,故不能照牌得水之地多有"。沙淤较严重的渠道有四坝之末、头坝渠等。《镇番遗事历鉴》载:"镇地河渠,无不为沙砾所拥,植之以被,则沙可以固,水可以流。反则裸陈原湿,一经冬春风扬沙积,平衍旷荡,直如坵堆无圻。"1915 年镇番县长袁翼《创修西河记》曰:"奈河多淤沙,且狭而浅,遇风则平,水涨则溢,急急焉。欲疏河道,高堤防,谋水利以维垦务,无逾于此。"②

农田所受沙害的程度更是令人触目惊心。《镇番遗事历鉴》载,明代弘治九年(1496)冬,"飓风时起,边外人民多受其害。青松堡西南田地,埋压二十余顷,庄宅一百一十二间。灾民无家可归,飘泊野外,饥饿亦复寒冷,殊为可怜"。万历十二年(1584)四月,"飓风狂虐,延十数日不息,边外居民房屋被摧者十之二三。田地埋压,一片萧条。饿殍载道,凄切哀怨之声,不绝于耳"。入清以来,风害愈烈,每每因沙压农田,不得不豁免应征粮草,有关记载从顺治年间直到清末不绝于册。如乾隆三年(1738),镇番县即奉文停征、豁除水冲沙压地粮 1 090 余石、大草 9 670 余束,两项开除粮 1 124.7 石、大草9 942.9 束。③ 而这仅是起科纳粮的册籍上奏请豁免之数,不上册籍的大量

---

① (清)许协:《镇番县志》卷 2《建置考》,道光五年修。
② 周树清:《续修镇番县志》卷 2《建置考》,1919 年。
③ (清)谢树森著(道光二十八年),谢广恩补辑(1936 年):《镇番遗事历鉴》,李玉寿校本。

民间相地自行开垦而荒芜的地亩尚不在数。不仅下游绿洲如此,中游武威平原因沙压水冲而要求豁免赋粮的耕地亦有不少。如乾隆《武威县志》记,奉文缓征水冲沙压等地计约 7.4 万亩。进入民国,风沙不减。如"是年(1929)以来,镇地风大沙狂,气温寒凉,西外渠、东渠等多处,几被风沙埋压净尽。又兼水淹,竟无可耕之田。流亡人众,接踵道路,县民凄惨之状,未有甚于其时者也"①。

不合理的土地开发活动酿成的沙漠化之患,给绿洲人民的生计带来无穷的灾难,而这一祸患又反过来形成土地开发的逆过程,使绿洲可利用的土地资源丧失,人民的灾难更重。乾隆《镇番县志》卷1《地理志·田亩》曰:"今飞沙流走,沃壤忽成丘墟,未经淤压者遮蔽耕之,陆续现地者节次耕之。一经沙过,土脉生冷,培粪数年方熟。"可见风沙不仅吞噬绿洲,而且还使其掩埋过的耕地性质变劣。时至清末,镇番县竟因此发展到了"五谷枯槁,岁不丰登"的地步。

六、明清时期石羊河下游沙漠化发生的主要区段

(一) 红沙堡沙窝

红沙堡沙窝位于民勤县城东略偏北 6 公里处,西起新河乡倒坝湾,东抵羊路乡北部龙台柴湾、千户柴湾,北至明长城,南到渠尾柴湾、阎家沙窝,南北长约 13 公里,东西宽 7 公里许,总面积约 90 平方公里。沙窝内遍布裸露的新月形沙丘和沙丘链,沙丘高 2—3 米,亦见片状流沙地和吹扬灌丛沙堆。丘间地上暴露成片的风蚀弃耕地,田垄、渠堤等遗迹甚为清晰,明代所开的四坝河废河床纵贯沙窝中部,沿岸怪柳生长良好。沙窝中残存明代始筑的红沙堡,以及陈梅寨、六坝堡、东安堡等古堡遗址。

(1) 红沙堡。位于新河乡泉水村东北 1 公里许,即红沙堡沙窝西北部,残垣仍存,南北约 180 米,东西 150 米,多数墙段残高 7 米许,最高 9 米,基宽约 4 米。全城分作南北二部,北半城较大,120 米×150 米;南半城较小,

---

① (清)谢树森著(道光二十八年),谢广恩补辑(1936 年):《镇番遗事历鉴》,李玉寿校本。

60 米×150 米。墙垣遭受强烈风蚀,被蚀出一道道深槽。城址被沙丘环围,沙与城齐。地面散落许多明清时期的青瓷片、褐色和黑色釉瓷片等物。南半城西部尚存数段土坯砌筑的残墙。该城之东里许还发现范围超过 10 000余平方米的古墓群。

清乾隆十四年(1749)刊《镇番县志》卷 1《地理志》:"其东北境内之红沙堡,逼近东边,势极冲要,明设官防守,边外烽燧相望。"同书卷 5《兵防志》:"红沙堡,城东北二十里,嘉靖七年(1528)建,周围五十余丈,高□丈。万历九年(1581)因地窄墙卑,不堪固守,展筑东西北三面,共计一百一十二丈,高□丈。城门一,南向,旧有官厅、教场、门禁、堡楼。"道光五年(1825)修《镇番县志》卷 2《建置志》则云,红沙堡,今废。

红沙堡的废弃及其沙漠化发生的时间,较东安、六坝、陈梅等堡寨稍晚,乾隆早期该堡尚在使用。堡址位处坝区绿洲北部、四坝渠尾间,查其废弃的原因,无外乎受风沙之患以及由此而引起的河道迁改之故。道光五年《镇番县志》卷 3《水利考·水利图说》:"四坝之末,兼被沙患,旧坝水多淤遏,不能直达,故另立新河口。"河道的改徙,遂使其原来流经的红沙堡一带绿洲荒废沙化。可见红沙堡沙窝沙漠化发生的时间当在清代乾隆至道光年间。四坝渠废弃后所开的新河为位于红沙堡沙窝之南、流经今民勤县新河乡的河道。1985 年《民勤县地名普查资料》对"新河乡"释名曰:"乾隆年间在城东开人工河道一条,取名新河,境内有红沙堡古城址。"

(2)东安堡废址。俗名四坝寨子,又叫破城子。位于新河乡泉水村南 1公里许,即红沙堡沙窝中部偏西处,平面基本方形,量得南垣 255 米、东垣261 米、北垣 272 米、西垣 260 米。墙垣已十分残破,大段缺失。南开一门,设瓮城。城垣似无马面,东北角筑高大墩台一座,周围沙丘壅积。城址东北部套筑小城一座,小城东、北二垣即利用大城墙垣,南北 135 米,东西 150 米,亦向南开门,设 10 米见方的瓮城。小城之东北隅又套筑 44 米×50 米的更小城址一座。大城西北角外 83.5 米处又有小城一座,南北 18 米,东西 17米,亦很残破。据一同考察的民勤县博物馆周生瑞馆长言,该大城以东 2—3公里范围内(红沙堡沙窝中部)还有 3 座小城,周长均 100 米许。

东安堡城地处新月形沙丘与流动沙梁的包围中,沙丘亦有侵入城内者,高于城垣。城周原来还有较多的胡杨树木,今已稀见。现城西、南两面部分沙丘已被搬移开地,种植小麦、籽瓜。城中散落遗物多为明清时期的青瓷片、粗缸瓷片等,乾隆《镇番县志》卷5《兵防志·营堡》:"东安堡,城东二十里,俗名四坝寨,今倾圮,沙淤,无居民。"可见该堡早在清代乾隆时即被流沙侵湮埋压而废弃,由此迫使原灌溉渠道四坝渠改流他道,这一带土地也遂于清代前期发生沙漠化。

(3)其他遗址。除上而外,红沙堡沙窝中尚有陈梅寨、六坝堡等荒废沙化的古遗址。据乾隆《镇番县志》卷5,陈梅寨位于县城北15里,六坝堡位于城东30里,皆已沙化废弃。

(二)黑山堡、红崖堡以至野猪湾堡一带

上述堡寨位处民勤县南部红崖山附近,均建于明代,沿石羊河岸分布,一线孤悬,连接石羊河中下游绿洲。由于沿河固沙植被的破坏,它们极易受西北方向盛行风沙的侵淤,至清代前期渐次演变为沙漠化土地,面积约20平方公里。

据乾隆《镇番县志》,早在乾隆年间以上3堡就遭沙淤,沙漠化过程已十分明显。"黑山堡,城西南六十里,天顺三年(1459)建,周围一百四十四丈。万历三十三年(1605)被山水冲浙,改创新堡,周围一百六十丈,高□尺,城门一,北向。今西北墙亦被沙淤,旧有关,今无";"红崖堡,城西南八十里,城门一,东向,今无居民";"野猪湾堡,城西南一百二十里,……西北墙半为沙淤,居民亦少"。无名氏《陇边考略》(约撰于清代中期)亦载:"黑山堡,因山为险,有山泽之蔽,而风起扬沙,犹不免于淤塞。"今实地所见,黑山堡废址已十分残破,墙垣大段塌圮,且多被沙壅。基宽约4米,残高不足3米,北垣正中开门。堡内散落大量砖瓦碎块。

黑山堡等地的沙漠化迫使人们离弃家园向东部迁徙,已如前述,于红崖堡东边外如乱山窝、苦豆墩等"昔属域外"的地方大举开垦,以致"居民稠密,不减内地"。然而好景不长,由于灌溉水源的不足和风沙危害的继续,沙漠化过程并未停息,红崖堡东边外新开的土地至迟在清末又完全沙化放弃,今天已成为白刺灌丛、柽柳灌丛沙堆的堆积区。实地所见这一带弃耕地地面较平坦,渠道、地埂的遗迹仍很明显。

（三）青松堡、南乐堡、沙山堡一带

以上 3 堡均建于明代前中期，明代后期即已出现较明显的沙漠化过程。乾隆《镇番县志》卷 5《兵防志》："南乐堡，城东南二十里，门一，东向。青松堡，城西南三十里，天顺三年（1459）建，周围一百二十丈，高□尺，城门一，东向。……沙山堡，城西十五里，城门一，南向。"道光《镇番县志》卷 2《建置考》："镇邑为凉州门户，四通夷巢，前明套夷不时侵犯，故设重兵弹压，而蔡旗、重兴、黑山、青松、红崖等堡俱有防守官兵，星罗棋布，真有指臂相连之势。"套夷指河套一带的蒙古族部落。以上所提诸堡，以及南乐、沙山等堡均为明代在镇番县南部沿石羊河一线设置的军事城堡，迄清代道光年间仍在使用。

笔者实地所见，青松堡位于今民勤县城西南薛百乡宋和村林场北部，遗址犹存，平面呈方形，每边长约 100 米，大部墙垣仍较完整，尚见女墙。基宽 5 米许，顶宽 2—3 米，残高 7 米。北垣正中筑马面，西北、东北城角设角墩。

南乐堡位于薛百乡薛百村西北 500 米处，遗址平面亦呈方形，每边长约 200 米，墙垣大段毁损。南垣因当年修建民勤县城—薛百乡—昌宁乡—金川的公路取土而被挖毁，北垣因有大沙丘埋压而大段保存了下来，东垣南部、中部尚存，西垣仅中部一个大墩台（似原为马面），因 1958 年炼钢铁时被辟作窑炉而得以留存。

沙山堡位于民勤治沙站东北 200 米处，平面呈菱形，堡城东南和西北隅内角 45°，其余二内角 135°。东西 120 米，南北 90 米，部分墙垣坍塌，南北各开一门。

以上 3 堡及其周围地面多被半固定的白刺、柽柳灌丛沙堆或流动沙丘覆盖，丘间弃耕地上犁沟、田埂的遗迹仍较清晰，并散落青瓷片、黑釉粗瓷片等明清时期遗物，还可零星见到更早期的灰陶片、红陶片等。近 20 年来，人们在这里培植固沙林草，提水灌溉，将许多原沙化的地段重新辟为农田。

3 堡地处民勤县南部坝区绿洲西侧，正当风沙入侵前沿，其沙漠化过程亦是由于明清时期大规模土地开发所带来的对绿洲边缘固沙植被的大量破坏以及流沙填淤灌溉渠道等原因所致，沙漠化发生的时间从明代后期迄至清代乾隆前后。《镇番遗事历鉴》载，明崇祯三年（1630）"冬十月，飓风。飞沙蔽日，民屋欲摧。沿边田舍，俱被灾害。青松堡黄沙拥城，几与雉堞高下。

有司率夫清挖,旋移旋淤,如拉锯耳。逾腊月,风犹不止。农民石万勇、姜大通、王忻、裴燮、孙煊光等二十六户,拔宅迁徙,定居于双茨科及旧四坝等地"。可见明季其地沙漠化就甚为严重。同书又曰,雍正四年(1726)春"李海峰等七十二户农民,自青松堡迁徙柳林湖屯田"。民勤县陈氏宗谱载:"始祖居头坝青松堡地,易兵为民。后被风沙淤压,复迁于高家大门";"乾隆元年因柳林湖开垦大举,又复迁于柳林湖。自此川居一半,湖居一半"。风沙之患迫使不少民户举家搬迁。

1958年张掖地委秘书处编《河西志》载:"民勤县头坝地区原有南乐堡、青松堡、沙山堡等20多个村子,2 300多户人家,20 000多亩土地,在解放前的200多年中土地全被流沙埋没,只剩下薛百沟、小东沟、化音沟3个村子、340多户、3 000多亩土地了。薛百沟的百户人家解放时只剩下9户了。"这一大片沙漠化土地的范围自青松堡故址西北约2.5公里的边墙起,东南至堡城以东约0.5公里的现代绿洲止,其长宽各约3公里,面积近9平方公里。

(四) 高家沙窝—湖马沙窝

高家沙窝位于民勤县城东南8公里许的羊路乡学粮村南,湖马沙窝位于民勤县城南9公里许,两处沙窝相距约4公里,中间被河滩、农田隔断,沙窝总面积约10平方公里许。两处沙窝均位于外河故河道内侧河湾处,原为外河水滋育的绿洲区。清代后期以来因河道沙淤风蚀、绝口水冲,以及改建新渠(五坝、六坝渠)、原有耕地被吹扬侵蚀等原因,遂废弃沙漠化。今于实地所见,为一大片新月形沙丘和流动沙梁的处所,沙丘高3—5米,丘间地上废弃的耕地遗迹尚历历在目。

高家沙窝北部遗存古城址一座,当地俗称破城子,已十分残破,墙垣倒坍严重且多被沙雍,仅能见到部分墙迹。东西残长50米以上,南北残宽30米以上。城内地面散落明清时期青瓷片、白瓷片、黑瓷片、碎砖块、瓦块等物。城址以东,以南蜿蜒着一条长500多米、宽40—60米、高8—10米的大沙垄,今已用黏土封压,并栽植怪柳、梭梭等以固沙。访之当地群众知,此地原名大沙窝,早在1967年就曾动员周围3个乡的劳力于这里固沙,封住了"黄龙";城址原来也全被流沙埋压,约在80年代初才移走了沙丘,并将城内部分地面辟为农田。

整个石羊河下游绿洲明清时期形成的沙漠化土地,面积约 130 平方公里。

由于石羊河下游绿洲沙漠化过程的强烈进行,风沙之患的严重危害,雍正十二年(1734)镇番人卢生华还特撰《祭风表》一文,以祈求上苍的护佑。表曰:"迩来狂飚肆虐,阴霾为灾,黑雾滔天,刮尽田间籽粒;黄沙卷地,飞来塞外丘山;鬻女卖儿,半是被灾之辈;离家荡产,尽为沙压之民。此田之播种无资,将来贡赋安出?此诚上帝之痛念,而下民之哀诉者也。……征之风必扬沙,乃知箕离于月。拔苗逐种,怨气与风气交加;呼天吁地,号声协沙声并烈。侵伤于斯为甚,饥馑因而荐臻,未有如今日者也。"为此"伏愿圣慈,默佑帝泽,洪福施延于无量无边,亿万年常馨沙漠;恩惠及于有生有相千百世,永镇金汤矣。某等无任瞻天仰圣激切屏营之至,谨奉表称奏以闻"。① 这正是明清以来本区沙漠化过程强烈发展的情形以及带给人们的深重灾难的逼真写照,沙漠化的严重程度已经发展到了危及人们生产和生活的惊人地步,自然这靠向老天爷祈祷是解决不了问题的。

由以上的探讨不难看出人类大规模的土地开发活动对于绿洲生态系统巨大而深刻的影响,本区明清时期沙漠化发生发展的主因盖系人们对于土地资源开垦利用不当所致。追溯历史的发展在于更深刻地认识今天的现状,以总结和汲取历史的经验教训,从而为今天的生态环境建设以及绿色发展提供切实的、有益的史鉴。

① (清)谢树森著(道光二十八年),谢广恩补辑(1936 年):《镇番遗事历鉴》,李玉寿校本。

黑河流域历史时期野生动物变迁研究

——以野马和野骆驼为例*

史志林

兰州大学敦煌学研究所

　　黑河流域是丝绸之路河西走廊段的重要组成部分,地处我国西北干旱、半干旱区,是我国第二大内陆河流域。[①] 历史时期,黑河流域野生动物的分布变迁,也反映了黑河流域生态环境的历史演变。[②] 目前学术界对于全国范围历史时期的动物变迁研究较多,这其中以何业恒先生与文焕然先生成果最多。[③] 而黑河流域由于区域范围小、研究资料少,目前在野生动物变迁方面尚未开展专门性的研究工作。本文在前人研究的基础上,以野马和野骆驼为主要对象就黑河流域历史时期的野生动物变迁及其与生态环境变化的关系进行探讨。

---

* 本文系国家自然科学基金青年项目“河西走廊西部汉唐时期人类植物利用策略变化及影响因素研究”(41901090)、兰州大学中央高校基本科研业务费专项资金资助项目“汉唐时期黑河流域历史地理专题研究”(2019jbkyxs035)、国家社科基金重大项目“俄藏蒙古文文献目录译介与研究”(2018ZDA323)、国家重点研发计划“亚洲中部干旱区气候变化影响与丝路文明变迁研究”(2018YFA0606402)、教育部人文社会科学重点研究基地重大项目“敦煌通史”(16JJD770024)、国家社会科学基金重点项目“敦煌汉唐碑铭整理研究”(20AZS001)、国家社科基金冷门绝学研究专项学术团队项目“敦煌河西碑铭与河西史研究”(21VJXT002)的阶段性成果。

① 程国栋等:《黑河流域水—生态—经济系统综合管理研究》“前言”,科学出版社,2009年,第1页。

② 关于黑河流域的相关研究情况,请参看郑炳林、史志林、郝勇《黑河流域历史时期环境演变研究回顾与展望》,《敦煌学辑刊》2017年第1期,第137—150页。

③ 何业恒:《中国珍稀兽类的历史变迁》,湖南科学技术出版社,1993年;文焕然:《中国历史时期植物与动物变迁研究》,重庆出版社,2006年。

一、黑河流域野马、野骆驼的分布及其变迁

汉代之前,黑河流域内主要活动的民族是月氏、匈奴等,他们从事游牧活动的场景在岩画资料中可以找到不少。如1972年嘉峪关文物清理小组发现的嘉峪关黑山岩画中刻有大量关于野马和野骆驼的资料。[①] 2004年,西北大学考古系在马鬃山区的岩画中也发现了双峰驼、马等动物的信息。[②]

考古资料显示,马家窑文化的先民在距今5 000年前后进入河西以后,为适应当地的自然环境和气候特点,一直在对原有的生产生活方式进行调整,考古发现和文物普查显示,马家窑类型时期人类已经占据了整个河西走廊,[③]但是绝大部分遗址分布在河西走廊东部,红水河剖面和猪野泽孢粉记录显示在距今5 000—4 500年左右河西走廊较冷湿,[④]人类大部分都分布在河西走廊东部的山前台地和出山口附近,一方面是维系原有的农业生产,同时可能从祁连山中获得大量的野生动物资源。考古发现马家窑类型时期,磨制石器比例较高,制作较精,如穿孔石刀、陶刀、石斧、石锛等与农业生产关系密切的工具数量较多,[⑤]显示出农业经济的比重较大。

历史时期,黑河流域的张掖和酒泉地区都有关于野马的记载。《汉书·武帝纪》记载,元鼎四年(前113)"秋,马生渥洼水中"[⑥]。这说明汉代敦煌地

① 嘉峪关文物清理小组:《甘肃地区古代游牧民族的岩画——黑山石刻画像初步调查》,《文物》1972年第12期,第42—47页;杨惠福,张军武著:《嘉峪关黑山》,甘肃人民出版社,2001年,第113—129页。

② 席琳:《马鬃山区游牧文化遗存研究》,西北大学硕士学位论文,2007年,第19—45页。

③ 甘肃省文物考古研究所、北京大学考古文博学院编著:《河西走廊史前考古调查报告》,文物出版社,2011年,第413—415页。

④ 朱艳、陈发虎、B. D. Madsen:《石羊河流域早全新世湖泊孢粉记录及其环境意义》,《科学通报》2001年第19期,第1596—1601页;Zhang H C, Ma Y Z, Wünnemann B et al. , "A Holocene climaticrecord from arid northwester China," *Palaeogeography*, *Palaeo-climatology*, *Palaeoecology*, 2000, 162(3~4): 389 - 401.

⑤ 甘肃省文物考古研究所、北京大学考古文博学院编著:《河西走廊史前考古调查报告》,第428页。

⑥ (东汉)班固撰,(唐)颜师古注:《汉书》卷6《武帝纪》,中华书局,2013年,第184页。

区有野马的存在。

另外,汉简中也有不少关于野马的记载。据目前所见,记载有野马的汉简有以下几枚:

1. ☐即野马也尉亦不诣迹所候长迹不穷☐(EPT8∶14)①
2. ☐野马一匹出殄北候长皆☐(EPT43∶14)②
3. ☐□以为虏举火明旦踵迹野马非虏政放举火不应☐(EPF22∶414)③

殆及唐代,《元和郡县图志》记载了甘州、肃州的贡赋中有野马皮。④ 其中甘州的贡赋"开元贡:野马皮,白柰,枸杞"⑤。肃州的贡赋"开元贡:野马皮,砺石,肉苁蓉,柏脉根"⑥。《新唐书·地理志》中也记载了甘州张掖郡、肃州酒泉郡的土贡有"野马革"⑦。另外,敦煌文书中也有关于野马的相关记载,如,S. 2703V1《唐天宝八载(749)敦煌郡应遣上使文解玖道事目》载:"节度使中丞衙为送供进野马皮事。"⑧S. 6452(2)《辛巳年(981)十二月十三日周僧正于常住库借贷油面物历》载:"十五日连面伍斗达坦边买野马皮用。"⑨敦博58号《敦煌县博物馆藏地志残卷》记载甘州的土贡有:"苟杞,野马皮。"⑩P. 2005《沙州都督府图经》记载党河上游的硖石山附近"曲多野马"⑪,这里的硖石山,据李并成先生和李正宇先生考证,就是今天的野马南山。⑫ 除了"野马南山"之外,酒泉境内与"野马"有关的地名还有野马山和野马河,野马

---

① 马怡、张荣强主编:《居延新简释校》,天津古籍出版社,2013 年,第 76 页。
② 马怡、张荣强主编:《居延新简释校》,第 149 页。
③ 马怡、张荣强主编:《居延新简释校》,第 793 页。
④ (唐)李吉甫撰,贺次君点校:《元和郡县图志》卷 40《陇右道下》,中华书局,1983 年,第 1019、1021、1023、1026 页。
⑤ (唐)李吉甫撰,贺次君点校:《元和郡县图志》卷 40《陇右道下·甘州》,第 1021 页。
⑥ (唐)李吉甫撰,贺次君点校:《元和郡县图志》卷 40《陇右道下·肃州》,第 1023 页。
⑦ (宋)欧阳修、宋祁撰:《新唐书》卷 40《地理四》,中华书局,2013 年,第 1045 页。
⑧ 唐耕耦、陆宏基编:《敦煌社会经济文献真迹释录》第 4 辑,全国图书馆文献缩微复制中心,1990 年,第 475 页。
⑨ 唐耕耦、陆宏基编:《敦煌社会经济文献真迹释录》第 2 辑,全国图书馆文献缩微复制中心,1990 年,第 240 页。
⑩ 郑炳林:《敦煌地理文书汇辑校注》,甘肃教育出版社,1989 年,第 151 页。
⑪ 郑炳林:《敦煌地理文书汇辑校注》,第 5 页。
⑫ 李正宇:《古本敦煌乡土志八种笺证》,甘肃人民出版社,2007 年,第 59—60 页。

河是党河的支流,主要流经野马山与野马南山之间,全长155公里,流域面积达5 687平方公里。① 这些沿用至今的地名也可以从一定意义上说明唐代该地区是存在野马的。

宋代,在《太平寰宇记》中记载了甘州、肃州产有野马皮。其中甘州"土产:香子,驼褐,野马皮,布"②。肃州"土产:野马皮,肉苁蓉,柏脉根"③。

明清时期,各种地方志仍有关于野马的记载。李时珍《本草纲目·兽部》记载:"野马似马而小,出塞外。今西夏、甘肃及辽东山中亦有之。"④《大明一统志·陕西行都指挥使司》土产中记载"野马:皮可为裘"⑤,陕西行都指挥使司的治所就在甘州卫,说明甘州在明朝也产野马。《万历甘镇志·地理志·物产》有"野马"条;⑥另"肉苁蓉"条记载"味咸,出酒泉福禄县沙中。皮如松子,有鳞甲,根长尺余。本草云:'野马精溃地所生。'镇番独多"⑦。按甘肃镇为明九边之一,治所在今张掖,说明明朝还有野马的活动。乾隆《甘肃通志》卷20《物产》记载肃州府有:"野马,皮可为裘。"⑧乾隆《甘州府志·食货·物产》有"野马、野骡",土贡中也记载"唐以麝香、冬枣、枸杞、实叶、野马等类"⑨。同书《杂纂》"野马川产野马"条记载:"扁豆口南五十里有野马川,出野马,古所称驹骖者也,俗呼野骡子。唐贡其革,曰野马之皮。"⑩乾隆《重修肃州新志·物产》"野马"条云:"皮可为裘。《通志》云:'野马皮,肃

① 杨成有、刘进琪:《甘肃江河地理名录》,甘肃人民出版社,2014年,第229—230页。

② (宋)乐史撰,王文楚等点校:《太平寰宇记》卷152《陇右道三·甘州》,中华书局,2007年,第2941页。

③ (宋)乐史撰,王文楚等点校:《太平寰宇记》卷152《陇右道三·肃州》,第2945页。

④ (明)李时珍撰:《本草纲目》,山西科学技术出版社,2014年,第1238页。

⑤ (明)李贤、彭时等纂修:《大明一统志》卷37《陕西行都司》,三秦出版社,1990年,第2663页。

⑥ 凤凰出版社编选:《中国地方志集成:甘肃府县志辑44:万历甘镇志·地理志·物产》,凤凰出版社、上海书店、巴蜀书社,2008年,第27页。

⑦ 《甘肃府县志辑44:万历甘镇志·地理志·物产》,第26页。

⑧ (清)李迪等撰,刘光华等点校整理:《乾隆甘肃通志》卷20《物产》,兰州大学出版社,2018年,第700页。

⑨ (清)钟赓起著,张志纯等校注:《甘州府志校注》卷6《食货·物产》,甘肃文化出版社,2008年,第197页。

⑩ (清)钟赓起著,张志纯等校注:《甘州府志校注》卷16《杂纂》,第866页。

州贡。'"①《嘉庆重修一统志·甘州》土产中记载:"野马皮:《唐书·地理志》:'甘州土贡野马革。'《通志》:'可为裘。'"②同书肃州直隶州土产中记载:"野马皮:《元和志》:'肃州贡。'"③《嘉庆重修一统志》又记载《蒙古统部》的土产有:"野马、野驼和野骡"④,这里的"蒙古统部"包括今天黑河流域下游的额济纳旗在内,可以推测额济纳旗应当有野马和野驼存在。《道光续修山丹县志·物产》中记有野马。⑤《民国新修张掖县志·物产》中仍有野马、野骡记载。⑥《民国高台县志·舆地下·物产》中有"野马、野骡、野驴"的记载。⑦

以上这些记载表明,自汉代至民国时期,黑河流域境内都有野马。然而,到了20世纪中期野马已经在中国消失了,也从地球上消失了。但据报道,1970年代在准格尔盆地东部有野马被观察到,⑧但1980年,由相关科学家组成的考察队进行了广泛的深入调查,未发现野马踪迹,表明野马已经是极为罕见或灭绝了。⑨

关于野骆驼的分布情况,据历代文献记载,从汉代迄今,黑河流域境内都有骆驼的分布,但是明确记载为野骆驼的史料不多。

汉简中关于野骆驼的记载有:

状何如审如贤言也贤所追野橐☐(EPT5:97)⑩

---

① 《甘肃府县志辑48:重修肃州新志·物产》,凤凰出版社、上海书店、巴蜀书社,2008年,第193页。
② 《嘉庆重修一统志》卷266《甘州》,中华书局,1986年,第13167—13168页。
③ 《嘉庆重修一统志》卷278《肃州直隶州》,第13585页。
④ 《嘉庆重修一统志》卷534《蒙古统部》,第26524页。
⑤ 《甘肃府县志辑46:道光续修山丹县志》卷9《食货·物产》,凤凰出版社、上海书店、巴蜀书社,2008年,第398页。
⑥ 《甘肃府县志辑45:民国新修张掖县志·物产》,凤凰出版社、上海书店、巴蜀书社,2008年,第348页。
⑦ 《甘肃府县志辑47:民国高台县志》卷2《舆地下·物产》,凤凰出版社、上海书店、巴蜀书社,2008年,第85页。
⑧ 谢联辉:《中国原野上有野马吗——访新疆野生动物科研、管理人员》,《野生动物》1985年第1期,第5页。
⑨ 《张掖地区志(上卷)》第713页所列"张掖地区珍稀野生动物一览表"中没有"野马、野骆驼"的记载,只有"野牦牛、野驴"等,甘肃人民出版社,2010年。
⑩ 马怡、张荣强主编:《居延新简释校》,第36页。

居延汉简229·1和229·2还记载了一起因为追野骆驼而累死马的官司,简文内容如下:

> ☐书曰大昌里男子张宗责居延甲渠收房队长赵宣马钱凡四千九百二十,将告宣诣官☐以☐财物,故不实臧二百五十以上,☐已☐☐☐☐☐☐辟赵氏故为收房队长,属士吏张禹宣与禹同治,乃永始二年正月中禹病,禹弟宗自将驿牝胡马一匹来视禹,禹死,其月不审日。宗见塞外有野橐佗☐☐☐☐

> ☐宗马出塞逐橐佗行可卅余里,得橐佗一匹还,未到队,宗马萃僵死,宣以死马更所得橐佗归宗,宗不肯受,宣谓宗曰:强使宣行马幸萃死不以偿宗马也。

> ☐☐共平宗马直七千,令宣偿宗。宣立以☐钱千六百付宗,其三年四月中,宗使肩水府功曹受子渊责宣,子渊从故甲渠候杨君取直,三年二月尽六。(229·1,229·2)①

从简文内容可知,在居延县所在的塞外地区有野橐佗的存在,所以才有了用马追逐骆驼,在归途中马僵死而产生的官司纠纷。简文中提到的大昌里在其他汉简中出现的次数较多,屋兰县有大昌里(417,EJT5∶8A,EJT14∶3),氐池县也有大昌里(560·26,229·34,EJT8∶78),居延县只有昌里(38·13,132·3,137·2,286·14,EPT40∶148,EPT51∶249,EPT52∶137,EPT4∶5,EJT8∶5,171·18,EPT65∶453,EPT59∶630,EPT8∶4,EPT59∶175),究竟张宗的籍贯是哪里,目前尚不确定。这场官司中,马的估钱是7 000钱,简文中说野骆驼的价值不能与马等价,可见当时野骆驼没有马值钱,这可能是因为野骆驼较难利用的缘故。否则从本身重量而言,骆驼的体重当比马重得多,从重量而言骆驼当比马值钱。

唐代诗人岑参曾到玉门地区,诗句"金挡乱点野驼酥"说明了唐代玉门关(今甘肃安西县双塔堡附近)②有野驼的存在。另外还有"浑炙犁牛烹野

---

① 谢桂华、李均明编:《居延汉简释文合校》,文物出版社,1987年,第371页。

② 关于唐玉门关的位置,学术界有不同的说法,笔者赞同李并成先生的看法,见氏著《唐玉门关究竟在哪里》,《西北师大学报》2001年第4期,第20—25页。其他相(转下页)

驼"的诗句,也说明附近野驼的存在且数量不少。到了 10 世纪中叶,黑河流域一带有野驼的分布,宋《开宝本草》(974 年成书,已佚):"野驼脂,⋯⋯脂在两峰内,生塞北,河西。"当时"塞北"约指蒙古高原一带,"河西"即河西走廊。《嘉祐本草图经》(1061 年,已佚)亦称:"野驼出塞北、河西,今惟西北蕃界有之。"寇宗奭《本草衍义・野驼》(1116 年成书)道:"生西北界等处。"此"西北界"亦指西夏,也包括黑河流域在内。

　　明清以来关于野骆驼的记载比较少,清嘉庆九年(1804)《玉门县志・土产・野畜》中记载有"野骆驼"①。民国十六年(1927),西北科学考查团在额济纳旗调查时,听到野驼有时到湖滨活动的消息。② 20 世纪 50 年代以来,在额济纳旗曾捕获过野骆驼,但是今天野骆驼的数量已经非常少了。③ 2010 年出版的现代版《张掖地区志》中列举了"张掖地区珍稀野生动物一览表",这其中已经没有"野马、野骆驼"了,这也说明了野马和野骆驼在今天的张掖已经不存在了。④

(接上页)关研究可以参考:陈梦家《玉门关与玉门县》,《考古》1965 年第 9 期,第 469—478 页;纪宗安《丝绸之路新北道考实——兼谈玉门关址的东迁》,《敦煌学辑刊》1996 年第 1 期,第 96—108 页;李正宇《新玉门关考》,《敦煌研究》1997 年第 3 期,第 1—14 页;李并成《东汉中期至宋初新旧玉门关并用考》,《西北师大学报》2003 年第 4 期,第 103—106 页;李正宇、李树若《玉门关名义新探——金关、玉门二名互匹说》,《敦煌学辑刊》2005 年第 1 期,第 122—127 页;李并成《石关峡:最早的玉门关与最晚的玉门关》,《中国历史地理论丛》2005 年第 2 期,第 120—125 页;李并成《新玉门关位置再考》,《敦煌研究》2008 年第 4 期,第 104—118 页;李正宇《双塔堡决非唐玉门关》,《敦煌研究》2010 年第 4 期,第 74—79 页;李正宇《新玉门关考》,《丝绸之路》2011 年第 18 期,第 106—114 页;潘竟虎、潘发俊《汉代以后玉门关位置及丝路古道变迁考》,《普洱学院学报》2013 年第 5 期,第 33—40 页;李并成《玉门关历史变迁考》,《石河子大学学报》2015 年第 3 期,第 9—16 页。

① 《甘肃府县志辑 47:(嘉庆)玉门县志》,第 21 页。

② [瑞典]斯文・赫定著,李述礼译,杨震文、徐炳昶校:《西北科学考查团丛刊之一:长征记》,西北科学考查团,1931 年,第 202 页。

③ 额济纳旗志编纂委员会:《额济纳旗志》,方志出版社,1998 年,第 113 页记载的野生动物中有"野马和野骆驼"。

④ 《张掖地区志》(上卷),第 713 页。

二、生态环境变化对于野马、野骆驼分布变迁的影响

文焕然先生的研究指出，野马在我国的分布甚广，但到历史时代分布有所缩小，尤其是 18、19 世纪以来，分布范围急剧缩小，数量也大幅度减少。造成这种后果的原因主要是由于野马自身习性的限制、生态环境的变化以及人类活动的影响。[①] 同样，历史时期野骆驼分布变迁之大，是环境变化、人类活动及野骆驼自身弱点等综合作用、相互影响的结果，以人类活动的影响为甚。[②] 就黑河流域而言，野马和野骆驼在流域范围分布范围急剧缩小，数量大幅度减少，野马今天在黑河流域已经消失了。这背后的原因除了人类的乱捕、滥猎之外，与生态环境的变化也有一定的关系。生态环境的变化从两个方面影响到野马和野骆驼的分布：

其一，气候变化影响植被的生长状况。野马和野骆驼在黑河流域内多半栖息于荒漠、半荒漠地区，这些地区生态环境恶劣，植被的载畜量限制了它们的大量发展。宋元时期，黑河流域由唐朝的温暖湿润气候快速转变为寒冷干旱气候，这一时期比较明显的植被特征就是黑河下游额济纳旗地区的绿色植被，在宋辽寒冷干旱期迅速降温和干旱缺水及风暴、沙暴肆虐的生态环境中枯萎死亡，而且这些植被的破坏在明清以来都很难得以恢复。[③]

其二，环境变迁中的自然灾害对野马和野骆驼影响巨大。每当严重的旱灾、蝗灾、暴风雪等灾害发生，都会对野生动物产生较大的影响。如《汉书·匈奴传》记载："（汉宣帝刘询本始二年，公元前 72 年）其冬，单于自将万骑击乌孙，颇得老弱，欲还。会天大雨雪，一日深丈余，人民畜产冻死，还者不能什一。于是丁令乘弱攻其北，乌桓入其东，乌孙击其西。凡三国所杀数万级，马数万匹，牛羊甚众。又重以饿死，人民死者什三，畜产什五，匈奴大

---

①　文焕然：《中国历史时期植物与动物变迁研究》，第 247 页。

②　文焕然：《历史时期中国野骆驼分布变迁的初步研究》，《湘潭大学自然科学学报》1990 年第 1 期，第 116—123 页。

③　赫明林、曹兴山、曹炳媛：《河西走廊地质历史中宋辽干冷期灾变事件及其影响》，《甘肃地质》2006 年第 1 期，第 10—18 页。

虚弱,诸国羁属者皆瓦解,攻盗不能理。"①《后汉书·南匈奴列传》记载当时
匈奴地区"连年旱蝗,赤地数千里,草木尽枯,人畜饥疫,死耗大半"②。1248
年,蒙古高原"是岁大旱,河水尽涸,野草自焚,牛马十死八九,人不聊生"③。
如此严重的灾害,对于野马和野骆驼在内的野生动物的影响可见一斑。笔
者曾经就黑河流域历史时期自然灾害的情况进行专门研究,自汉武帝太初
元年(前 104)至中华民国的 2053 年历史中,发生在黑河流域的主要自然灾
害有干旱、洪涝、冰雹、霜冻、风暴、虫鼠害、地震等类型,共计 216 次。其中
干旱 64 次、洪涝 25 次、冰雹 24 次、霜冻 6 次、风暴 23 次、虫鼠害 18 次、地震
56 次,平均每 9.9 年发生一次。④ 其中干旱、冰雹、风暴等自然灾害的数量
较多,这些自然灾害的发生都会对野马和野骆驼的生存环境和存续状况产
生重要影响。

　　总之,自然环境的变迁,加上人类的乱捕、滥猎,共同导致了野马和野骆
驼在今天黑河流域境内极为罕见或灭绝。

（原载《敦煌学辑刊》2021 年第 2 期）

---

①　(东汉)班固撰,(唐)颜师古注:《汉书》卷 94《匈奴传》,第 3787 页。

②　(宋)范晔撰,(唐)李贤注:《后汉书》卷 89《南匈奴列传》,中华书局,2012 年,第
　　2942 页。

③　(明)宋濂等撰:《元史》卷 2《定宗纪》,中华书局,2013 年,第 39 页。

④　史志林、董翔:《历史时期黑河流域自然灾害研究》,《敦煌学辑刊》2018 年第 4 期,第
　　141—145 页。

汉代关陇进入河西走廊的路线与武威郡驿置道里论考

贾小军

河西学院历史文化与旅游学院

汉代从长安到敦煌，进入河西的干线有三条。一是在今甘肃靖远县附近渡黄河，经景泰、古浪到达武威郡治姑臧，即居延里程简 EPT59.582（简 1)①和额济纳汉简 2002ES18SH1∶8(简 2)②所反映的驿道：

简 1：

> 长安至茂陵七十里/茂陵至茯置卅五里/茯置至好止七十五里/好止至义置七十五里

> 月氏至乌氏五十里/乌氏至泾阳五十里/泾阳至平林置六十里/平林置至高平八十里

> 媪围至居延置九十里/居延置至鲽里九十里/鲽里至揟次九十里/揟次至小张掖六十里

> 删丹至日勒八十七里/日勒至钧著置五十里/钧著置至屋兰五十里/屋兰至氏池五十里

> （EPT59.582）

简 2：

> 泾阳到□百里　泾阳到高平百口□(2002ES18SH1∶8)

---

① 见甘肃省文物考古研究所等《居延新简》，中华书局，1990 年，第 395—396 页；张德芳主编，肖丛礼著《甘肃秦汉简牍集释·居延新简集释（五）》，甘肃文化出版社，2016 年，第 80、192 页。

② 魏坚主编：《额济纳汉简》，广西师范大学出版社，2005 年，第 282 页；孙家洲主编：《额济纳汉简释文校本》，文物出版社，2007 年，第 103 页。

二是经天水平襄、金城允吾到达武威郡治姑臧,即悬泉汉简 VT1611 ③:39(简 3)①所反映的路线:

简 3:

> 张掖千二百七十五一,冥安二百一七,武威千七百二,安定高平三千一百五十一里……(A)
>
> 金城允吾二千八百八十里,东南。天水平襄二千八百卅,东南。东南去刺史□三千□……一八十里……长安四千八十……(B)(VT1611 ③:39)

上述两条线路在武威郡治姑臧汇合,此即李并成先生所指出的:"汉代长安通往河西东部重镇武威(姑臧)有南北两道,其中北道由长安径取西北方向,大体溯泾河河谷而上,于索桥渡口渡过黄河,复经媪围、居延置、鹯里、揟次、小张掖而至姑臧,全程约 720 公里,约合汉里 1 730 里。南道则由长安沿渭河西行,于今兰州附近渡过黄河,经令居、苍松、鸾鸟等地而至姑臧,全程长达 880 公里,合汉 2 116 里,较北道远出 160 公里,合汉里 385 里。"②其中"北道"是汉代由长安到河西的主要路线。③第三条线路是通过走廊南缘的祁连山垭口、河谷进入河西地区,此道又有两条支线,即经扁都口到达民乐、张掖或经洪源谷进入古浪、武威。翻检史籍,尚未见到能直接证明汉代经扁都口到达民乐、张掖或经洪源谷进入古浪、武威的事例。但相关记载仍能证明祁连山垭口、河谷可通南北。《汉书》卷 69《赵充国传》载河湟羌人作乱,酒泉太守辛武贤奏言:"郡兵皆屯备南山,北边空虚,势不可久……屯兵在武威、张掖、酒泉万骑以上,皆多羸瘦。可益马食,以七月上旬赍三十日粮,分兵并出张掖、酒泉合击罕、开在鲜水上者。"④针对辛武贤的奏议,"充国及长史董通年以为'武贤欲轻引万骑,分为两道出张掖,回远千里。……又武威县、张掖日勒皆当北塞,有通谷水草。臣恐匈奴与羌有谋,且欲大入,幸

---

① 甘肃省文物考古研究所:《敦煌悬泉汉简释文选》,《文物》2000 年第 5 期;胡平生、张德芳:《敦煌悬泉汉简释粹》简 61,上海古籍出版社,2001 年,第 59 页。

② 李并成:《汉代河西走廊东段交通路线考》,《敦煌学辑刊》2011 年第 1 期。

③ 刘光华主编:《西北通史》第一卷,兰州大学出版社,2005 年,第 69 页。

④ 《汉书》卷 69《赵充国传》,中华书局,1962 年,第 2977 页。

能要杜张掖、酒泉以绝西域,其郡兵尤不可发"①。可知武威、张掖、酒泉以南皆有可通西羌的进兵道路,其中经张掖南下或北上的路线,或即经扁都口的"张掖弱水(今黑河扁都口)路"②。刘满认为:"(此次)汉军计划进入羌中的行军路线是:由酒泉出发,经张掖、氏池(今甘肃民乐县),再由今扁都口穿过祁连山,进入羌中。"③吴礽骧给出的汉代河西驿道南道走向最为详细,即"由陇西郡治狄道(今甘肃临洮县)渡洮河,向西北,渡大夏河,经枹罕(今甘肃临夏市),向西北,至临津城(今甘肃积石山保安族东乡族撒拉族自治县大河家乡),渡黄河,经白土城(今青海化隆回族自治县境),转东北,沿隆治沟,至金城郡治允吾县(青海民和县下川口村),溯湟水西行,经破羌县(今青海乐都东南)、安夷县(今青海乐都县西)、西平亭(今青海西宁市东古城),折向北,沿长宁川(今北川河)河谷,越养女山(今达坂山),渡浩亹河(今大通河),出鲜谷塞(今青海门源回族自治县西北),经扁都口(祁连山地冷龙岭北口,南口为今青海祁连县俄博村),入氏池塞(今甘肃民乐县境),转东北,沿山丹河上源之一的东湾河谷,经删丹县(今甘肃山丹县李桥乡附近),再沿弱水(今山丹河)北上,至日勒县(今山丹县城西南、山丹河西南岸),折向西,沿弱水南岸,经钧著置(约在今山丹县东乐乡十里堡一带)、屋兰县(今张掖市碱滩乡古城村)、氏池县(今张掖市)、渡张掖河,转西北,经觻得(西汉平帝时的张掖郡治,位于今张掖市西北西城驿沙窝北古城遗址)……"④王宗维指出:"赵充国非常注意从黑河经扁都口到达鲜水的路线,辛武贤提出两路出兵的一路也是这条路,说明这条道路当时也是可通的。"⑤初师宾则认为:"所谓羌中道,即从今甘、青交界之湟水西溯,穿行于古羌人聚居地,或北出今祁连山、抵张掖与河西大道交接,或复西进,出柴达木西缘,至新疆若羌、且末直接通连西域南道。此道乃河西丝路的重要辅线……此道在西汉宣帝(不是武帝)

---

① 《汉书》卷69《赵充国传》,第2978页。
② 王宗维:《汉代祁连山路考述》,《西北师大学报》1983年第3期。
③ 刘满:《鲜水及其有关的民族和交通路线探讨》,《青海社会科学》1983年第3期;收入刘满《河陇历史地理研究》,甘肃文化出版社,2009年,第158—171页。
④ 吴礽骧:《河西汉塞调查与研究》,文物出版社,2005年,第18—19页。按,本段路线考述大体无误,但部分城镇、驿站具体地点与笔者意见不同,详后。
⑤ 王宗维:《汉代祁连山路考述》,《西北师大学报》1983年第3期。

时业已打通。"①此道开通或许更早。刘光华认为,元狩二年(前121)霍去病
攻打匈奴的河西之战,霍去病的行军路线就是"'出陇西',直插今青海东北,
翻越祁连山而进入河西"②的。经洪源谷进入古浪、武威的路线,王宗维称之
为"姑臧南山路"③。"(羌人)从湟水流域北上的路线,是先入大通河水系,翻
过与谷水水系的分水岭,出谷口就可到姑臧南山。但具体从哪个山口出来
的,搞不清楚。"④以唐代交通路线度之,此道似经洪源谷进入古浪、武威而与
大道相接。⑤　道宣著《释迦方志》云:"自汉至唐往印度者,其道众多,未可言
尽。如后所纪,且依大唐往年使者,则有三道。……其中道者,从鄯州东川
行百余里,又北出六百余里至凉州,东去京师二千里。"⑥鲜肖威认为:"从长
安出发到临洮后……北经阿干河谷到兰州,再沿庄浪河谷过乌鞘岭到武威。
这条线路(姑称之"中线",引者)的使用可能较北线和南线(按,北线即前述
过高平再渡黄河到武威郡的路线;南线是指在今炳灵寺附近渡黄河,过青海
民和、西宁,穿祁连山过扁都口到河西的路线,引者)稍晚。但最迟在三国时
就开始了。"⑦但据悬泉里程简Ⅱ90DXT0214①∶130A⑧"仓松去鸾鸟六十
五里,鸾鸟去小张掖六十里,小张掖去姑臧六十七里"的记载,以及前引简3
"金城允吾二千八百八十里……天水平襄二千八百卅……"所反映的乌鞘岭
南北交通来看,汉代此道已通。吴礽骧即认为:"(该道的)走向是,自允吾渡
郑伯津,向北沿浩门河,经今甘肃永登县河桥、通远,转东北至令居,再沿乌

① 初师宾:《丝路羌中道开辟小议》,《西北师大学报》1982年第2期。
② 刘光华:《汉武帝对河西的开发及其意义》,《敦煌学辑刊》第一辑,1980年,第53—62页。按,刘光华主编《西北通史》第一卷认为:"霍去病进军的路线是由陇西出发,直插河西,兵锋所指已达酒泉西部。"(第354页)
③ 王宗维:《汉代祁连山路考述》,《西北师大学报》1983年第3期。
④ 王宗维:《汉代祁连山路考述》,《西北师大学报》1983年第3期。
⑤ 严耕望:《唐代交通图考》第二卷"河陇碛西区":"鄯州向北微东行,渡浩亹河(今大通河),经昌松县(今古浪西),凡五百八十里至凉州治所姑臧县(今武威)。昌松县有洪源谷或当在此道中。"(上海古籍出版社,2007年,第515页)
⑥ (唐)道宣:《释迦方志》,中华书局,1983年,第14—15页。
⑦ 鲜肖威:《甘肃境内的丝绸之路》,《兰州大学学报》1980年第2期。
⑧ 图片、释文见甘肃省文物考古研究所《敦煌悬泉汉简释文选》,《文物》2000年第5期,第27—45页。

亭逆水,向西北越乌鞘岭,转北经仓松、鸾鸟,至小张掖,与北驿道会合。"①不过需要注意的是,"西汉河西四郡都有道路可以到达鲜水、湟水地区,但是,南北交通一直停滞没有发展,这是当时的政治形势、政策决定的"。但"东汉初年,情况就不同了……祁连山的两个民族——小月氏、卢水胡逾山而南,进入湟水流域。他们进入湟中的路线,就是上述张掖弱水扁都口路和酒泉呼蚕水路"②。《中国历代战争史》认为:"霍去病为票骑将军将万骑出陇西(今甘肃省临洮县东北)挺进,过焉耆山(今甘肃省山丹县东)千余里。按去病此役之任务,在打通河西走廊,通西域,绝匈羌之联系,断匈奴之右臂。其作战及经过路线,为自长安沿渭水河谷西进,扫荡天水陇西,至皋兰下(匈奴右部之重要关塞——在今甘肃皋兰县),与匈奴大战,短兵相接,匈奴骑大部被歼。去病遂率军长驱追击,转战六日……计转战数千里,一战完成断匈奴右臂之任务,厥功至伟。"③虽说上述几条由湟水流域进入河西的路线在一定时期是行军路线或自发的民族迁徙路线,与丝路交通并不完全一致,但这些南北向道路的存在,无疑为交通贸易的开展奠定了基础、提供了可能。另外,清代末年兰州至河西走廊的道路也可以为我们考察汉唐旧道提供参考。齐陈骏论道:"除了东西的大道以外,值得注意的是,河西内部南北之间的交通亦是非常重要的。……在河西走廊,从酒泉北面的额济纳旗,经过张掖,一直向南到民乐的扁都口一线,自古以来就是北方少数民族与西南少数民族往来的通道。"④信然。

　　武威段线路由简 1 第三栏和悬泉里程简Ⅱ90DXT0214①:130A 第一栏(仓松去鸾鸟六十五里/鸾鸟去小张掖六十里/小张掖去姑臧六十七里/姑臧去显美七十五里⑤)反映出来。已如前述,以小张掖为界,其东分为两条路

①　吴礽骧:《河西汉代驿道与沿线古城小考》,李学勤、谢桂华主编《简帛研究二〇〇一》,广西师范大学出版社,2001 年,第 336—357 页。

②　王宗维:《汉代祁连山路考述》,《西北师大学报》1983 年第 3 期。

③　台湾三军大学编著:《中国历代战争史》第三册"楚汉战争～东汉",中信出版社,2012 年,第 172—173 页。

④　齐陈骏:《丝路考察纪略》,《兰州大学学报》1982 年第 4 期,后收入《枳室史稿》,甘肃文化出版社,2005 年,第 675—693 页。

⑤　图片、释文见甘肃省文物考古研究所《敦煌悬泉汉简释文选》,《文物》2000 年第 5 期,第 27—45 页。

线。简 1 第三栏记述了由汉代媪围到武威郡张掖县的里程,即经媪围县、居延置、鸸里、揖次县、小张掖等地抵达汉武威郡治姑臧。媪围县城,据考在今景泰县境:"芦阳镇东约五华里的吊沟古城,经考证为汉武威郡媪围县。"①汉媪围古城即吊沟古城"东南不远处,就是黄河索桥古渡遗址。从这里渡河,向东可以进入安定郡,向北可进入北地郡,并可西北通郡治姑臧"②。居延置,简 1 云"媪围至居延置九十里",吴礽骧先生认为:"居延置应位于昌林山南,为媪围县所属的驿置。自媪围遗址向西北,沿一条山沙河、大沙河上行约 38 公里,至今景泰县寺滩乡三道塘村。按驿置里程,居延置驿置或位于三道塘村一带。此线直至明、清,仍为中原进入河西的最捷径,沿途明代驿路墩台至今犹存。"③

李并成先生指出:"汉 90 里合今约 38 公里。由吊沟古城向西,溯大沙沟及其上游常年干涸的横沙河谷而行,约 38 公里处即今景泰县寺摊乡白茨水村。这里有一处泉水露头,水量虽不大,但为居住在该村数十户人家的唯一水源,也是这一段丝路沿途必经的水源补充地,汉居延置设于这里无疑。"④按,三道塘村与白茨水村一东一西,相距约 5 公里,在同一条交通线上。鸸里,在居延置西九十里,由白茨水村西行约 90 汉里(38 公里),可达今古浪县大靖镇。初师宾先生认为:"鸸里,为此道里簿首见。其位置,如果将芦阳(指景泰县芦阳镇,引者)—揖次的距离三等分(每份皆 90 汉里),鸸里约在大靖附近。"⑤《中国文物地图集·甘肃分册》记该镇北 1 公里处有"扑□古城":"平面呈方形,仅北垣残长 330 米,东垣残长 300 米。墙体夯筑,基宽

① 景泰县地名办公室编:《甘肃省景泰县地名资料》,1985 年印。
② 甘肃省地方史志编纂委员会编纂:《甘肃省志·建制志》,甘肃人民出版社,2017 年,第 90 页。
③ 吴礽骧:《河西汉代驿道与沿线古城小考》,李学勤、谢桂华主编《简帛研究二〇〇一》,第 336—357 页。
④ 李并成:《汉代河西走廊东段交通路线考》,《敦煌学辑刊》2011 年第 1 期。按,高启安、沈渭显认为:"汉代遗址老婆子水地处东西大道上,路径平阔,遗址面积较大,与白茨水两者距离汉媪围古城相近,距汉揖次距离相同,此处才应是居延置所在。"(《汉居延置所在置喙——以居延里程简 E. P. T59:582 为中心》,《敦煌研究》2013 年第 5 期)
⑤ 初师宾:《汉简长安至河西的驿道》,载卜宪群、杨振红主编《简帛研究二〇〇五》,广西师范大学出版社,2008 年,第 88—115 页。

6.5米、残高1.5米,夯层厚约0.1米。墙外有壕,残深1.5米。城内外地表可见汉—唐灰陶片、黑陶片、碎砖块及明代青花瓷片等……该城应为汉扑□县、北魏魏安郡、北周白山县、唐白山戍城。"①李并成先生亦持此说。②　鲽里应是扑□县的一个里。据简1,从鲽里西行90汉里至揉次,揉次是武威郡属县。由大靖镇北"扑□古城"西行90汉里,到达今古浪县土门镇附近,则汉揉次县当治此地。③　今土门镇土门村有明代土门古城:"城平面呈长方形,南北长320米、东西宽300米,分南、北两城。北城东面开门,南城西面开门。城墙仅存西墙40多米,夯土版筑,基宽4米、残高2～5米,夯层厚约0.12米,夯层内杂有白釉瓷、黑釉瓷片等。"④未知是否与汉代揉次县有关。由揉次县西行60里(约25公里)至小张掖,"小张掖"即汉武威郡张掖县。土门镇西25公里处,是今武威市凉州区东河乡王景寨村,该村东100米存留一座"东西长250米、南北宽150米,仅西面隐约有残垣遗迹。采集遗物有绳纹灰陶片、残砖瓦和石器,出土有石磨盘、石碾子、铜镞、五铢钱等"的"王景寨城址",⑤李并成先生认为此即汉武威郡张掖县城。⑥　郝树声先生认为汉张掖县的具体位置应在今武威市凉州区南谢河乡武家寨子一带。⑦　但根据里程简书写格式,每一栏内容前后关联,自成一个交通体系。简1第三栏"媪围至居延置九十里,居延置至鲽里九十里,鲽里至揉次九十里,揉次至小张掖六十里"记述的是我们习称的"北线"驿置道里,而悬泉里程简Ⅱ90DXT0214①:130A"仓松去鸾鸟六十五里,鸾鸟去小张掖六十里,小张掖去姑臧六十七里,姑臧去显美七十五里"记述的是"中线"的驿置道里,今谢河乡武家寨子一带处于后一条线路附近。⑧　刘光华先生指出:"揉次至小张掖,是从汉安

---

① 国家文物局主编:《中国文物地图集·甘肃分册(下)》,测绘出版社,2011年,第218页。
② 李并成:《河西走廊历史地理》,甘肃人民出版社,1995年,第46—48页。
③ 甘肃省地方史志编纂委员会编纂:《甘肃省志·建制志》,甘肃人民出版社,2017年,第88页。
④ 国家文物局主编:《中国文物地图集·甘肃分册(下)》,第223页。
⑤ 国家文物局主编:《中国文物地图集·甘肃分册(下)》,第191页。
⑥ 李并成:《河西走廊历史地理》,第40页。
⑦ 郝树声:《敦煌悬泉里程简地理考述》,《敦煌研究》2000年第3期。
⑧ 甘肃省测绘局第三测绘队:《甘肃省地图册》图46,甘肃省测绘局编制,1982年出版,1986年修编再版,中国人民解放军·七二二·七工厂1986年第二次印刷。

定郡鹯阴过黄河，从媪围而来；而鸾鸟至小张掖一路，是溯今庄浪河而上经枝阳、令居，再沿松陕水而下，经仓松、鸾鸟而来，是两条路。'小张掖'即张掖县，是两路的交汇点。"①李并成先生亦指出："该城（即王景寨城址）地处古浪河与黄羊河洪水冲积扇前缘泉水出露带南侧，清水长流，绿洲肥沃。其地又东连汉媪围黄河渡口，西北通姑臧，南可接苍松（今黑松驿），并可由此向南溯古浪河谷而上越乌鞘岭直抵金城（兰州）黄河渡口，实处于由媪围而来和由金城而来的两条丝路大道的交会之地，位置十分重要。"②兹从之。悬泉里程简Ⅱ90DXT0214①：130A 第一栏记述从武威郡仓松县经鸾鸟、小张掖、姑臧到张掖郡显美县的里程，如上所引，这条线路与简1第三栏记述的线路在"小张掖"汇合，初师宾将"小张掖"称为"河西官道驿路的枢纽"③，可谓恰当。

　　已如前述，小张掖以东的另一条线路，"是溯今庄浪河而上经枝阳、令居，再沿松陕水而下，经仓松、鸾鸟而来"④，枝阳、令居属金城郡，枝阳县治今永登县苦水镇一带，令居县治在逆水即今庄浪河中游的永登县城关附近，⑤二地皆在简3所记经天水平襄、金城允吾到达武威郡仓松、鸾鸟的驿道之上。仓松县，《元和郡县图志》卷40《陇右道下》："苍松古城，在县东北十里。汉苍松县也。""昌松县，中，西北至州一百二十里。"⑥《读史方舆纪要》"苍松废县"条："汉县，属武威郡。后汉作'仓松'，晋因之。"⑦吴礽骧、李并成先生认为，汉苍松县方位当在今古浪河上游的黑松驿。⑧ 今古浪县黑松驿镇黑松驿村西南 200 米有汉代黑松驿古城："城平面呈长方形，南北长 400 米、东西

---

① 甘肃省地方史志编纂委员会编纂：《甘肃省志·建制志》，第 88 页。按，该志"春秋秦国至清代篇"之第一、第二、第三、第四章由刘光华先生编写。

② 李并成：《汉代河西走廊东段交通路线考》，《敦煌学辑刊》2011 年第 1 期。

③ 初师宾：《汉简长安至河西的驿道》，载卜宪群、杨振红主编《简帛研究二○○五》，第88—115 页。

④ 甘肃省地方史志编纂委员会编纂：《甘肃省志·建制志》，第 88 页。

⑤ 甘肃省地方史志编纂委员会编纂：《甘肃省志·建制志》，第 79—80 页。

⑥ 《元和郡县图志》卷40《陇右道下》，中华书局，1983 年，第 1020 页。

⑦ 顾祖禹：《读史方舆纪要》卷 63《陕西十二》，中华书局，2005 年，第 2999 页。

⑧ 吴礽骧：《河西汉代驿道与沿线古城小考》，李学勤、谢桂华主编《简帛研究二○○一》，第 336—357 页；李并成：《汉代河西走廊东段交通路线考》，《敦煌学辑刊》2011 年第1 期。

宽 200 米。墙体夯土版筑,基宽 5 米、残高 6 米,夯层厚约 0.12 米。原有 8 个城门,现已不存。墙外西南 200 米处发现有汉代墓葬,出土遗物有灰陶壶、罐等。地表散见绳纹灰陶片等。"①一说治今天祝县安远镇附近,②今安远镇小河沿村东 700 米大河西岸有明代"安远驿古城":"(该城)原整体形状及尺寸不详,现仅存东墙及南、北墙东段。东墙长 650 米,墙体夯土版筑,基宽 4 米、顶宽 2 米、残高 6 米,夯层厚 0.13~0.22 米。城门不详。地面散见大量黑釉、青花瓷片。"③但"安远镇一带四周多山,地势高亢,相对走廊各县,自然条件较差。1962 年天祝藏族自治县设置于此,80 年代迁至华藏寺"④。结合里距、城址及出土遗物判断,汉苍松县当治黑松驿古城。鸾鸟县治,据简 4"仓松去鸾鸟六十五里,鸾鸟去小张掖六十里",小张掖治今武威市凉州区东河乡王景寨村东"王景寨城址",鸾鸟县治即在此城南 60 汉里(25 公里)处的今古浪县城以北的小桥堡,"汉之鸾鸟县舍此再无他求"⑤。初师宾、刘光华先生均支持此说。⑥

　　自小张掖西行六十七汉里,到达武威郡治姑臧。关于汉代姑臧城的位置,在学术界是一个颇有争议的问题,代表性的有二说:第一说,西汉姑臧县城即今武威市城西北约 2 公里处的三摞城(又作"三骡城""锁阳城"),该城"平面呈长方形,东西宽 1 000 米,南北因被沙河冲断,具体长度不详。城垣皆毁,门址不详"⑦,约西汉后期至东汉前期迁至今武威市城。⑧《水经注》卷 40《禹贡山水泽地所在》"都野泽"条:"(武威)县在姑臧城北三百里,东北即休屠泽也……其水上承姑臧武始泽。泽水二源,东北流为一水,径姑臧故城西,东北流,水侧有灵渊池……武威郡,凉州治……王隐《晋书》曰:凉州城有

① 国家文物局主编:《中国文物地图集·甘肃分册(下)》,第 218 页。
② 甘肃省地方史志编纂委员会编纂:《甘肃省志·建制志》,第 86 页。
③ 国家文物局主编:《中国文物地图集·甘肃分册(下)》,第 230 页。
④ 郝树声:《敦煌悬泉里程简地理考述》,《敦煌研究》2000 年第 3 期。
⑤ 郝树声:《敦煌悬泉里程简地理考述》,《敦煌研究》2000 年第 3 期。
⑥ 初师宾:《汉简长安至河西的驿道》,载卜宪群、杨振红主编《简帛研究二〇〇五》,第 88—115 页;甘肃省地方史志编纂委员会编纂:《甘肃省志·建制志》,第 85 页。
⑦ 国家文物局主编:《中国文物地图集·甘肃分册(下)》,第 190 页。
⑧ 李并成:《河西走廊历史地理》,第 22 页;李并成:《汉代河西走廊东段交通路线考》,《敦煌学辑刊》2011 年第 1 期。

龙形,故曰卧龙城。南北七里,东西三里,本匈奴所筑。"①"径姑臧故城西"之
"故城",刘光华先生认为:"'故城'或即盖臧城。新城或即新修的姑臧城。"②
《后汉书》卷 1 下《光武帝纪下》李贤注:"武威,郡,故城在今凉州姑臧县西
北,故凉城是也。"③《元和郡县图志》卷 40《陇右道下》:"姑臧县,上,郭下。
本汉旧县,属武威郡,因姑臧山为名。亦言故匈奴盖臧城,后人音讹为'姑
臧'焉。"④《读史方舆纪要》卷 63《陕西十二》"姑臧废县"条:"姑臧废县,今卫
治。汉置县,为武威郡治。晋因之,又为凉州治……志云:东北二里又有姑
臧旧城遗址。"⑤三摞城在今凉州城区西北约 2 公里处,与"东北二里"方位不
同,里距亦明显有别。另,据此城规模而论,既可为州治,亦可当郡治。但依
汉代建武铜尺合 0.231 米计,1 里等于 415.8 米,⑥则"南北七里,东西三里"
的卧龙城长 2 910.6 米、宽 1 247.4 米。前述三摞城东西宽 1 000 米,尚有
250 米左右的差距,显然这并非计算的误差。相比之下,卧龙城规模更大。
又以"小张掖去姑臧六十七里"核之,从今天凉州区东河乡王景寨城址西行
67 汉里(约 28 公里),刚刚到达凉州区,距凉州城区约 2 公里处的三摞城尚
有一段路程。可见,西汉姑臧县城即今凉州城区西北约 2 公里处的三摞城
之说尚有多处自相矛盾的地方。第二说,西汉姑臧县城始终就在今武威市
凉州区城区范围之内。"这一说法最早见之于《西河旧事》。其后王隐《晋
书》、《水经注》、房玄龄等人所撰《晋书·张轨传》、《元和郡县图志》、《太平寰
宇记》以及清人王先谦的《汉书补注》和《后汉书集解》均认为,后世姑臧城是
在匈奴盖臧城'南北七里、东西三里'的基础上整修而成,尤其是《嘉庆重
修一统志》,将姑臧城由匈奴始筑、后经历代整修利用、一直到元代的建置
沿革叙之甚详。……武威城一直是历史上的姑臧城,并未迁治,只是历代
修建的范围大小不同而已。"⑦今人谭其骧、梁新民、郝树声、张德芳等先生

①　《水经注》卷 40《禹贡山水泽地所在》"都野泽"条,中华书局,2007 年,第 953 页。
②　甘肃省地方史志编纂委员会编纂:《甘肃省志·建制志》,第 84 页。
③　《后汉书》卷 1 下《光武帝纪下》李贤注,中华书局,1965 年,第 79 页。
④　《元和郡县图志》卷 40《陇右道下》,第 1019 页。
⑤　顾祖禹:《读史方舆纪要》卷 63《陕西十二》,第 2991—2992 页。
⑥　据梁方仲《中国历代户口、田地、田赋统计》附录二《中国历代度量衡变迁表》计算,中
　　华书局,2008 年,第 738 页。
⑦　郝树声:《敦煌悬泉里程简地理考述》,《敦煌研究》2000 年第 3 期。

亦持此说。① 笔者亦赞同第二说，不过此说目前亦不能很好地解释《水经注》何以有"姑臧故城"的记载，录此备考。

　　姑臧为汉代河西重要的政治、军事中心，故有道可通东西南北。"姑臧去显美七十五里"，谓出姑臧城西行75汉里（约32公里）到达显美县。显美，西汉属张掖郡，东汉改属武威郡，"地在张掖、武威二郡之间，故可改属"②。按上述里距判断，显美县当在今凉州区丰乐镇一带，吴礽骧及新出的《甘肃省志·建制志》亦持此说。③"这里位于甘新大道必经之地，地处西营河出山口的洪积冲积带"④，亦当是汉代驿道上的重要站点。

① 谭其骧主编：《中国历史地图集》（秦·西汉·东汉时期），中国地图出版社，1982年，图33—34，图57—58；梁新民：《姑臧故城地理位置初探》，《敦煌学辑刊》1987年第1期；郝树声：《敦煌悬泉里程简地理考述》，《敦煌研究》2000年第3期；张德芳：《西北汉简中的丝绸之路》，《中原文化研究》2014年第5期。
② 郝树声：《敦煌悬泉里程简地理考述》，《敦煌研究》2000年第3期。
③ 吴礽骧：《河西汉塞调查与研究》，第20页；甘肃省地方史志编纂委员会编纂：《甘肃省志·建制志》，第95页。
④ 郝树声：《敦煌悬泉里程简地理考述》，《敦煌研究》2000年第3期。

明代甘肃镇的形成与长城的修筑

赵现海

中国社会科学院古代史研究所明史研究室

绪　　论

15 世纪前后,即洪武、永乐之际,亚洲内陆地缘政治发生重大变化。一方面,帖木儿帝国统一中亚,结束了 14 世纪后期蒙古帝国衰落后,西域各国内讧相战的历史,为东进明朝消除了后患;另一方面,阿里不哥系蒙古与瓦剌借北元衰败之际东进岭北中部;北元残众在明军漠东进攻下,也向西迁移至岭北中部。在这一东西并进历史脉络下,明朝黄河以西的甘肃、宁夏,遂从洪武前中期明朝、北元、西域三方势力皆无暇顾及的"差缓地带",一转而为三方势力争夺的"首要地带"。为应对这一地缘政治格局的变化,洪武晚期至永乐前期,明朝开始补强这一地区的防御力量,最早在甘肃独立设置镇守总兵官,建立军镇。军镇设立后,明朝不断修筑长城,完善了甘肃地区的军事防务。

一、洪武五年北伐中西路军的附属
地位与冯胜放弃西北边疆

明朝对甘肃的经略,始于洪武五年(1372)西路军北征。达力扎布对三路明军职责的解释是:"军事部署是大将军徐达率明军主力引诱北元主力至近边作战,左副将军李文忠率东路军奔袭北元朝廷,征西将军冯胜率西路军迷惑和牵制西北蒙古诸王,配合中路军作战。"①也就是说,三支军队中,徐达

---

① 达力扎布:《北元初期史实略述》,载氏著《明清蒙古史稿》,民族出版社,2003 年,第6 页。

中路军是主力,东路李文忠军是奇兵,西路冯胜军负责牵制任务,中路军面临的是遭遇战,以歼灭蒙古军主力为战略目的,是决定本次战役能否成功的重点与关键。东路军与中路军不同,并不以军事决战为宗旨,意图在中路军的掩护下,实现消灭北元汗廷的政治目的。西路军是三支军队中战略地位最轻的,只是一支起牵制作用的侧面部队,承担着双重任务,一是占领甘肃,这只是一个公开的表面任务,另一职责是牵制甘肃蒙古势力,防止其东援扩廓帖木儿军。可见,在洪武五年(1372)北伐中,攻占甘肃只是一种支援中、东二路军的附属任务。为便于西路军更好地实施掩护任务,朱元璋甚至在冯胜的将印名号上做起了文章。徐达佩"征虏大将军印",李文忠佩"左副将军印",而冯胜却不像洪武三年(1370)北伐那样佩"右副将军印",①改佩"征西将军印",有意将其与其他两路明军相区分。

可以讲,中路军的作战任务是最重的,东路军是最容易出彩的,而西路军却恐怕是最容易默默无闻的。在三支军队首将的选择上,朱元璋的做法也很耐人寻味。徐达是明朝开国第一武将,以其主持三路军务,与扩廓帖木儿展开决战,是十分正常与合适的选择。李文忠以奇袭开平,一举奠定在武将集团中的第二位置,此次继续负责奇袭任务,既发挥其所长,也是朱元璋扶持外甥的一项举措。冯胜,初名国胜,更名宗异,最后名胜,定远人。元末结寨自保,与其兄冯国用是最早追随朱元璋的将领之一,最初甚受朱元璋倚重。元末农民军内部经常发生叛乱,朱元璋政权内部也是如此。至正十六年(1356),朱元璋建立"帐前总制亲军都指挥使司",其麾下亲信猛将多属此系统,是朱氏政权的主力军,②而充其首领者便是冯氏兄弟。至正十八年(1358),冯氏兄弟任"帐前亲军都指挥使",充其副职的是李文忠、康茂才。③冯胜任"指挥"。④ 至正十九年(1359),冯国用以疾卒,冯胜袭其职,⑤"代领

---

① （明）胡广等:《明太祖实录》卷四八,洪武三年春正月癸巳条,"中研院"历史语言研究所 1962 年校印本,第 948 页。
② 李新峰:《邵荣事迹钩沉》,《北大史学》第 8 辑,北京大学出版社,2001 年,第 80 页。
③ 《明太祖实录》卷六,戊戌二月乙亥,第 62 页。（明）王世贞撰,魏连科点校:《弇山堂别集》卷一二《更定旧官》,中华书局,1985 年,第 227 页。
④ （明）俞本:《纪事录》卷上,载陈学霖《史林漫识》,中国友谊出版公司,2001 年,第 419 页。
⑤ 李新峰:《邵荣事迹钩沉》,《北大史学》第 8 辑,第 80 页。

其众,居中宿卫"①。至正二十一年(1361),朱元璋改"帐前亲军"为"金吾侍卫亲军都护府",冯胜担任最高职务"都护"。② 冯胜起初是仅次于徐达的二号武将,常遇春尚居其后。③ 但冯胜爱排挤他人,军事行动也多有失误,屡受朱元璋责罚,渐居常遇春之后,开国后,常遇春去世,又居于李文忠之后,为明初第三武将。④

　　虽然明朝中路军、东路军遭遇了"岭北失利",但与之形成鲜明对比的是,西路军由于单独在甘肃行省境内执行任务,战争过程并未受到其他二路影响,反而获得了重大胜利,占领了除哈密之外的甘肃全境。冯胜军首先率师至兰州,经此进入甘肃,占领西凉(今甘肃武威),再至永昌(今甘肃永昌县),在这里歼灭了甘肃元军的一支主力军队。尔后经肃州"扫林山"(今甘肃酒泉北)一战,再次歼灭元军另一支主力军队,并招降上都驴部。从永昌至肃州,中间要经过甘州(今甘肃张掖),这里虽未交代占领甘州之事,想来应是先占甘州,后占肃州。⑤ 至此,明军沿河西走廊,一直向西进攻,若再往西,便是甘肃行省的最西境,即察合台后王的一支出伯后裔所占的瓜州(今甘肃安西)、沙州与哈密三地。但明军并未继续西进,而是为完成掩护中路军的任务,自肃州沿弱水北进至亦集乃(今内蒙古额济纳旗东南),并获得重大胜利,⑥完成了牵制甘肃兵力、掩护中路军作战的预期目标。占领亦集乃后,明军开始回撤,途中占领瓜、沙二州。"至亦集乃,乃败俞宝兵,分兵守扼关塞。冯胜乃遣友德又率兵追击俞宝于瓜、沙州。"⑦这样明军便占领了除哈密外的甘肃行省所有地区。但在中、东两路军失利消息传来后,出于巨大震

---

① 《明太祖实录》卷二三六,洪武二十八年二月乙丑朔,第3447页。

② 《纪事录》卷上,载《史林漫识》,第419页。

③ 《明太祖实录》卷八,庚子闰五月庚申,第103页。

④ (明)王世贞:《弇州史料》前集卷一九《冯宋公传》,四库禁毁书丛刊影印北京大学图书馆藏明万历四十二年刻本,北京出版社,2000年,第79—81页。

⑤ 关于西路军进军路线,马顺平利用黑水城出土文书,有更详细的考察。参见马顺平《洪武五年明蒙战争西路战役研究》,达力扎布主编《中国边疆民族研究》第3辑,中央民族大学出版社,2010年,第6—12页。

⑥ 《明太祖实录》卷七四,洪武五年六月戊寅,第1358—1359页。

⑦ (明)吴朴:《龙飞纪略》,四库全书存目丛书影印北京图书馆藏明嘉靖二十三年吴天禄等刻本,齐鲁书社,1996年,第574页。

恐,冯胜放弃了甘肃、宁夏全境。永乐时期俞本撰《纪事录》,记载:

> (洪武五年)十二月,冯胜惧回鹘之兵,将甘州所葺城池、营房、仓库、转运米麦料豆二十余万石及军需,尽焚之,弃城归,并宁夏、西凉、庄浪三城之地亦弃,仅以牛羊马驼令军人赶归。途中倒死者,军虽饥不敢食,仍负荷归,军人饿死载道,一无所问。上知之,追夺冯胜券诰爵禄,宥其罪,贬为庶人,录其家财。以牛羊骆驼马匹,令民牧养,愚民无知,驼死者并弃骨。胜后复职,憾之曰:"驼虽死,骨安在?"令有司官拷掠征骨,致贫民卖子买驼骨偿之。①

俞本《纪事录》不仅是研究明朝开国史的原始文献,而且具有独一无二的史料价值,这源于俞本不仅是明朝开国历程的亲历者,而且在记述这段历史上,坚持秉笔直书的信史风格。俞本之所以秉持客观的记史立场,与他的个人经历具有直接关系。俞本,字从道,扬州高邮人,生于元至顺二年(1331),永乐初年仍然在世。早在至正十七年(1357),俞本便进入了朱元璋军队,并成为了朱元璋亲军系统的一员,任"帐前黄旗先锋"。俞本最初由帐前亲兵都指挥使冯国用统率,冯国用卒后,改隶其弟冯胜统领。在朱元璋帐前,俞本经历了朱元璋消灭陈友谅、张士诚,称吴国公等一系列政治事件,是朱氏政权逐渐崛起、统一南方的见证者。但耐人寻味的是,明朝建国后,在朱元璋大封功臣,与属下分享胜利果实之际,俞本却脱离了亲军系统,改而隶属宁正(韦正)军队,此后一直追随宁正四处征讨。

永乐时期,晚年的俞本凭借记忆撰成《纪事录》。虽有年月错讹,但记述了大量不为其他史籍所载录的明朝开国史事,甚至朱氏政权内部不为人知的丑陋一面。《纪事录》在明代长期流传,明末钱谦益著《国初群雄事略》,尚参考了《纪事录》的大量内容。但入清之后,该书逐渐亡佚,多种丛书皆仅著录其名,而不载其内容。20世纪90年代,陈学霖发现藏于台北"国家图书馆"的《明兴野记》,实为清人改编《纪事录》而成之书,该书从而得以重见天日,为世人所知。②

俞本从客观,乃至批判的立场,著述《纪事录》,揭露朱氏政权的真实乃

---

① 《纪事录》卷下,载《史林漫识》,第445页。
② 陈学霖:《俞本〈纪事录〉与元末史料》,载《史林漫识》,第204—228页。

至部分负面形象,与他的个人经历密切相关。俞本虽出身亲军,但在亲军系统内部应过得并不如意,否则不会在洪武初年朱元璋大行封赏之时,脱离朱元璋的核心部队,而改投一直边缘化的宁军部队。俞本脱离亲军,是否与亲军首领冯胜存在直接矛盾,限于史料,无法作出判断,但俞本至少是不认同冯胜的,《纪事录》对开国诸将之评价,尤以对冯胜评价最低。"胜乃急功贪财之徒,又不识大义。"①记载冯胜负面事件也最多。

　　追随宁正之后,俞本对朱氏政权核心集团的不满情绪,应在个人遭际之外,受到宁正部队的影响,而进一步加剧。宁正,又称韦正,是韦德成义子。韦德成很早便追随朱元璋,是至正十五年(1355),朱元璋脱离濠州郭氏政权,渡越长江,创建独立政权的"渡江旧勋"之一。② 但其作战而亡后,朱元璋贪恋其妻美色,与之私通,并生育一子。后来迫于故将之妻不可纳的舆论,不得已将韦妻出配于胡汝名,并命韦德成义子韦正统领韦德成军,以继承德成余绪。宁正虽颇有军事才能,且有儒将之风,在统领韦德成军后,屡立战功;但应是由于之前的过节,一直受到朱元璋及追随其的其他武将的排挤与压制,比如冯胜便曾打击宁正,③未能一展其才,获得高位,最终仅位居都督。两任统帅受到的不公正待遇,应在相当程度上影响了宁正军队整体上对于朱氏政权的立场与态度。在这一氛围之中,加之个人遭际,俞本对朱氏政权心存愤恨,从而化作文笔,直抒胸臆,客观乃至批判地记录明朝开国之历程,

---

① 《纪事录》卷上,载《史林漫识》,第 427 页。

② 朱元璋最早追随濠州郭子兴,伴随势力逐渐壮大,在郭身死后,开始脱离郭氏政权,向南渡过长江,占领采石与集庆,建立太平兴国翼元帅府,从此纵横江南,建立起独立的朱氏政权。追随朱元璋渡江的群体,构成了朱氏政权的核心集团,在朱氏政权中拥有独特地位。比如至正二十年,巢湖系将领、江南行枢密院金院赵伯仲弃城逃跑。"太祖怒曰:'主将不能坚守城池,城陷远遁,当诛之。'常遇春净曰:'伯仲系渡江旧勋,宜曲赦之。'太祖曰:'不依军法,无以警后!'赐弓弦令自尽,而官其弟庸行枢密院事。"(清) 谷应泰:《明史纪事本末》卷三《太祖平汉》,中华书局,1977 年,第 37 页。明末清初谈迁最早关注到这一政治群体,以"渡江勋旧"来概括。在评论朱元璋诛邵荣时称:"噫! 彼渡江勋旧,俱鱼服之侣,臣主未定,等夷相视,见兵柄独握,未免为所欲为耳。虽桀骜犯大不逊,吾未敢遽臣属之也。"(清)谈迁:《国榷》卷一,至正二十二年七月丙辰,中华书局,1958 年,第 299 页。李新峰在此基础上,讨论了"渡江勋旧"与朱元璋关系的变化,以及由此而导致的朱、邵权力之争。李新峰:《邵荣事迹钩沉》,《北大史学》第 8 辑,第 77 页。

③ 《纪事录》卷下,载《史林漫识》,第 450 页。

便在情理之中了。

　　不过，洪武五年(1372)，俞本尚随宁正驻守河州，上面所记冯胜弃地事件，应为耳闻而非目睹，虽记载内容十分惊人，与他秉笔直书的风格十分一致，但是否为信史，需要仔细考察。洪武五年(1372)冯胜被罢为庶人之事，并不见诸其他记载。据《明太祖实录》载，冯胜于洪武五年(1372)九月返回南京，①洪武六年(1373)三月，再次随徐达北赴山西、北平。② 如果《纪事录》所载属实，那么冯胜应在洪武五年(1372)十二月至洪武六年(1373)之间被贬为庶人。不过在这段时间内，并未见到如此之记载。

　　但另一方面，俞本记述如此重大事件，不会在毫无根据的情况下，径直虚构，仍应具有一定的事实基础。作为一种推测，俞本应在朱元璋惩戒冯胜之事上，记述有所疏漏，但其所载弃地之事，由于关系重大，应非凭空杜撰。值得注意的是，虽然洪武五年(1372)《明太祖实录》并未记载冯胜曾经遭到朱元璋严厉责罚，却在洪武二十年(1387)遭到过类似于罢为庶人的重惩。当年，冯胜充总兵官，统兵征讨辽东纳哈出，虽将其成功招降，但由于举措失当，使本已归降的纳哈出部属，再次叛逃，从而遗留了巨大后患。此外，冯胜还有其他过失。"会有言胜娶虏妃及受良马无算者，又失其殿都督濮英三千骑，而茂亦自陈所以搏纳哈出，故且讦胜过。"③朱元璋从而削夺冯胜一切权力，将其罢归凤阳故里。"上乃命收大将军印。胜还京，命归凤阳里第奉朝请。……胜自是不复将大兵。"④俞本著述《纪事录》，不仅距离洪武朝已远，而且年老健忘，可能将冯胜受到责罚的时间，从洪武二十年(1387)上移至洪武五年(1372)。可见，在冯胜受罚之事上，《纪事录》所载并非空穴来风。

　　与之相比，冯胜弃地之事，结合种种迹象来看，更属可信。首先，洪武初年，明朝满足于恢复幽云旧疆，对于统治在此以外的边疆地区，缺乏明确意愿，相应地洪武二年(1368、1369)的两次北伐，皆在获取军事胜利之后，并未进一步采取政治进占的做法。既然洪武五年(1372)西路军北征并非为攻占甘肃，而是为策应中路明军、吸引北元军队，按照明军以往的作战方式，在军

① 《明太祖实录》卷七六，洪武五年九月丁酉，第1401页。
② 《明太祖实录》卷八〇，洪武六年三月壬子，第1451页。
③ 《弇州史料》前集卷二三《冯宋公传》，第83页。
④ 《弇州史料》前集卷二三《冯宋公传》，第83页。

事战争之后,很快撤退回来,实属正常。尤其考虑到"岭北之役"失利对于明军心理的巨大冲击,冯胜弃地,实在情理之中。

第二,洪武五年(1372),明朝确实曾经放弃宁夏。"国朝初,立宁夏府。洪武五年,诏弃其地,徙其民于陕西。"①

第三,历史记载的细节或末节可以伪造,但重大事件应有一定根据,难以完全伪造。尽管俞本对冯胜心存厌恶,但对冯胜的评价却较为符合事实,冯贪财而不识大义,不仅是明人的普遍看法,也在冯胜出征辽东时表露无遗。

第四,《明太祖实录》记载洪武五年(1372)九月,朱元璋斥责西路军高级将领贪黩马匹等,与《纪事录》所载冯胜获罪,在内容上具有一定相关性。

> 壬申,命赏征甘肃京卫军士一万四百三十五人,白金四万四千两。时公侯、都督、指挥、千百户以匿或获马骡牛羊不赏。上因谕之曰:"为将者不私其身,况于物乎? 昔祭遵为将,忧国奉公,曹彬平南唐,所载惟图书。汝等能法古人,则令名无穷。今之不赏汝等,当省躬以思补过。"诸将皆叩头谢罪而退。②

第五,洪武初年甘肃地广人稀,社会落后,使冯胜弃地行为显得不是那么不可思议。洪武三年(1370),朱元璋曾称:"说那甘肃省也无甚么军马,如可守时节,就拨人守了。"③可见从明朝掌握的信息来看,洪武初年甘肃蒙古军队并不多。军队较少应反映出这一时期甘肃人口寂寥,社会落后,缺乏驻扎大军、加以防御的必要。而在西路军威逼之下,甘肃元军实行坚壁清野的政策,进一步使甘肃成为物资匮乏之地。《秘阁元龟政要》载:"胜分兵行定凉州、山丹、镇番、永昌、西宁,其故元守将闻胜等将至,自知不敌,已先将境内人民、牛马、驼羊尽拘出玉门、阳关二塞,所得者止是空城而已。"④(万历)《肃镇志》载:"(至正)二十二年,(山丹)升为州,隶甘肃行

---

① (明)朱栴撰修,吴忠礼笺证,刘忠芳审校:《宁夏志笺证》卷上《沿革》,宁夏史料丛书,宁夏人民出版社,1996年,第2页。
② 《明太祖实录》卷七六,洪武五年九月壬申,第1406页。
③ 《弇山堂别集》卷八六《诏令杂考二·与徐常冯》,第1645—1646页。
④ (明)佚名:《秘阁元龟政要》卷七,四库全书存目丛书影印北京图书馆藏明钞本,齐鲁书社,1996年,第474页。

省亦集乃路,元末兵兴,居民逃散。洪武三年,宋国公冯胜兵至时惟空城。"①
《肇域志》载:"(洪武)五年,宋国公冯胜率兵至甘肃,凉州境内空虚。"②"庄浪
卫,在都司城南九百四十里。洪武五年,宋国公冯胜统兵下河西,其县已
空。"③(乾隆)《五凉全志》载:"明洪武五年,宋国公冯胜定河西,元凉公搭搭
乃北遁,胜视凉境空,以兰州等卫官军守御之。"④包括中国在内的世界古代
文明,在当时经济条件之下,由于行政能力十分有限,对于花费巨大成本,统
治人口较少、物资匮乏的地区,并不感兴趣,如果管理边疆的经济成本超过
朝政开支,那么放弃边疆地区,便十分容易被接受。这与现代民族国家"领
土神圣不可侵犯"的疆域观念是完全不同的。如果从这一疆域观念出发,审
视冯胜放弃洪武初年地广人稀、物资匮乏的甘肃地区,从经济角度而言,并
非没有道理。

　　最后,洪武五年(1372)末,甘肃并无军队驻防的情况,同样可以印证《纪
事录》的这一记载。洪武五年(1372)十二月,冯胜军自甘肃撤退后,邓愈受
命征吐蕃,曾由青海向北进军六昼夜,进入甘肃境内,却未能见敌。

　　　　(朱元璋)遣(濮英)领西安、平凉、巩昌、临洮将士,往西海追朵只
　　巴,出兰州,由大通河,直抵西宁铁佛寺。遣陕西行指挥使韦正,自归德
　　州渡黄河,由巴亦哑沿西海边抵北而进。上命卫国公邓愈授以征西将
　　军印,遣人赍制谕付愈,愈遣俞本赍制追英,督英与正合兵,凡六昼夜,
　　大雪,不及而归。⑤

　　可见洪武五年(1372)末,甘肃确实是一处几乎无人把守的军事真空
地带。

---

① (明)李应魁:(万历)《肃镇志》卷一《地理志·沿革》,中国方志丛书影印清高弥高顺
　　治十四年重刊本,成文出版社,1970年,第11页。
② (清)顾炎武:《肇域志·陕西行都指挥使司·凉州卫》,上海古籍出版社,2012年,第
　　2613页。
③ 《肇域志·陕西行都指挥使司·庄浪卫》,第2616页。
④ (清)张珩美修,(清)曾钧等纂:《五凉全志》卷一《地里志·沿革》,中国方志丛书影印
　　清乾隆十四年刊本,成文出版社,1976年,第20页。
⑤ 《纪事录》卷下,载《史林漫识》,第445页。

二、洪武前期亚洲内陆东部势力平衡格局与
明朝在甘肃的失而复得

　　冯胜弃地甘肃的原因是什么呢？《纪事录》给出了十分明确的答案——
"惧回鹘之兵"。"回鹘"，原称"回纥"，是隋唐时期活跃于西域的一支游牧族
群。唐开成五年（840），回鹘可汗被杀，回鹘分成四支外迁。蒙古帝国时期，
回鹘被称为"畏吾儿"。1283年，随着高昌城毁于战火，高昌回鹘政权被察合
台汗国灭亡。察合台汗国虽灭亡了回鹘政权，却接受了其文字与风俗，呈现
了"突厥化"特征。由于突厥与回纥原本同族，所谓"突厥化"其实便是"回鹘
化"。因此，"回鹘"作为一个族群、政权，虽在蒙古帝国时期便已消失，作为
其后裔的称谓，"畏兀儿"一词也更为流行；但"回鹘"一词并未随之从历史中
消失，不仅回鹘文仍在广大西域地区流行，而且惯常用典的元代汉人文人也
仍常用"回鹘"指代畏兀儿与西域，以及元朝境内的西域人，从而与"回回"一
词经常混用。① 俞本这里的"回鹘"所指是哪个政权或族群呢？《纪事录》共
记载"回鹘"四次，除了此处外，其他三处为：

　　　　（洪武元年八月）初三日，（徐）达、薛右丞（显）、参政傅友德领凤翔
　　等五卫步军三万出虎北口追元君。初八日，至兴路，不获。元君行东
　　路，友德军行西路，两路互差，但遇回鹘车辆人口，尽拘而回，获牛羊马
　　匹十万。②

　　　　（洪武元年十月），（徐达）至通州，内有回鹘欲作乱，事泄，戮五千余
　　人，妻女俱配军士。③

　　　　（洪武二十二年）甘肃巴西回鹘遣使赍表及金珠、玩（马戎）马、紫

<hr>

① 杨志玖：《元代回族史稿》，南开大学出版社，2003年，第59—72页。皇庆二年二月，
　　"壬午，西北诸王也先不花进马、驼、璞玉。……帝谕左右曰：'回回以宝玉鬻于官。朕
　　思此物何足为宝，唯善人乃可为宝。善人用则百姓安，兹国家所宜宝也。'"（明）宋濂
　　等：《元史》卷二四《仁宗纪一》，中华书局，1976年点校本，第555页。元朝诸帝对西
　　北诸王尚且泛称为"回回"，可见"回回"一词的最广义，实为所有西域人的泛称。
② 《纪事录》卷下，载《史林漫识》，第433页。
③ 《纪事录》卷下，载《史林漫识》，第433页。

驼、结金珠、璎珞进贡。①

可见，俞本用"回鹘"，取元明之际最广泛的含义。冯胜所惧为西域的哪个政权与族群，从这里无法看出。但通过对这一时期西域地缘格局的分析，可以发现这里的"回鹘"，对应的是东察合台汗国。

成吉思汗将先后占领的中亚、西亚地区分封子弟，建立四兀鲁思，以拱卫宗主国的大兀鲁思。但他去世后，四兀鲁思与中央不断产生摩擦，逐渐发展为独立、半独立的四大汗国，自西向东依次为钦察（金帐）汗国、伊利（伊儿）汗国、察合台汗国、窝阔台汗国。察合台汗国本不与元朝接境，最初受封地仅为天山一带的牧场，但阿鲁忽汗利用忽必烈与阿里不哥争夺汗位的时机，占领了阿姆河以北原属元朝直接管辖的城郭农耕地带，怯别汗趁窝阔台汗国海都去世，势力衰微之机，将其吞并，势力达到土鲁番。② 元朝末年，当蒙古统治者面临长城以内的汉地叛乱时，察合台汗国黄金家族的统治也大为削弱，非黄金家族的"异密"们掌握了实权，察合台汗国分裂为西部的帖木儿帝国与东部的东察合台汗国。东部朵豁剌惕异密播鲁拥立秃黑鲁帖木儿继承汗位，建立了东察合台汗国（又称叶尔羌汗国，蒙兀儿斯坦，明人以其国都所在地称别失八里、亦力把里）。秃黑鲁帖木儿很有作为，宣布信仰伊斯兰教，加快了蒙古人突厥化的历史进程，从而稳固了社会基础。在建立了强大的汗权之后，秃黑鲁帖木儿向西进攻河中地区，发动了统一察合台汗国的战争。虽然占领了大片地区，但并未在当地建立长期而稳固的统治。秃黑鲁帖木儿还向东扩张势力，势力威慑到了哈密，与元朝声气相接。③ 洪武初年，明朝尚未与帖木儿帝国及更西势力形成直接接触，对西域的了解，恐怕更多是对邻国东察合台汗国的认知。故而，冯胜所惧"回鹘"势力，应是东察合台汗国。

那么，洪武初年东察合台汗国是一种什么样的情形呢？明朝建国的1368年，当东方地区正处于元、明易代的大规模战争中时，察合台汗国境内也正展开着一场长达22年的内部战争。1365年，权力遭到削夺的朵豁剌惕部异密哈马鲁丁趁也里亚思火者汗去世的机会，大肆诛杀秃黑鲁帖木儿诸

① 《纪事录》卷下，载《史林漫识》，第456页。
② 刘迎胜：《察合台汗国史研究》，上海古籍出版社，2006年，第2、66页。
③ 田卫疆：《东察合台汗国疆域范围及其变迁考释》，《新疆大学学报》1992年第4期。

子,自立为汗,引起东察合台汗国部分势力的反对,帖木儿趁机在 1368 年,对东察合台汗国发动进攻。而当明朝发动"岭北之役"的 1375 年,哈马鲁丁正向帖木儿帝国发动猛烈的进攻,并占领了帖木儿帝国的大片领土,势头甚猛。① 冯胜所面对者,正是这一时期如日中天的东察合台汗国。冯胜在"岭北之役"惨败的惊惧之下,对强大的东察合台汗国东进甘肃心存畏惧,于是选择焚弃城池,以免贻粮于地,也符合情理。傅友德占领瓜、沙二州后,之所以未进一步西进,也应是为了避免与东察合台汗国发生战争。可见,《纪事录》所载的"惧回鹘之兵",便应是惧怕东察合台汗国的东进。

中国古代蒙古高原北方族群,多有从西域甚至更西北之处迁移而来,统治蒙古高原,对中国北部边疆构成重大威胁者,如突厥、回纥皆是如此,也有大量考古材料与研究成果倾向于匈奴同样起源于亚洲西北。那么,在 14 世纪晚期,当明朝代元之时,包括东察合台汗国在内的西域势力,为何未东进东方地区呢?

这一时期西域可能对明朝造成威胁,与明朝疆域大体相邻的势力,包括三派:一为在蒙元汗位争夺中的失势力量,即窝阔台后裔、蒙哥后裔、阿里不哥后裔,皆居于蒙古高原西北部;一为西部蒙古势力,即明朝所称"瓦剌"者,②元时居于阿尔泰山麓至色楞格河下游的广阔草原的西北部,瓦剌在忽必烈与阿里不哥争夺汗位时,也站在阿里不哥一方;③一为西域察合台汗国势力,当时已分裂为东察合台汗国、帖木儿帝国。

当北元遁入大漠之后,非忽必烈系黄金家族后裔联合瓦剌势力,开始向东南挺进,但其势力仍局限于漠北地区,在洪武晚期发展至漠北东部,这才有了脱古思帖木儿汗为也速迭儿所杀之事。但另一势力,即西域蒙古,不仅未趁"岭北之役"的时机进取东方,而且终洪武一代,也未东进,相应未对明

①　关于明初东察合台汗国与帖木儿帝国的战争,参见朱新光《东察合台汗国与帖木儿帝国之战及影响》,《中国边疆史地研究》1997 年第 3 期。

②　瓦剌,又译作"斡亦剌"等名称,清以后改译为"卫拉特"。瓦剌归降成吉思汗,被封为千户,凡四千户。明初东进,发展为四大部。17 世纪蒙古史书称之为"四万户瓦剌"或"四瓦剌",部落组成与名称在明清时期有所变化。参看乌兰《〈蒙古源流〉研究》,辽宁民族出版社,2000 年,第 293—294 页。

③　[日] 杉山正明著,孙越译,邵建国校:《蒙古帝国的兴亡》(上),社会科学文献出版社,2015 年,第 140 页。

初西北边疆经略产生直接影响。这在于其与帖木儿帝国的长期内战使其无暇东进。

东察合台汗国首要的战略目标是向西进攻帖木儿帝国，这主要有两个原因。第一，东察合台汗国与西部帖木儿帝国，本来同属一个国家——察合台汗国，哈马鲁丁以非黄金家族的身份篡夺汗位，不仅遭到了国内诸多政治势力的反对，而且帖木儿帝国标榜黄金家族的正统地位，也对哈马鲁丁的正统性构成了威胁，无论从统一察合台汗国的角度，还是从维护汗位的合法性角度，哈马鲁丁皆将西进河中，统一察合台汗国，剪除异己势力作为东察台汗国首要的战略目标。第二，东察合台汗国以牧立国，自然条件较差，河中地区农耕条件十分优越，有以牧立国的东察合台汗国所不具备的丰富资源，占领河中地区对于东察合台汗国壮大经济实力，也很有帮助。故而无论从政治上，还是经济上，东察合台汗国首要的经略目标是河中地区，甘肃只是其战略版图中的东方异域。秃黑鲁帖木儿汗在位时，东察合台汗国势力才延展到嘉峪关以西的沙州、哈密地区，但也仅仅是渗透进来，主宰这一地区的仍是出伯系察合台后王集团。至于甘肃，更从未与察合台汗国产生过瓜葛。对于东察合台汗国来讲，这是一片陌生的东方地域。相应，哈马鲁丁只有在统一察合台汗国，消除后顾之忧后，才有可能考虑东进甘肃的问题。14世纪90年代，随着帖木儿击溃哈马鲁丁势力，秃黑鲁帖木儿幼子黑的儿火者继承东察合台汗国汗位，采取与帖木儿联姻和好的方式，消除了西部的威胁后，才开始经略东部地区，扣留明朝使者傅安，占领土鲁番，①进攻哈密。

与之相似，帖木儿帝国采取的战略选择也是首先消除直接竞争对手——察合台汗国的威胁，然后西进消灭伊利汗国与钦察汗国，统一中亚、西亚地区后，最后才开始掉转方向，于永乐三年（1405）发动了一场进攻明朝的战争，只是由于帖木儿突然身死，战争才戛然而止。总之，无论东察合台汗国，还是帖木儿帝国，皆是建立于中亚的蒙古后裔政权，其首要的战略目标皆是确立汗位的正统性与剪除西域异己势力，而非进攻东方异域。

冯胜放弃甘肃、宁夏之后，由于北元、西域蒙古皆未顺势占领这一地区，

---

① 田卫疆：《十四世纪末至十五世纪初的东察合台汗国》，《新疆社会科学》1988年第4期。

因此明朝很快便重新收复这一地区。洪武五年（1372）九月，"壬子，置甘肃卫都指挥使司、庄浪卫指挥使司"①。西宁卫设于六年（1373）正月，②凉州卫设于七年（1374）十月，不过最初属羁縻之卫。③此后，伴随明朝北疆经略的普遍开展，甘肃地区也陆续设置卫所。凉州卫设于九年（1376）十月，永昌卫设于十五年（1382）三月，镇番卫（今甘肃民勤）设于洪武中。④

　　但在嘉峪关以西，明朝却满足于保持羁縻统治与维持宗藩关系，从而与汉唐王朝形成了巨大差距。顾祖舆认为："明洪武五年冯胜下河西，虽直抵玉门，而嘉峪以外皆为羁縻地。嘉靖中割弃哈密，嘉峪益为极边矣。夫弃敦煌而世酒泉，则玉门以外声势遥隔，此蕃、戎所以生心，边备所以日棘也。有远驭之略者，其亦取鉴于汉、唐之成算哉？"⑤

三、洪武时期西部边疆的"差缓地位"与
明朝的"次后经营"

　　从上面论述可知，洪武初年，包括甘肃、宁夏在内的西部边疆，在明朝与北元较量的地缘政治版图中，处于边缘位置。事实上，洪武时期西部边疆地缘政治一直保持了这一特征。在机构设置上，与中部、东部边疆众设都司卫所相比，明朝不仅仅在西部边疆仅设置宁夏五卫、陕西行都司；而且设置时间也相对较晚。明朝在一度放弃宁夏之后，于洪武九年（1376）才设置了宁夏五卫。"洪武九年，改置宁夏卫，后增宁夏左、右、前、中屯凡五卫。"⑥而在甘肃地区，郭红指出："（洪武）七年之前河西零星分布着庄浪、甘肃、西宁诸卫，相去甚远"，"当时（洪武十五年之前）凉州与甘州间的广阔地带内没有其

---

① 《明太祖实录》卷七六，洪武五年九月壬子，第 1403 页。
② （清）张廷玉等：《明史》卷四二《地理志三·陕西》，中华书局，1974 年点校本，第 1015 页。
③ 《明太祖实录》卷九三，洪武九年甲辰，第 1627 页。
④ 《明史》卷四二《地理志三·陕西》，第 1015 页。
⑤ （清）顾祖舆撰，贺次君、施和金点校：《读史方舆纪要》卷六三《陕西十二·甘肃镇·肃州卫》，中国古代地理总志丛刊，中华书局，2005 年，第 2981 页。
⑥ （明）胡汝砺：（弘治）《宁夏新志》卷一《建置沿革》，中国方志丛书影印明抄本，成文出版社，1968 年，第 20 页。

他卫所,军事防御过于稀疏。"①洪武二十三年(1390)时,明军已占领辽东,并击灭北元汗廷后,才开始弥补西北边疆经营之不足,陆续于甘肃增置卫所。山丹卫设于洪武二十三(1390)年九月,甘州左卫设于洪武二十三年(1390)十二月,甘州右卫、甘州中卫设于二十五年(1392)三月,肃州卫设于二十七年(1394)十一月,甘州前卫、甘州后卫设于二十九年(1396),镇夷守御千户所(今属甘肃高台)置于三十年(1397)。② 陕西行都司也于洪武二十六年(1393)迁至甘州。③

而在洪武时期分封体系之中,西部边疆不仅分封较晚,而且是位次相对靠后的庆王、肃王分封之地。

与宁夏、甘肃尚被划为军事边疆,得到相当程度的军事经营相比,西域在明朝地缘政治版图之中,地位更低,明朝一直都未有用兵西域的打算。洪武中期,在甘肃众设卫所之后,明军才开始向哈密进军。洪武十三年(1380),"丁亥,都督濮英复请督兵略地,开哈梅里之路,以通商旅。上赐玺书曰:'报至,知所获人畜。略地之请,听尔便宜,但将以谋为胜,慎毋忽也。'"④蒙元时期,哈密由察合台后王的一支——出伯后裔所控制,是元朝皇室制约察合台汗国的工具。此次明军进军哈密,虽然进入西域,但仍然是在故元境内活动。洪武后期,明军再次进军哈密。洪武二十四年(1391)八月,"乙亥,命左军都督金事刘真、宋晟率兵征哈梅里。先是,西域回纥来朝贡者多为哈梅里王兀纳失里所阻遏,有从他道来者,又遣人邀杀之,夺其贡物。上闻之,乃遣真等往征之"⑤。但仍未有进一步西进的打算。终洪武一朝,明朝的西部边疆经营,一直限于故元境内,而未对东察合台汗国采取军事行动,更毋论以西的帖木儿帝国了。明朝虽然用兵哈密,但仅满足于和其建立

① 郭红:《明代都司卫所建置研究》,复旦大学博士学位论文,2001年,第78、79页。
② 《明史》卷四二《地理志三·陕西》,第1014页。《皇明九边考》的记载明显有误,不知何据。"洪武九年,设甘州等五卫于张掖,设肃州卫于酒泉,设西宁卫于湟中,又设镇番、庄浪二卫。又于金城设兰州卫,皆置将屯兵拒守。"(明)魏焕辑:《皇明九边考》卷九《甘肃镇·甘州城·保障考》,四库全书存目丛书影印国立北平图书馆善本丛书影印明嘉靖刻本,齐鲁书社,1996年,第91页。
③ 梁志胜:《洪武二十六年以前的陕西行都司》,《中国历史地理论丛》1999年第3期。
④ 《明太祖实录》卷一三一,洪武十三年夏四月丁亥,第2078页。
⑤ 《明太祖实录》卷二一一,洪武二十四年八月乙亥,第3138页。

松散的宗藩关系,以西的其他地区,更是如此。可见,洪武时期明朝相对于汉唐王朝在西域的积极经营,呈现出巨大的历史倒退。永乐时期,明朝虽然一度实行边疆扩张,但在西部边疆,也仅在故元甘肃境内,在洪武时期设置的安定卫、阿端卫、曲先卫、罕东卫基础上,增设赤斤蒙古卫、沙州卫、哈密卫,从而形成羁縻性质的"关西七卫"(又称"西北七卫""蒙古七卫"),相对于洪武时期的西北政策,并未有明显改变。

在西部边疆,有如同中部边疆、东部边疆的开平、东胜、大宁一样的战略枢纽,这便是亦集乃。亦集乃,位于今内蒙古额济纳旗东南,不仅是沟通甘肃、蒙古高原、西域的交通枢纽,而且拥有天然湖泊居延海,适合于开展农牧经济。鉴于其战略地位,两汉时期在此先后设置居延塞、居延县。西汉武帝时期,霍去病统率军队,曾与匈奴在此开展大规模战争。元狩二年(前121),"将军(霍)去病、公孙敖去北地二千余里,过居延,斩首虏三万余级"①。唐陈子昂对于这一地区的战略枢纽地位,曾有论述。唐朝在此设置同城守捉,武则天垂拱元年(685),陈子昂奏:"臣伏见今年五月敕,以同城权置安北府。此地逼碛南口,是制匈奴要冲。国家守边,实得上策。"②西夏在此设置黑水城,元设亦集乃路。元朝不仅在此屯田,③而且设置甘肃行省分省,称"亦集乃甘州分省"或"亦集乃分省"。④

但明朝却将亦集乃弃于境外,并未将之划入军事边疆,而将之作为与蒙古之间的"缓冲边疆"。明洪武五年(1372)西路军北伐时,曾短暂占领亦集乃。"至亦集乃,乃败俞宝兵,分兵守扼关塞。冯胜乃遣友德又率兵追击俞宝于瓜、沙州。"⑤但在"岭北失利"的冲击之下,明军很快从这一地区撤退回

---

① (汉)班固:《汉书》卷六《武帝纪》,中华书局,1962年点校本,第176页。

② (唐)陈子昂撰,徐鹏校点:《陈子昂集》卷八《上西番边州安危事》,上海古籍出版社,2013年,第212页。

③ 至元二十二年七月,"分甘州屯田新附军三百人,田于亦集乃之地"。《元史》卷一三《世祖纪十》,第278页。至元二十四年八月,"亦集乃路屯田总管忽都鲁请疏浚管内河渠,从之"。《元史》卷一四《世祖纪十一》,第300页。至元二十五年四月,"命甘肃行省发新附军三百人屯田亦集乃"。《元史》卷一五《世祖纪十二》,第312页。

④ 李逸友:《黑城出土文书(汉文文书卷)》,科学出版社,1991年,第79页。张笑峰:《黑水城所出〈肃州路官员名录〉新考》,载刘迎胜主编《元史及民族与边疆研究》,上海古籍出版社,2015年,第85页。

⑤ 《龙飞纪略》,第574页。

来。北元军队鉴于亦集乃优越的生态环境，从而再次占据这一地区，将之作为进攻明朝西北边疆的根据地。为消除北元军队对西北边疆的威胁，洪武中期，明朝曾两次进攻这一地区，皆获取了战争的胜利。洪武十三年（1380）三月，"西平侯沐英师至灵州，遣候骑侦知脱火赤等兵次亦集乃路，英遂率师渡黄河，经宁夏，历贺兰山，涉流沙凡七日夜，至其境。去穹庐五十里，分军为四道，至夜衔枚而进，合围之，擒脱火赤、爱足等，尽获其部曲以归"①。洪武十七年（1384）五月，"丙寅，命凉州卫指挥使宋晟等率师讨西番叛酋，兵至亦集乃路，擒故元海道千户也先帖木儿、国公吴伯都剌赤、平章阿来等及其部属一万八千七百余人，收其壮士九百八十人，余悉放还"②。

但在获取战争胜利之后，明朝并未如同这一时期在中部边疆、东部边疆军事胜利之后，实行政治进占政策一样，而是再次撤退回来。可见，洪武时期明朝一直都未有固定驻扎亦集乃的想法。一方面，这可能与冯胜首次攻占亦集乃时，采取了挖掘沟渠，引黑水灌亦集乃，从而对亦集乃城池构成极大破坏，③驻守难度相应有所增加有关；但更源于明朝在"东北边疆时代"背景之下，对这一地处西部边疆的荒远之地，秉持漠视态度。

永乐四年（1406）闰七月，宋晟曾有固定驻守亦集乃的打算。"丁卯，甘肃总兵官西宁侯宋晟奏：亦集乃旧城隘小，请发卒增广之，及召商人于亦集乃中纳盐粟以实边储。又请给屯军农具，及授忠顺王部下头目官。"④却被朱棣所拒绝。"上曰：'亦集乃荒漠之地，筑城必用数万人，商人纳粟中盐，道远难致，皆不可从。'命工部如所奏给屯军农具，兵部量授忠顺王头目官。"⑤朱棣仅将亦集乃视作明朝与蒙古的中间地带。永乐七年（1409）正月，在时任甘肃镇总兵何福的请求下，朱棣命军队巡逻亦集乃。"甘肃总兵官左都督何福请设永昌苑，置官给印，专牧孳生马，并令都指挥刘广等出塞巡逻亦集乃

---

① 《明太祖实录》卷一三〇，洪武十三年三月壬子，第 2074 页。
② 《明太祖实录》卷一六二，洪武十七年五月丙寅，第 2514 页。
③ 黄文弼：《河西古地新证》，载黄文弼《西北史地论丛》，上海人民出版社，1981 年。
④ （明）杨士奇等：《明太宗实录》卷五七，永乐四年闰七月丁卯，"中研院"历史语言研究所 1962 年校印本，第 836 页。
⑤ 《明太宗实录》卷五七，永乐四年闰七月丁卯，第 836 页。

等处。悉从之。"①同月,"戊午,命凉州都督金事吴允诚等率骑士,会都指挥刘广等,往亦集乃觇虏情实"②。由于亦集乃处于西北边疆的交通枢纽,永乐时期漠西蒙古归附明朝时,便时常驻牧于亦集乃,等候明朝的回复。比如永乐七年(1409)七月,"甘肃总兵官左都督何福奏:鞑靼脱脱卜花王,把秃王,都督伯克帖木儿,都督挥哈剌你,敦国公赛因帖木儿,司徒撒儿桃赛罕,知院都秃阿鲁、把撒儿等,各率所部来归,今止于亦集乃"③。朱棣遂就地安置其于亦集乃。④

丘福北征失利之后,为防范蒙古南下进攻,朱棣虽曾一度命甘肃镇总兵何福驻扎于亦集乃,但仍未有固定统治这一地区的想法,在边疆局势稳定之后,很快便将何福调回。永乐七年(1409)十一月,"庚午,敕甘肃总兵官宁远侯何福还甘州,时福领兵驻亦集乃之地"⑤。事实上,在朱棣的北疆战略中,并未有亦集乃的一席之地。永乐八年(1410),朱棣首次北征时,曾列举了在北部边疆重点经营的战略要地,其中并无亦集乃。"灭此残虏,惟守开平、兴和、宁夏、甘肃、大宁、辽东,则边境可永无事矣。"⑥

仁宣时期,伴随明朝开始实行边疆收缩政策,对于边疆地区的控制逐渐下降,被安置于亦集乃的蒙古部落,开始逐渐脱离明朝的管束。宣德五年(1430)正月,"陕西守将言麦克零部属今居亦集乃,迁徙无时,恐为边患。上命遣人招谕,如其来归,即与官赏,择善地处之"⑦。宣德末年,鞑靼在瓦剌驱

---

① 《明太宗实录》卷八七,永乐七年春正月辛亥,第 1153 页。

② 《明太宗实录》卷八七,永乐七年春正月戊午,第 1154 页。

③ 《明太宗实录》卷九四,永乐七年秋七月丁亥,第 1248 页。

④ "上遣右春坊右庶子兼翰林院侍讲杨荣,赍敕谕福曰:'脱脱卜花等既来,而止于亦集乃迟回,日久或全生变。尔可与杨荣计度,从长行事。其哈剌你、敦伯克帖木儿,初与把都帖木儿同来,已而叛去,今者复来,必心未安,故徘徊近塞,欲进未果。朕于远人来即抚之,未尝尤其前过。可遣把都帖木儿及将校数人,往亦集乃,以朕意谕之,或与俱来,或令居亦集乃,招抚归附之众,用安边陲。尔等须斟酌权宜,处之务在得当。'"《明太宗实录》卷九四,永乐七年秋七月丁亥,第 1248 页。

⑤ 《明太宗实录》卷九八,永乐七年十一月庚午,第 1289 页。

⑥ (明)金幼孜:《北征录》,载薄音湖、王雄编辑点校《明代蒙古汉籍史料汇编》,内蒙古大学出版社,2006 年,第 33 页。

⑦ (明)杨士奇等:《明宣宗实录》卷六一,宣德五年正月庚戌,"中研院"历史语言研究所1962 年校印本,第 1445 页。

迫之下,向南迁移,沿明朝边境,一路向西,英宗即位之后,亦集乃在这股潮流之中,被鞑靼所占据,成为其不断进攻甘肃的据点。① 正统时期,明朝派遣兵部尚书王骥,督率西北边疆军队,驱逐了盘踞在甘肃以北的鞑靼势力,亦集乃从而再次回到明朝控制之下。在整个明中期,亦集乃从而一直充作归附明朝的蒙古部落驻牧之地。比如弘治八年(1495),"北虏野乜克力之地其酋长曰亦剌思王,曰满哥王,曰亦不剌因王,各遣其头目川哥儿等三十四人,款肃州塞,言为迤北大达子劫杀,欲避之近边住牧,恐中国不信,乞容入贡及互市"②。明朝从而命其"有难之时,暂就境外威远城藏避。无事时,仍在亦集乃等地方往来住牧"③。明中后期,在"伊斯兰东扩"时代潮流下,哈密不断面临土鲁番之侵逼,被迫内迁至嘉峪关以内。嘉靖初年,陈九畴曾有将哈密王族北迁亦集乃的提议,杨一清认为这反而可能造成哈密与鞑靼联合,从而表示反对,明朝由此作罢。"初,哈密二种避仇内徙,一居肃州东关,一居金塔寺诸处。陈九畴请移肃州北境弃地,以杜后患。大学士杨一清以各部一旦外徙,不北合瓦剌,必西连察台,徒足召隙。议遂寝。"④所谓"肃州北境弃地",所指正为亦集乃。

与亦集乃相似的是,在其北部丰州滩,虽然生态环境同样十分优越,适宜于开展农牧经济,是中古以前中原王朝重点经营之地,却同样被明朝弃于疆域之外。事实上,明朝甚至在甘肃境内的贺兰山以西黄河弯曲之广阔空间,包括腾格里沙漠及其以南,都长期未曾置防,即使沙漠以南的河湾,也仅在洪武初年一度开展屯田,进行军事经营。"及我朝略定河西,复我旧疆,故今扒沙、摆坝等川斥堠、疆□宛然具在,传之故老,云:'凉州屯种处也。'惟是胜国时戎马在郊,生齿孑遗,仅传亭燧耕牧。此中莽路旷衍,

① "行在兵部言:镇守甘肃沿边凉州等七卫地方,相去一千八百余里,虏寇出没,殆无虚月。凉州之东铁门关外,有朵儿只伯,镇夷之北亦集乃路有阿端只,肃州之西河州徼外有猛哥卜花,乘间伺隙,为边境患,军士缺马骑操。上命行在兵部计议,乃发陕西见贮官布于军民之家,市马给之。"(明)陈文等:《明英宗实录》卷三,宣德十年三月庚辰,"中研院"历史语言研究所1962年校印本,第67页。
② (明)李东阳等:《明孝宗实录》卷一〇一,弘治八年六月甲寅,"中研院"历史语言研究所1962年校印本,第1847页。
③ 《明孝宗实录》卷一〇一,弘治八年六月甲寅,第1848页。
④ 《明史纪事本末》卷四〇《兴复哈密》,第595页。

视为瓯脱,屏弃不田。"①

　　明朝漠视西部边疆,虽与明代气候寒冷的自然变化脉络暗合,但根源却并不在此。气候变迁对古代欧亚大陆农业政权边疆盈缩的影响,一直深受关注。美国学者牟复礼讨论了明代北疆收缩与气候的关系,指出:"与南方和西南国势增强形成有趣的相对应的情况,是北方——特别是在西北——防区的收缩和衰弱。气候的变化可能使整个边境线的勉强维持生计的农业产量降低,但社会因素也起了作用。"②主张自然与社会因素在明朝北疆内缩中共同发挥了作用。中国学者也对明清时期的北疆内缩与游牧族群南下的气候背景进行了讨论,大体也持与牟复礼相似的立场。③

　　明朝放弃西域,从气候角度而言具有一定的合理性。明代气候变冷,直接导致祁连山雪水融化减少,由于河西走廊农业灌溉主要依靠祁连山雪水,雪水减少会直接导致农业发展丧失水源;而且沙州以西便是塔克拉玛干沙漠,雪水减少会引起沙漠化的加剧,促使河西走廊生态环境进一步恶化。由于沙州地处塔克拉玛干沙漠边缘,最容易受到气候变冷的影响,农耕条件最为脆弱。元代西域生态条件便已趋于恶化。④ 明人也几乎视嘉峪关内外为两个完全不同的空间,以永乐年间出使西域的陈诚态度为例。"(永乐十二年正月)十七日,晴。过嘉峪关,关上一平冈,云即古之玉门关,又云榆关,未详孰是。关外沙碛茫然。约行十余里,至大草滩沙河水水边安营。"⑤故而,明朝放弃沙州,符合生态环境的变迁趋势。

　　但另一方面,陈诚这种生态观恐怕并非纯粹的景观描述,应掺杂了文化

---

① （明）佚名:《庄浪总镇地里图说·松山新边图说》,载孙靖国《舆图指要:中国科学院图书馆藏中国古地图叙录》,中国地图出版社,2012 年,第 131 页。
② ［美］牟复礼、［英］崔瑞德编,张书生等译,谢亮生校:《剑桥中国明代史》"导言",中国社会科学出版社,1992 年,第 9—10 页。
③ 邹逸麟:《明清时期北部农牧过渡带的推移和气候寒暖变化》,《复旦学报》(社会科学版)1995 年第 1 期;程龙:《兀良哈三卫南迁气候寒冷说质疑》,《中国史研究》2001 年第 1 期。
④ 泰定三年五月,"甘肃行省臣言:'赤斤储粟,军士度川远给不便,请复徙于曲尤之地。'从之"。《元史》卷三〇《泰定帝纪二》,第 669 页。
⑤ （明）陈诚著,周连宽校注:《西域行程记》,中外交通史籍丛刊,中华书局,2000 年,第 33 页。

观念,以嘉峪关外为"化外之地",生态环境在其观念中也相应变得"荒漠化"。其实嘉峪关以内也存在严重的沙化,如凉州。"凉州砂碛之区,近城四面皆沙石,大小磊磊,无一寸土壤,掘地至丈许,尚皆大石。"①肃州起初也不适合农耕,后经发展水利灌溉,俨然一幅美妙的田园风光。"(肃州)其地四时鲜雨,惟恃天山雪水灌溉,民亦稀事耕稼,粟麦多贵。"②"而其(毛凤仪)功最大而利最久者,莫如开垦王子庄地,招民居种,浚渠引水,以数百年龙荒沙漠之区,一旦而化为鸡犬桑麻之境。平畴弥望,烟火相错,上裕国赋,下育黎元。"③

　　沙州虽然沙漠化严重,但元、清两朝皆在此屯垦,④明朝为何不能像经营

①　(清)冯一鹏:《塞外杂识》,丛书集成初编本,商务印书馆,1936年,第4页。
②　(清)何衍庆修,(清)吴人寿纂:《肃州新志·因丰阁记》(毛凤仪撰),《中国西北文献丛书第一辑·西北稀见方志文献》第四十九卷,兰州古籍书店,1990年,第59页。
③　《肃州新志·毛公墓志铭》(杨俊烈撰),第63页。
④　元朝在沙州屯垦情况在《元史》中有系列记载。至元十三年正月,"戊子,中书省臣言:'王孝忠等以罪命往八答山采玉自效,道经沙州,值火忽叛,孝忠等自拔来归,令于瓜、沙等处屯田。'从之"。《元史》卷九《世祖纪六》,第177页。关于瓜、沙屯田产量较低,参见李正宇《敦煌历史地理导论》,新文丰出版公司,1997年,第98页。至元十八年五月,"甲辰,遣使赈瓜、沙州饥。……己酉,禁甘肃瓜、沙等州为酒"。《元史》卷一一《世祖纪八》,第231页。至元二十二年五月,"敕朵儿只招集甘、沙、速等州流徙饥民"。《元史》卷一三《世祖纪十》,第277页。至元三十一年七月,"给瓜、沙之民徙甘州屯田者牛价钞二千六百锭"。《元史》卷一八《成宗纪一》,第385页。元贞元年正月,"罢瓜、沙等州屯田"。《元史》卷一八《成宗纪一》,第390页。元贞二年六月,"给瓜州、沙州站户牛种田具"。《元史》卷一九《成宗纪二》,第404页。大德元年十一月,"总帅汪惟和以所部军屯田沙州、瓜州,给中统钞二万三千二百余锭,置种、牛、田具"。《元史》卷一九《成宗纪二》,第414页。大德元年闰十二月,"瓜州屯田军万人贫乏,命减一千,以张万户所领兵补之"。《元史》卷一九《成宗纪二》,第416页。大德二年二月,"甘肃省沙州鼠伤禾稼"。《元史》卷一九《成宗纪二》,第418页。大德七年,"六月己丑,御史台臣言:'瓜、沙二州,自昔为边镇重地,今大军屯驻甘州,使官民反居边外,非宜。乞以蒙古军万人分镇险隘,立屯田以供军实,为便。'从之"。《元史》卷二一《成宗纪四》,第452页。大德十一年七月,"诸王出伯言:'瓜州、沙州屯田逋户渐成丁者,乞拘隶所部。'中书省臣言:'瓜州虽诸王分地,其民役于驿传,出伯言宜勿徙。'"《元史》卷二二《武宗纪一》,第483页。至大二年八月,中书省臣言:"沙、瓜州摘军屯田,岁入粮二万五千石,撒的迷失叛,不令其军入屯,遂废。今乞仍旧遣军屯种,选知屯田地理色目、汉人各一员领之。""皆从之"。《元史》卷二三《武宗纪二》,第514页。延祐元年十月,"丙申,复甘肃屯田,置沙、瓜等处电储总管万户府,秩正三品"。《元史》卷二五《仁宗纪二》,第566页。泰定四年十月,"增置肃州、沙州、亦集乃三路 (转下页)

凉州、肃州那样经营沙州呢？而且明朝最初似乎曾在沙州屯田。"甲午，以指挥佥事藏卜所领故元时部属答失里伯帖木儿、阿力从等为千户、镇抚，俾居沙州，与汉军相参屯田。"①况且沙州虽不适合农耕，但越过沙漠，到达吐鲁番，却十分适合农耕。这从《长春真人西游记》所载沿路景观变化便可看出。② 其实明朝放弃西域并非是出于生态原因，从经济角度考虑的结果；而是出于地缘政治，从政治角度选择的结果。两汉关于在西域是否屯田的争论，所围绕者同样是政治、军事层面，而非经济层面。③ 可见，明朝从建国伊始，在政治重心向东部转移的地缘格局之下，鉴于蒙古政治重心同样向东转移，对于西部边疆的关注程度，明显不如中部边疆、东部边疆，甚至直到正统时期，出没于阴山与黄河之间的塔滩蒙古，才最终归附明朝。④ 明代西部边疆地缘政治上的"差缓"与"次后"特征，鲜明地反映出明代"东北边疆时代"的特征。

四、洪永之际西部边疆由"差缓地带"至 "首要地带"的转变与甘肃镇的建立

洪武中后期，明朝在重点经营中部边疆、东部边疆的同时，也开始对西部边疆有所经营。宋晟在这一过程之中，发挥了重要作用。宋晟，定远人，不仅是朱元璋的同乡，而且在朱元璋诛邵荣事件中，与父亲宋朝开，扮演了告密者的角色，属于朱元璋的嫡系武将。⑤ 洪武中期，宋晟长期执掌甘肃东

（接上页）推官"。《元史》卷三〇《泰定帝纪二》，第682页。天历二年九月，"赈甘肃行省沙州、察八等驿钞各千五百锭"。《元史》卷三三《文宗纪二》，第740页。关于清朝在新疆之屯垦情况，参见王希隆《清代西北屯田研究》，新疆人民出版社，2012年。

① 《明太祖实录》卷二〇三，洪武二十三年秋七月甲午，第3036页。

② （金）李志常述，王国维校注：《长春真人西游记》卷上，载（金）丘处机著，赵卫东辑校《丘处机集》，齐鲁书社，2005年，第263—277页。

③ 余英时著，邬文玲等译：《汉代贸易与扩张》，上海古籍出版社，2005年，第125页。

④ 周松：《明初河套周边军政研究》，甘肃人民出版社，2008年，第200—246页。

⑤ 李新峰：《邵荣事迹钩沉》，《北大史学》第8辑。

部土地最广①、颇宜农业②的凉州卫。

> （洪武）十二年，（宋晟）掌凉州卫。十三年，逐北虏至白城，获其人马甚众。十五年，父病，召晟还侍。又三年，父殁。既襄事，复镇凉州。虏时数为边患，晟率兵讨之，追至亦集乃之地，斩其凶渠也速儿监等，及其众无筭，余悉生絷送京师。又招降虏伪国公吴把都等万八千人，而送其酋长工不答儿等百五十人诣京师，简其壮者补卒伍，余悉处之善地，俾耕牧自便。驿召晟还京，奖谕再四，赐赍甚厚。复镇凉州。十九年，召还，升骠骑将军，右军都督佥事，赐钞、文绮，以其官赠其三代，仍镇凉州。③

宋晟不断征讨、招抚周边北元残众，将明军势力向北扩张至亦集乃。洪武后期，宋晟又两度充作征伐总兵，节制凉州、山丹军队，"上以西凉、山丹等处远在西陲，凡诸军务宜命重臣专制之，乃命都督宋晟为总兵，都督刘真副之，遣使制谕曰：'其西凉、山丹诸卫军马，凡有征调，悉听节制。'"④征伐西域，从而将明军势力向西扩张至哈密。

> 二十三年夏，遣中使就赐白金及钞。至秋，复三遣，赐钞、文绮，授制谕，充总兵官，征哈密里，破之。哈密者，去肃州千余里，虏所城也。诛其伪王子别列怯等三十余人，获虏众千三百人，及金印一，银印二，悉送京师，所获马牛羊，咸给将士。二十五年，复充总兵官，征罕东、西番叛寇，诛擒七千五百余人，获马二千五百，牛羊十万，遂还京师。二十七

---

① 正统十年，参赞军务副都御史曹翼奏："甘肃卫分，惟凉州土地最广，洪武中旧设九所，及带管土民七里，其后次第迁调，今止余四所，城内实多隙地，郭外广有闲田。"《明英宗实录》卷一三二，正统十年八月丙辰，第 2628 页。

② 正统、天顺时期，两次到凉州的张楷，便曾写下"绿水绕畦瓜未熟，黄云翻垄麦初成。解鞍偶向河桥息，几处讴歌贺偃兵"的诗句。《五凉全志》卷一《武威县志·文艺志·过凉州》，第 198 页。清代乾隆年间诗人沈翔也咏叹道："山开地关结雄州，万派寒泉日夜流。峰向南来皆有雪，城当西面独无楼。市廛人语殊方杂，道路车声百货稠。塞北江南称此地，河西千里尽荒陬。"《五凉全志》卷一《武威县志·文艺志·凉州怀古十首》，第 201—202 页。

③ （明）黄金：《皇明开国功臣录》卷二〇《宋晟传》，明代传记丛刊，明文书局，1991 年，第 225—226 页。

④ 《明太祖实录》卷二一六，洪武二十五年二月癸酉，第 3183 页。

年,调中军都督府。①

在长期征战甘肃的过程中,宋晟不仅从边疆族群获取了大量马匹,而且积极招徕边疆族群进入军队系统,从而建立起多族群、机动化的军队。洪武三十年(1397)七月,"甘肃西凉守将宋晟、庄德、张文杰等尝征讨边夷,多获马匹,牧于塞上。又以所虏胡人为家奴,待如亲属"②。

可见洪武时期,明朝不仅经营西部边疆相对较晚,而且倚重宋晟这样的中低级武将,与中部边疆、东部边疆很早便派遣开国勋贵重点经营相比,战略地位存在很大差距。洪武二十七年(1394),明朝始派遣勋贵后裔赴甘肃。"命曹国公李景隆佩平羌将军印,往甘肃镇守。调都督宋晟、刘贞率马步壮士缉捕盗马寇边。"③李景隆之所以佩"平羌将军印",应在于两汉时期,西部族群由诸羌组成,此后的中原王朝遂多有笼统将西部族群惯称"羌"的现象。比如被分封至甘肃的肃王,其后裔便曰:"太祖高皇帝分封我庄祖王于甘肃,以御戎羌。"④朱元璋既然命李景隆镇守甘肃,后者遂佩此印。

李景隆虽佩印镇守,但在洪武时期分封制度之下,甘肃军权实由肃王掌握,相应地李景隆并未专制一方,而仍受肃王牵制甚至统属。可见,这一时期甘肃并未出现独立的镇守总兵制度,相应也未设立军镇。次年,明朝整顿陕西行都司军队,洪武二十八年(1395)六月,"丁亥,敕曹国公李景隆整饬陕西属卫士马"⑤。肃王便负责甘肃大部分卫所,"惟陕西行都司甘州五卫及肃州、山丹、永昌、西宁、凉州诸卫从肃王理之"⑥。庆王负责宁夏、陕北卫所,"庆阳、宁夏、延安、绥德诸卫从庆王理之"⑦。而李景隆仅负责洮河流域卫所。"其余卫所除屯种外,马步军士悉令训练,以俟征调。"⑧"曹国公李景隆

---

①　《皇明开国功臣录》卷二〇《宋晟传》,第 226 页。

②　《明太祖实录》卷二五四,洪武三十年秋七月乙丑,第 3663 页。

③　《明太祖实录》卷二三一,洪武二十七年春正月辛酉,第 3375 页。

④　肃府本《淳化阁帖》朱识铭跋,转引自林健《明代肃王研究》插图,甘肃人民出版社,2005 年。

⑤　《明太祖实录》卷二三九,洪武二十八年六月丁亥,第 3477 页。

⑥　《明太祖实录》卷二三九,洪武二十八年六月丁亥,第 3477 页。

⑦　《明太祖实录》卷二三九,洪武二十八年六月丁亥,第 3477 页。

⑧　《明太祖实录》卷二三九,洪武二十八年六月丁亥,第 3477 页。

理巩昌、岷州、洮州、临洮、河州五卫。"①

　　伴随洪武末年明朝与西域蒙古的交恶,朱元璋为防范西域蒙古的东进,
开始加强甘肃的防御。洪武末年,东察合台汗国扣留了明朝的使节。洪武
二十七年(1394),明朝便不再将东察合台汗国列为藩属国。"西域之部也,
西天泥、八剌国、朵甘、沙州、乌思藏、撒立、畏兀儿、撒来、撒马儿罕。"②洪武
三十年(1397),朱元璋再次派遣使节,出使东察合台汗国,对其这一作法,加
以谴责。"丁丑,遣使谕别失八里王黑的儿火者。先是遣主事宽彻等使哈梅
里、别失八里及撒麻儿罕的地。宽彻至别失八里,而黑的儿火者拘留之,副
使二人得还,至是复遣使持书往谕之。"③作为对东察合台汗国的报复,明朝
扣押了前来经商的东察合台汗国商人一段时间。"是以近年回回入边地者,
且留中国互市,待宽彻归,然后遣还。"④最终朱元璋决定主动修复与东察合
台汗国的关系,送还被扣押的该国商人。"及回回久不得还,称有父母妻子。
朕以人思父母妻子,乃其至情。逆人至情,仁者不为,遂不待宽彻归而遣
之。"⑤在示好的同时,朱元璋对东察合台汗国也进行了恐吓。"是用复遣使
赍书往谕,使知朝廷恩意,毋使道路闭塞,而启兵端也。"⑥但终洪武一朝,明
朝与东察合台汗国也未能重新回到宗藩关系的轨道上来。

　　洪武后期,帖木儿帝国以继承成吉思汗伟业为政治目标,通过不断争
战,不仅先后吞并中亚的花剌子模与西亚的伊利汗国、钦察汗国,成为亚洲
内陆中西部霸主,而且有向东进攻明朝,从而恢复蒙古帝国庞大疆域的想
法,因此开始中止与明朝之间的宗藩关系。洪武二十八年(1395)、洪武三十
年(1397),帖木儿帝国两次扣留明朝使者。"(洪武)二十八年遣给事中傅
安、郭骥等携士卒千五百人往,为撒马儿罕所留,不得还。三十年又遣北平
按察使陈德文等往,亦久不还。"⑦在这一地缘背景下,西部边疆战略地位遂

①　《明太祖实录》卷二一七,洪武二十五年三月癸未,第3187页。
②　《明太祖实录》卷二三二,洪武二十七年夏四月庚辰,第3395页。
③　《明太祖实录》卷二四九,洪武三十年春正月丁丑,第3611页。
④　《明太祖实录》卷二四九,洪武三十年春正月丁丑,第3612页。
⑤　《明太祖实录》卷二四九,洪武三十年春正月丁丑,第3612页。
⑥　《明太祖实录》卷二四九,洪武三十年春正月丁丑,第3612页。
⑦　《明史》卷三二二《西域传四·哈烈》,第8609页。

由"差缓地带"一举转变为"首要地区",成为明朝北部边疆地缘政治的重心。

鉴于东察合台汗国、帖木儿帝国的强势威胁,朱元璋遂在洪武三十年(1397),派遣开国勋贵中仅存的两位——耿炳文、郭英充征伐总兵,往赴甘肃。"长兴侯耿炳文佩征西将军为总兵官,武定侯郭英为副,往陕西及甘肃选精锐步骑,往西北边以备胡寇。"①耿炳文佩"征西将军印",反映出朱元璋此次派军出征,实为了防御东察合台汗国与帖木儿帝国。

这一时期蒙古高原政治重心的西移,也在一定程度上提升了西部边疆的战略地位。脱古思帖木儿被杀之后,阿里不哥系蒙古与瓦剌由于势力分布于蒙古高原西部,遂再次恢复蒙古帝国初期和林的政治中心地位。达里扎布指出,脱古思帖木儿汗被杀之后,瓦剌所立五汗(不包括脱脱不花),斡耳朵皆在三河之源。② 在这一地缘格局之下,大量蒙古部众开始在甘肃境外活动。有鉴于此,朱元璋也开始加强对甘肃的关注。

> 洪武二十七年六月初七日,后军都督府差舍人张忠为军务事到来启:本年五月三十日,于右顺门,钦奉圣旨:如今问出宁夏来降达达只儿吉歹,说也速迭儿的儿子差来哨探的马军,去年在也儿焦地面,将甘肃搬盐的几名旗军拿去问这里的消息,说他那里有三万人马,在边上出哨。着那边止守御的官军每,好生用心谨慎,设法关防堤备。钦此。③

在甘肃战略地位逐渐提升的地缘背景下,建文元年(1399),明朝在甘肃首次实行独立的镇守总兵制度,命宋晟镇守甘肃。"以中军都督佥事宋晟充总兵官,镇守甘肃。"④镇守总兵驻所设于甘州卫。"靖难之役"中,建文朝廷征调北部边疆大量军队,加入对燕王的战争,却一直未征发甘肃军队,⑤可能

---

① 《明太祖实录》卷二四九,洪武三十年春正月丙辰,第 3605 页。

② 达力扎布:《北元汗斡耳朵游牧地考》,南京大学元史研究室编《内陆亚洲历史文化研究——韩儒林先生纪念文集》,南京大学出版社,1996 年。

③ (明)朱元璋:《太祖皇帝钦录》,载张德信《太祖皇帝钦录及其发现与研究辑录——兼及〈御制纪非录〉》,朱诚如、王天有主编《明清论丛》第 6 辑,紫禁城出版社,2005 年,第 93 页。

④ (明)屠叔方:《建文朝野汇编》卷二《建文元年》,北京图书馆古籍珍本丛刊影印明万历刻本,书目文献出版社,1989 年,第 36 页。

⑤ 《皇明开国功臣录》卷二〇《宋晟传》,第 227 页。(明)姜清:《姜氏秘史》,四库全书存目丛书影印北京图书馆藏清初钞本,齐鲁书社,1996 年,第 722 页。

鉴于甘肃距离遥远,也可能考虑到甘肃担负着抵御帖木儿帝国与阿里不哥系蒙古、瓦剌的边防重任。建文时期虽然分封制度逐渐瓦解,肃王已非甘肃最高军事长官,宋晟从而独立镇守甘肃,但由于并未佩印,因此甘肃尚非完全意义上的军镇。

朱棣即位后,鉴于帖木儿帝国东进明朝之势逐渐明显,蒙古大汗窝阔台后裔鬼力赤也不断南下,西部边疆面临越来越大的边防压力,从而延续建文时期的甘肃镇守总兵制度,并进一步赋予宋晟将印,从而正式确立了甘肃的军镇地位。永乐元年(1403)正月,"丁酉,命后军左都督宋晟佩平羌将军印,充总兵官,镇甘肃"①。甘肃镇由此成为明代九边最早建立的军镇。②

五、明前期甘肃镇地缘定位的确立

永乐二年(1404)底,帖木儿率兵 20 万,号称百万,向东进攻明朝。朱棣听闻这一消息之后,命甘肃、宁夏二镇严加防备。永乐三年(1405)二月,"敕甘肃总兵官左都督宋晟曰:‘回回倒兀言撒马儿罕回回与别失八里沙迷查干王假道率兵东向。彼必未敢肆志如此,然边备常不可怠。昔唐太宗兵力方盛,而突厥径至渭桥,此可鉴也。宜练士马、谨斥堠、计粮储,预为之备。’"③

---

① 《明太宗实录》卷一六,永乐元年春正月丁酉,第 296 页。

② 关于甘肃建镇标志与时间,学界持有不同意见。艾冲指出:"大约在洪武十二年定设镇守甘肃等处地方总兵官,沿为制度。卫、所的城池也渐次营建,这是甘肃镇建立的标志。"艾冲:《明代陕西四镇长城》,陕西师范大学出版社,1990 年,第 9 页。胡凡以洪武十二年,陕西行都司设于庄浪,作为甘肃建镇的标志。参见胡凡《明代洪武永乐时期北边军镇建置考》,《文史》2006 年第 4 期。于默颖认为甘肃建镇经历了长期的过程。"甘肃镇的创设最早应追溯到西安行都卫的设立,正式设立应以陕西行都司的复建为标志,移治甘州及诸卫的增设则是其最后形成。洪武二十七年,以李景隆为平羌将军,镇甘肃,永乐初以宋晟佩平羌将军印充总兵官镇甘肃,甘肃称镇。"参见于默颖《明蒙关系研究——以明蒙双边政策及明朝对蒙古的防御为中心》,内蒙古大学博士学位论文,2004 年,第 102 页。余同元认为甘肃建镇于洪武年间。参见余同元《明代九边述论》,《安徽师范大学报》1989 年第 2 期。韦占彬认为甘肃镇设于永乐元年。参见韦占彬《明代"九边"设置时间辨析》,《石家庄师范专科学校学报》2002 年第 1 期。范中义认为甘肃镇初建于洪武二十五年,完成于正统元年。参见范中义《明代九边形成的时间》,《大同高等专科学校学报》1995 年第 4 期。

③ 《明太宗实录》卷三九,永乐三年二月庚寅,第 658—659 页。

但帖木儿在2月18日,行至讹答剌(花剌子模境内,今哈萨克斯坦境内)时病死。15世纪初年亚洲两大霸主的正面对决,尚未发生便戛然而止,此后帖木儿帝国陷入汗位之争中,四分五裂,从而被明朝再此纳入宗藩体系之中,再未对明朝构成严重威胁。宣德时期,西域各国普遍与明朝建立了宗藩关系。"地大者称国,小者止称地面。迄宣德朝,效臣职、奉表笺、稽首阙下者,多至七八十部。"①

伴随帖木儿帝国威胁的解除,甘肃镇战略地位有所下降。永乐五年(1407)六月,宋晟病重,朱棣命其子、驸马都尉宋琥前往探视病情,并协助宋晟处理军镇事务。

> 壬寅,遣驸马都尉宋琥省其父西宁侯晟疾。就令赍敕谕晟曰:"卿久在边,劳身焦思,招怀抚辑,使朕无西顾之忧,朕甚赖之。近闻得风疾,妨起处,朕心惓惓,特遣琥侍疾。卿宜强饮食、进医药,用副倚注之重。琥年少,智识未充,宜遂教以边务,然大事须自处置,不可忽也。"②

七月,宋晟病死,③朱棣遂命宋琥临时接任甘肃镇总兵。"丁卯,命驸马都尉宋琥佩平羌将军印,充总兵官,镇甘肃,节制陕西都司及行都司。"④以防止西北边疆由于宋晟的去世,而发生动乱。

应是鉴于宋琥尚年轻识浅,未曾历练边事,朱棣从而并未将之作为继任甘肃镇总兵的人选,而是选择了这一时期镇守宁夏,与宋晟一同负责西北防务的何福。永乐五年(1407)八月,"乙酉,敕宁夏总兵官右军都督府左都督何福往镇甘肃,令驸马都尉宋琥以父丧还京师"⑤。

虽然帖木儿帝国的威胁得以解除,不过蒙古仍不断对甘肃镇造成军事威胁。永乐五年(1407)十一月,朱棣听闻蒙古有南下甘肃等地的计划,从而命何福加强战备。"内子,敕甘肃总兵官左都督何福曰:'近得降虏朵儿只,言北虏备挤马干粮,期冰冻时南寇东胜,亦欲寇甘肃、哈密,尔须坚壁清野以

---

① 《明史》卷三三二《西域传四·俺的干》,第8616页。
② 《明太宗实录》卷六八,永乐五年六月壬寅,第961—962页。
③ 《明史》卷一五五《宋晟传》,第4246页。
④ 《明太宗实录》卷六九,永乐五年秋七月丁卯,第975页。
⑤ 《明太宗实录》卷七〇,永乐五年八月乙酉,第981页。

待。若来,慎毋轻出兵击之,虑有诈也。戒慎戒慎!"①永乐六年(1408),鬼力赤被杀,鞑靼部众迎立居于别失八里的北元昭宗爱猷识理达腊之孙本雅失里,继承大汗之位,沿途可能会经过甘肃境外。甘肃镇遂严阵以待,提防战争的发生。② 不过本雅失里可能为了防范明军的中途劫杀,最终未选择这一线路。③

永乐八年(1410)四月,何福追随朱棣北征,都指挥佥事史昭充总兵官,临时负责甘肃镇军务。"壬戌,车驾至玄云谷,闻凉州土鞑军叛,命都指挥佥事史昭充总兵官,操练陕西行都指挥司军马,并统领陕西都司河州诸卫步骑三千人镇守凉州等处,凡土军、土民有便命者即剿之。"④七月,朱棣正式命宋琥充任甘肃镇总兵。⑤"遣使赍制谕,命驸马都尉西宁侯宋琥佩征虏前将军印,充总兵官镇甘肃。"⑥史昭改充其部属。十月,"甘肃总兵官驸马都尉西宁侯宋琥奏调都指挥丁刚镇凉州,王贵镇肃州,史昭守镇番。从之"⑦。值得注意的是,宋琥未像之前甘肃镇总兵那样,佩"平羌将军印",而是改佩"征虏前将军印",即军事经营的重点不再是"羌"即西部族群,而是"虏"即蒙古。之所以有此改变,应是在永乐北征的时代背景下,朱棣将甘肃镇的定位,从控遏西北,临时转变为充作永乐北征的侧翼力量。

两宋灭亡原因之一,是数量巨大的禁兵队伍,给国家财政造成了沉重负

---

① 《明太宗实录》卷七三,永乐五年十一月丙子,第1021—1022页。

② "甲子,遣太监王安等往失八里。时鸿胪寺丞刘帖木儿不花等使迤西,还言:'本雅失里初居撒马儿罕,后奔别失八里,今虏遣人迎立之。边将亦报谍闻本雅失里事,且云本雅失里若立,则诸虏拥之北行,必先掠边境,请选劲骑出塞,觇伺或要击之。'上曰:'此虏果立,亦未能大肆其志。姑遣人潜察所向如何。'遂遣安往别失八里,而敕总兵官都督何福等遣人往哈密等处买马,以觇本雅失里动静。令所遣者必与安声势相接,迤西诸卫所则发兵护送。"《明太宗实录》卷七五,永乐六年春正月甲子,第1030—1031页。

③ "己亥,太监王安奏:本雅失里自别失八里从他道北行,不经哈密。令其所部鞑靼十八人在哈密窥探边事,忠顺王羁之以俟命。上敕忠顺王遣人送至总兵官都督何福所,令福俟至询其实,即赐赍遣之。遂召安还。"《明太宗实录》卷八〇,永乐六年六月己亥,第1073页。

④ 《明太宗实录》卷一〇三,永乐八年夏四月壬戌,第1342—1343页。

⑤ 《明史》卷六《成祖纪二》,第88页。

⑥ 《明太宗实录》卷一〇六,永乐八年秋七月丁卯,第1367页。

⑦ 《明太宗实录》卷一〇九,永乐八年冬十月己亥,第1405页。

担。与两宋不同,朱元璋建国之后,对军队规模加以控制,即使被设定为军事重心的北部边疆,明初也仅驻扎40万左右的士兵。"明初边备,自辽东而大宁,而开平,而宣府,而丰胜,而大同,而宁夏,而甘肃,东西延亘,指臂相依,称全盛焉。故合边卒之数,不过四十万,较之宋人备西夏一路犹七十万者,盖倍蓰也。"①军队规模得以控制,虽然有利于财政平衡,却会时常造成兵力不足的问题。针对于此,明朝不断征调内地军队,轮番到北部边疆协助防御,这便是所谓的"班军"制度。② 明代班军制度出于节约成本与增强适应性的考虑,采取就近征调的原则,比如派遣至甘肃的班军,便主要从邻近省份,即陕西、山西、河南等地征调。永乐八年(1410)十二月,"己酉,命都督费瓛、都指挥胡原、陈怀率陕西都司马步军五千、河南都司三千、山西都司二千在甘肃操备者,听总兵官驸马都尉西宁侯宋琥节制"③。

宋琥凭借其父威望与自己的驸马身份,充任甘肃镇总兵,颇为自傲,与其父相比,在军务处理上缺乏稳重与谨慎,不仅很快便遭到朱棣的严厉批评,永乐八年(1410)十二月,

> 敕甘肃总兵官西宁侯宋琥曰:"尔前奏曲先卫头目有久居沙州,令至甘肃者。既至,则当即送朝廷,乃留之不遣,何也?《礼》:臣子无外交。虽为边将,非有警急及受命权宜行事,宜谨守常法,不宜轻易遣人出境。盖尔年少,涉事未广,致有此失。闲暇宜学问,亲贤人智士,以知古名将及国朝老成如中山王数人行事,而取法之,必无失矣。昔中山王守北京十余年,未尝轻遣一人出塞外。当时边围无事,中山王亦安享富贵,令名无穷。尔能遵朕训,则边境可安,尔之富贵亦永远矣。"④

而且迅速失去了朱棣的信任,永乐十年(1412),西部边疆部分族群归附明朝,朱棣并未如之前将甘肃镇军务完全委任宋晟那样,而是另外派遣李彬充任征伐总兵,与宋琥一同处理相关事宜。"十年,命往甘肃与西宁侯宋琥经

---

① 《读史方舆纪要·舆图要览·九边总图》,第6028页。
② 参见彭勇《明代班军制度研究:以京操班军为中心》,中央民族大学出版社,2006年;彭勇《明代北边防御体制研究:以边操班军的演变为线索》,中央民族大学出版社,2009年。
③ 《明太宗实录》卷一一一,永乐八年十二月己酉,第1420页。
④ 《明太宗实录》卷一一一,永乐八年十二月甲寅,第1422—1423页。

略降酋。"①甘肃镇诸多武将脱离宋琥节制,改归李彬统率。永乐十年(1412)三月,"命丰城侯李彬充总兵官,率兵讨甘肃叛寇捌耳思朵罗歹等,恭顺伯吴允诚、都指挥刘广、史昭、满都悉听节制"②。虽然朱棣为维护宋琥的尊严,在颁旨甘肃时,将宋琥列于前,将李彬列于后,但权力受到侵夺的宋琥,仍对李彬颇有怨言,两者从而产生矛盾。永乐十年(1412)八月,

> 丁丑,上闻甘肃总兵官西宁侯宋琥与丰城侯李彬不协,赐敕谕琥等曰:"尔等俱以重臣膺受边寄,正宜同心协谋,以成国事,何得互有猜疑,行事之际,各怀私见,论议纷纷,久而不定。自今宜改心易虑,务在和协,庶克成功。不然,或误边事,罚有所归。"③

最终朱棣命李彬取代宋琥,充任甘肃镇总兵。永乐十一年(1413)正月,"辛丑,召甘肃总兵官驸马都尉西宁侯宋琥还,命丰城侯李彬佩征虏前将军印,充总兵官,镇守甘肃,节制陕西行都司各卫所官军"④。

永乐十二年(1414),李彬追随朱棣北征,都督费瓛接任总兵官。"甲午,命都督费瓛、刘江俱充总兵官,瓛镇守甘肃,陕西、河南、山西调到备御官军听其节制,江镇守辽东,其都司属卫军马听其节制。"⑤由于"征虏前将军印"仍由李彬掌握,费瓛也非勋贵,朱棣并未授予费瓛将印。虽然权位不如将军总兵,但费瓛同样全权负责甘肃镇一切军务,拥有"便宜行事"权力,诸如拥有财政权、司法权。⑥

仁宗即位后,对全国军镇制度进行统一梳理,由于对蒙古的大规模征伐

---

① 《明史》卷一五四《李彬传》,第 4234 页。
② 《明太宗实录》卷一二六,永乐十年三月丁亥,第 1575 页。
③ 《明太宗实录》卷一三一,永乐十年八月丁丑,第 1620—1621 页。
④ 《明太宗实录》卷一三六,永乐十一年春正月丁酉,第 1658 页。
⑤ 《明太宗实录》卷一五五,永乐十二年九月甲午,第 1791 页。
⑥ "戊戌,敕甘肃总兵官都督费瓛曰:'甘肃凉州缘边诸卫所骑士,常令操备,于步卒中选其半,精壮者守御,余皆下屯。'"《明太宗实录》卷一五七,永乐十二年冬十月戊戌,第 1800 页。"甘肃总兵官都督费瓛奏凉州有遗弃闲田,宜令军士耕种,以备储积。从之。"《明太宗实录》卷二二一,永乐十八年闰正月戊寅,第 2189 页。"敕甘肃总兵官都督费瓛曰:'今后陕西行都司所属军余人等有犯笞杖徒流迁徙罪者,就发本地极边处瞭守烟墩。其为事官以下犯死罪者送京师。'"《明太宗实录》卷二二二,永乐十八年二月己未,第 2194—2195 页。

已经结束,甘肃镇定位遂从北征侧翼,再次回归到控遏西北的基本定位,相应甘肃镇总兵佩印由"征虏前将军印",再次恢复为"平羌将军印"。① 终明一代,甘肃镇一直承担着北御蒙古、西御西域的双重职责,这是甘肃镇地缘政治的核心与实质,也是不同于九边其他军镇之处。"甘肃一镇,最为孤悬,而防范机宜,尤当严密,所以然者何也?盖各边止知防秋,而甘肃四时皆防;各边止知防虏,甘肃则又防番、防回。兵马奔驰,殆无虚日。"②甘肃镇有时被明人简称为"甘镇"。③

蒙古大汗之位再次回到忽必烈系之后,蒙古高原政治重心再次呈现东移趋势。在这一地缘背景下,地处极西的甘肃镇,由于长期并不充作抵御蒙古的前沿阵地,西域地区又长期与明朝保持了相对和平的关系,因此战略地位再次回到洪武时期的"差缓地带"。由于长期无警,甘肃镇防务逐渐松弛。宣德以后,卫所制度逐渐废坏。④ 虽然明朝逐渐实行召募制度,但全国军队数量逐渐减少,却是不争的事实。嘉靖时期,甘肃镇所节制的十五卫所,兵力大体缩减至明初的三分之一。"河西十五卫所原额军士六万八千有余,见今止有二万九千余人。"⑤正统初年,兵部尚书王骥前来巡边,便发现了这一状况。"骥至甘肃稽阅边备,见庄浪、永昌、山丹路俱废烽墩,军无纪律。"⑥

也正是有鉴于此,宣德九年(1434),鞑靼阿鲁台在与瓦剌、鞑靼脱脱不花大汗联合势力的战争中失败。"今年二月,瓦剌、脱脱不花王子率众至哈海兀良之地,袭杀阿鲁台妻子部属,及掠其孳畜。"⑦太师阿鲁台遂率众南下

① (明)杨士奇等:《明仁宗实录》卷七上,洪熙元年二月辛丑朔,"中研院"历史语言研究所1962年校印本,第228—229页。

② 《五凉全志》卷三《永昌县志·文艺志·明嘉靖四十二年巡抚都御史戴才议处极边紧要地方兵以将弭外患以图久安疏》,第427页。

③ (明)姜埰撰,印晓峰点校:《敬亭集》卷七《探本自强疏》,华东师范大学出版社,2011年,第197页。

④ 王毓铨:《明代的军屯》,中华书局,1965年。

⑤ (明)孙联泉:《军政条例续集》,天一阁藏明代政书珍本丛刊影印明嘉靖三十一年江西臬司刻本,线装书局,2010年,第488—489页。

⑥ (明)严从简,余思黎点校:《殊域周咨录》卷一七《鞑靼》,中外交通史籍丛刊,中华书局,1993年,第558页。

⑦ 《明宣宗实录》卷一一三,宣德九年冬十月乙卯,第2545页。

阴山南疆,进至明朝境外,在沿途明军抵御之下,一路向西,迁移到兵力最弱的甘肃镇境外。阿鲁台最终被瓦剌杀死。"阿鲁台与失捏干止余人马万三千徙居毋纳山、察罕脑剌等处。七月脱欢复率众袭杀阿鲁台、失捏干,其部属溃散。"①毋纳山在今内蒙古乌拉山,察罕脑剌在今内蒙古包头西至乌拉山一带,即皆在黄河以北。但包括阿鲁台所拥立的阿台大汗在内的鞑靼残部,却仍长期盘踞这一地区。"阿鲁台所立阿台王子止余百人遁往阿察秃之地,完者帖木儿遂南行至哈剌脱欢山为寇。"②阿察秃、哈剌脱欢山所在地不明,但阿鲁台所部既一直由东北向西南逃遁,这两个地区应仍在甘肃镇境外。

对于鞑靼残部,明朝采取征讨与招抚两种形式。当年十月,甘肃镇军队便曾进击鞑靼残部,并获得了一定胜利,"已遣千户王敬等领兵追之,斩首十一级,生擒完者帖木儿及男妇二十人,械送京师"③。在明军与瓦剌夹缝之中,部分鞑靼部落也曾一度归附明朝。正统元年(1436),兵部尚书王骥奏:"虏阿鲁台为瓦剌所破,其部落溃散,外惧瓦剌,内畏官军,不得已内附。"④但伴随瓦剌北归,鞑靼残部利用归附明朝所获得的物资与空间,逐渐收聚、恢复,蔚然而成甘肃镇境外的一大势力,对甘肃镇形成了很大威胁。可资佐证的是,当年十二月,原属阿鲁台的朵儿只伯便开始进攻甘肃镇的东部凉州。⑤其中为首者便是阿台与朵儿只伯。"达贼阿台、朵儿只伯等不顺天道,罔感国恩,屡寇边境。"⑥进攻主要目标集中于甘肃镇东北部。"时复突入凉州、镇番境内为患。"⑦

明朝有鉴于此,开始加强甘肃镇东部的经营,从而在凉州卫设置副总

①　《明宣宗实录》卷一一三,宣德九年冬十月乙卯,第2545页。
②　《明宣宗实录》卷一一三,宣德九年冬十月乙卯,第2545页。
③　《明宣宗实录》卷一一三,宣德九年冬十月乙卯,第2545页。
④　《明英宗实录》卷二三,正统元年冬十月辛未,第459页。
⑤　"初,朵儿只伯从阿鲁台归款,已命为都督。阿鲁台既为瓦剌所败,朵儿只伯奔走无所依,尝寇掠凉州。边将获其甥,上怜而不杀留之。至是,惧朝廷追剿,故遣脱火赤等来,以款我师,且观朝廷所以处之如何。"《明宣宗实录》卷一一五,宣德九年十二月己未,第2586页。
⑥　《明英宗实录》卷一〇,宣德十年冬十月庚子,第185页。
⑦　《明英宗实录》卷一〇,宣德十年冬十月壬寅,第187页。

兵,甘肃镇形成东西并重之势。① 在明军不断驱逐之下,阿台、朵儿只伯部进一步向西北迁移,从而到达亦集乃。正统元年(1436)二月,甘肃左副总兵刘广奏:"比闻来降胡妇脱欢等言贼首阿台并朵儿只伯等向被大军杀散,各遁于亦集乃并亦不剌山潜住。"②以此为据点,不断向东南进攻甘肃、宁夏二镇。正统二年(1437)底,明朝派遣兵部尚书王骥总率甘肃、宁夏二镇军队,将阿台、朵儿只伯驱逐出这一区域,③才最终解决了鞑靼残部对明朝西北边疆的威胁。但伴随这一短暂危机的解决,甘肃镇再次回到松弛的状态,周边的蒙古、西番势力开始向内渗透,甘肃镇从而逐渐形成胡汉并居之势。明中期第七代秦王朱诚泳便咏叹道:"一从结发成凉州,铁甲磨穿已秃头。儿孙养得解胡语,不如陇水解东流。"④反映出当时胡汉之间语言交流的事实。

六、甘肃镇长城的修筑

艾冲指出甘肃镇长城大约始建于弘治十五年(1502)至十八年(1505),并对此后甘肃镇长城的修筑过程与起止走向,进行了系统梳理。⑤ 弘治十五年七月之前,甘肃镇曾有在东起庄浪(今甘肃永登县),西至嘉峪关的甘肃全境,征发民众,用三年的时间,修筑边墙、增筑墩台之议。"甘肃一带孤悬河外,前镇、巡官议自庄浪接宁夏冈子墩起,至肃州嘉峪关讨来河止,修筑边墙总二千六百七十八里,连增移墩台。首末须三年告完。该用人夫九万。"⑥但并未被采纳。弘治十六年(1503)五月,继任的甘肃镇总兵官刘胜重提此事,不过改而建议由军队系统与民政系统共同修筑。"今陕西行都司所属卫所

---

① "起为事官李安为行在右军都督府都督佥事,充副总兵,往甘肃同总兵官都督同知刘广提督操备。先是凉州等卫,屡有警。"《明英宗实录》卷四,宣德十年夏四月辛酉,第88页。

② 《明英宗实录》卷一四,正统元年二月丁巳,第267页。

③ 《明英宗实录》卷三五,正统二年冬十月甲子,第678—679页;卷四一,正统三年夏四月乙卯,第790—791页。

④ (明)朱诚泳:《小鸣稿》卷一《陇头吟》,明弘治十一年秦藩刻本,中国科学院图书馆藏。

⑤ 艾冲:《明代陕西四镇长城》,第98—112页。

⑥ 《明孝宗实录》卷一九九,弘治十六年五月己巳,第3681—3682页。

除马队外,见在步队并杂差旗军止一万六千余人,乞量于腹里起倩人夫三五万,各委州县佐贰官管领,布、按二司委堂上官,同本边分守、守备等官提督修筑。"①对此,兵部表示同意,陕西三边总制秦纮命陕西四镇总兵、巡抚商议是否可行。② 最终在秦纮的主持下,明朝不仅在甘肃镇,而且在其他西北三镇,大规模修筑边墙,不仅修筑墙体、增筑城堡,而且铲削山崖。"乃命三边与腹里修城堡、关隘,以处计万四千二百九;铲山崖,以里计三千七百余。"③弘治十七年(1504)闰四月最终修成,秦纮奏:"臣尝督修诸边城堡一万四千余处,边堑六千四百余里,于靖虏、金汤及打狼川诸要地,益设险隘,以阻寇冲。"④

嘉靖十年(1531)四月,明朝在巡按陕西御史方远宜的建议下,在甘肃再次修筑边墙、挖掘壕堑,以阻挡蒙古骑兵的南下。"修垒堑以便固守。兰州至甘凉,俱依山为险,无坛堑不可防御。往者,总兵刘文修花马池,而虏不敢窥。宜按其故事,增修垒堑,分布官军,居高临下以御之。"⑤嘉靖十五年(1536)十二月,在甘肃镇巡抚赵载的建议下,明朝重修、增修了两段一百余里的边墙。"凉州西北三岔起,至茨湖墩,边壕坍塌三十余里,宜行修浚。镇番临河墩起,至永昌城东百余里,原无壕墙,宜行创筑,使有险可恃,居人便于耕牧,此一劳永逸计也。"⑥嘉靖十八年(1539)九月,行边使兵部尚书翟銮鉴于嘉峪关地处九边防线最西端,战略地位十分重要,建议壕堑之内,修筑边墙、墩台,完善防御体系,获得了明世宗的同意。"丙申,行边使兵部尚书翟銮言:嘉峪关最临边境,为河西第一隘,而兵力寡弱,墙濠淤损,乞益兵五百防守,并修浚其淤损者,仍于壕内添筑边墙一道,每五里设墩台一座,以为保障。上从其议。"⑦嘉靖二十六年(1547)七月,在甘肃镇巡抚杨博的建议下,明朝修缮了高台、五坝地区的边墙。"巡抚甘肃右佥都御史杨博言:高台千户

① 《明孝宗实录》卷一九九,弘治十六年五月己巳,第3682页。
② 《明孝宗实录》卷一九九,弘治十六年五月己巳,第3683页。
③ (明)刘敏宽纂次,牛达生、牛春生校勘:(万历)《固原州志》下卷《文艺志第八·总制秦公政绩碑记略》,宁夏人民出版社,1985年,第227页。
④ 《明孝宗实录》卷二一一,弘治十七年闰四月乙亥,第3942页。
⑤ (明)张居正等:《明世宗实录》卷一二四,嘉靖十年四月甲子,"中研院"历史语言研究所1962年校印本,第2976—2977页。
⑥ 《明世宗实录》卷一九四,嘉靖十五年十二月丁未,第4112页。
⑦ 《明世宗实录》卷二二九,嘉靖十八年九月丙申,第4731页。

所及五坝等堡,悬隔黑河南北,正当虏冲,而边垣久颓,宜及时修筑。从之。"①

　　甘肃镇、宁夏镇之间的巨大空间,即乌鞘岭、贺兰山之间,是腾格里沙漠。明朝将腾格里沙漠视作阻隔蒙古骑兵南下的天然屏障,因此对于其南侧的大、小松山,并未措意经营。而大、小松山不仅地势平坦,②利于骑兵奔驰;③而且水草丰茂,农牧皆宜,④山上又有各种猎物,可供充饥,⑤非常适宜蒙古骑兵补充给养。正由于此,明中后期,蒙古将大小松山视作撕破明朝西北防线的重要通道,不断由此驰骋南下。⑥ 有鉴于此,可将这一通道称作"松

① 《明世宗实录》卷三二五,嘉靖二十六年七月癸亥,第6020—6021页。

② 正统三年,凉州右副总兵都督同知赵安奏:"镇番、永昌抵庄浪、黄河千有余里,无高山险阻,贼人出没路多而哨备军少。"《明英宗实录》卷三一,正统二年六月庚午,第614页。

③ 贺兰山最初森林茂密,成为阻止蒙古军队进入之障碍,但由于不断砍伐,这一阻碍亦不复存在。正统五年,"参赞宁夏军务右金都御史金濂言贺兰山所以障腹里要害,往者林木生翳,骑射碍不可通。比来官校多倚公谋私,深入斩伐,至五六十里无障蔽。有入樵采者,猝为虏所得,致知我虚实,豕突入寇,即无以阻遏之。请自今凡百材木需用,于雪山取之,不得于贺兰山纵伐,以规利目前,贻患无穷。上从之,敕宁夏总兵官都督史昭严加禁约"。《明英宗实录》卷七二,正统五年冬十月甲午,第1403页。

④ "《五边考》:'卫东百二十里有大小二松山,东扼黄河,南缀兰、靖,北阻贺兰,延袤千余里,号为沃壤。……'"《读史方舆纪要》卷六三《陕西十二·甘肃镇》,第2998页。

⑤ "米哈山,在(兰)州北二百余里。即大小松山,扒里扒沙山之北。胡人谓肉为'米哈',言此山多禽兽,可资肉食也。今复其地入新疆。"《肇域志·陕西行都指挥使司·兰州》,第2638—2639页。

⑥ "癸亥,靖远伯王骥奏:黄河迤北地名速罕秃,正系冲要去处,达贼不时出没。宜修整城堡,于靖虏卫摘拨官军屯守。其附近田地拨与耕种,子粒量为轻减,官军该追马匹乞为宽免。从之。"《明英宗实录》卷一二六,正统十年二月癸亥条,第2521页。"先是,靖远伯王骥言陕西黄河迤北速罕秃,地面要害,宜析靖虏卫中所官军,于彼建立千户所。其靖虏卫地非要害,乞将全卫移立于扒沙,以扼虏冲。敕命参赞军务副都御史曹翼督治之。至是,翼奏:扒沙在凉州东南二百五十里,庄浪西北二百里,应理州西南四百余里,于此屯兵,实足以控御外夷、屏蔽内地。所惜者屯种之地颇狭,不足以供赡军士,而速罕秃地面狭隘尤甚,宜将原调靖虏卫中所于扒沙,筑城建置,而罢速罕秃之役。"《明英宗实录》卷一三二,正统十年八月丙辰条,第2627页。而速罕秃便位于大小松山以南。"又有速罕秃地在卫东南,黄河北岸,亦为要害,议筑城于此,以遏寇冲。"《读史方舆纪要》卷六三《陕西十二·甘肃镇》,第3000页。"嘉靖七年十一月十五日,套虏六七千骑自宁夏东北镇远关南路,踏冰过黄河,循贺兰山南行。……杭雄等结营固守,余众幸得保全,贼遂由贺兰山南赤木口出境。……套虏踏冰过河,由宁夏境贺兰山内入庄凉始于此。"(明)王琼:《北虏事迹》,中国野史集成影印金声玉振集本,巴蜀书社,2000年,第616—617页。

山走廊"。①

关于明朝何时失去对松山走廊的控制，《临洮志》与李汶有不同的看法。前者认为成化年间，蒙古盘踞河套之后，就已经控制了松山走廊。"自成祖逐胡虏于三受降城外，河套尚无虏，松山皆为内地。至成化初，东胜地一失，孛罗据套，松山尽为虏有。"②而后者认为在这一时期，明朝还没有完全失去松山。"照得自国初驱胡虏于三受降城，外则河套贺兰尚且无虏，松山故自宁区。即成化初虏据套，虽或不无西讧，然王住有时，松山亦非瓯脱。"③"隆庆和议"之后，蒙古以朝贡为借口，长期占据松山走廊，明朝才完全失去了对这一地区的控制。"惟是隆、万间款市一起，招致宾兔等盘窟其中，庄浪从此遂成一线，而兰、靖、庄、凉则无处无时不荼毒。"④万历后期成书的《庄浪总镇地里图说》，也持这一观点。"嘉、隆之季，有套酋宾兔者，借款市之隙，率部

---

① 1985 年，费孝通从民族学的角度，将青海与陕西交界的地带称作"陇西走廊"。"我这次从兰州去甘南是沿洮河，靠着陇西黄土高原西部边缘南下的。到合作就跨入了青藏高原的东界。紧接青藏高原的这一线黄土地区出现了一条成分复杂、犬牙交错的民族地带，不妨称之为陇西走廊。在现有的分省地图上，这条走廊正是甘、青两省接壤地区，往南延伸便到云贵高原的六江流域。这里是对民族研究工作者具有吸引力的地区。"费孝通:《费孝通民族研究文集·甘南篇》，民族出版社，1988 年，第 415 页。1987 年，又在考察撒拉族的途中，进一步说明了陇西走廊的性质。"我这几年多次去甘肃、青海，目的是想了解一下处于青藏牧区和中原农区之间的那一条历来是农牧桥梁的陇西走廊。"费孝通:《费孝通文集》第十一卷《撒拉餐单》，群言出版社，1999 年，第 109 页。当年，又在考察甘肃临夏途中，进一步界定了陇西走廊的范围。"这条走廊沿着甘青两省边界，北起祁连山，南下四川，接上横断山脉的六江流域。民族成分颇为复杂。"《费孝通文集》第十一卷《临夏行》，第 113 页。贾敬颜又提出"河湟走廊"的概念，但并未界定。"河湟走廊与河西走廊呈丁字形，都是中外交通、民族混杂的地区，汉人以外，更多的是少数民族。"贾敬颜:《历史上少数民族中的"汉人成分"》，载费孝通等著《中华民族多元一体格局》，中央民族大学出版社，1989 年，第 166 页。本文所提出之"松山走廊"，在部分地域与"陇西走廊"有所重合，不过显然前者尚包括甘肃、宁夏交界处，后者尚包括四川部分地区;前者系从军事角度着眼，后者系从民族角度着眼。因此，两种概念皆充分注意到了甘肃、陕西之间水道之重要性，但显然问题意识与地理范围有不小区别。

② (清) 顾炎武:《天下郡国利病书·陕西备录下·临洮志》，上海古籍出版社，2012 年，第 2113 页。

③ 《天下郡国利病书·陕西备录下·万历二十七年李汶疏》，第 2129 页。

④ 《天下郡国利病书·陕西备录下·万历二十七年李汶疏》，第 2129 页。

落来,便安水草,因驻牧不去,邀宾穿塞,掠番劫汉,日与我争利肆蜇,而河西
脊脊多事。"①无论如何,明中后期蒙古已实现了对松山的实际控制,这一地
区的经济方式,也呈现出很强的游牧特征。晚明《六研斋笔记》就描绘了这
种经济景观。②

   总之,明中后期,蒙古沿松山走廊南下,突破了明朝的西北防线,对西北
边疆构成了严重威胁。"甘、宁间有松山,宾兔、阿赤兔、宰僧、著力兔等居
之,屡为两镇患。"③"洪武以来,虏出入河套,往来甘凉,皆自贺兰山后取道。
自总兵杭雄败后,遂以山前为通衢。"④"北虏犯镇番、凉州、庄浪、中卫、靖虏、
兰州等卫地方,必由此而后视各镇虚实,以为抄掠之趋避也。"⑤不仅俨然有
切断河西走廊与明朝联络之势,"唯松山在甘肃镇,自为虏寇宾兔所据之后,
内地仅有一线之通。先朝西方名将如马芳,滨死犹以不及恢复松山为恨"⑥;
而且南下陇中高原、西海地区,⑦打通了这两个地区的蒙古、西番与蒙古高原
之间的联系,形成北方族群的内外呼应之势。清修《明史》,指出明朝设立甘
肃镇,目的便在于隔绝蒙古与西番。"原夫太祖甫定关中,即法汉武创河西
四郡隔绝羌、胡之意,建重镇于甘肃,以北拒蒙古,南捍诸番,俾不得相合。"⑧

---

① (明)佚名:《庄浪总镇地里图说·松山新边图说》,载孙靖国《舆图指要:中国科学院
   图书馆藏中国古地图叙录》,第131页。
② "赵文敏公为仲信写二羊,展卷间,如行河湟道中,与旃裘索带之牧羝奴,逐水草而栖
   止。"(明)李日华撰,郁震宏、李保阳点校:《六研斋笔记》卷二,凤凰出版社,2010年,
   第192页。
③ 《明史》卷二三九《达云传》,第6224页。
④ 《九边图论·宁夏》。
⑤ 《肇域志·陕西行都指挥使司·兰州》,第2638—2639页。
⑥ (明)沈德符:《万历野获编》卷一七《兵部·克复松山》,元明史料笔记丛刊,中华书
   局,1959年,第448页。
⑦ "弘治末,虏之强臣亦不剌酗酒,斩小王子使者,率其部落度庄浪古浪峡,南走雪山,往
   往侵暴西番族帐。……自嘉靖以来,吉囊承火筛余烈,据河套,有众四五万数,自贺兰
   山后度古浪峡,穿黑松山,入西海伐之(亦不剌)。亦不剌死,长子斡耳笃思、其二弟析
   而为三。嘉靖二十四年,吉囊侵西海,虏斡耳笃思全部以归,居之贺兰山后,以为右
   部。自此,宁夏赤木、黄峡之口无宁日矣。其二弟愈南徙,直松潘永宁山外,绝不与虏
   通。"(明)赵时春撰,杜志强整理:《赵时春文集校笺》卷七《北虏纪略》,天津古籍出版
   社,2012年,第320页。
⑧ 《明史》卷三三〇《西域传二·西番诸卫》,第8549页。

而这一战略目的,伴随松山走廊的失去,已经失去其本意。可见,明中后期蒙古之占据松山走廊,极大地改变了西北边疆的战略态势。

为解决这一边疆危机,万历时期,明朝派遣大军,一举收复松山,并构建长城防御体系,实现了有效控制。

> 近日万历戊戌,三边督臣李次溪汶、甘肃抚臣田东州乐、甘肃总兵达云、道臣刘敏宽等,厚集夷汉将士,尽锐剿杀,虏众举族遁去,大小松山尽入版图,建筑城堡。以芦塘等城属固原镇,红水河等属临洮镇,河坝岭等处属甘肃镇。其地东阻黄河,北控宁夏之贺兰山,西连接庄羌兰靖诸边,延袤千余里,遂号为沃土。于是甘肃千四百里之冲,俱安枕矣。①

> 万历二十六年,凭借庙灵,诸文武殚力经画,鸠两河七道之师,一举而扫空之,筑障置戍,西起凉州泗水堡,东抵靖虏之黄河索桥,纤曲逶迤,凡四百余里,山谷纠错,松菁蔽亏,中多美水草,盖仿之祁连、焉支者也。②

> 《五边考》:"隆、万间番部宾兔盘踞其中,时肆侵掠,内地削弃,仅存一线。万历二十六年抚臣田乐克复其地,建堡筑城,屯戍相望,乃割芦塘等处属固原,红水河、三眼井等处属临洮,阿坝岭、土门儿等处属甘肃,自靖远卫界黄河索桥起,至土门山共长四百里,而兰、靖、庄浪千四百里之冲边始安。第芦塘、三眼井等处土疏易圮,时费修葺。……"③

但仍然损失了一部分疆土。"若按初年旧址,自镇蕃直接宁夏中卫通树长边,则外钥尤壮矣,盖弃地犹六七百里云。"④

七、甘肃镇疆域的变迁

甘肃镇设置之后,由于不断面对蒙古、西域势力的冲击,管辖疆域逐渐

---

① 《万历野获编》卷一七《兵部·克复松山》,第448—449页。
② 《庄浪总镇地里图说》,载《舆图指要:中国科学院图书馆藏中国古地图叙录》,第134页。
③ 《读史方舆纪要》卷六三《陕西十二·甘肃镇·庄浪卫》,第2998—2999页。
④ 《读史方舆纪要》卷六三《陕西十二·甘肃镇·庄浪卫》,第2999页。

缩减。晚明成书的《武备志》记载甘肃镇的疆域范围是："东自松潘阿坝岭起，临洮双墩子界，西至嘉峪关，边长一千八百余里。"①有明一代，甘肃镇西界一直限于嘉峪关，并无变化，这也是明朝正式疆域的西界。永乐时期，明朝虽在嘉峪关以西设置关西七卫，并责成甘肃镇管理，但由于关西七卫属于羁縻卫所，相应并非明朝正式疆域，而是羁縻边疆，自然也不是甘肃镇辖境。

　　"土木之变"前，关西七卫中的三卫已经归附瓦剌。正统九年（1444），瓦剌已经控制了哈密、沙州卫、赤斤蒙古卫。"沙州赤斤皆与结亲，哈密忠顺王兄弟亦为所劫制。"②并开始授予沙州卫官职。甘肃镇总兵任礼奏："今年七月，瓦剌也先遣人授沙州等卫都督佥事喃哥等伪官。"③英宗也敕曰："今年七月间，脱脱不花王并也先差人来尔处，着喃哥做平章，锁喃奔做王，撒力做三平章，别立哥做右参政，锁可帖木儿做大使等情。"④所封官爵有至王者，地位甚高。⑤除了沙州卫、赤斤蒙古卫之外，蒙古还交接罕东卫。"时兀良哈已阴附瓦剌，而沙州、罕东、赤斤蒙古三卫亦将附之。上遣都指挥季铎、哈剌苦出，往谕三卫，未报。而沙州卫头目薛令来，言也先遣人至三卫，授喃哥等以平章等官。"⑥

　　鉴于已经无法控制沙州卫，明朝于是决定将其内徙沙州。七月，"甘肃总兵官宁远伯任礼等奏：沙州卫都督佥事喃哥等阴有叛附瓦剌之意，恐构成边患。上敕礼等相机收捕，回甘州居住，善加抚恤，毋致失所，果有怀异心者，起送来朝，密奏处置，毋令蛊惑众心"⑦。"先是，甘肃总兵官任礼等以沙州卫都督喃哥兄弟乖争，部众离贰，欲乘其饥窘，迁之塞内。适喃哥来言，欲入居肃州之小钵和寺。礼等遂令都指挥毛哈剌、赵哈剌不花等偕喃哥先至

---

①　（明）茅元仪：《武备志》卷二〇八《占度载·镇戍五·甘肃》，四库禁毁书丛刊影印北京大学图书馆藏明天启年间刻本，北京出版社，2000年，第303页。

②　《明英宗实录》卷一二〇，正统九年八月甲戌，第2430页。

③　《明英宗实录》卷一二二，正统九年冬十月庚午，第2453页。

④　《明英宗实录》卷一二四，正统九年十二月癸亥，第2481页。

⑤　"甘肃总兵官宁远伯任礼奏：沙州卫内附，都督喃哥言其弟锁南奔先聘罕东卫指挥撒巴女为妻，今往彼处成婚。臣访得锁南奔曾受瓦剌伪封祁王，恐有他变。上命礼遣人往罕东卫招抚之。"《明英宗实录》卷一四五，正统十一年九月壬午，第2859页。

⑥　《明英宗实录》卷一二二，正统九年冬十月甲戌，第2457页。

⑦　《明英宗实录》卷一四三，正统十一年秋七月甲申，第2831页。

沙州,抚谕其众,而率大众随其后。"①虽然沙州卫部众更想归附瓦剌,但明军采取强制内徙的措施,将之迁徙至甘州南山。

> 比至,喃哥阴持两端,其部人多欲奔瓦剌。礼等进兵迫之,遂收入塞,居之甘州,凡二百五户,千二百三十余口。及是,奏至。上敕礼等曰:"尔等相宜调度,不伤一卒,旬日之间,致其全部,朕甚嘉之。所议欲以甘州南山一带给之耕牧,俟其志向安定,收为土官、土民,随军操调,皆姑从尔议。"②

成化十年(1474)十月,甘肃镇总兵鲍政等便奏赤斤蒙古卫首领擅入甘肃境内。"乙未,甘肃总兵官都督同知鲍政等奏:八月间,赤斤蒙古卫左都督赏卜答儿等,率骑一千,入境往来,云欲与阿年簇仇杀,贻书欲责之。"③兵部也将赤斤蒙古卫视为"外夷"。"此虽外夷自相仇杀,然擅入我境,当严其禁。"④万历时期,陕西督抚李汶也将关西七卫在内的西部族群,视为"外臣"。万历二十三年(1595),"陕西督抚李汶以番族归降,上分处事宜,言河西属番,祖宗朝领敕纳马,不侵不畔,实为外臣。东起金城,西抵哈密。"⑤明中后期,在西域势力不断威逼之下,关西七卫逐渐内徙甘肃镇与青藏高原东部。⑥ 嘉靖时期,鉴于土鲁番不断东进,明朝最终完全放弃嘉峪关以西之地,封闭嘉峪关。

《武备志》所载甘肃镇"东起阿坝岭",是从甘肃镇东南疆界着眼的论述,

① 《明英宗实录》卷一四五,正统十一年九月丙子,第 2854 页。

② 《明英宗实录》卷一四五,正统十一年九月丙子,第 2854 页。

③ (明)刘吉等:《明宪宗实录》卷一三四,成化十年冬十月乙未,"中研院"历史语言研究所 1962 年校印本,第 2518—2519 页。

④ 《明宪宗实录》卷一三四,成化十年冬十月乙未,第 2519 页。

⑤ (明)叶向高等:《明神宗实录》卷三〇八,万历二十五年三月乙卯,"中研院"历史语言研究所 1962 年校印本,第 5770 页。

⑥ "祖宗之时,关外设立七卫,以捍蔽西戎,今百余年来,渐以凋敝灭,无复生聚。阿端一卫不知所往矣,曲先则南入乌思藏矣。赤斤、安定、罕东,或数十百为族,数十为落,皆内附肃州境土,如野鸟惧物为害,依人居之,衰败凋残,厌厌游游,止存气息,夫安望其振厉? 惟罕东左卫,少壮可战者仅有一二千人,即今亦来内附,而瓜沙空虚矣。"(明)王廷相著,王孝鱼点校:《王氏家藏集》卷二七《与张元杰》,载《王廷相集》,中华书局,1989 年,第 527 页。"(罕东)卫无城郭、宫室,以毡帐为庐舍,逐水草挈牧畜,与曲先、安定、阿端、辅车相依,而各分地要不离乎青海左右。"(清)梁份:《秦边纪略》卷一《西宁近疆》,史料六编,广文书局,1974 年,第 37 页。

可见甘肃镇东南界止于洮水流域。甘肃镇东至黄河,最东部关隘是金城关。① 嘉靖三十八年(1559)四月,"壬戌,总督陕西三边侍郎魏谦吉奏:甘肃孤悬河外,东起金城,抵玉关,地广兵稀"②。金城关依山面河。《大明一统志》记载:"金城关,在兰县北二里,黄河西北山要隘处。宋绍圣四年置,据河山筑城以为固。今于河南置巡检司。"③控制着甘肃、陕西之间的黄河渡口,当地流传着"先有金城关,后有兰州城"的俗语。

与明代甘肃镇东、西之界一直未有变化不同,南、北二界则不断收缩。明初以来,明朝在西北地区,一直仅将河西走廊视作正式疆域,而将北山以北地区,长期作为与蒙古之间的"缓冲边疆",虽然不断派军巡逻,但并不固定驻扎。因此,虽然终明一代,明朝一直大体保持着对亦集乃的控制,但这一地区并不属于明朝的正式疆域。相应,甘肃镇北界最初在合黎山、龙首山、红崖山、阿拉古山等组成的北山一线。正统、天顺时期,曾两次到包括甘肃在内的陕西提督屯田、督理粮饷的张楷,便写下"曾听凉州惜远征,马蹄今过武威城。番兵共指山为界,邮传皆凭堠记程"④的诗句。这里的山,应是武

---

① 罗哲文认为甘肃镇疆域为:"甘肃镇总兵驻地在今甘肃张掖,管辖的长城东起甘肃金城县,西至嘉峪关,全长一千六百余里。"罗哲文:《长城》,北京出版社,1982 年,第48—49 页。

② 《明世宗实录》卷四七一,嘉靖三十八年四月壬戌,第 7920 页。

③ (明) 李贤等:《大明一统志》卷三六《临洮府·关梁》,影印明天顺五年内府刻本,三秦出版社,1985 年,第 2543 页。

④ 正统五年正月,张楷任陕西按察司佥事。《明英宗实录》卷六三,正统五年春正月丙寅,第 1209 页。张楷的职责是提督屯种,供应边饷。作为边地的甘肃镇,自然是张楷重点供职之地。"吏部言:旧差都察院右佥都御史曹翼、程富,岁一更番,往甘肃参赞军务。今程富往云南公干未回,总兵官宁远伯任礼等奏保陕西按察司佥事张楷,改授京职,与曹翼更代。缘楷专督屯种,供给边储,不为不重,卒难迁易。上曰:'参赞军务乃重任,朝廷自有裁处,曹翼方升副都御史,姑令理前事,俟程富回,仍与之更代。'"《明英宗实录》卷一二六,正统十年二月庚戌,第 2513—2514 页。正统十年升为副使。"升陕西按察司佥事张楷为副使。楷提督屯田,适本司缺督理粮储副使,军民千余人合保楷。镇守陕西兴安侯徐亨具以言,故有是命。《明英宗实录》卷一三五,正统十年十一月丁丑,第 2682 页。正统十二年召回京师。"陕西按察司副使张楷在边督理粮饷,镇守中官荐其博通儒书,兼晓武略,乞量升大任,以尽其才。上命召试之。"《明英宗实录》卷一六一,正统十二年十二月乙酉,第 3137 页。《明英宗实录》卷二九三,天顺二年秋七月庚戌,第 6266 页。"调都察院右佥都御史张楷于南京都察院,先是楷往陕西整理军饷,及是还京,故改之。"《明英宗实录》卷三〇二,天顺三年夏四月己巳,第 6403 页。

威北的红崖山。但伴随蒙古不断进入甘肃地区，北山南缘地区逐渐被明朝所放弃。比如地处肃州卫东北的威远城，便逐渐被甘肃镇所放弃。"明初立为所，后废。其地有旗杆山，即当时立旗招叛民之处。"①甘肃镇东北界至于镇番卫。正统时期，明朝曾打算在镇番卫东北速罕秃之地设置卫所，但最终并未实行。②

万历时期甘肃镇边墙外分驻两个蒙古部落。"丢儿盖朝库儿台吉，见在，子一。在甘肃永昌边外昌宁湖一带住牧。"③"宾兔台吉，授指挥同知。故，子三。在甘州庄浪边外松山住牧。"④伴随万历二十七年（1599）明军收复大小松山，甘肃镇东北界向外有所拓展，"河坝岭等处属甘肃镇"⑤，"阿坝岭、土门儿等处属甘肃"⑥。

甘肃镇南界同样呈现了很大变化。甘肃镇南界最初止于祁连山。由于祁连山雪水不断融化，周边生态环境较好，适宜游牧，关西七卫从而不断向这一地区迁移，并有对抗甘肃镇军的行为。宣德七年（1432）九月，

> 镇守肃州都督王贵奏："肃州西北极边，昨遣人往各处戒饬官军守备。惟一人还哨，探至寒水石口，见同差之人皆被杀。疑赤斤蒙古卫都指挥且旺失加部属所为。此皆提督守备指挥许昺不严警逻所致，请治其罪。仍遣人往且旺失加所根究，以戒后来。"上曰："杀人当问罪，但疑

---

① （清）和珅等：《大清一统志》卷二一二《肃州·古迹》，文渊阁四库全书，台湾商务印书馆，1986年，第726页。

② "先是，靖远伯王骥言：陕西黄河迤北速罕秃，地面要害，宜析靖虏卫中所官军于彼，建立千户所。其靖虏卫地非要害，乞将全卫移立于扒沙，以扼虏冲。敕命参赞军务副都御史曹翼督治之。至是，翼奏：'扒沙在凉州东南二百五十里、庄浪西北二百里、应理州西南四百余里，于此屯兵，实足以控御外夷、屏蔽内地。所惜者屯种之地颇狭，不足以供赡军士。而速罕秃地面狭隘尤甚，宜将原调靖虏卫中所于扒沙筑城建置，而罢速罕秃之役。'……上曰：'备边之策，莫良于屯守，翼议良是。但不知彼处人情事势如何，兵部其移文陈镒，俾躬诣凉州，会刘广等熟计以闻。'"《明英宗实录》卷一三二，正统十年八月丙辰，第2627—2628页。

③ （明）萧大亨：《北虏世系》，载薄音湖、王雄编辑点校《明代蒙古汉籍史料汇编》第2辑，内蒙古大学出版社，2000年，第256页。

④ 《北虏世系》，载《明代蒙古汉籍史料汇编》第2辑，第256页。

⑤ 《万历野获编》卷一七《兵部·克复松山》，第448页。

⑥ 《读史方舆纪要》卷六三《陕西十二·甘肃镇·庄浪卫》，第2998—2999页。

似之间,不可不审。令与刘广、王安详议而行。许曷失机,就治其罪。"①

所谓寒水石口,是肃州卫(今甘肃酒泉)"南一百五十里,与红山相连"②的寒水石山的口隘,地处祁连山以北,有红水(今红水坝河)流过,是水草丰茂之地,因此吸引了关西七卫不断前来游牧。不仅关西七卫,而且来自青藏高原的"西番",也不断北上,侵占祁连山以北草场。成化十三年(1477)十二月,

> 甘肃总兵官都督佥事王玺奉敕上边备事宜:黄河以西自庄浪以抵肃州南山一带,为阿吉等二十九簇之地。洪武间各立界碑,以分疆场,不许过樵采。年久湮没,各夷往往侵入,以趁水草为名。而中国无赖之人,亦潜与交通。彼狼子野心,万一阴蓄异谋,为患非细。乞敕边臣召西番诸簇,谕以界石废弛,恐官军欺凌尔辈,今复立之,仍听尔等于界外住牧。如有互市,于各关验入,庶官军无所嫌疑,尔辈得以休息。其有越界往来,得以军法从事。且请选将才以储用,搜军士以立功。兵部具拟以闻,诏准议。③

虽然明朝再次申明疆界,④正德前期,明朝也仍大体控制祁连山以北,⑤但正德后期,亦不剌、卜儿孩等鞑靼部落,从蒙古高原陆续南下,迁至青藏高原东麓的"西海",即今青海,不仅与西番联合起来,逐渐降服内迁的关西卫所,"及亦卜剌、阿尔秃斯来侵,残掠其众,罕东之人徙就西宁,沿边流为生番,为降夷卫,乃名存实亡矣"。"正德四年,亦卜剌及阿尔秃斯据其地,罕东

---

① 《明宣宗实录》卷九五,宣德七年九月己未,第2145—2146页。
② (清)许容等监修,(清)李廸等编纂:(雍正)《甘肃通志》卷六《山川·肃州》,文渊阁四库全书,台湾商务印书馆,1986年,第258页。
③ 《明宪宗实录》卷一七三,成化十三年十二月乙巳,第3124页。
④ 《中国历史地图集》将甘肃镇疆界划在祁连山以南托南群山之界,可能便以此为据。参见谭其骧主编《中国历史地图集·明时期·陕西二(陕西行都司)》,中国地图出版社,1982年,第61页。
⑤ 正德九年,户部议覆督理陕西粮饷右侍郎冯清建言备边事宜,其中一条称"甘肃地多肥美,虏寇侵扰,农事不修。宜令守臣,严督军民,及时播种,量出官军防护。去城远者为之筑立团庄,守望应援。其灌溉皆资南山河泉诸水,宜责管屯等官往来巡视,严曲防之禁,使耕者乐业"。(明)费宏等:《明武宗实录》卷一一七,正德九年冬十月壬辰,"中研院"历史语言研究所1962年校印本,第2361—2362页。

之人皆徙近内地,卫遂虚。"①而且三者一同由南向北,进逼甘肃镇。"切以陕西甘肃一镇,孤悬腹里之外,北连大虏之寇,南有西海之贼,横冲其中。"②甘肃镇实际控制地域遂不断缩小,河西走廊呈现明朝与蒙古、西番、罕东蒙古卫共有的格局。嘉靖三十一年(1552)成书之《军政条例续集》记载:"东北则套贼纵横,西南则海寇盘踞。内而白城山驻牧番夷,乘间窃发;外而土鲁番纠连回虏,窥伺地方。"③万历十八年(1590),明朝为消除西海蒙古的威胁,"命兵部尚书郑洛兼都察院右都御史,经略陕西四镇及宣大山西等处边务"④。郑洛抵达金城关时,便已感受到明朝与西北族群共有河西走廊的区域氛围,在奏疏中称:"臣初至金城,知河西四郡流虏浸淫,殊失前代断匈奴右臂之意。故廓清两川,须先堵截流虏。"⑤伴随明朝的灭亡,西北族群遂大规模进入河西走廊。顾炎武撰《肇域志》,记载:"今(肃)州所居番人,盈城遍野。考之《春秋》谨华夷之辨,无乃其不然乎! 即至无不覆载,今番人居内,疆域虽与我同,而政教实不加焉,亦非覆载之意。"⑥

结　论

洪武前中期,由于北元政治重心处于蒙古高原东部,西域各政权也处于不断内讧之中,因此西北边疆并未遭受亚洲内陆政治势力的严重威胁,是明朝北疆经营中的"差缓地带"与"次后地区",明朝仅在西北边疆设立陕西行都司,将其定位为"军事边疆";对于地处西北边疆,沟通甘肃、大漠与西域的亦集乃,仅将其定位为"缓冲边疆"。

洪武、永乐之际,亚洲内陆地缘政治发生重大变化。一方面,帖木儿帝国统一中亚,结束了14世纪后期蒙古帝国衰落后,西域各国内讧相战的历

---

① 《秦边纪略》卷一《西宁近疆》,第38页。
② (明)王廷相著,王孝鱼点校:《浚川内台集》卷二《覆奏语略共三十三件》,载《王廷相集》,中华书局,1989年,第1077页。
③ 《军政条例续集》,第484页。
④ 《明神宗实录》卷二二五,万历十八年七月己巳,第4193页。
⑤ 《明神宗实录》卷二四〇,万历十九年九月戊辰,第4459—4460页。
⑥ 《肇域志·陕西行都指挥使司》,第2622页。

史,为东进明朝消除了后患;另一方面,阿里不哥系蒙古与瓦剌借北元衰败之际东进岭北中部;北元残众在明军漠东进攻下,也向西迁移至岭北中部。在这一东西并进历史脉络下,明朝西部边疆从洪武前中期明朝、北元、西域三方势力皆无暇顾及的"差缓地带",一转而为三方势力争夺的"首要地带"。

建文元年(1399),明朝首次在甘肃实行独立的镇守总兵制度,命宋晟充总兵官,镇守甘肃。但由于宋晟并未佩印,因此此时甘肃尚非完全意义上的军镇。朱棣即位后,鉴于帖木儿帝国东进明朝之势逐渐明显,蒙古大汗窝阔台后裔鬼力赤也不断南下,西部边疆面对越来越大的边防压力,从而在永乐元年(1403)进一步赋予宋晟"平羌将军印",正式确立了甘肃的军镇地位,甘肃镇由此成为明代九边中最早建立的军镇。明初西北边疆战略地位不断变化,以及率先建镇的历史,反映出地理空间是流转不息、因时而变的动态空间,而非固定不变的静态空间。

但永乐三年(1405)帖木儿在东征途中突然死去之后,明朝在西北边疆所面临的军事威胁骤然减轻,战略地位从而再次下降,甘肃作为军镇的地位一度有所动摇,不过在仁宗即位后,军镇地位得以确立,此后甘肃镇总兵官佩"平羌将军印"。甘肃镇除承担防御蒙古职责之外,还负责防御西域,这是不同于九边其他军镇之处。甘肃建镇之后,不断修筑长城,增强、完善了甘肃的军事防御体系。

明代甘肃镇疆域经历了不断变化的过程。甘肃镇西界止于嘉峪关,以西的羁縻卫所关西七卫所控制地区属于"羁縻边疆",更西的西域地区仅属与明朝维持松散宗藩关系的"外围边疆"。甘肃镇东南至于洮水流域,东至黄河,最东部关隘是金城关。与东、西之界一直未有变化不同,甘肃镇南、北二界不断收缩。虽然明朝一直对"缓冲边疆"亦集乃维持了大体控制,但伴随蒙古不断南下,由北山即合黎山、龙首山等山脉充当的正式边界,不断遭到蒙古的蚕食,北山南缘地区逐渐被明朝所放弃。甘肃镇南界最初止于祁连山,由于关西七卫不断向这一地区迁移,甘肃镇实际控制地域不断缩小,河西走廊呈现明朝与蒙古、西番、罕东蒙古卫共有的格局。

《明经世文编》所见明代
凉州卫的军事角色

常文相

中国社会科学院历史理论研究所

　　《明经世文编》乃晚明士大夫为挽救社会危机,寻求应对之策,采集明代各家文集中有关"经国济世"类政论文章编纂而成,反映了当时国家治理的主要意图与一般逻辑,里面涉及军事方面的内容尤多。明代凉州卫所属的陕西行都司(又称甘肃镇),负责管理河西走廊及河湟一带地区,其作为当时西北边疆防御体系的有机组成部分,发挥了不可替代的重要作用。鉴于目前学界对凉州卫在明代国家治理体系中扮演的军事功能及区位角色的研究尚显不足,本文抛砖引玉,拟以《明经世文编》为中心,通过梳理、分析其中有关该卫边防态势、部署、建设等情况的记述,希望能对凉州卫的军事角色形成一整体认识,从而为深化河西走廊区域史研究提供一些参考。

一、地缘形势

　　凉州卫治今甘肃武威市,明洪武九年(1376)置卫,起先属陕西都司,后改属陕西行都司。其辖地位于河西走廊东端,与陕西行都司其他卫所一起,控制中原通往西番地区的交通要道,构成了明朝西北边境军事防御体系的重要一环。这种鲜明的地缘形势特征,从明人相关论述中即可见一斑。且看河西地形、建制大略,正、嘉时人许论曰:

　　　　甘肃即汉之河西四郡,武帝所开以断匈奴右臂者。盖自兰州为金城郡,过河而西历红城子、庄浪、镇羌、古浪六百余里,至凉州为武威郡;凉州之西,历永昌、山丹四百余里,至甘州为张掖郡;甘州之西,历高台、镇夷四百余里,至肃州为酒泉郡;肃州西出嘉峪关,为沙、瓜、赤斤、苦峪以至哈密等处,则皆炖煌郡地也。洪武五年,宋国公冯胜下河西,乃以嘉峪关为限,遂弃炖煌焉。自庄浪岐而南三百余里为西宁卫,古曰湟中;自凉州岐而北二百余里为镇番卫,古曰姑臧。①

时人魏焕也表示该地"山势旷远,中间可以设险之处固有,而难以设险之处居多",洪武中"设甘州等五卫于张掖,设肃州卫于酒泉,设西宁卫于湟中,又设镇番、庄浪二卫,又于金城设兰州卫,皆置将屯兵拒守"。② 嘉、万时人郑洛又讲:"二祖取汉武所开武威、张掖、酒泉故地,东起金城,西抵嘉峪,置道建卫,隔绝羌、胡。又自凉州岐而北二百余里,取古姑臧地为镇番卫,以扼虏冲;自庄浪岐而南三百余里,取古湟中地为西宁卫,以控海口。"③

就明朝北边总体防御布局观之,明中期人史道尝云:"方今形势,京师心也,定、易、卢龙、涿、蓟五脏也,宣、辽臂也,大同、延、宁、甘、凉肢体也。"④可见甘、凉地区的军事功能,主要体现在为京畿核心区域提供有效外围防护上。若以河西一带地势来看,时人马文升论其"诚为西北之重地"的缘故:"甘、凉地方乃古胡虏左贤王之地,汉武帝倾海内之财,劳数十万之众,方克取之,设立酒泉、张掖等郡,以断匈奴之右臂。盖北则胡虏所居,南则番戎所处,若不分而离之,使番、虏相合,不下数十余万,而中国何以当之?"⑤正、嘉时人钱薇复云:"甘肃古河西四郡,汉武开拓之,以断匈奴右臂。国初尝封元遗孽为忠顺王,主哈密之地,立赤斤蒙古八卫,翼忠顺之势。右抗西番,前遏北狄,以奠枕甘肃,意在以夷御夷,盖西北一要区也。"⑥河西走廊正处在黄河以西两山夹峙的狭长地带,"以一线之路孤悬几二千里,西控西域,南隔羌戎,北遮胡虏"⑦,犹如一把出锋利剑横亘在西南与北面诸部族之间,斩断彼

---

① 《明经世文编》卷232,许论《甘肃论》,中华书局,1962年,第2439页。另有魏焕《甘肃镇》所述文字与之基本一致,见《明经世文编》卷249,第2616页。按,"炖煌"即"敦煌"。
② 《明经世文编》卷249,魏焕《甘肃保障》,第2616页。
③ 《明经世文编》卷405,郑洛《敬陈备御海虏事宜以弭后患疏》,第4397页。按,"海"即"西海",指今青海湖。
④ 《明经世文编》卷166,史道《议处三卫属夷疏》,第1692页。
⑤ 《明经世文编》卷63,马文升《为预防虏患以保重地事疏》,第525页。
⑥ 《明经世文编》卷215,钱薇《边论》,第2250—2251页。
⑦ 《明经世文编》卷232,许论《甘肃论》,第2439页。

此联系,将明朝势力突入西域内部。嘉、万时人褚鈇亦称:"甘肃一镇孤悬河外,自金城抵嘉峪,延袤二千余里。南番星罗肘腋,北虏盘踞门庭,中间仅通线路,四顾鲜有援兵,比诸延、宁、固镇,极为冲险。"①

明前期,朝廷在嘉峪关外利用归顺部落置哈密诸卫,其与甘肃镇东西接应,共守西陲。明中期人王琼谓:"哈密夷人在肃州之西千里许,永乐间封西夷酋长为忠顺王,赐以金印,令居哈密,羁縻西域诸夷,通贡往来。"②然弘、正以后,吐鲁番据哈密,侵肃州,战端屡起。魏焕扼要论析了甘肃镇周边情势:"甘肃之边,北虏止二种,亦不剌盘据西海,瓦剌环绕北山,其余皆西番,种类不一。洮、河、西宁一带附近番族,以茶马羁縻而已,其余远番,止令通贡。土达元万户把丹之后,安置平凉,今为亦不剌所据。哈密诸番卫,本中国藩屏,今为吐鲁番所破。"③嘉靖时人霍冀又云:"自土鲁番屡肆劫夺,陕巴失守,其部落皆散置关外,捍卫遂失。嗣是亦不剌徙居西海,吞并番族,陇右之间,遂无宁宇,甘肃边患,自此日甚一日矣。"④后王世贞及褚鈇对此事亦有较详叙述:

　　小王子者,即也先之后称可汗者也,或云元裔也。灭也先遂主诸部,尝怒其丞相亦不剌,欲杀之。亦不剌惧,拥万众掠凉州入西海,攻破西宁安定王族,夺其诰印,诸番散亡,据其地而居之。未几复称藩于小王子,终正德、嘉靖间,犯边杀掠吏民不已。⑤

　　自正德间套虏亦卜剌、阿尔秃厮窜入西海,杀罕东、曲先等四卫之众,遂夺其地以为巢穴。嘉靖间套虏吉能部落日繁,又分宾兔、白马台吉、银定台吉等,诸酋精兵二万余骑,任牧庄、镇、甘、肃、大小松山,自此北虏随便抢掠番汉。⑥

① 《明经世文编》卷386,褚鈇《目击番虏情状疏》,第4186页。
② 《明经世文编》卷110,王琼《陕西甘肃类序》,第1006页。
③ 《明经世文编》卷249,魏焕《甘肃边夷》,第2616页。
④ 《明经世文编》卷323,霍冀《甘肃镇图说》,第3445页。按,"陕巴"为哈密忠顺王,蒙古贵族。
⑤ 《明经世文编》卷332,王世贞《北虏始末志》,第3547页。
⑥ 《明经世文编》卷386,褚鈇《目击番虏情状疏》,第4186页。按,"亦卜剌"即"亦不剌","阿尔秃厮"即"鄂尔多斯万户"。

屏障既失,甘肃镇完全暴露于外,边防压力陡增。哈密卫之设,本意使"番族相安,甘肃可保无虞",如今"番虏合则甘肃危,甘肃危则秦陇震"。① 正像正、嘉时人郑晓所说:"河西之戍,本以隔羌、胡。今羌、胡纠而挠我,玉门、阳关且弗论,嘉峪以东,能无虑乎? 议者方欲弃哈密,哈密弃,土鲁番能遂饱其欲,无插旗甘州城之志乎……河西危而陇右震荡,关中得安枕乎?"②此后"至隆庆末,虏俺答以迎佛为名,复驻牧西海,蚕食日甚",明末人叶向高遂言:"正、嘉以前,河湟之守未失,虏不西也,自亦卜剌逮,俺答谲,而青海为虏穴矣。"③其中肃州卫独当西边,临敌情形尤为严峻,嘉靖时人杨博即曰:"本镇甘、凉诸卫远在全陕之西,极为孤悬,肃州一卫又独在甘、凉之西,孤悬特甚。是故全陕之休戚视甘、凉,甘、凉之安危视肃州。"④凉州卫虽位处甘肃镇东缘,但既属甘肃镇整体边防卫所之一,同样为内地安危所系,扮演着重要的军事角色。

二、以守促攻

以凉州卫为核心,经梳理材料可知,明代西北边防的军事态势,大致呈现出由攻转守、以守促攻的特点。如景泰时有官员提出,甘肃边境屡遭无所依归的蒙古残部掠扰,其"欲归也先则自相猜忌而不敢归,欲往辽东、大同、宣府沿边一带则畏惧边军并三卫达子而不敢往,只得在于甘、凉、宁夏沿边逃躲潜住",故主张兵部选派得力人员奉敕前往,"宣布朝廷恩威,谕以利害,如从则招抚来降,倘或执拗不改前非,则量调凉州、庄浪等处见操官军相机剿杀,以除边患"。兵部尚书于谦认为朝廷遣使事体不便,窒碍难行,"贼虏之情,谲诈多端,去来不常,居止靡定,部落星散,实难结以恩信……令人跟寻残寇,则是自起衅端,而非安边御侮之道"。他由是批复,拟令甘肃总兵自差哨探"从长勘议",果抚果剿"相机进止",仍须"谨慎防范,遇警随宜战守",

---

① 《明经世文编》卷 386,褚铁《目击番虏情状疏》,第 4187 页。
② 《明经世文编》卷 218,郑晓《壮游录序》,第 2278 页。
③ 《明经世文编》卷 461,叶向高《西番考》,第 5058—5059 页。
④ 《明经世文编》卷 273,杨博《安插属夷以靖地方疏》,第 2876 页。

万不可"犹豫狐疑,苟且谋计,及轻易举动,致损军威"。① 再天顺时明廷出兵
讨伐入犯庄浪等卫的蒙古部落,副都御史王竑参赞军务,上疏论边事云:

> 臣闻兵法曰,凡战者以正合,以奇胜。曩者逆虏孛来犯边,朝廷用
> 安远侯柳溥充总兵官,统大将军趋凉州以待敌,所谓正兵也。又命武平
> 伯陈友充游击将军,往来截杀,岂非奇兵乎? 友等用是出虏不意,劫其
> 老营,斩获无算。至今虏闻游兵,辄怀畏避,此用奇取胜之明验也。今
> 此虏复来入寇,虽与讲和,终非久计。乞照前日用兵事宜,令副总兵冯
> 宗统领京营并河南、山东等处官军为正兵,从兰县大路径进;复分兵一
> 二万人,以参将一员充游击将军统之,仍命文臣一员监督。各给旗牌,
> 从宜调度,分为两翼,各路而进。如和好已成,按兵堤备,不然则与甘、
> 凉等处总兵密相纠合,或断其前,或截其后,或冲其腹心,劫其老营,使
> 彼腹背受敌,首尾难救。如此则房酋可擒,丑类可殄,而边民得以息
> 肩矣。②

对于西北边防,如果说正统、景泰、天顺之时尚保持着国初以来较为主
动的进取姿态,那么成、弘以降,明廷的军事方略则逐渐转向防御为主,间或
寻找时机,以守促攻。如自弘治初起,马文升任兵部尚书,尝分析北边战守
形势道:

> 胡虏为中国之患,历代所不能免……我太祖高皇帝扫除胡元,平一
> 四海……迨太宗文皇帝肃清内难之后,神谋睿算,有见于斯,即迁都北
> 平,聚天下精兵于京师,此实久远之谋……自正统初年,虏酋也先枭雄
> 桀黠,收并部落,遂有南侵之志……十四年土木之祸,拥众南侵,围我京
> 城,幸赖谋臣良将戮力同心,卒保无虞。其后也先被害,虏酋迭为雄长,
> 自相仇杀……后虏酋毛里孩等久犯甘、凉,渐入河套,扰我边方者十数
> 余年。既而虏酋乱加斯兰自西域八月渡河,入于套内,部落益众,累犯
> 陕西,因遭凉州之败,遂寇大同、宣府地方。③

---

① 《明经世文编》卷34,于谦《覆中书舍人何英疏》,第260页。
② 《明经世文编》卷43,王竑《论边事疏》,第330页。按,文中"统大将军趋凉州"衍"将"
　字,当为"统大军"。
③ 《明经世文编》卷64,马文升《为会集廷臣计议御虏方略以绝大患事疏》,第533页。

简言之:"胡虏为患自古而然,势盛则抢掠,势衰则北遁。近年以来,东则在于大同、宣府,西则在于延绥、宁夏,再西则在于甘、凉,趁逐水草,时或出没,此虏贼之常态也。"①具体到甘、凉一带,他又回顾了该地自明初以来"设立都司,屯聚重兵"的征伐之状:

> 我太宗文皇帝深谋远虑,首命内臣、总兵以镇守其地,边境晏然,无事干戈。后至正统初年,虏酋朵儿只伯等为患数年,靖远伯王骥、定西侯蒋贵始克平之。迨至天顺年间,虏酋孛来、毛里孩等侵犯此地,朝廷命将出师,未能剿平。既而宁夏副总兵仇廉前去截杀,兵过兰州迤北,轻率寡谋,被虏所诱,数万人马丧亡过半。自后虏贼入于河套,侵扰陕西,而甘、凉地方稍为宁静。近自成化二十年以来,此虏知彼将不得人,生畜蕃息,复往彼处侵扰者,又数年矣。不入则已,入则必得厚利而去,所在生畜抢掠殆尽,而人口掳出者不可胜计。②

马文升特别指出,"以今日虏势论之,部落分散固不足深虑,但我武备不振,刍粮不足,亦在所当忧"③,况陕西与甘、凉间仅连以兰州浮桥,"若贼以数千人拒守河桥,粮运不能通,援兵不能进,不数年而甘、凉之地难保无虞,万一甘、凉失守,则关中亦难保其不危"④。为防患未然,图事未萌,其建言:

> 乞敕兵部计议,甘、凉各城见有马步官军若干,若达贼拥众犯边,有无足敷调用;如或兵数不足,预调何处客兵前去截杀……及行彼处总兵等官计议,贼若拥众侵犯,用何方略挫其初来之锋,设何奇谋遏其深入之势;贼若据守河桥,援兵从何而进,粮运从何而通。方略早定,人马预集,务使此虏大遭挫衄,不敢犯我边方。⑤

上述部署安排,可以清晰窥见当时为应对外部侵扰,明廷所采取的防御为主、以守促攻的战略意图。此后兵部侍郎张海因哈密受侵前往甘肃经略边务,将此防御政策落实得更为详明切实。其言"修边防以固分守"曰:

---

① 《明经世文编》卷63,马文升《为驱虏寇出套以防后患事疏》,第524页。
② 《明经世文编》卷63,马文升《为预防虏患以保重地事疏》,第525—526页。
③ 《明经世文编》卷63,马文升《为驱虏寇出套以防后患事疏》,第524页。
④ 《明经世文编》卷63,马文升《为预防虏患以保重地事疏》,第526页。
⑤ 《明经世文编》卷63,马文升《为预防虏患以保重地事疏》,第526—527页。

甘肃东、中、西三路延袤二千余里，四当敌冲，盗贼出没无时，若不因地制利，务为悠久守备之图，恐盗贼滋蔓，为祸不可胜言。臣按诸路或当增筑墩墙，或当修理壕堑，动有数十百里，取水之路，远者或四五十里，工程浩大，必岁久乃可成功。乞敕甘肃守臣督官于农间之时，渐次修理边防，或地有沙石者，用古植木立栅之法，或水路不通者，用他边窖水之法，使营垒相望，哨守相闻，靖虏安边之计得矣。①

当然，防中有攻、攻防兼备自是御边常态，此间明廷审时度势，并未放弃自主出击的有利时机条件。嘉靖初，兵部尚书兼三边总制杨一清指出，正德以来即有蒙古部落于庄浪、凉州地带"潜藏住牧，时出剽掠，阻截道路，敌伤官军"，从此"虎踞青海，蚕食属番，遂酿成甘肃、陕西腹心肘腋之患"，近来一支骚扰依旧，自当早为驱逐，以杜后患。他因是策划用兵机宜："趁今与西海贼寇离析之时，量调陕西、延绥精锐兵马五六千名，与庄浪、凉州副总兵、游击等官会合寻袭，痛加诛剿，以除门庭之害。则西海达贼闻之，亦将褫魂破胆，有不战而走之势，区区回贼又不足忧也。"②再看随后兵部尚书王琼对于处置吐鲁番的态度，他叙及弘治以来时剿时抚的情形，表示"边情重务，前后异议，而又委任不专，事多推诿"，现今土鲁番犯掠肃州，"揆之大义，似难再与赏赐，示弱求和，若欲似前调兵，又恐延、宁地方虏贼窥伺，乘机深入，顾此失彼"，况且"陕西临、巩、甘、肃等处地方灾荒，军民十分贫困，倘若攒运粮草，督责严峻，必致激变地方"。以故其请敕各边官相机应对：

如土鲁番贼已回，照依成化、弘治等年事例，闭关绝贡，不许往来。若复来犯边，可战则战，毋轻举失利，不可战则尽力固守，以逸待劳……各官到于甘肃，询访本边故老，料度彼处夷情。如果土鲁番兵力强盛，蓄有异谋，势将深入，夺占肃州，不能固守，径自从宜取调甘、凉、庄、永等处官军协力战守。如甘肃本镇官军力不能支，方许查照附近甘肃地方，以次征调。③

"隆庆和议"之后，明朝与蒙古部族达成封贡，开展互市，北边局势趋向

① 《明经世文编》卷49，张海《安边方略疏》，第384页。
② 《明经世文编》卷117，杨一清《为达贼出没计处用兵机宜事》，第1110—1111页。
③ 《明经世文编》卷110，王琼《为传奉事》，第1008页。

平稳。然其时蒙古依恃纳款媾和,因而抢掠番人的事况时有发生,陕西茶马御史褚铁据镇羌、凉州、西宁、兰州等守将报告,直切陈言:"近日北虏纳款,屡次抢番,各该将领旁观坐视,眇不为意,家丁、军余又图利勾引,以致北虏公然无忌。西番通无倚庇,则夫畏其势而贡其有,背中国而向夷狄,殆事势之所必然、人情之所必至者也。"故此,他除了请示朝廷宣谕蒙古各部,又"严行甘镇总、副、参、游等官不许将北虏放入抢番",及"仍行洮、河、西宁三参将传示红帽等番,不许交结胡人",若勾引如旧,"则纠众番攻剿,万一海贼突入,番力不支,则发兵策应,如果残伤,亦量加赈恤"。[1] 议和自然并非意味自此泰然无事,另如万历时兵部尚书郑洛上疏,力主严杜蒙古纳款后借路内地通番以酿祸端。他说道,蒙古从前抢番曾借此路,然犹"畏惧我兵设伏追剿,不敢久住地方,肆行抢掠";自纳款后亦曾借道经行,尚能"遵守约法,严禁部夷,并不敢动扰内地";此后因循日久,犯顺为常,竟致公然劫夺,"以莽、捹二川为巢穴,视洮、河二州为番地,大肆虏掠,戕杀将官,是甘肃之边防,乃为流虏必由之门户矣"。业经查实,"甘镇借路不止一处地方,在庄浪则镇羌堡,在黑松则铁柜儿,在凉州则泗水堡,在永昌则水泉与宁远,在甘州则硤口,皆北虏由内地通番之径也"。他进一步强调:"在虏酋视甘镇为故道,可以经行;在边将亦视虏行为旧规,难以拒阻。年复一年,夷汉杂处。在昔甘肃素称北虏南番,今则南北皆虏;昔称中汉外夷,今则中外皆夷。及今不早图力处,将至大坏极敝,不可收拾。"因此之故,"今后各要振武扬威,痛祛积玩",如遇抢番借路等情,应须"极力防阻,毋容轻入,如酋虏不从,相机拒剿,毋事惯纵"。[2] 明朝官员在北部边境局面整体趋向和平的态势下,依然安不忘危,以上言论,足见他们这种一贯坚持的勤修武备的积极防御思想。

三、战 备 联 动

凉州卫作为明朝西北边境卫所防御链条上的有机组成部分与关键衔接

---

[1] 《明经世文编》卷 386,褚铁《目击番虏情状疏》,第 4186—4187 页。
[2] 《明经世文编》卷 404,郑洛《严杜流虏借路深奸以慎边防以安全镇疏》,第 4372—4373 页。

环节,发挥了不可或缺的军事联动功能。如正统初兵部尚书王骥前往甘肃经理边务,上疏主张"兵贵合而能分",以期内外有备,敌来不致疲于奔命。其言:

> 各命将臣,分领守御。自庄浪西抵古浪城,南抵黄河,东北抵宁夏界,以属都督李安;自凉州北抵镇番,南抵古浪,东北至板井,以属都督赵安;自甘州东过山丹直抵永昌,北至胭脂堡,西至深沟垒,以属都督任礼;自肃州东接深沟,东北抵镇夷,西抵嘉峪,北抵天仓,以属都督蒋贵。俾其各守地方,训练士卒,贼至则各自拒御,去勿穷追。如贼大举入寇,则五相应援,并力截杀。①

又成化初兵部尚书王复出视西北边备,其自延绥抵甘肃,分析当地战守格局:"甘肃所属十五卫所地方,虽有远近不同,然自永昌迤西与西宁、镇番,颇有险隘可据,贼亦不敢久留。庄浪虽有通贼路径,山密地狭,军马颇易战守。惟凉州地方,四际宽广散漫,紧关冲要,最先受敌。又兼水草便利,贼一入境,动辄经年不出。"他还指出,凉州一卫兵力不足,遇强敌来犯,不免远调甘肃他卫军队协防,路险情急,"为虏邀遮,未能即至,比到人马疲弊,缓不济事",失机受挫,往往而是。为防患未然,他主张招选甘州五卫余丁自愿投军者四五千名,"编成一卫,立于凉州,填实地方",且将原属山丹卫的土鲁干墩改隶凉州卫管辖,并令此前调往庄浪、凉州二卫轮流备御的西宁卫官军、土民留守本卫,"遇庄、凉等处有警,量调策应,不惟彼此有备,亦且省用边储"。② 凉州卫的军事要冲地位及其在边防体系中的受重视程度,于此映显。

再成化时三边总制王越为抵御蒙古部族扰犯而部署兵力,内中讲到合理配置陕西、甘肃两镇官军:"陕西固原等处系贼经行要路,甘、凉官军远来防守,本处官军却往甘、凉备御,两不得便。将黄河迤东甘、凉备御兰州等处并西安三卫两班官军,通选精锐马、步共一万员名,兑与马匹,慎择将官统领,分布平凉、固原、海刺都等处预备。"同时,"甘、凉孤悬河西,亦不可缺人防守",故"将彼处原调腹里洮、岷等卫轮班官军存留固原等处,河西甘、凉等

---

① 《明经世文编》卷28,王骥《平虏方略疏》,第205页。
② 《明经世文编》卷94,王复《处置甘肃疏》,第827—828页。

卫调来客兵,发回原处操守"。① 总体要求,乃是命各地守将平日各司专责,
"用心提督操练,修理城垣,整饬战具",遇警随机而动,互为支持,"贼若渡河
往甘、凉等处,就便前去应援"。② 弘治时兵部侍郎张海受遣御边,亦以甘肃
偏远空虚,建议调度兵食如下:

> 甘肃地远寡援,一有警急,赴京请兵,往回万里,及调客兵,缓不济
> 事。迩者议调陕西洮、河、岷之军策应,寻复中止。然宁夏虽近凉州,系
> 腹里边方;洮、河、岷虽近庄浪,系腹里地分。官军用之,有名无实。惟
> 延绥之军,生长边陲,谙识战阵。乞敕延绥守臣,请选游兵三千本镇操
> 守,专听甘肃调用,及行户部区画粮草,务足主客兵五万人三年之食。
> 则足食足兵,久驻之基也。③

正德时三边总制杨一清亦尝统筹兵力以备边患,将沿边至腹里分成藩
篱、门户、庭除、堂室四路。其所指堂室,乃"安定、会宁、静宁、隆德、平凉一
带",为配合军事行动,令"预行甘肃游击将军徐谦,统领甘、凉游兵并千户鲁
经土兵,各于庄浪操候,河套有警调至安定、会宁,与甘、凉备御下班官军,并
谋齐力以守堂室"。④ 且在调兵固防的基础上,杨一清于嘉靖初又着眼全局,
策划针对盘踞西海地区的蒙古部族的主动出击。其指示诸卫将领曰:"甘、
凉、庄浪等处将官部署兵马,待冬末春初草枯马弱之时,调集延绥游、奇二枝
兵马及陕西、宁夏二镇游兵共万二千人,甘、凉之兵自凉州而进,延、宁之兵
自庄浪而进,陕西之兵自河州、归德而进。与各该守臣所统兵马刻期联络,
并力夹攻。"⑤随后兵部尚书王琼也曾就甘肃镇兵调防事宜作出相应安排,时
甘肃巡抚奏称,"镇羌堡及岔口堡相去卫所窎远,按伏官军势孤力寡,番贼不
时劫夺杀伤,要于庄浪、凉州、甘州三卫选拨官军一千六百员名,改调镇羌堡
备御"。王琼认为增兵要害未为无益,然不免劳财费力,"虽称从宜量拨,其
庄浪等处官军未免因分寡弱"。其遂计议:"如果镇羌、岔口二堡地方番贼不

---

① 《明经世文编》卷 69,王越《御寇方略疏》,第 586 页。
② 《明经世文编》卷 69,王越《处置边务疏》,第 582 页。
③ 《明经世文编》卷 49,张海《安边方略疏》,第 385 页。
④ 《明经世文编》卷 116,杨一清《为分布边兵预防房患事》,第 1100—1101 页。
⑤ 《明经世文编》卷 117,杨一清《为整理边务以备房患事》,第 1116 页。

时出没,抢劫人财,阻隔道路,量拨官军统领按伏,相机截杀,候番贼知惧不敢出抢,即便照旧。不必分定数目,岁以为常,以存庄浪等卫之兵势,以省镇羌、岔口二堡之劳费。"①

此外,嘉靖中兵部尚书李承勋经理甘肃,次第规划,涉及凉州卫者,乃是其考虑边地各卫粮储实际,提出"转搬兰州之积以救甘肃之荒"的移米西渐的办法,且言:"兰州之积既实,则甘、凉之气自充;甘、凉之积既实,则肃州之气自壮。譬如人之一身,元气充足,手足自然强健。"②时甘肃巡抚杨博亦以裁减冗费、优化布防为务,他周历凉州、庄浪二卫间,表示前议添设游兵,"春夏驻札凉州,秋冬驻札庄浪,不知凉州已有分守副总兵,庄浪已有分守参将",未免徒劳无益,莫若将该部移于安远堡驻防,使"东制镇羌、岔口以达庄浪,西制黑松、古浪以达凉州,无事团聚操练,有警分布截杀,倘遇征调,城池仍令备御官军照旧防守",不失为人情事体便宜之策。③ 通过以上论述,凉州卫依托甘肃镇在明朝西北军事行动中所起到的战备联防作用,得到鲜明展现。

四、边防建设

边防稳固离不开全面系统且富有成效的经营建设,隆庆时官至兵部尚书的霍冀撰有《甘肃镇图说》,即云:

> 该镇可以设险之处固有,而其不可设险之处亦多。守之之法,惟于秋冬之候,行令庄浪并鲁氏土兵以防碾伯,西宁游兵驻古浪以防岔口,镇羌、凉州副将合永昌之兵相为犄角,以外助镇番,内防凉、永,肃州参将并镇夷、高台诸处严谨堡寨,以防攻击,而又略仿充国困羌夷之法,开垦屯田以实塞下。行之数年,增建城垣,修饬器具,招募军兵,买补战马,皆无不可。④

---

① 《明经世文编》卷110,王琼《为增兵要害以御番虏事》,第1006—1007页。
② 《明经世文编》卷100,李承勋《会议事件》,第886—887页。
③ 《明经世文编》卷273,杨博《议裁冗赘以省滥费疏》,第2874页。
④ 《明经世文编》卷323,霍冀《甘肃镇图说》,第3445页。

可见在战备组织上，筑屯堡与兴屯田尤受重视，这从凉州等卫的边防建设中也足以得到证实。

如成化初，兵部尚书王复奉命整饬延绥、宁夏以至甘、凉一带边备，巡历既毕，乃上言讲明，"东自黄河岸府谷堡起，西至定边营连接宁夏花马池边界西，萦纡二千余里，险隘俱在腹里，而境外临边无有屏障，止凭墩台城堡以为守备"，且旧有规置"参差不齐，道路不均……军马屯操反居其内，人民耕牧多在其外"，仓促之间难以接应。是故其计议，各处墩台城堡随利便情势增置挪移，庶使"墩台稠密而易于瞭望，烽火相接而人知防避，营堡联络而缓急易于策应，声势相倚而可以遥振军威"。① 嘉靖初兵部尚书兼三边总制王宪经略西宁卫边备，以其地"正南通四川松藩卫，东南通归德千户所、河州、岷州，西北通甘、肃、凉州，东北通庄浪、宁夏、榆林，直至山西三关、大同、宣府，为达贼往来之路，于此可以设险固守"，遂将地方巡按等官条划上报：

> 自兰州至甘、凉诸处沿边一带，虽有墩台，缘坍塌不修，或窎远不守，或设立不系紧要，或紧要未曾添设……合无就将附近该修该添堡寨一并踏看估计，量其多寡，设立大小屯堡。修设之后，各于近堡去处设立小教场一所，督令屯丁就彼习射，仍于适中去处筑打小堡，挑挖壕堑，置立吊板，以便趋避。②

再嘉靖中，杨博任甘肃巡抚，兴复屯田与修筑屯堡并举，境内肃然。如其云，"河西事体重且大者，莫过于屯田一事"，然"往年兴复屯田，或种未入土，名已入册，或人已在逃，粮犹如故"，且官府对抛荒田地一概追征，军民"未受富饶之利，先罹剥肤之害"。为充实边储，亟须案行各道，"将境内荒芜田地通行查出，或上下水利不通，应该挑浚，或人力牛种不敷，应该处给，或从来抛荒未种，应该开垦"，同时"将原奏各边抛荒地土，听其尽力开垦，永不起科"，如此则"损上益下，藏富于民，实自古经略之长策"。③ 杨博又在修筑紧要城堡的奏疏中表示，"积谷重农第一要务，故亟将屯田事宜议拟题请，其次则缮城郭、起坞堠、谨烽燧，良不容缓"。如镇番卫为凉州北边屏障，"风沙

---

① 《明经世文编》卷94，王复《边备疏》，第831—832页。
② 《明经世文编》卷99，王宪《为建言边情严设备以安地方事》，第879—880页。
③ 《明经世文编》卷273，杨博《查处屯田疏》，第2871—2872页。

壅积几与城垺,万一猾虏突至,因沙乘城,岂惟凉、永坐撤藩篱,实甘肃全镇安危所系"。至于凉州之柔远、怀安、靖边三堡,"亦皆番虏往来出没之所,垣墙低薄,壕堑淤塞,虽尝屡议修筑,止缘无人任事,旋议旋罢"。今既经规划,固当克期举行,"务期一劳永逸,保障地方"。① 不仅如此,杨博还自创墩城之法,随宜在在而设,且多次谈及其用于凉州守卫时所获屏蔽之效:

> 先年大举达虏尝犯凉州,彼时墩城告完。臣适在彼调度,既无毫毛疏失,且有斩获微功,是乃明效大验。②

> 近年凉州、永昌行此筑墩之法,虏每入犯,凡有墩者皆不可近,此则明验。③

> 虏尝拥众数万突入凉州,一无所掠,卓有明验。④

> 臣博巡抚甘肃之时,督令甘州等十五卫所所在村落各筑墩院。虏尝突至凉州,守保严密,一无所得。⑤

外筑堡垒,内足食粮,正是巩固边防的一体两面。以凉州储备而论,"汉元朔置郡时,史称凉州畜产为天下饶,谷籴常贱,今大异于昔矣"⑥。明中叶以来,常有官员提及西汉名将赵充国平定西羌并于湟中驻兵屯田的功绩,显露出对九边屯政的高度重视。如王琼言:"河西御戎得失,莫详于汉史,而屯田便宜,莫善于赵充国可以为万世法者也……今欲守甘肃之地,得便宜之术,舍赵充国,吾未见其可矣。"⑦魏焕亦曰:"尝考之汉宣帝命赵充国将兵讨羌,充国奏曰,愿留步士万人屯田,部曲相保,为堑垒木樵,交联不绝,便兵成,饬斗具,谨烽火,通势并力,以逸待劳,兵之利者也。今日守甘肃之臣,惟

---

① 《明经世文编》卷273,杨博《修筑紧要城堡疏》,第2873页。
② 《明经世文编》卷273,杨博《议筑简便墩城疏》,第2881页。
③ 《明经世文编》卷274,杨博《覆陕西总督刘天和议筑墩台疏》,第2895页。
④ 《明经世文编》卷276,杨博《责成宣大山辽四镇边臣修筑墩堡疏》,第2924页。
⑤ 《明经世文编》卷277,杨博《覆大学士高拱等建议责成宣大等七镇边臣及时整饬边备疏》,第2930—2931页。
⑥ 《明经世文编》卷218,郑晓《壮游录序》,第2278—2279页。
⑦ 《明经世文编》卷110,王琼《陕西甘肃类序》,第1006页。另许论《甘肃镇》也称:"今欲守甘肃之地,行便宜之术,舍赵充国,吾未可见矣。"见《明经世文编》卷232,第2439页。

以充国为法,斯得矣。"①杨博同样屡屡说道:

> 昔汉赵充国、唐郭元振在河西,咸卓然著声。考其所为,充国则上屯田便益,以逸待劳;元振则修通河渠,尽水陆之利。今时虽云异,势不甚殊,仿二臣之意而不泥于其迹,固亦存乎其人焉耳。②

> 本镇地方斗绝羌胡之中,孤悬河湟之外,度势审时,较之沿边诸镇独为难守。而经制长策,大要亦不出于赵充国留兵屯田、部曲相保、堑垒木樵、校联不绝之数言。盖以静制动,以逸待劳,以坐收成算,而区区攻战之末不与焉。③

除筑屯堡与兴屯田外,修复与西番的茶马贸易再辅以召商实边,也是朝野上下着意关切的内容。如杨一清明言以茶易马带来的事半功倍的御边之效:

> 西宁、洮、河等处番族,国初分散部落,设有国师、禅师、指挥、千百户、镇抚、驿丞等官管领,给与金牌,令其三年一次输纳,差发马匹,而以官茶酬之。若与王官、王民无异,实欲借其为我藩篱,捍备北房,即前汉断匈奴右臂之意。百十年来,河西房寇不能逼侵我洮、河,恐番人之议其后也。

然现今番族为蒙古部落所侵,受其挟制,"番达合势"以成"膏肓之疾,腹心之患"。因而他在部署进剿机宜的同时,又提议采取多种方式筹集钱粮:"兰州督理粮储郎中娄志德实心干事,宜令往来庄浪、凉州一带督处,仍于布政司选委有干力、善经画官一员,专一整理河西钱粮,一面于庄浪、凉州、西宁或召商,或籴买,一面于兰州、安定、会宁等处收积。"④霍冀就以茶制番的成败也表达了一致意见:"大抵甘肃控御番夷,其机在我,若禁茶却贡,番人自当乞哀请命不暇。是故该镇之忧,南不在番,北不在房,所当亟图而远虑者,莫西海诸贼若也。"⑤褚铁同样重申茶马操持在我,其利之大,实举足轻重:"我

---

① 《明经世文编》卷 249,魏焕《甘肃保障》,第 2616 页。

② 《明经世文编》卷 273,杨博《查处屯田疏》,第 2872 页。

③ 《明经世文编》卷 273,杨博《修筑紧要城堡疏》,第 2873 页。

④ 《明经世文编》卷 117,杨一清《为整理边务以备房患事》,第 1115—1117 页。

⑤ 《明经世文编》卷 323,霍冀《甘肃镇图说》,第 3445 页。

祖宗神谟睿算,尽制曲防……俾世为中国藩篱,即汉武表河曲,开五郡,隔绝
羌、胡,以断匈奴右臂之意。至开茶马之利,内供边镇,外制羌戎,尤前代所
无而我朝独有者,诚得御戎上策。"他还进一步说明:"洮、河、西宁、甘州四
茶司每年番族共纳马六千五百余匹,约值银六万五千余两,三边戎马大率取
给于此。又为中国藩篱,使海虏不得东下而辄入,有益于边防,而又裨于
国计。"然此后"虏人逐利而专意于番,番人畏威而甘心于虏",两部势成合
一,中朝不复制番人死命,"撤藩篱之固,而又失茶马之利",为害已甚,如今
"北虏之纳款,既皆封授官秩,以示羁縻之术,而西番贡马者,可不令其袭替,
以复祖宗之旧耶"。①

　　而对于召商之法,李承勋曾有详细论述,指出此举在兵饷改折后既可防
止强迫军余买粮上仓之弊,又使边地储备得到有力补充。其曰:

　　　　自嘉靖八年为始,每岁户部于岁计外发银二十万两,行令管粮郎中
　　　于兰州召商籴买,每银一两籴米一石。时价纵贱,官价不减……兰商买
　　　卖辐辏,闻价既高,粮必云集。兰州之积既多,招商以渐而及庄浪、凉、
　　　甘,二三年后,将见肃州之商亦有可招,而强军领买之弊政可除矣。此
　　　后米价每石值银一两一二钱以下,则放折银;每石值银一两四五钱以
　　　上,则放本色。②

　　最后,史料中还涉及个别有关凉州卫文化建设的内容,如天顺时都督毛
忠与番人战于凉州,奋勇杀敌,后在固原石城平叛战斗中捐躯,故有官员请
求为其于甘州城东建祠致祭,"庶死者得以慰安,生者有所激劝"③。再有官
员以"广贤路以资任使"、"人才不遗于边方"为由,提出"陕西行都司及山丹、
凉州、庄浪、西宁各卫俱有儒学,选官军俊秀子弟以充生员,而卫学之设止许
科举,不得食廪充贡",故请"如府、州、县学例定拟廪膳生员,月给廪米五斗,
科举外挨次岁贡出身"。④

---

① 《明经世文编》卷386,褚鈇《目击番虏情状疏》,第4186—4187页。
② 《明经世文编》卷100,李承勋《会议事件》,第886页。
③ 《明经世文编》卷68,许进《求旌毛忠疏》,第578页。
④ 《明经世文编》卷70,徐廷章《边方事宜》,第592页。

结　语

　　经由以上理析可知,从地缘形势看,明代凉州卫所属的陕西行都司位于河西走廊,其隔绝西面南面番人和北方蒙古部落,防止两者结成一体共同威胁边境安全,因而具有重要的军事战略地位。凉州卫作为当时中央王朝西北边疆防御体系的有机组成部分和关键衔接环节,发挥了不可或缺的军事联动作用。在明代国家防御方略总体呈现由攻转守、以守促攻的趋势下,凉州卫的战备联动功能主要体现为配合出击与调遣协防,以使军力排布有序,进退有节,提高整体作战效能。其中,凉州卫的军事角色在明中期对哈密卫的争夺中较为得到凸显,而于"隆庆和议"之后其攻防主动性仍继续有所发挥表现。在边防建设方面,明代凉州卫与北部边疆其他卫所一样,多致力于修筑屯堡和兴复屯田,其间伴随社会商业关系的发展,召商籴买实边之策逐渐提上日程。此外,因利用茶马贸易以控制番人并充实军备的需要,明中叶以来,朝廷对茶马制度的修复完善也给予了相当程度的重视。总体来看,明代的凉州卫及其所属的河西走廊地区扮演的主要还是军事边疆角色,而随着中华文明的地理空间和行政版图在清代最终完成整合,凉州卫撤卫设府置县,内地化进程明显加速。

清代对长城的修缮

尹伟先
西北民族大学铸牢中华民族共同体意识研究院

长城固有的战略地位,随着清朝的建立与统一,很大程度上失却了原有的存在条件,不复那么辉煌。然而,也并不是说长城从此就彻底淡出了国家的政治视野,更不是学界一些人所说的"成了只限于观赏的摆设物"[①]。实际上,正如成大林所说,清代对"边墙"的修缮是没有间断的,既有改建也有重建,清代所筑"边墙"是明朝长城的延续。[②] 清代长城的功用,因时、空差异,特别是面临的情势不同而有变化,既有对传统长城意义的延续——军事防御,也有对长城形象的重塑——"但留形胜壮山河"[③]。在前人研究的基础上,[④]本文拟对清代对长城的修缮,略述管见。

一

清朝建立后,长城内外都成了大清王朝治下的版图,长城阻隔游牧民族

[①] 唐小明:《古墙:中国长城与民族融合》,甘肃人民美术出版社,2006 年,第 123 页。寿鹏飞在《历代长城考》一书中也说:"清时内外蒙古悉入版图,北方遂无边患,长城又失要塞地位。三百年来,视同古迹,不加修筑,惟辽东柳条边,康熙中略有补葺。"见寿鹏飞《历代长城考》,1941 年铅印本,第 87 页。

[②] 成大林:《大清王朝与边墙》,《万里长城》(《中国长城学会专题资料汇编》)2012 年第 1 期。

[③] 康熙帝玄烨:《出古北口》,见李鸿章等修、黄彭年等纂《(光绪)畿辅通志》卷 8《帝纪八·宸章一》。

[④] 成大林:《大清王朝与边墙》,《万里长城》(《中国长城学会专题资料汇编》)2012 年第 1 期;邓涛:《清前期边疆形势与北边长城建设》,《社会科学辑刊》2018 年第 6 期;邓涛:《延续与变革——清前期长城的军事和非军事功能》,《中央民族大学学报》2019 年第 6 期;彭勇:《文明共生与族群秩序:清代对长城的废弃与坚守》,《中央民族大学学报》2021 年第 3 期。

南下的使命已成为历史。加之战争中火枪火炮的使用渐已普及,大规模修筑这种已被实战证明不合时宜的防御工事已不大可能。所以清代帝王们都曾反复强调过不再大规模兴筑长城。

在入关之前,皇太极即下令停止劳民伤财地修筑长城:

> 诏曰:"工筑之兴,有妨农务。前因城郭、边墙事关守御,有劳民力,良非得已。朕深用悯念。今修葺已竣,嗣后有颓坏者,止令修补,不复兴筑。用恤民力,专勤南亩,以重本务。其屯庄田土、八旗移居已定,今后无事再移。可使各安其业,无荒耕种。满洲、汉人毋得异视……"①

康熙二十一年(1682)平定了"三藩之乱"后踌躇满志的康熙帝第二次东巡②至山海关时写下一首题为《蒙恬所筑长城》的诗,嘲讽当年的秦始皇及大将蒙恬征调大量民力修筑万里长城,但却没能使江山永固。诗云:

> 万里经营到海涯,纷纷调发逐浮夸。
> 当时用尽生民力,天下何曾属尔家。③

康熙二十二年(1683),在巡视古北口长城要塞时,康熙帝又作《古北口》一诗,诗言:"断山逾古北④,石壁⑤开峻远。形胜固难凭,在德不在

---

① 《皇清开国方略》卷 9《太宗文皇帝初午》。
② "东巡"是指清朝统治者出关告祭祖先、拜谒陵寝、寄托孝思,同时考察沿途民情吏治、"畋猎讲武"、了解地方边备敌情、安抚少数民族、慰问勋旧遗族,还要赏赐、惩罚、免赋或是告赦天下等。因此,"东巡"是一项带有极强国务色彩的政治活动。康熙创有清一代东巡之制,其在位年间曾分别于康熙十年(1671)、二十一年(1682)、三十七年(1698)三次东巡。东巡期间创作诗 45 首、御制文 2 篇。
③ 《钦定盛京通志》卷 5《圣祖仁皇帝东巡古今体诗》;《圣祖仁皇帝御制文集》卷 36《古今体诗三十八首》。
④ 古北口,在北京密云区东北部,为山海关、居庸关两关之间的要塞之地,也是辽东及内蒙古通往中原的必经之地。关口两旁山势陡峭,极为险要。自古以来,即为长城的重要通道与军事要冲。春秋战国时期,燕国就在燕山之北始筑长城。唐代在此设防戍边。宋代这里是使臣出辽必经之地。金代在此建铁门关。元代为大都至上都的交通枢纽。至洪武十一年(1378),明王朝更建古北口城。古北口一带的长城,气势磅礴,雄伟壮观,横跨潮河之上,乃长城建筑中的胜景之一。因此,古北口不仅是古通道、古要冲,而且是古战场、古名胜。
⑤ 据明代蒋一葵《长安客话》载:"古北口西南有石匣营……洪武中建土城。嘉靖庚戌,虏大举南侵,自古北口入;癸亥,又自墙子岭入,皆道经石匣。越明年,增筑石城,屹然遂为一巨镇矣。"由此可见,诗中的"石壁",当指明代在"石匣营"增筑的"石城"。

险。"①在《出畿东观秋成》一诗中又云:"古北龙旗近,渔阳凤辇行。戍楼烽火息,险岂借长城。"②认为无论多么坚固、险峻的军事堡垒都无法完全保证王朝安全;对国家的安定而言,施行德政、怀柔蒙古各部比长城更可靠。

康熙三十年(1691)五月,古北口总兵官蔡元因为古北口一带边墙倾塌严重而奏请加固和维修时,康熙帝曾予以驳斥。《清实录》载:

> 丙午,工部等衙门议覆、古北口总兵官蔡元疏言:古北口一带边墙倾塌甚多,请行修筑,应如所请。上谕大学士等曰:"蔡元所奏,未谙事宜。帝王治天下,自有本原,不专恃险阻。秦筑长城以来,汉、唐、宋亦常修理,其时岂无边患?明末我太祖统大兵,长驱直入,诸路瓦解,皆莫敢当。可见守国之道,惟在修德安民。民心悦则邦本得,而边境自固。所谓众志成城者是也。如古北喜峰口一带,朕皆巡阅,概多损坏。今欲修之,兴工劳役岂能无害百姓?且长城延袤数千里,养兵几何方能分守?蔡元见未及此,其言甚属无益。谕九卿知之。"③

同年八月,康熙巡幸塞外,驻跸乌喇岱时,对扈从诸臣再次训谕:

> 昔秦兴土石之工,修筑长城。我朝施恩于喀尔喀,使之防备朔方,较长城更为坚固也。④

乾隆时期,继续秉持"在德不在险"的理念,对修葺长城的动议持否定态度。早在乾隆十年(1745)九月十三日在《进张家口途中得诗》中,乾隆就以诗言志:

> 枌榆别碛景,闾里接林烟。牡钥雄关固,丸泥荒塞连。
>
> 清时为外户,昔日此三边。守险何如德,停鞭益慨然。⑤

在乾隆十六年(1751)所作的《长城》一诗中又有:

① 《圣祖仁皇帝御制文集》卷 38《古今体诗四十五首》。其中的"在德不在险"语出《史记·孙子吴起列传》:"武侯浮西河而下,中流,顾而谓吴起曰:'美哉乎山河之固,此魏国之宝也!'起对曰:'在德不在险……'"
② 《圣祖仁皇帝御制文集》卷 49《古今体诗四十一首》。
③ 《清圣祖实录》卷 151,康熙三十年五月丙午条。
④ 《清圣祖实录》卷 151,康熙三十年五月壬辰条。
⑤ 《(乾隆)御制诗》初集,卷 28《古今体七十九首》。

> 埤堄栖岩障,徒惊建筑奇。民膏真叹竭,地险讵能持?
>
> 万里东西亘,千秋鉴戒垂。胜朝事修葺,退想动嗟咨。
>
> 可识戒严日,已成失守时。金汤岂云是,在德有前规。①

诗中"守险何如德""地险讵能持"的诘问,强调的"在德有前规"的垂训,反映了乾隆帝对长城修筑的态度。乾隆三十六年(1771),潮河发洪水,古北口一带多处长城被冲毁,乾隆帝对主张维修古北口边墙的言论批驳道:

> 况自古建立边墙,本为守险控远而设,若我朝德威遐讫,口外耕楼相望,久为内地编氓,即蒙古诸番,亦无不隶我臣仆,并非可仅云中外一家。又何借此重门之御,而必与水争地,请事复修、仍被水冲乎?②

在其乾隆三十七年(1772)《出古北口即事》中进一步指出:

> 若屡陁屡葺,虽无力役劳民之事,而糜金钱、疲工作,非计也。至于遏其势,致横溢,伤民庐,益非计也。且今中外一家,关以外尚隶畿辅,又安借此防边?③

迨至嘉庆帝时,在其所作《长城歌》中提道:

> 自秦筑长城,无论汉、魏、晋、唐、宋、元、明,皆借守险,间隔中外……唯我朝列圣以来,德威光被,遐迩归心,口隘之间,墩堠尽辍……前以潮河盛涨,旧堞冲颓,仅令略为修整,以存其概,用志古迹。盖至诚孚格,中外一家,稽诸前史,实未曾有。予日聆"在德不在险"之训,兹随扈巡视,继序钦承,不敢不勉。④

道光帝在《出山海关》一诗中同样云:"圣代固防长在德,岂曾设险倚岩扉。"⑤由此看出清历代帝王一以贯之地继承了"在德不在险"的祖训,认为长城之险不足恃,在修建长城问题上是持有保留态度的。

---

① 《(乾隆)御制诗》二集,卷30《古今体九十五首》。
② 《清高宗实录》卷889,乾隆三十六年七月庚申条。
③ 《(乾隆)御制诗》四集,卷6《古今体一百十九首》。
④ 《(光绪)畿辅通志》卷11《帝纪十一·宸章四》。
⑤ 《(光绪)畿辅通志》卷11《帝纪十一·宸章四》。

二

但清朝的帝王们是务实的。为了巩固大清王朝的稳固和统一,是不遗余力的,自然也是不会囿于条条框框的成见的。严酷的现实屡屡打破了清朝帝王们"德服"的愿望,使得在实际操作层面上,长城的防御功能被不断肯定,个别地段残损的长城(特别是重要关口的长城和关城)被陆续修葺,甚至在一些紧要之地还有新的兴建。

对东北的长城——柳条边的修筑,就从1634年(皇太极天聪八年)一直持续到1681年(康熙二十年)才完工。历经皇太极、顺治、康熙三朝,用时47年。① 康熙七年(1668)朝廷就曾下诏拨币修筑过长城,其中山海关一段就修了3公里。② 康熙二十二年(1683)闰六月,在毗邻台湾的福建沿海地区曾筑边墙以防来自海上的登陆者。③

康熙五年(1666),青海游牧的厄鲁特蒙古徙牧大草滩,清廷想用抚慰之法劝其归还,但青海蒙古"不受命,战于定羌庙,败去,扬言将分道入边为寇"④。甘肃提督张勇与甘肃总兵孙思克上疏请求对蒙古用兵,廷议以为不可轻启兵衅,而令严防边境,于是,"思克乃偕勇修筑边墙,首扁都口西水关,至嘉峪关止","以限内外"。⑤ 在此情况下,厄鲁特蒙古入边游牧者皆徙走。但自扁都口西水关至嘉峪关筑边墙,终究规模很小,考虑到甘、凉南面,逼邻西海,向来未设边墙,⑥故康熙六年(1667),张勇再次上疏请求维修甘肃西南

---

① 柳条边分两期建造,第一期的柳条边亦称"老边",修建时间为1634—1661年。范围从威远堡(今辽宁省开原市)为中心点,南至辽宁凤城,西南到长城的山海关,长达1950公里。第二期亦称"新边",自清康熙九年(1670)由宁古塔将军开始主持修筑,至康熙二十年(1681)完成。从威远堡往东北走向,一直展筑到松花江边的吉林市,全长690公里。柳条边主要是由流徙罪犯修建而成。

② 孙志升:《中国长城》,中国文史出版社,2005年,第56页。

③ 《清圣祖实录》卷110,康熙二十二年闰六月己巳条:"福建水师提督施琅题报:台湾逆贼刘国轩,知臣等将乘南风进剿,倾巢而来,坚守澎湖。凡沿海之处,小船可以登岸者,尽筑短墙,安置腰铳。"

④ 《清史稿》卷255《孙思克传》。

⑤ 魏源:《圣武记》卷3《国朝绥服蒙古记》。

⑥ 张勇:《张襄壮奏疏》卷2。

侧边墙,并就费用进行了测算:"修筑可可口迆西,至白石崖后所口等处,及重整扁都口至嘉峪关各隘中间垒砌墙闸,需用砖石、铁柱以及匠作、夫役、工料等项,约估银三万余两……顾此修筑、撤兵二事,一以防外,一以固内。"①

《宣化府志》载:"康熙九年(1670),诏修独石口边垣,计沿长一百四十二丈,隘口门一,水门三,炮台二,工部估计工料共银七千四百八两五钱,督工同知胡之睿,监督守备李万辉,至十二年始竣工。"

康熙三十三年(1694)正月,四川陕西总督佛伦奉上谕查巡长城一线的防御体系,发现西北地区边墙残破、简陋情况非常严重,为此专门上疏,请求加以修缮,就得到了康熙允准。《清实录》记载:

> 九卿议覆、四川陕西总督佛伦疏言:臣奉上□日查阅三边,查陕西自肃镇嘉峪关北边以至宁夏贺兰山起处,俱系土筑边墙。自贺兰山之胜金关起,至贺兰山尽之平罗营,原无边墙,以山为界。自平罗营以至延绥汛地之黄甫川,亦系土筑边墙。至于甘、肃、凉、庄一带南山,原无边墙,俱系铲山掘壕为陡岸作界。其间陡岸壕堑,甚多残缺。又肃、甘、凉等处南山及宁夏之贺兰山隘口,原有石垒木榨堵塞,年久倒废,人可越度。又西宁镇汛之西石硖、镇海、西川一带,原有边墙,其南山直抵河州,北山直抵庄浪,原无边墙,皆系铲山为界,亦有年久颓倒,可以越度者,或平坦无迹者。三边墙垣,历年久远坍坏已多,若不亟为修理,必致倒废。但三边延长辽远,不能刻期修理、勒限完工,请于每年渐次修补。今提镇及专城之副将参将游击等,量给步战守兵工食,督其修理各隘口,应堵石垒木榨之处,亦令提镇等酌量堵塞。其倒坏边墙、沙淤壕堑,应令兵丁修挖。俱应如所请。从之。②

按《甘肃通志》卷十的记载,此次佛伦提请应修甘肃西宁永安堡一带的边墙为 10 284 丈。

康熙三十三年,定修理边墙捐纳赎罪例,鼓励轻罪犯人纳银赎罪,以解决维修边墙经费的困境(详见后文)。③

---

① 张勇:《张襄壮奏疏》卷2。
② 《清圣祖实录》卷162,康熙三十三年正月乙丑条。
③ 《皇朝文献通考》卷209。

康熙三十六年(1697)，康熙曾亲自巡视了长城沿线的军事防备情况，反映了朝廷对长城的重视程度。

雍正二年(1724)五月，抚远大将军年羹尧上"条奏青海善后事宜十三条"，内有："请于西宁北川边外上下白塔处，自巴尔托海至扁都口一带地方创筑边墙，悉建城堡，则西番部人妄行窃据之区，悉为内地。"①此条奏内容中的"创筑"二字，表明是要新修。② 年羹尧上奏的原件《条陈善后青海事宜折》中对此的描述更为明确："今应于西宁之北川口外，由上下白塔至巴尔弛海、至大通河、至野马川、至甘州之扁部口，筑新边一道，计程五百里，计日三年可就，则此前蒙古、西番扰攘之区，悉为内地矣。"③但年羹尧新修这段长城的设想，是否得到实行，早就有学者存疑，④事实上并未实现，这与年羹尧随后不久被贬的经历有关。

接任年羹尧的岳钟琪对修筑从北川口到扁都口五百里边墙的认识截然不同："查得，修筑边墙，分开内外者，另为捍御之良策，但仅自西宁北川至甘州扁都口，里程不过五百，其间多为石山、沙地，而有土可以修筑边墙者，仅有五十余里。伏思，千里边墙，若有丈尺不固，则千里之墙皆为虚设，所费过多，且难坚固。我国内外一家，所谓坚固者，皆在于德，而不在于险，倘若置设大通镇标下两营，则利于内外。西宁地方寒冷，若兴土木工程，必于五六七八此四个月内动工，尚为可以。其余月份，由于地冻，不宜动工。倘若热天动工，又与百姓务农季节相抵触，故不修筑边墙为好。"⑤清廷允准了岳钟琪的奏议，修筑此段边墙被叫停。

雍正三年(1725)，"皇上新设天津水师以习海战。昨岁，复令封疆大臣

① 《平定准噶尔方略》前编，卷14雍正二年五月壬戌条。
② 成大林：《大清王朝与边墙》，《万里长城》(《中国长城学会专题资料汇编》)2012年第1期。
③ 此折原奏文件于民国十九年故宫博物院文献馆整理内阁大库档案时被发现。季永海、李盘胜、谢志宁翻译点校：《年羹尧满汉奏折译编·汉文奏折》第121条《条陈善后青海事宜折》，天津古籍出版社，1995年，第284页。
④ 闫璘：《青海明代长城修筑始末》，《青藏高原论坛》2013年第3期。
⑤ 中国第一历史档案馆译编：《雍正朝满文朱批奏折全译》(上册)2072条《和硕怡亲王允祥等奏议岳钟琪之川陕善后五款等事折》，黄山书社，1998年，第1154页。

察修边墙,增边兵,严烽堠"①。

雍正四年(1726)十二月二十七日陕西肃州总兵官杨长泰奏文中有:

> 今臣查看所属地方,凡边墙倾圮者,即报明督臣。明春开冻后,照例补葺。其兵马营汛饬令严加操防,务期地方宁谧,军民安堵,以仰副皇上慎重边疆之至意。兹臣于十二月二十日回肃,谨将查看汛隘缘由具折奏闻,并叩谢。②

雍正八年(1730)就山西一带坍塌边墙修缮事宜予以覆准:

> 晋省坍塌边墙,该地方文武各官不时修筑,果能坚固如式,百丈以上者,该抚提勘确,年终题请议叙,准予纪录一次,多者以次计算,不及百丈者,该抚提酌量奖励。倘捏报修筑,照妄冒军功例治罪。③

雍正九年(1731)六月,清军在漠北和通淖尔被策妄阿拉布坦长子、蒙古准噶尔部首领噶尔丹策凌的军队击败,使得清廷在北部边疆防御问题上丧失战略主动地位,为预防漠南蒙古南下侵扰,雍正下旨加强京城北部一带的防御,一方面增加兵力,另一方面修治边墙。《清史稿》中便记载到:"雍正九年,令直隶疆臣修治边墙,其古北口、宣化、大同三处,咸募兵增防。"④古北口、宣化、大同地处拱卫北京北边的门户地带,是捍卫京师的重要关口之一,其重要性自不言而喻。雍正帝审时度势,认识到了这一点,所以在雍正九年十月的"上谕"中指示:

> 谕大学士等,沿边一带地方最为紧要,向来额设之兵太少。昨已降旨令古北口、宣化、大同三处召募兵丁,添入防汛,以实营伍。……至于边墙,年久倒塌而地当紧要者,亦应酌量修筑,以肃边境。⑤

此道上谕的具体执行者是御史舒喜、天津总兵补熙、直隶古北口提督路振

---

① 《畿辅通志》卷 40《关津》。
② 《世宗宪皇帝朱批谕旨》卷 95《朱批杨长泰奏折》。
③ 《钦定大清会典则例》卷 127《工部·营缮清吏司·城垣一》。
④ 《清史稿》卷 119《兵八》。
⑤ 《世宗宪皇帝上谕内阁》卷 111,雍正九年十月"上谕十道"。《平定准噶尔方略前编》卷 26,雍正九年秋九月。

扬。"振扬等奏请改设副将以下官,增兵千四百有奇,于各镇营抽拨;边墙倾圮,用木栅鹿角堵塞。从之。"①其增兵计划具体为:"于直隶古北口提标添兵一千六百名,独石口添兵六百名,宣化镇标添兵二千名,张家口三营添兵八百名,山西大同镇添兵二千七百零八名,杀虎口添兵一千零四名,朔平府城守添兵八百名,得胜路添兵二百八十八名,助马路添兵二百名,直隶山西二省各添兵五千名。"②这一方案得到了朝廷允准。至于部分地段的边墙维修,则采取了因陋就简的方式,即将尖锐的树干及树枝等捆扎成状似鹿角的"木栅鹿角"堵塞了事。

到了乾隆时期,局势稳定,一派国泰民安景象。然而士大夫们依然对边疆形势保持着清醒的头脑,深谙长城的军事防御功效,提倡"缮完墙堡"。博学鸿儒陈黄中在其《边防议》中言:"自开辟以来,中外一家,未有过今日之盛者。然犹裒诸部,逼处肘腋。百年无事,习为固然。间尝按其山川,度其形势。窃以曲突徙薪之计……京北诸关隘,并各分置重兵,其制不为不备,而各口外去京三四百里,即皆外藩部落,虽各震慑国威,狡焉启心,万万无有,然西极宁夏,东抵辽京,归化城处其中央,实据山西之要,去杀虎口仅二百余里,俯瞰神京,有扼吭抚背之势,处百年无事之后,边备久弛,墙堡颓废,苟有意外之变,其何以御之?"③他呼吁进行八旗耕牧,招募征调诸衙门闲散之丁、京师贫窭无业者、边民愿往者等,"徙之塞下,使各分其力……令其分地屯牧。择其中之骁捷者,教练为兵,耕牧之余,复习骑射击刺之法,名为屯军,使世守其业。五年以后,始酌收耕牧之税,即以供给屯军犒劳之需。复以其余力,缮完墙堡,修整戎器,第使人自为守……国家获收镇戍之用,于以销未然之患,而莫盘石之安"④。

乾隆二年(1737)二月,允准了广东巡抚、前任直隶布政使王謩之请,"命修筑山海关边墙城垣"⑤。乾隆六年(1741)六月,又从直隶总督孙嘉淦之奏请,对直隶一带残损的边墙予以维修:

---

① 《清史稿》卷 299《路振扬传》。
② 《世宗宪皇帝实录》卷 111,雍正九年十月壬子条。
③ 《皇朝经世文编》卷 80《兵政十一·塞防上》。
④ 《皇朝经世文编》卷 80《兵政十一·塞防上》。
⑤ 《清高宗实录》卷 62,乾隆三年二月壬辰条。

工部议覆、直隶总督孙嘉淦奏称：直隶关口、要隘、边墙旧迹颇多倾圮。京东一带边墙之外，皆系崇山峻岭，山口多有封闭。惟山海关为蓟辽锁钥，喜峰口当八沟通衢，古北口乃潮河要路，实属冲要之地。京西一带边墙之外，多系平原旷野，四通八达，边口皆宜慎防，而张家口、独石口尤为极冲之所，二口之路皆归并于居庸，故居庸一关乃中外之咽喉，岔道城当居庸之北口，昌平城当居庸之南口。此数处工程皆当先行修理，应如所请，查勘兴工。从之。①

乾隆十年(1745)正月，军机大臣就甘肃巡抚黄廷桂上奏的《请修葺通省城堡边墙一折》进行了商议、答复：

甲午，军机大臣议覆、甘肃巡抚黄廷桂奏请修葺通省城堡边墙一折。查城垣为地方保障，应如所请。仿照豫省之例，凡工程在一千两以内者，令各州县动支额设公费银，分限五年修竣；在一千两以外者，无论新坍旧坍，俱确估造册，取结存案，俟水旱不齐之年，以工代赈；自一万两至十万有余者，难一时并举，应酌地形缓急，次第兴修。至边墙大堡，亦应一体修葺。但各项工程，必须遣大员确勘，方可核计无浮。得旨。着派户部侍郎三和驰驿去。巡抚黄廷桂亦着前赴应行查勘处所等候，会同查勘估计具奏。余依议。②

该年三月，工部就黄廷桂所奏以及川陕总督庆复、户部侍郎三和查勘等情复议，"部议准行"。但乾隆帝也提出了相应的要求：

工部议覆、川陕总督公庆复等奏称，陕省估修各属城垣，在一千两以内之华阴等十处工程，州县合力捐修，督抚司道共勷其事，应如所请办理。至称咸阳等二十四州县，俱工在一千两以上，请将每年存剩公用银两尽修外，动用商杂税银。查此项城垣，是否均系急工，难以悬揣。现派户部侍郎三和，驰勘甘肃一带城堡边墙。应令就近会同该省督抚，详查确勘，分别缓急具奏。得旨，此议覆内。庆复等奏称一千两以内之工程，令州县合力捐修，督抚司道等共勷其事等语，部议准行。朕思大

①　《清高宗实录》卷145，乾隆六年六月乙卯条。
②　《清高宗实录》卷233，乾隆十年正月甲午条。

小各官,所领养廉,原以资其用度,未必有余,可以帮修工作。倘名为帮助,而实派之百姓,其弊更大。转不若名正言顺,以民力襄事之为公也。此议不准行。自古有力役之征,庶人有赴功之义。况城垣为地方保障,正所以卫民而使之安堵。即如人所居者庐舍耳,而必环以墙垣,为藩篱之计。其事甚明,其理易晓。且官民原为一体,上下所以相维。今则漫无联属,恐日久相忘。猝有用民之事,必且呼应不灵。臣工为此,奏者颇多,亦不无所见。朕再四思维,凡有修建重大工程,小民力不能办者,国家自不惜帑金,为之经理。至于些小城工,补葺培护,使之不至残缺倾圮,则小民农隙之所能为,而有司之所当善为董率者也。余依议。①

乾隆二十一年(1756)八月又有山西巡抚明德等奏报边墙维修之事:

山西巡抚明德奏、准兵部咨军机大臣议覆达松阿等奏,将山西省边墙坍塌之处,令地方官兵,以土石筑砌等因。查晋省边墙,向日原系边民、边军、营兵合力修筑。但未经奏明办理。且无大员督查,不免日久废弛。应请嗣后令文武各官,照旧例督率修筑,并交与大同镇臣暨雁平道每年秋后会查一次。臣于巡查营伍之时,亲往查验。如不修整,将该管官弃参处。报闻。②

乾隆二十六年(1761)二月,甘肃巡抚明德上奏,请对嘉峪关两旁的边墙加以维修,获得批准:

惟嘉峪关为内外往来咽喉,盘诘最易。但两旁土筑边墙,年久残缺。请动项粘补完固,撙节办理。嗣后再有逃犯,审系由关度越者,将嘉峪关游击,严加议处。得旨,所见甚是。如所议行。③

由《清高宗实录》揭知,乾隆三十五年(1770)六月甲午,因大雨而形成水灾,导致古北口长城被冲垮,清朝拨款,命侍郎桂林带银两万两赴古北口,会同提督王进泰赈水灾,④并对垮塌的长城进行维修,具体由和尔精额、王进泰

① 《清高宗实录》卷236,乾隆十年三月己卯条。
② 《清高宗实录》卷519,乾隆二十一年八月乙丑条。
③ 《清高宗实录》卷631,乾隆二十六年二月己亥条。
④ 《清史稿》卷13《高宗本纪四》。亦见《清高宗实录》卷863,乾隆三十五年六月甲午条。

二人督办。次日(乙未),乾隆帝考虑到此次水灾"情形较重,所拨之数尚恐不敷。着内务府再拨银二万两,派委妥员,作速解往备用。谕军机大臣等……其城墙经水倾圮者,速行确估兴工,补筑完固。官廨营房,亦即一律修整"①。但次年七月,因遭遇大雨而河水暴涨,前一年新修的长城又被冲垮。督办者和尔精额、王进泰受到应有的处分。《清实录》记载:

> 又谕:去年潮河暴涨,冲及古北口边墙,致有倾颓。因特发帑金,派和尔精额,会同王进泰,鸠工庀役,重加修筑,以复旧观。本年七月初雨后,河涨复盛,新修之墙,仍然摧塌。兹跸路经临,亲行阅视。见城垣圮处,适当来水之冲,荡击在所不免。原不当与水争地,况自古建立边墙,本为守险控远而设……所有经水冲损之墙,竟无庸复行补筑。止须就其形势,于外层稍加瓮茸。因啮址量置炮台,俾存规制而示观瞻……和尔精额、王进泰,俱着交部严加议处。②

乾隆三十一年(1766)、四十年(1775)及咸丰四年(1854)都曾维修过嘉峪关及其周边长城。直至同治五年(1866)还修过长城,其中从山海关老龙头至花场峪就补修了近 2.5 公里长城,并在各关口修筑栅门,通水处修涵洞以泄水,墙上用葛针扎顶,墙外开挖长壕及品字梅花坑。③

在青海地区,明时筑有长城,主要是为防御西海蒙古而修建。它东北接甘肃镇长城,经门源、互助、大通、湟中、化隆、贵德、尖扎诸县至同仁县。④ 清雍正十年(1732)六月,因西宁总兵官范时捷奏请,朝廷应允对西宁镇边墙予以重修。⑤ 乾隆十年(1745)又在西宁道杨应琚的努力下进行了"捐俸葺理"。

> 乾隆十年,(杨)应琚率同知县张渡于残缺处复捐俸葺理。虽垣堑时有损益,而规模仍旧。今海宇晏清,羌戎归化,边墙之外多有良田,百年之间,村落相连,牛羊满野。故有者量加修葺,不可废前人之功。无

---

① 《清高宗实录》卷863,乾隆三十五年六月乙未条。
② 《清高宗实录》卷889,乾隆三十六年七月庚申条。
③ 孙志升:《中国长城》,第56页。
④ 据学者考证,明代青海长城的修筑,始于明孝宗弘治四年(1491),完成于明神宗万历二十四年(1596),历时逾百年。参闫璘《青海明代长城修筑始末》,《青藏高原论坛》2013年第3期。
⑤ 《钦定八旗通志》卷192《人物志七十二·大臣传五十八·范时捷传》。

者不必增加,以重劳民力。盖防边之道,贵乎得人,其他皆末务也。①

值得注意的是,杨应琚修筑边墙时特别强调了"不可废前人之功",可见,是在原有基础上的维护和修茸,而非重筑或新筑。

清朝中后期,各族农民起义事件此起彼伏。据《东华录》载,自道光二十一年至二十九年(1841—1849)的 9 年间就发生 110 次。有的持续数年,席卷数省,令清廷疲于应付。在考古调查中亦发现有多处长城可能是当年为防范农民起义留下的遗迹。如陕西省白河县、旬阳县与湖北省竹山县交界处的山梁上,呈东西走向的长城,约 110 公里。墙体系采用毛石或块石、条石砌成,或以块石和三合土混筑。石墙残高 0.5—5 米,基宽 1—5 米。在沿线设有门、箭楼、墙垛、箭孔、马道等建筑遗存,门洞上建有楼。研究者根据其构筑、形制以及白河、旬阳县志中有白莲教曾在这一带活动的记载,判断它是清朝为对付农民军所采取的防御措施。

嘉庆二年至五年(1797—1800),为防御生苗"侵扰",湖南省凤凰厅同知傅鼐在湖南、贵州修复明代苗疆边墙。《清史稿·兵志八·边防》载:

> 苗疆当贵州、湖南之境,叛服靡常,历朝皆剿抚兼施……嘉庆初年,戡定苗疆以后,于凤凰、乾州、永绥、古丈坪、保靖各厅县,沿边次第建修屯堡碉台,筑边墙以严界画,筑土堡以资守御,筑哨台以凭瞭望,碉卡则战守咸资,炮台则堵截尤利。设练勇千余人,屯丁七千人,垦辟屯防田十三万一千余亩,悉以屯兵耕种。其地皆附近碉堡,以便驻守,且节饷糈。历嘉、道两朝,沿边宁谧。咸丰军兴以后,苗众乘机肆扰。至同治年,席宝田等大举平苗,虽间有剽掠之事,以防勇随时剿抚。光绪十二年,谭钧培因苗民驯扰无常,乃仿傅鼐防苗之法,增修石碉土堡,由附郭而渐及山林险阻之处,互为守望,以备苗民出入,于旧日之苗疆营制,无所变更也。②

傅鼐"且战且修,阅三年而碉堡成。有哨台以守望,炮台以御敌,边墙相

---

① 杨应琚:《西宁府新志》卷 13《建置》。
② 《清史稿》卷 137《兵志八·边防》。

接百余里。每警,哨台举铳角,妇女、牲畜立归堡,环数十里皆戒严"①。以至于在同治、光绪年间傅鼐防苗之法还在沿用。

再如清代对山东境内战国齐长城的修缮、增建,是为了抗击捻军农民起义。现今留存于章丘县的两通清代重修齐长城碑刻明确记载了咸丰十一年(1861)春夏,章丘军民为抵御捻军,在齐长城原址重修长城岭长城的缘由和过程:"辛酉春,皖寇入东境,扰及于莱芜。章之人相与守此岭以御之,贼不得入。然古墙已坏,基址仅存。寇既退,遂请于邑宰而修之。垒石筑土,高高下下,凡山径之可以出入非常者,皆墙而堵之。自仲夏以迄仲秋,三阅月而工始竣。谋既佥同,成资众志。"②

直到同治七年(1868)还有山西巡抚、工部尚书郑敦谨为了防范反清的回民军攻击包头镇,"遣兵守榆林、保德下游各隘。增募炮勇,补葺河曲边墙"③。

清末,左宗棠在新疆平叛后,也主张在新疆修葺年久失修的城垣并修筑长城。在光绪四年(1878)二月二日上奏的《西四城流寓各部落种人分别遗留并议筑边墙片》中说道:"若南自英吉沙尔,北至布鲁特界,按照卡伦地址,改筑边墙,于冲要处间以碉堡,则长城屹立,形势完固,界画分明,尤为百世之利。"④光绪帝采纳了左宗棠的建议,在"谕军机大臣等"中明确指示:"着照所议妥为筹办。"⑤

三

一般认为,清代特别是清前期社会相对安定、国家财力较为充裕,各地城池、河道、边墙的修竣主要动用公帑来完成,但实际上,限于国库存银紧张,⑥即使在"康乾盛世"也在用捐纳、赎银来作为补充手段,千方百计筹措银

---

① 《清史稿》卷 361《傅鼐传》。
② 王云鹏:《锦阳关发现的两通重修齐长城碑刻》,《文物天地》2022 年第 7 期。
③ 《清史稿》卷 421《郑敦谨传》。
④ 《左宗棠全集》,奏稿 7,岳麓书社,1996 年,第 54—55 页。
⑤ 《清德宗实录》卷 67,光绪四年二月壬辰条。
⑥ 参刘凤云《钱粮亏空:清朝盛世的隐忧》,中国社会科学出版社,2021 年。

两进行赈灾及城池、河道、边墙的修竣。长城的修茸，自然也在捐纳、赎银之列。

捐纳即捐资买官。顺治六年（1649），朝廷因军需不足首次开办捐纳，主要内容有捐监、捐职、捐封典、捐度牒，此后逐步在赈灾、修建城垣、治理河道、垦荒等事中实施捐纳。顺治十年（1653）覆准："士民捐助赈米五十石或银一百两者，地方官给匾旌奖；捐米一百石或银二百两者，给九品顶戴；捐多者，递加职衔。"①除了捐粮、米，还有捐纳马匹。顺治十七年（1660）正月，朝廷下令："文武各官捐助马匹五十匹以上者，纪录一次；一百匹以上者，加一级。"②同年，定捐修汴城事例：现任官员、举人、贡生、生员、平民都可捐银或米，获得相应的奖励，甚至戴罪缉贼官员，也可捐银开复。③

康熙十三年（1674），朝廷为筹措军饷镇压"三藩"，于康熙十四年（1675）开乙卯捐例，开创了捐纳实官的先河，④"捐纳事例"形成。"捐纳事例"即捐纳实施的基本框架和条文，包括开办目的、实施地区、起始时间、报捐价格等具体内容。⑤

康熙年间甘肃地区自然灾害频发，军事行动繁多，捐纳实施居于全国之

---

① 《（康熙朝）大清会典》卷21《户部田土二·政蠲恤附》。

② 《清实录》卷131，顺治十七年春正月辛未条。

③ 《（康熙朝）大清会典》卷131《工部·营缮清吏司·营造一》。

④ 在此次捐纳中，知县首次成为报捐项目，"候选州同、州判、县丞、经历捐一千两者，以知县用；捐一千五百两者，以知县先用。贡监生充教习未考职者捐一千两，以知县用；已考职者捐一千五百两，例监未考职者捐一千七百两，俱以知县用"。参（清）缪荃孙著，翟金明点校《云自在龛随笔》，第191—194页。康熙十三年至十六年间，仅捐纳知县一项，筹得军费200余万两。雍正、乾隆、嘉庆三朝的捐纳收入，每年多达千万，少则一两百万，平均占国家全年收入的三成以上。参黄天华《中国财政制度史（第四卷·清代—近代）》第十八章《清代前期的财政制度》，上海人民出版社，2017年，第2113页。

⑤ 清朝对报捐人员资格有限定：因公革职官员一般不准捐纳；品级较高官职不准捐纳，即京官三品以上者不准捐纳，如布政、按察、总兵以上及在京堂官、科道官员皆不准捐纳；文官最高可捐纳官职品级为四品；武职则最高可捐至从二品副将。品行不端或身犯死罪者不准捐纳。报捐者完成报捐流程后，只是得到了做官的资格，是一位候选官员，尚不能即刻就职。根据清代官僚铨选制度，候选官员需要参加吏部的月选，等待授缺。乾隆三十九年郎中（五品官）银9600两，主事（六品官）银4620两，道员（四品官）银16400两，知府（四品官）银13300两，同知（五品）银6820两，知县（七品）银4620两，县丞（八品）银980两。

首。康熙年间一共开办捐纳 39 次,其中开办捐纳次数较多的 5 个省区依次为甘肃、山西、直隶、陕西、江南地区,次数分别为 9 次、7 次、5 次、4 次、3 次。①

在长城维修方面,清朝同样实施了捐输措施。

> (康熙)三十三年,覆准提镇及专城副将、参游,每年量捐工食给与步战守兵修理边墙至二百丈者,纪录一次;八百丈者加一级。多者照数递加。各将弁量捐银数修理丈尺,每年造册具报。兵部察核,具题照例议叙。②

由此看出将弁捐银数量的多少、捐修边墙的长度成为其晋级的重要依据。毫无疑问,这一制度极大地调动了将弁们修理边墙的积极性。

《甘肃通志》载:靖远人潘育龙"从军督标,屡立战功。(康熙)二十七年升肃州副将,三十年升总兵,在镇八年,出师败敌……凡五捷,捐俸修筑边墙,自野麻湾至下古城,袤延一百七十里。商旅安行,番夷敛迹。优恤军士,捐赀修复嘉峪关七层城楼,内安外攘,夷人畏服"③。后升任固原提督、晋为镇绥将军,"仍管陕西提督事务,在任十八年。卒,赠太子少保,谥襄勇"④。潘育龙的快速升迁,既有能征惯战的因素,也有捐俸的因素。

又依《大清律例》卷 2《纳赎诸例图》及《清史稿》卷 143《刑法志二》等知,清朝沿袭了封建时代遗留下来的犯人纳银赎罪制度。具体而言,赎刑有纳赎、收赎、赎罪等名目。根据《清朝文献通考》的记载,清代捐赎制度的开端,起自康熙登基之初颁布的"官员认工赎罪例"。⑤

康熙三十三年(1694)正月,⑥清朝制定了"修理边墙捐纳赎罪例",用赎

---

① 汪茹:《康熙朝捐纳制度及其运作研究》,扬州大学硕士学位论文,2022 年,第 62 页。
② 《钦定大清会典则例》卷 127《工部・营缮清吏司・城垣》。"加级与纪录"是指朝廷对官员考核成绩优良或有功绩者,给予纪录或加级的奖励。纪录可分为纪录一次至纪录四次,加级可分为加级一次至加级三次,加一级当纪录四次,两者共计十二等。
③ (雍正)《甘肃通志》卷 30《名宦》。亦可参(清)陈之骥《靖远县志》卷 4《武功・潘育龙》。
④ (雍正)《甘肃通志》卷 34《人物》。
⑤ 《清朝文献通考》卷 209《刑十五・赎刑》。
⑥ 由《皇朝通典》卷 89《刑十・赦宥》知为康熙三十三年正月。

罪银来进行边墙的修葺。起因是时任川陕总督的佛伦奏请修理陕西与青海交界之处的边墙,适用范围是已经发遣的流犯和徒犯,但不包含原犯死罪减等为流刑者。

> (康熙)三十三年,定修理边墙捐纳赎罪例。先是部定西安等处捐纳事例,有流犯纳银赎罪给照还籍之条。至是川陕督臣佛伦奏修理秦省三边墙垣,请照西安纳赎办公例,凡各省已遣流犯,除死罪减等之犯外,其已流三千里者,纳银五百四十两;流二千五百里者,纳银四百五十两;流二千里者,纳银三百六十两,给照还籍。其已遣徒罪五年者,纳银五十两,五年以下按年递减银数,免其配驿。部议应如所请,从之。①

"修理边墙捐纳赎罪例"是康熙年间为数不多的捐银赎罪例,该例实行时限为康熙三十三年(1694)正月至康熙三十九年(1700)正月。由此看出,清王朝在维修长城工程上是煞费苦心的。

上述的捐纳、捐赎行为,虽然在缓解清朝赈灾及城池、河道、边墙修竣方面的财政危机上起了一定的作用,但产生的败坏吏治、污染社会风气的负面影响更大。

雍正十一年(1733)三月二十五日,暂署山西大同总兵官印务、直宣化总兵官臣李如栢奏请免除沿边百姓杂役,组织百姓进行长城修补:

> 臣抵任以来,屡经申饬沿边官弁,务必实力奉行,毋令偷出边口。而提臣石麟时加严饬,亦至再至三。臣又与提臣商酌,边墙最关紧要,虽因需费浩繁,不能一劳永逸,是以奉旨无庸修理。若将近边百姓免其杂差,徐徐修补坚固,亦可少尽报效之诚。而提臣石麟深以为然。今臣于雍正十年三月内,檄行沿边官弁,陆续修理去。后于五月内据该将等禀称,近边百姓俱各欣跃,急公于耕种之暇,即来修边,俱已修筑齐全,随亲往查看,新旧画一。后因大雨时行,虽有被水冲塌者,而今修补之处尚存十之三四。是以雍正十年一年之内拿获驮载铁器及货物越边者一十七案。②

---

① 《皇朝文献通考》卷209《刑考十五·赎刑》。
② 《雍正朝汉文朱批奏折汇编》,江苏古籍出版社,1986年,第24册,第222页。

清朝还就长城修缮质量的责任追查建立了一套严格的制度。《钦定大清会典则例》卷127《工部·营缮清吏司·城垣·修缮》中有如下条款：

（顺治）十五年，覆准各官捐修城垣，务将丈尺及用过工料逐一详勘，方准具题。如借端科敛累民，即行指参。

（康熙）三年，定凡捐修城垣、谯楼、雉堞、房屋等项，督抚亲身察验保题。若三年内损坏者，监工员及该督抚皆降级赔修。

（康熙）十五年，题准城池不豫先修理以致倾圮者，罚俸六月。

（康熙）二十四年，题准各省倒坏城垣，令督抚稽察，速行修筑坚固。汇数报部。如仍漫不修理，将该督抚交部议处。

（康熙）三十四年，议准修筑边墙，每兵日给银四分，边汛武官捐银至六百两者，准随带加一级，三百两者不随带加一级，百两者纪录一次。

雍正五年，议准行令直省督抚察所属各处城垣，如些小坍塌，令地方官及时修补。如漫不经心以致坍塌过多，即行参奏。其原坍已多者，地方官量行捐修。工完，详报委勘工程坚固量予议叙。如兴工未竣，遇有升迁事故，将所修城垣造入交盘册内，移交接任官续修。工完分别新旧，造册报部。倘地方官因循怠忽，或未修捏报，并借修城名色科敛民间者，督抚题参治罪。

（雍正）七年，定外省新修城垣，地方官遇有升转离任，将有无坍塌之处交代与接任官。交代不明，致有坍坏仍着前任官修补。

（雍正）八年覆准晋省坍塌边墙，该地方文武各官不时修筑，果能坚固如式，百丈以上者，该抚提勘确，年终题请议叙，准予纪录一次。多者以次计算。不及百丈者，该抚提酌量奖励。倘捏报修筑，照妄冒军功例治罪。

乾隆元年，覆准各处城垣，遇有些小坍塌，令地方官于农隙时修补。如有任其坍塌者，即行参奏。其坍塌已多，需费浩繁者，该督抚分别缓急报部。有必应急修者，一并妥议。

乾隆三十五年（1770），因潮河水位暴涨，致使古北口一带边墙倾塌，予以维修。次年又因大雨而坍塌，故而复修。乾隆认为此次塌陷是由于施工不当所造成的，故此追究主修官员之责，但却免除其赔偿。

　　（乾隆三十六年七月）又谕：去年潮河暴涨，冲及古北口边墙，致有倾颓。因特发帑金，派和尔精额，会同王进泰，鸠工庀役，重加修筑，以复旧观。本年七月初雨后，河涨复盛，新修之墙，仍然摧塌。兹跸路经临，亲行阅视。见城垣圮处，适当来水之冲，荡击在所不免。原不当与水争地，况自古建立边墙，本为守险控远而设……所有经水冲损之墙，竟无庸复行补筑。止须就其形势，于外层稍加瓮茸。因啮址量置炮台，俾存规制而示观瞻。此项工程，蒇役未及逾年，何以一遇水冲，即复隤坼？究系施工不能坚实所致。若按保固成例，理应着赔。但念工料繁多，非伊等力所能办。着加恩免其赔还。而承办草率之咎，难以轻贷。和尔精额、王进泰，俱着交部严加议处。①

　　同时清廷还强调了对长城修缮的原则——修旧如旧，否则将受到惩处。

　　　　康熙元年，题准捐修城垣，务照旧式坚筑取结，报部如不合旧式并三年内塌坏者，管工、官役、该督抚指名参处。②。

　　事实上，就有因地方官员修筑城池不符而遭到惩处的例子。如乾隆三十一年（1766）四川昭化县令李宜相"领银一万七千八百六十五两七钱五分五厘七系，修筑因不符原估驳饬"。后新任县令吴廷相"拆修东西城墙等处，于三十六年完竣"③。

　　对于长城上坍塌下的一砖一瓦，也要悉心保存，以备再用。

　　　　（乾隆十三年）又议准：陕省边墙在河套内者二千里、在河西者三千里……一切砖石自不应听其倒塌，为闲人取去。若河西之墙，则尤不可使之渐坏。令陕西督抚，将见在边墙，饬令该管官弁加意保护。其有坍塌砖石，收贮备用。毋许听人窃取。如漫不经心，即将该管官弁照例指参。凡有边墙各省均照此例办理。④

---

①　《清高宗实录》卷889，乾隆三十六年七月庚申条。
②　《钦定大清会典则例》卷127《工部·营缮清吏司·城垣·修缮》
③　张绍龄等纂修：《重修昭化县治》卷4《舆地志·城池》，同治三年刻本。
④　《钦定大清会典则例》卷127《工部·营缮清吏司·城垣·修缮》。

清朝在修葺长城方面所采取的上述举措,既有对以往各朝制度的采借,也有不少创新。

四

嘉峪关是明代长城在西北的边防锁钥。清代对嘉峪关的修缮,从一个侧面可以反映清朝对长城作用的重视。

嘉峪关长城自明洪武五年(1372)拉开修建序幕以来,明、清两代屡有添建、改建。在清代前期,康熙、雍正、乾隆三朝连续用兵准噶尔蒙古和平定南疆大小和卓叛乱,嘉峪关作为重要的军事防御设施和军事基地,清王朝对嘉峪关军事防御体系的重视程度较明朝有过之而无不及。从乾隆二十四年(1759)清王朝顺利统一西北后,嘉峪关逐渐失去了军事防御作用,成为外藩朝贡往来重要关口。

为壮观瞻、显国威,清王朝对嘉峪关长城进行过多次修缮。如顺治、康熙时期,[①]乾隆三十一年(1766)、四十年(1775)、五十四年—五十七年(1789—1792),咸丰三年—四年(1853—1854)。[②] 尤其以乾隆五十四年—五十七年的修缮规模为大。[③]

关于乾隆五十四年—五十七年的这次修缮,现藏于台北故宫博物院和中国第一历史档案馆的三件清宫奏折,对其修缮原委、方案、花费银两等有

---

① 光绪《肃州新志》"营建":"嘉峪关,宋元以前有关无城。明初……筑以土城。正德初又添筑角墩、敌台、悬阁、谯楼,共十数座。又构大楼四座于城头。嘉靖初……并浚城濠、外濠各一道,又于长城外添筑外墙、远墙各一道。顺治、康熙以来,时加修葺。"

② 清咸丰四年《重修嘉峪关记》碑:"其关创修于前明洪武五年,其间重修不一而足。我朝乾隆三十一年、四十年又复重修,迄今八十余载,堞雉大半颓废……谓余仅得以尽守土之责者……共成斯举,经始于咸丰癸丑中秋月,告成于甲寅闰七月。"

③ 据《清高宗实录》卷1334,乾隆五十四年秋七月丙戌条载:"谕军机大臣等、据德成等奏、查勘嘉峪关一带边墙情形……惟查嘉峪关,系西陲门户,为外藩朝贺必经之地。该侍郎等因旧有城楼等项,规模狭小,年久未免糟杇闪裂,请另行修筑。估需工价不过五万余两,为数无多,着即如所请办理,以昭整肃而壮观瞻,将此谕令知之。"又,《嘉庆重修一统志》卷278《关隘》中有:"嘉峪关……明初置,乾隆四十年设巡检,旧设土城周二百二十丈。乾隆五十七年修。"

所反映，①弥足珍贵。兹将档案内容介绍和引述如下。

乾隆五十四年六月十九日《奏为查勘嘉峪关边墙情形奏闻请旨事》。该奏折附奏片两张，一是改建嘉峪关关门图，二是嘉峪关边墙图。奏折内容中有：

> 查得关之正墙一道，南至讨赖河尽边墩止，高一丈五尺，长二千七十二丈：北至近山墩止，高一丈二尺，长二千五百五十四丈五尺；又自西闸门墩起，折而往东边墙一道，至下古城之古闸门止，高一丈二尺，长二万二千二百七十九丈二尺，均顶厚五尺，底厚一丈，排墙高三尺……
>
> 惟查嘉峪关系西陲门户，为外藩朝贺来往通衢，非规模宏整不足以壮观瞻。今查得原设关楼仅止一间，局面甚为狭小，且现在木植槽朽，城台券洞闪裂。今拟量为加高展宽，以资壮丽。
>
> 其关门正面墙垣，南北计凑长七十丈，若依旧筑土连排，垛高不过一丈三尺，未免不能相称。查关之南北转角处各有土墩一座，今拟将北正面墙垣并土墩一律包砖成砌，南北均以墩台为准。其墩台以后，南则自东转而迤南，北亦自东转而迤北，皆瞻视不及之所，其间坍塌段落，酌量补筑，亦称完善。至关内城堡一座，旧有东西两门，西门楼座系重檐三间，东门楼座仅止一间，大小悬殊，未能齐整，今亦糟坏应修。拟将东面楼座即照西面一律兴修，以归画一。以上应修工程通共约需银五万数千余两。如此办理，不仅钱粮不致虚靡，于观瞻实……等愚昧之见，是否有当，理合先行恭绘二图，详细贴说敬呈御览。如蒙命允，俟奉到谕旨之日，臣等谨遵训示，将丈尺做法钱粮细数，缮写清单，再行具奏。

---

① 2014年，王其亨教授主持的国家社科重大项目"中国古代建筑营造文献整理及数据库建设"启动，在档案搜寻的过程中，天津大学张龙博士、吴葱教授、刘若芳教授发现三件尚未利用的嘉峪关修缮档案。其中两件藏于台北故宫博物院，第一件是乾隆五十四年六月十九日《奏为查勘嘉峪关边墙情形奏闻请旨事》，另附奏片两张，一是改建嘉峪关关门图，二是嘉峪关边墙图。第二件是《奏为估修嘉峪关城台楼座工程银数事》。另外一件藏于中国第一历史档案馆，是乾隆五十六年十一月初二日《奏为查验嘉峪关工程情形》。这三份档案较为详细地再现了乾隆五十七年嘉峪关修缮事宜，是现存资料中非常珍贵的史料，为清代嘉峪关修缮史提供了重要补充。参胡杨《从三份档案看嘉峪关两翼长城的修缮》，《嘉峪关日报》2021年4月28日；甘肃省文物局《嘉峪关长城修缮史》，https://www.sohu.com/a/337653784_120207621。

《奏为估修嘉峪关城台楼座工程银数事》：

> ……查该工需用一切物料俱照肃州价值则例核算……以上各工陈旧料拣选抵用外，共约需物料、匠夫工价银五万一千九百六十两四钱一分九厘，理合另缮清单恭呈御览。

对此核算，乾隆皇帝批复："知道了。钦此！"即原则上同意修缮原则与思路，并发布上谕：

> 查勘嘉峪关一带边墙情形，嘉峪关为外藩朝贺必经之地，旧有城楼规模狭小，年久未免糟朽闪裂，请另行修筑。估需工价，不过五万余两，为数无多，着即如所请办理。以昭整肃，而壮观瞻。将此谕令知之。

乾隆五十六年十一初二日《奏为查验嘉峪关工程情形》：

> 城堡正门、西月城、马道、城顶海墁修补、砖包墙垣、粘补庙宇等工均已修理完竣，工料筑做俱属如式坚固，规模亦甚整齐阂厂，足壮观瞻。此外尚有应修之文昌阁东稍门楼，并东月城券台现未完工，因边地早寒难施工作，约俟来岁春融即可一律完竣。

由此 3 份清宫档案揭知，此次修缮嘉峪关，由工部侍郎德成会同陕甘总督勒保勘察，拿出修缮方案后，呈乾隆皇帝批准。修缮过程中勒保将工程督查情形上报朝廷。历时四年的修缮，共花费白银 5 万余两。此次修缮延续了嘉峪关总体布局，但对关楼、东西城楼及城台的形制都进行了较大的改变，并添修了东西月城门楼，是一次规模较大的修缮。经此次修缮，嘉峪关恢宏的气势进一步凸显。

嘉庆十二年（1807）夏，嘉峪关游击熊敏谦重修关帝庙，至次年秋竣工。庙在嘉峪关城东瓮城之东墙根。嘉庆十三年（1808）所立《重修关帝庙碑》记录了再次重修关帝庙的情形。在这次重修中，众人慷慨解囊，凑足了重修关帝庙的费用。①

嘉庆十四年（1809），甘肃镇总兵李廷臣视察河西防务，来到嘉峪关。他目睹嘉峪关地势天成，雄伟壮观，顿时感慨万千，激情难抑，于是挥毫疾书，

---

① 俞春荣：《嘉峪关金石文化研究》，读者出版社，2020 年，第 26—30 页。

写下了"天下雄关"四个雄健挺拔的大字,高度概括了嘉峪关的宏伟气象。

1842年秋,林则徐在被革职"谪戍伊犁"的途中,抵达嘉峪关,写下了《出嘉峪关感赋》四首,其中两首充分反映了嘉峪关的雄伟壮观及其历史地位:

> 严关百尺界天西,万里征人驻马蹄。
> 飞阁遥连秦树直,缭垣斜压陇云低。
> 天山巉削摩肩立,瀚海苍茫入望迷。
> 谁道崤函千古险?回看只见一丸泥。
>
> 东西尉侯往来通,博望星槎笑凿空。
> 塞下传笳歌敕勒,楼头倚剑接崆峒。
> 长城饮马寒宵月,古戍盘雕大漠风。
> 除是卢龙山海险,东南谁比此关雄。①

从咸丰四年(1854)所立《重修嘉峪关记》碑知,咸丰三年秋至四年七月间,嘉峪关得以再次修缮。此次修缮是由知肃州直隶州事李谆主持,其费用由官员捐输、商绅和士民赞助。

> 我朝乾隆三十一年、四十年又复重修,迄今八十余载,堞雉大半倾废,鸡(稽)关亦几废败。宵小者流,时或以从旁隙窃越,致疏稽查。矧当逆氛未靖,又恐漏网之虞乎!余忝莅兹郡,弗敢坐视,因禀陈各大宪详表奏,奉旨并肃郡城垣试院一律兴修。敬承之下,不禁勃然兴,又不禁戚然虑,谓余仅得以尽守土之责者在此役,余或不克胜鸠工之任,亦在此役也。乃何幸远籍仕宦捐输,近获商绅集腋,并寅好士民襄赞之力,得以动众庀材,共成斯举。经始于咸丰癸丑中秋月,告成于甲寅闰七月。工即竣,环而视之,则崇墉屹屹绵亘与祁连并峙,重关迭迭周密较阳玉尤严。达税贡,通商旅,卫善良,诘奸宄,乃益叹盛世之恩威无远弗届,而微臣之心力于是少抒矣。后之任斯郡者,岁时补葺,俾得如盘石聿安,沧桑永固,与我朝砺山带河,相延于亿万斯年,则余之厚望也!

---

①　来新夏编著:《林则徐年谱长编》(下册),上海交通大学出版社,2011年,第532页。

夫是为记。①

同治四年(1865)二月,嘉峪关关城遭受反清的回民军攻击,"军民力战势穷,因而关城失守"②。嘉峪关未能躲过兵燹。

同治五年(1866)九月左宗棠由闽浙总督调任陕甘总督,督办陕甘军务。因此,左宗棠与西北的军事要隘嘉峪关结缘。同治十二年(1873)十月,左宗棠巡视嘉峪关,他决定整饬嘉峪关营务,维修关城,规范交通和税收管理,为赢得西征的胜利营造强有力的后勤保障。他看到嘉峪关附近边墙坍圮甚多,即面谕肃州镇总兵官章洪胜等整体维修。③ 左宗棠还亲自题写"天下第一雄关"横额,刻匾悬于关楼之上。次年,章洪胜令军队整修破损的嘉峪关楼及城墙,并在关南种植杨柳树三百余棵。

又从同治七年(1868)立《钦赐花翎代理嘉峪关营游府事守戎茂中公路大老爷林德政功行碑记》碑知,由酒泉望族、钦赐花翎、代理甘肃肃州镇属嘉峪关营游击事、安西协营千总、尽先都司路林牵头,通过劝捐募集资金,维修嘉峪关防御设施的情形:

> ……我嘉峪关自立营制以来盖有年矣,其限回疆通税贡,卫善良,诘奸宄,较之他地尤严,咸称中外咽喉、新疆锁钥……乃何幸于是年七月间奉委路公代理关营游府,则即救民于水火之中,犹解倒悬也。公乃奋迹行伍,应登宦途,精韬略,练技能,角力则勇冠三军,骑驰千里,较射则箭穿七札,弓重六钧,洵匡时之砥柱,真名世之干城。试观从征湟中,见捷章之屡奏,协剿肃逆,灭城北之匪匪。圣天子鉴兹懋绩,殊典频颁,爰兹股肱,晋膺五阶。自莅关营以来,同护千侯杨公玉林遍察城乡地形,关城虽系设险,而雉堞间有倾颓,关厢围墙卑隘,兼之军库空虚仓廒如洗。公未尝不喟然叹曰:"城郭不完,兵甲不多,货财不聚,倘肃逆窜

---

① 俞春荣:《嘉峪关金石文化研究》,第31—32页。此碑实物已佚,但碑文尚存。
② 同治七年立《嘉峪关遵示劝捐钱粮顾持营伍开销碑记》。见俞春荣《嘉峪关金石文化研究》,第38页。
③ 同治十二年十二月左宗棠《官军出关分起次第行走疏》:"饬肃州镇总兵章洪胜接统杨世俊旧部马步四营及亲兵小队,驻嘉峪关,重修边城,以严锁钥,并拨马步小队分驻关外,以通玉门之气。"

攻何以待之。"于是兴工举造,开导劝捐。其城堞倾颓者补葺之,围墙卑隘者加筑之,关以内城以外挑壕筑垒,铸枪砲以重边防,造铅药而备要需。经始于乙丑秋七月,告成于丁卯冬十月。公乃亲督工程,心力俱瘁,诸工吉竣,军乐民安,虽云捐助之效,实赂公之筹画尽善也。且续募兵丁以实营伍,办理固属甚善,训练更觉有方。①

此次维修,"城堞倾颓者补葺之,围墙卑隘者加筑之,关以内城以外挑壕筑垒",同时还有"铸枪砲以重边防,造铅药而备要需"。共有钦赐蓝翎嘉峪关营中军千总六品军功刘得元等官员 78 人、避难商户民陈发元等 29 人出资,《路林德政功行碑记》碑详细记录了他们的名字。这也是清代最后一次对嘉峪关的维修。

清初,嘉峪关有驻兵。"嘉峪关,康熙十三年,改设游击,兼辖野麻湾、新城、金佛寺、卯来泉四堡。乾隆四十年,设巡检。"②清朝统一新疆后不久设巡检,此后官员和民人出关,需接受嘉峪关司关官吏盘查。洪亮吉《伊犁日记》载,"(嘉庆四年)十二月初五日……行七十里宿嘉峪城外东关,新月乍上。巡检山阴高词来谒"③。祁韵士入疆,"又丁项西行,四十里至嘉峪关。关距肃州七十里。民人出关者,须自州给票,始得放行。此外,亦须检验公文,乃定例也"④。林则徐在入疆时亦记:"又五里至嘉峪关,宿关之城外驿舍。昨夕,司关官吏来问所带仆从及车夫姓名,告以人数。"⑤对洪亮吉、林则徐等官员,司关者亲自拜访,官员的随从、车夫等需接受司关人员的盘查和登记。光绪年间,出关仍验关文,且甚为严格。

晚清时期,嘉峪关成为中俄的通商口岸,城内的机构有了变化,"城内驻扎游击巡检,有税厂,空车过取四百文,骆、马二百文,人一百文,同行十余车,开箱细查,无私货乃免"⑥。

① 俞春荣:《嘉峪关金石文化研究》,第 37—38 页。
② 《大清一统志》卷 279《肃州直隶州·关隘》。
③ (清)洪亮吉:《伊犁日记》,杨建新主编《古西行记选注》,宁夏人民出版社,1987 年,第 366 页。
④ (清)祁韵士《万里行程记》,方希孟著、李正宇等点校《西征续录》,第 16 页。
⑤ (清)林则徐《荷戈纪程》,方希孟著、李正宇等点校《西征续录》,第 51 页。
⑥ (清)裴景福著、杨晓霭点校:《河海昆仑录》,甘肃人民出版社,2000 年,第 231 页。

武威乡村地名浅谈

赵尔阳

清华大学出土文献研究与保护中心

两千多年前,汉武帝征讨匈奴,设立河西四郡,自此河西走廊纳入中原王朝版图。武威是河西四郡之一,汉王朝为彰显其"武功军威"而命名武威。自汉以后,武威一直是西北地区的军事重镇,明代设立"凉州卫""镇番卫""古浪所"等,清代设立"凉州府",今天是地级武威市,统辖一区三县。在区县之下,则是各级乡镇村庄。本文试以今天武威境内的广大乡村地名为讨论对象,分析这些地名的类型和含义,探讨地名背后的历史文化现象。

武威地名众多,但大体可以分为以自然命名和以人文命名的两大类地名。以自然命名的地名多依托各类自然景观,如地形地貌、河流水文、动植物名称等。以人文命名的地名有的以姓氏命名,如蔡家庄、陈家庄等;有的寓意祥瑞美愿,如和平镇、永昌镇等;有的以方位和数字命名,如武南、下双、九墩、六坝等;更多的地名是以附近的人文景观命名,如长城、双城、金塔等。此外,还有些地名源自少数民族语言的音译,如抓喜秀龙、朵什等。下面我们对主要的类型进行讨论。

一、以地形地貌和水文系统命名的地名

武威地形地貌多样,南部为山区,中部沿石羊河流域形成了连片的平原绿洲,东部和北部被腾格里沙漠和巴丹吉林沙漠包围。许多地名就是依托当地的自然地形和地貌而得名。

在西部和南部的山区,许多地名以山、岭、崖、岗等命名。如祁连、炭山岭、金山、青山、石岗等。张义镇位于凉州区南部的祁连山区,镇内一些村庄根据所处的地貌而命名,如灯山、夹台、中岭、大沟、楼儿山等,反映了张义多

山地的情形。

武威属于内陆流域的石羊河水系，主要支流有大靖河、古浪河、黄羊河、杂木河、金塔河、东大河、西大河等，均源于南部祁连山区。[①] 因此，武威乡村地名中与水文相关的地名众多。历史时期石羊河中下游水量充沛、支流密布，许多靠近河道的地方以水文景观命名。以凉州区下双镇为例，其所辖的7个建制村中以水文命名的就有6个，分别是蓄水村、沙河村、涨泗村、南水村、河水村、于家湾村。

武威地名中带"滩""沟""湾"字的地名很多。"滩"本义是指河边由泥沙淤积成的平地，西北的"滩"多为草滩、石滩和沙滩。武威地名中带"滩"字的地名比较常见，如太平滩、黄花滩、永丰滩、海子滩、东大滩、西大滩等。"沟"一般指水道或地面有沟坎，武威许多地名都带有"沟"字，如头沟、新沟、杂沟、高坝沟、唐沟、沙沟等。"湾"一般指水流弯曲的地方，武威地名中带"湾"字的有海湾、三沟湾、大湾、河湾、西湾等。总之，水文地名反映了河流湖泊等对地表形态的塑造。

二、含有动植物名称的地名

武威植物资源丰富，主要树种就有杨、柳、松、柏、杉、桑、槐、榆等；果树类品种繁多，苹果、梨、李、桃、杏、西瓜、甜瓜、葡萄等应有尽有；花卉资源中牡丹、玫瑰、菊类、梅类等众多。因此，武威乡村有些地名就以植物命名或含有植物名称。

以植物命名的乡镇有：凉州区的松树乡、柏树乡、大柳镇；古浪县的黄花滩乡、黑松驿镇等。在乡村和小型聚落点，以植物命名的地名还有很多，如双城镇的小果园村；洪祥镇的果园村；丰乐镇的青林村、红林村；永昌镇的梧桐村等。

武威地区畜养的动物主要有牛、马、羊等，含有动物名称的地名也多与之相关。例如武威含"羊"字的乡镇就有：金羊镇、羊下坝镇、黄羊镇、黄羊川镇等，说明羊是西北地区最重要的畜种之一。"羊"字在古代又通"祥"，寓意

① 武威市市志编纂委员会编：《武威市志》，兰州大学出版社，1998年，第56页。

吉祥,所以含"羊"字的地名在武威较常见,含"羊"字的乡村有羊桐、羊儿、羊庄、白羊圈等,流经武威的河流名为"石羊河"。牛是古代社会用于农业劳作的主要工具,马是古代社会进行战争和长途运输的重要畜种,含"牛""马"字的地名在武威乡村也时有所见,例如牛庄、牛毛墩、旦马、沙马、马场滩、马圈沟、马行河、马蹄等。含动物名称的地名还有蚂蝗沟、土老虎、野猪湾等。

三、反映聚族而居的姓氏地名

姓氏地名是中国乡村最常见的地名类型,无论是大江南北,抑或长城内外,姓氏地名都遍布中国农村。这种由姓氏加"家"字(有时可省略)再加通名组成的地名,就是姓氏地名。

我们以凉州区双城镇为例,有名的村庄就有尹家庄、赵家庄、张家庄、陈家庄、吴家庄、库家湾、姚七寨、董家湾、齐家庄、程家庙庄等。这些庄子基本都是聚族而居,反映了中国古代重视血缘宗族的观念。在天祝等高原放牧地区,以姓氏命名的村庄极少;在石羊河中下游的农业集中区域,以姓氏命名的村庄极多,说明姓氏村庄地名是农业文化下儒家伦理规范的反映。今天在以姓氏命名的村庄中,村中绝大多数男性都是同姓之人,他们有共同的血缘关系和祖先谱系,村中依然保留着辈分排行、仁义孝悌等传统家族观念。

四、寓意吉祥美愿的地名

武威有许多地名是寓意吉祥美愿的"嘉名",反映了人们渴望和平、安宁、丰收、富强的意愿。

民勤县在明代为镇番卫,清代是镇番县。民国初年更改地名,由于镇番县名不利于民族团结,民国政府以"俗朴风醇、人民勤劳"更名民勤,今民勤已成为甘肃省有名的教育之县。

武威乡镇名中寓意吉祥美愿的地名有:和平镇、永昌镇、康宁镇、丰乐镇、永丰镇、收成乡、昌宁乡等。在村庄中此类地名更多,有的寓意和平安定,如安全村、幸福村、北安村、光明村、平乐村等;有的祈求五谷丰登,如秋收村、食珍村、流裕村、丰庆村、雨顺村等。

寓意吉祥美愿的地名，既反映了人民对幸福生活的向往，也体现了国家希望社会长治久安、人民安居乐业的美好意愿。

五、含有数词和方位词的地名

含有数词的地名是数词地名，数词地名是中国地名的常见形式。武威地名中带数词的地名不少，常见的数词有一至九、半、双、十、百、千、万等，数词地名中的数词往往表示了此地名的主要特征。

凉州区五和镇名称源自镇内有五口浇水口子，明清时常因浇水闹纠纷而不和，后经政府调解和睦用水而取名"五和"。四坝镇得名源自旧水系"永渠下四坝"。九墩镇以高沟堡北边古长城烽火墩所属岔子为第九墩而得名。① 古浪县的十八里堡乡位于古浪县城南偏东9公里，处于古代的交通驿道上，其得名源自距古浪县城18里。民勤的薛百镇也是因起初有一百多户薛姓人家而得名的。

古代为了农业生产，对河流进行修筑堤坝和开挖沟渠，故武威地名中以"坝"和"沟"命名的地名较多，这些地名通常按河流或沟渠走向依次命名，如头坝、二坝、三坝、四坝、五坝等或头沟、二沟、三沟、四沟等。

方位词加专有名词组成的地名叫方位地名。方位地名在中国很常见，无论城市或农村都有很多此类地名，武威也不例外。常见的方位词有东、西、南、北、中、前、后、左、右、上、下、内、外、阴、阳等，方位地名都是以某个参照物来区分相应方位的。

武威乡镇名中含有方位词的地名有：凉州区的武南镇、东河乡、河东乡、下双镇、中坝镇、西营镇等；民勤县的东坝镇、南湖乡、东湖镇、西渠镇等；古浪县的西靖镇；天祝县的西大滩乡、东大滩乡等。

方位地名都是表示相对方位的，例如武南镇位于武威以南；四坝镇的南仓村、北仓村一南一北分布；双城镇的南安村、北安村、安全村也是由南向北

---

① 中华人民共和国民政部编：《中华人民共和国政区大典·甘肃省卷》，中国社会出版社，2016年，第598、604、605页。

依次分布;武南镇的上中畦村和下中畦村也是南北相对;民勤县的南湖乡和东湖镇分别位于县的东南方和东北方。

六、军事和交通类地名

武威是中原通往西域的交通要道,也是隔绝蒙古高原和青藏高原两大游牧民族的军事走廊,战略地位相当重要,自古以来皆为兵家必争之地,历代中原王朝都极为重视武威的军事防御和交通建设。因此,今天的武威地名中遗留了不少与古代军事和交通相关的地名。

汉、明等王朝为了防御北方游牧民族的侵扰,在中国北边构筑了一道宏伟的防御工程——长城,长城以城墙为主体,结合大量的烽燧亭障,形成了一个完整的防御体系。"墩"是燃放烽火的土台,是烽燧的主体结构,武威长城沿线有许多含"墩"字的地名,这些地名历史上曾是军事防戍重地,今天已变成普通的居民点。凉州区东边的吴家井、长城、九墩三镇靠近腾格里沙漠,历史上这里是防御游牧民族侵扰的前线,凉州区目前遗留的长城遗迹也主要在这几个乡镇,曾经烽火狼烟的军事墩隧现在已演变成炊烟袅袅的农家村庄名,含墩的地名有头墩营、四方墩、方墩子、十二墩、五墩、二盘墩、十墩、九墩等。

除"墩"以外,"营""寨"曾经也是军事单位,武威地名中含"营""寨"的有:前营、上营、西营、南营、下双寨、蔺家寨、下寨、和寨等。这些地名的来源现在已不可考,但笔者推断或与明代时朝廷在此设立凉州卫屯兵戍边有关。

交通与军事息息相关。和平年代交通道路是沟通区域间联系的纽带,也是文书政令得以畅通实行的保证;战争时期交通则发挥着调兵遣将、后勤运输、军情传报等重要作用。交通道路的通畅与地方的发展、战争的胜负息息相关,故中国古代极为重视交通道路的建设与维护,不仅修筑了沟通各地的驿道,而且在驿道上设有驿置传舍等机构,负责对过往商旅行人官员进行接待。

武威乡村有许多带"堡"字的地名,这些地名其实是明清时期的驿站名称,基本分布在古代驿道边上。中华人民共和国成立后,国家修筑了兰新铁路和312国道,其走向也基本沿袭了古代的驿道,所以武威地名中带"堡"字的地名主要集中在铁路和国道附近。永丰镇原名四十里堡,在武威城区西北 40 里处,处于从武威到金昌的主干道上。类似的地名还有七里堡、靖边堡、双塔堡、怀安堡、丰乐堡、三岔堡、永昌堡等。

七、与建筑工程和经济生活相关的地名

人类的生产生活离不开各类工程建筑,建筑工程丰富了人们的生活,也在大地上留下了众多的物质文化遗产,一些地名的来源就与建筑工程相关。建筑工程种类颇多,宗教类的建筑有寺、庙、塔、殿等,生活类的建筑有房、宅、坟、桥、馆等,农业活动类的建筑有井、渠、坝、园、仓等。

民勤县三面被沙漠包围,土地干旱缺水。为了生产生活,民勤人民在沙漠中打出了一口口水井,解决了当地的饮水问题。因此,民勤有许多地名都带有"井"字,例如毛子井、小井子、孟家井、白土井、上八浪井等。

水坝是农村重要的水利设施,对农业生产活动作用甚大,石羊河及其支流上修有一系列的河坝,用以拦水防水和灌溉农田。武威以"坝"命名的乡镇就有:高坝、中坝、羊下坝、大坝、东坝等,反映了水利工程对百姓生产的重要性。

寺庙建筑是重要的人文景观,寄托着人们的精神世界,是人们从事宗教活动的重要场所,一些地名的命名来自宗教建筑。天祝藏族自治县是中华人民共和国设立的第一个少数民族自治县,其得名取自天堂寺和祝贡寺,说明宗教生活在藏民心中的重要地位。武南镇的百塔村,又称白塔村,其名源自矗立在此地的白塔寺,这是藏传佛教的重要寺庙,13 世纪时西藏宗教领袖萨迦·班智达与蒙古亲王阔端举行了"凉州会谈",和平地将西藏地区纳入了中国的版图,今日白塔寺已成为民族团结和爱国主义精神的示范基地。

有些地名源自当地重要的历史遗址或遗迹。凉州区古城镇因境内有汉代古城遗址而得名。永昌镇石碑村因境内有 2 座元代石碑而得名,分别是高昌王碑和西宁王碑,碑文用回鹘文和汉文刻写,是研究元代回鹘史的重要史料。

汉唐时期,武威一直是河西地区的军政重地、商业都会、文化中心。明清以来,武威依旧是河西地区的重要城市和粮食生产基地,武威地名中含"畦""园"字的地名并不鲜见,如六畦、下畦、杏园、枣园、中畦、科畦、下五畦、果园等,反映了农田被广泛开垦以及果蔬的种植栽培。

八、藏语地名的音译

武威的天祝县是以藏族为主体的多民族聚居区,许多地名是用藏语命名的,汉语的翻译有的是意译,有的是音译。藏语地名是民族文化的反映,体现了武威是一个多民族杂居的地方。例如天祝的抓喜秀龙镇,意为吉祥富饶之沟,名称系五世达赖喇嘛命名,是一处风景秀丽的草原;赛什斯镇,是个藏族部落名称,意为"金色的长城"。这些藏语地名主要分布在天祝县。

结 论

地名反映的是一个地区历史和文化的积淀,通过梳理武威的乡村地名,可以使我们更直观地感受武威悠久的历史和灿烂的文化。武威乡村地名有如下特点:一、乡村地名与武威的地理环境相一致,在山区地名多用山、岭、台、岗等字;在河流沿岸地名多用沟、湾、坝、河、湖、水等字;在村庄密集区域,村庄名多数是聚族而居的姓氏地名;在不同植被分布区,地名往往与当地主要植物种类相协调。二、乡村地名一定程度上反映了所在区域的历史文化,在曾经安营扎寨的长城沿线,地名中常见营、寨、墩等字;在天祝县的藏民聚居区,地名有时就是所在部落的名称;在古代交通驿道两旁,地名往往袭用古代驿站的名称。三、姓氏地名、方位词地名和水文地名最多,这三类是武威乡村地名中最常见的形式。

参考文献:

〔1〕王雨菡、党国锋:《基于 GIS 的武威地区乡村聚落地名文化景观分析》,《贵州师范大学学报》2020 年第 6 期。

〔2〕黄凯:《武威市地名文化内涵探析》,《赤子》2014 年第 8 期。

〔3〕华林甫:《中国地名史话》,齐鲁书社,2006 年。

〔4〕武威县人民政府编:《甘肃省武威县地名资料汇编》,武威县人民政府,1981 年。

〔5〕武威市志编纂委员会编:《武威市志》,兰州大学出版社,1998 年。

他者眼中明代河西走廊的物产与城市

周　松　　王育文

西北民族大学历史文化学院

明代往来河西走廊的域外人群主要分三类,分别是来华使团、商人和传教士。由于这些人背景和身份地位不尽相同,导致对于中国的记载也各有侧重点。以域外人的记载参以汉文史料对比,可以深化我们对明代河西走廊认识的深度,同样可以加深对这一时期,东西方陆路贸易、人员往来密切程度的了解。以下我们分别以物产、城市加以叙述。

一、河西走廊的代表性物产

河西走廊南缘是著名的祁连山,连接着青藏高原,独特的地理环境出产品质优异的区域性特产,进而受到市场的追捧。

(一) 大黄、麝香与黄参

大黄是多年生高大草本植物,多生于山地林缘或草坡,肃州城外山上林木繁密,酸性的红色土壤含铁量丰富,适于中药材生长。《本草纲目》曾载:"别录曰:大黄生河西山谷及陇西……弘景曰……今出宕州、凉州、西羌、蜀地者皆佳……时珍曰:宋祁《益州方物图》,言蜀大山中多有之,赤茎大叶,根巨若碗,药市以大者为枕,紫地锦纹也。今人以庄浪出者为最,庄浪,即古泾原陇西地,与《别录》相合。"①在拉姆希奥和哈吉·马哈迈德的谈话录中也记载:哈吉告诉我们,唐加特(Tangath)省各地均产大黄,但最好的大黄出产于

---

① (明)李时珍著:《本草纲目》卷十七,人民卫生出版社,1982年校点本上册,第1115—1116页。

附近的高山峻岭中。① 肃州大黄的产量颇为丰厚,且物美价廉,成为对外贸易交流的大宗商品。

除了大黄,肃州附近山上还产有"人参",在拉姆希奥与哈吉的谈话中这样说道:"但契丹国人都极为珍惜另一种小植物根,这种小根生长于出产大黄的肃州地区的山岭上,被当地人称作'曼布罗尼希尼'(Mambroni Cini)。当地人认为它很珍贵。可以治疗各种疾病,尤其在治疗眼疾方面有奇效。这里的人把它和玫瑰水混合,用石臼将它们捣碎混合,敷在眼睛上,效果极佳。他认为此物尚未贩运到这里,他也无法详加刻画。"②对于"曼布罗尼希尼",裕尔所作注释提道:"我认为 Mambroni Cini 即 Mdmirdn-i-Chin。约翰逊(F. Johnson)释第一个字为'药用白前'(Swallow-wort);伯尔涅(Bemier)也提到 Maminm 是一种小根状物,治疗眼疾效果极好,曾由商队从中国与大黄一并带到喀什喀尔。这种植物可能即人参(以其呈叉腿萝卜状而得名),中国人以其为补药而非常珍重,其出售价曾为三倍于其重量的白银。"③荷兰人布斯伯克的记土耳其游客谈话中也有这样的描述:"我认为应该问一下他是否带回什么有趣的奇草异果、怪石等类之物? 他回答说:'没有带回奇物,只是随身带回这一根小菜根,当我疲倦或受寒时,便取一点咀嚼并吞服之,自感身体温暖,精神振奋。'他这样说时,取出小菜根让我尝试,嘱我千万注意,只取一丁点尝之。我的医生威廉(William)适逢在侧,取而尝之,因菜根性烈,他的嘴巴竟肿胀起来。威廉说这种根茎是真正的附子草。"④裕尔在注释中指出这就是人参。

虽然裕尔多次试图将这种药用植物比定为人参,但是,中国西北地区并非人参产地。我们认为,明代域外人多次记载的类人参植物实际上可能是"黄参",也就是党参。河西走廊山丹、民乐等地出产的黄参品质优秀,也被

---

① [英]裕尔撰,[法]考迪埃修订,张绪山译:《东域纪程录丛》,中华书局,2008 年,第 253 页。Henri Yule, *Cathay and the Way Thirther: Being a Collection of Medieval Notices of China*, Cambridge University Press, Vol. I, New York, 2009, p. 215.

② 《东域纪程录丛》,第 254 页。Henry Yule, *Cathay and the Way Thirther*, Vol. I, p. 215.

③ Henry Yule, *Cathay and the Way Thirther*, Vol. I, p. 216.

④ 《东域纪程录丛》,第 261 页。Henry Yule, *Cathay and the Way Thirther*, Vol. I, p. 222.

称为"小人参"。因此,域外学者或许误将黄参认作人参。

麝香是河西走廊地区的著名香料,也是重要的贸易商品。荷兰人布斯伯克记载说:"有一种香料叫腐香,自一种小动物身上分泌出来,这种动物大小如小山羊。"①曾德昭的《大中国志》中则载:"该省特产麝香,因人们对这种优质香料的生产有疑问,所以我根据自己所作的认真研究,向你作一番介绍。它是一种动物的肚脐,这种动物如小鹿大,肉嫩味美,只有从它的这部分才能取出珍贵的麝香;但运给我们的囊,都不是真正纯粹的肚脐,因为中国人会伪造,把别的物质掺合麝香,塞进那种动物的皮里。"②可见麝香在河西走廊贸易圈的畅销和受西方商人的欢迎程度,以至在交易市场上产品质量混乱,出现了鱼目混珠以次充好的不良现象,但这从另一方面也证明麝香的珍稀和昂贵,尽管西方商人知道这些麝香真假掺半,但依然络绎不绝前来此处购买麝香,以期在欧洲市场上获取一本万利的利润。

(二) 毛纺织技术

随着西域地区山羊的传入,河西走廊地区褐织技术也发展起来,曾德昭在《大中国志》中有这样的记载:"牲口不少特别是羊,每年剪三次羊毛,一次在春季,另一次在夏季,第三次在秋季,不过第一次剪的毛可织成最好的毛织品。这里输出的羊毛,都在该省或其他地方制作毡或别的有用之物。他们在当地不织布,除用山羊毛外不纺线。他们用山羊毛织成一种供房间挂帘使用的材料,工艺精美,普通的也比我们的好,最好的比丝绸更贵重。他们还用羊毛织成极细的毡,叫做毯(Tum),当作衣服。但这不是任何一种山羊毛都可制作,而是用表层内极细的毛。他们小心地把细毛取出,用它制成大如普通饼子的球,再用特殊的工艺加工制作。"③根据《天工开物》中对褐毡的相关记载,我们可以将此处记载与褐织对应,"一种矞芳羊(番语),唐末始自西域传来,外毛不甚蓑长,内氄细软,取织绒褐,秦人名曰山羊,以别于绵羊。此种先自西域传入临洮,今兰州独盛,故褐之细者皆出兰州。一曰兰

---

① 《东域纪程录丛》,第 260 页。Henry Yule, *Cathay and the Way Thirther*, Vol. I, p. 222.

② [葡]曾德昭著,何高济译,李申校:《大中国志》,上海古籍出版社,1998 年,第 20 页。

③ 《大中国志》,第 19 页。

绒,番语谓之孤古绒,从其初号也。山羊毳绒亦分两等,一曰擞绒,用梳栉擞下,打线织帛,曰褐子、把子诸名色。一曰拔绒,乃毳毛精细者,以两指甲逐茎抻下,打线织绒褐。此褐织成,揩面如丝帛滑腻。每人穷日之力打线只得一钱重,费半载工夫方成匹帛之料。若擞绒打线,日多拔绒数倍。凡打褐绒线,冶铅为锤,坠于绪端,两手宛转搓成。"[1]

明代西北的"织褐"非常有名,其产品往往要供给朝廷使用,由内臣监督,耗费民力,大为民患。朝中有识之士常常上疏,请求暂停绒褐织物的织造。如:弘治十三年(1500)四月礼科都给事中宁举等上疏中就说道:"停省织造。谓陕西织造绒褐袍服,大为一方之害。夫褐乃毛布,非至贵者所宜服用。且差去内臣所领人匠,俱费供给,而丝缕并挑花人匠又取之江南。计其工价,每绒褐一匹所费不下一二百两。况今陕西边报日至,民力已竭,岂能堪此? 及苏杭等处织造近来颁降花样数万,追征尤急。乞将织造绒褐暂为停止,内臣人等俱各取回,并将苏杭等处屡颁花样省减,以宽民力。"[2]随即兵部尚书马文升也以陕西地震、蒙古入侵为由,提出"今陕西用兵,乞将本处织造绒褐内臣取回,以苏一方之困",孝宗回复称"览奏,具见忠爱之意。视朝奏事,朕自加省。织造绒褐内官即取回,其余俱准行"。[3] 当然,明廷不可能从根本上罢停西北绒褐上供。但它也反映出这一毛织品的稀有和珍贵,以至于被曾德昭誉为是"一种比丝绸还要贵重的织物",大受域外人士的欢迎。

二、明代河西走廊的城市

域外人著作中河西走廊的主要城市有肃州、甘州,此外还有一些关于凉州和河西走廊入口城市兰州的相关记载。这些城市虽然地处西北,但在当时相对繁华,甚至被视为国际性都市。

---

① (明)宋应星著,邹其昌整理:《天工开物》卷上,人民出版社,2015年,第45—46页。
② 《明孝宗实录》卷一六一,弘治十三年四月癸丑条,"中研院"历史语言研究所1962年校印本,第2905页。
③ 《明孝宗实录》卷一七一,弘治十四年二月己亥条,第3116、3117页。

(一) 肃州与甘州

被域外人重点记载的城市集中在肃州、甘州。他们对这些城市的第一印象极好,普遍认为规划和布局合理,街道干净,商业和居民区错落有致,来自帖木儿帝国的使者这样记载:"使团寄宿于城门口大驿馆。'肃州是一座大城,城防坚固,呈四方形。市场无遮幕,宽五十厄尔(ells),均清扫干净,洒水防尘,……每一条街道上都有高大的建筑物,周围是漂亮的尖塔及木制的以漆染过的城垛,沿护城墙,每隔二十步即有封顶的高塔。城有四门,四面墙的中央均有一门,两门相对,街道笔直,从一门望另一门时,以为二者相距很近。但从城中央至任何一门实际上都相当远'。"①

甘州在拉姆希奥与土耳其使者哈吉的交流中被描述为:"甘州城以一厚墙为城防,厚墙内以土充实,其上可容四辆马车并排行走。城墙上有高大的塔楼,并安置密集的火炮,火炮之多犹如土耳其帝国城防。城外有护城河,平时无水,但可随时放水灌充。"②

可见肃州城和甘州城除了在内部规划齐整之外,其外城以及城墙上高耸的塔楼都彰显出作为主要军事城市的防御功能。除了惊诧于入城前高大厚实的城墙和一进城便令人眼前一亮的城市街道规划外,这些旅行家们对于城门上的楼塔建筑外观和功能也是盛赞不绝。沙哈鲁使者盖耶速丁注意到:肃州"每个城门之上都有一个两层的中国式的高顶楼亭,与人们在马赞德兰所见到的楼亭相同。不过在马赞德兰城墙以泥浆涂之,而在契丹则以瓷瓦覆盖"③。拉姆希奥更是对肃州城的建筑大为赞叹:"肃州城规模宏大,人口众多;房屋以砖建造,风格俊丽,与意大利建筑相像。"④至于甘州城,"他们的房屋以砖石筑成,风格与我们的建筑相似,高二、三层,房顶涂漆,色彩

---

① 《东域纪程录丛》,第 239 页。Henry Yule, *Cathay and the Way Thirther*, Vol. I, p. 202.

② 《东域纪程录丛》,第 257 页。Henry Yule, *Cathay and the Way Thirther*, Vol. I, p. 219.

③ 《东域纪程录丛》,第 239 页。Henry Yule, *Cathay and the Way Thirther*, Vol. I, p. 202.

④ 《东域纪程录丛》,第 253 页。Henry Yule, *Cathay and the Way Thirther*, Vol. I, p. 215.

不同,样式各异。城中画工众多,有一街道中居者全是画工"①。阿里·玛扎海里进一步补充:"肃州是一座美丽的要塞城市,其平面是用角尺和直线笔画出的非常规则的矩形,有宽为 50 腕尺的林荫大道和经过仔细洒扫的街道。但在他们的家宅中,那里有各种行业并人员的店铺。那里还有许多成直角状的十字路口,可以于其附近辨认出一个凯旋门,用长大的竹子扎成,大量装饰以木雉堞,其上面是中国式的曲线形门顶。城墙每 20 步就配有一个带篷顶的门楼。城池的四方设有四门,从其中的每一座城门都可以看到对面的另一个,但由于林荫大道很长,所以遥望起来则很小。每座城门都由一个呈驴背状的两层凯旋门组成,完全如同在杩拶答而(马赞达兰)一样,但这里却是根据中国习惯而覆盖以琉璃瓦"②。我国传统建筑主要以木质结构为主,但肃州城和甘州城也许受到西方文明影响,又或许是出于军事防御上的考量,许多建筑以砖搭建,虽不如木质建筑精巧,但胜在古朴厚实且能对外御敌。

此外城内商业十分繁荣,前来此处经商的各国人络绎不绝。曾德昭在《大中国志》中强调了:"如我先前所述,这个省是大批商货汇集之地;它的西境有两个城市,甘州(Gaucheu)和肃州(Sucheu)(如广东省南端的澳门),各国各地成千的商旅,从那里到来,但大多是摩尔人。"③

(二) 河西走廊的城市生活

一个国家和地区的社会风俗和人民生活,最先受到异域人的关注,从而在他们的文献中或多或少留下记载。在这些西方人的史料中,出现了对河西走廊婚丧、娱乐、宴会和社会不同阶层及身份人群的行为方式的描述,这些都为我们进一步认识明代河西走廊的社会提供了新材料。

拉姆希奥和土耳其僧侣的谈话中所观察到的甘州百姓的穿着和整体形象是这样的:"甘州城……其人穿黑白棉衣,寒冬时节穷人以狼皮和羊皮充

① 《东域纪程录丛》,第 256 页。Henry Yule, *Cathay and the Way Thirther*, Vol. I, p. 218.
② [法] 阿里·玛扎海里著,耿昇译:《丝绸之路——中国—波斯文化交流史》,中华书局,1993 年,第 47 页。
③ 《大中国志》,第 20 页。

棉衣内里,显贵者则以黑貂和貂皮充内里。头戴黑帽,如圆锥形糖块。其人身材矮短,像我们一样蓄留胡须,特别是在一年中的某个时期,留须者尤多。"①西北地区气候干冷,动物皮毛制品使用较为普遍,穷苦人家也用得起,因此当时的河西走廊物质保障还是较为充裕的。

这里的丧礼仪式也是外国人观察的一个现象,拉姆希奥这样记载:"其地风俗,家族中有人去世,他人穿白衣致哀多日。白衣由棉布制成。衣服裁造上也类似我们的衣服,均为长曳及地,衣袖肥大,很像威尼斯人的高梅多(gomedo)。"②"gomedo"一词在裕尔书中被标注为"The Yak",yak 原意为牦牛,该词组的意思可能为某纹牧牦牛的游牧部落群体。可见各地人群对于死亡祭典仪式的看重,河西走廊虽地处边疆,但仍是以汉文化为主,依然遵循着古老的丧服和守丧仪式。

此外,来自沙哈鲁的使者还详细记载了沿途为接待他们举办的宴会和招待客人的方式,除了展示出中国人的热情好客,更体现大明王朝对使团展示本国雄厚财力和强大政治影响力的政治和文化自信。火者·盖耶速丁称:"8月26日,诸使节邀参加镇守边关'大臣'(Dangchi, Dangdji)营中举行的盛宴。诸使节于大臣左手落座。契丹国以左手为尊,'因为人之心脏位于左侧'。每位使节的面前有两张桌子,一张上面放置各种肉食和干果,另一张上面放置糕点和饼,以及以纸和绢制成的精巧花274束。其他客人面前,每人只有一张桌子。诸使节前面有一巨大的帝王鼓,帝王鼓前设一餐台,上有银制和瓷制的酒壶、带柄杯和高足杯。③负责整个宴会的司礼官站起身来,举杯敬酒,同时他随身带着一个花篮,每个干上一杯酒的人都得到一枝假花,插在他头巾顶上。他在顷刻间把整个宴会变成了一个玫瑰花坛。明亮如东方太阳的童子,手里捧着酒钟和酒杯在侍候,同时有另一些人传送盘碟,其中盛着榛、枣、桃、去皮栗、柠檬、醋泡葱蒜等美味,以及其他产于中国而不产于本国、没有人见过乃至听说过它们的菜蔬。有切开的甜瓜和西瓜,

---

① 《东域纪程录丛》,第 256 页。Henry Yule, *Cathay and the Way Thirther*, Vol. I, p. 218.

② 《东域纪程录丛》,第 257 页。Henry Yule, *Cathay and the Way Thirther*, Vol. I, p. 218.

③ 《东域纪程录丛》,第 274 页。

全都装在带各样格子的盘中,每块分别放在其中一格内。当一位首领受到敬酒时,那个童子便要挑选他所喜欢的菜肴。"①此处我们可见大臣们用丰盛的菜肴和周到的礼仪招待外来客人,此外还为这些客人举办祝酒仪式,场面盛大,足以见一顿宴会所需支出的花销,可见中国人有朋自远方来不亦乐乎的待客情怀,这其中自然有明王朝雄厚的财政实力作为支撑。中国人一直受儒家文化影响,平时讲究不失仪态,注重仪表端方有礼,但在招待西方客人时,也会在宴会中体现出边疆城市相对少一些礼节拘束之感的天真烂漫,例如插花祝酒待客。此外肃州城虽位于边疆,但物资供应充足,可见河西走廊地区与内地的交通要道应是修建得畅通无阻,以便于边疆紧要的物资供应和应对突发的军事事件。

虽然大臣宴请外来宾客,但也会尊重他们的习俗信仰,表达他们对外来人士的尊重:"张大臣会客的日子恰逢斋月 12 日(1420 年 9 月 20 日)。这位老爷枉然地恳请和劝告使节们吃一点什么东西,因为这是以皇帝的名义而为他们举行筵席的,火者及其同事们对此表示抱歉,声称他们于白天绝对不吃任何东西。张大臣只好非常遗憾地让步了,接受了他们的辩白。但他却把为他们准备好的一切都送到了这些人的房间中以备晚餐用。"②

举办宴会期间,为了展示明王朝的军事实力,当地官员以重兵扎营驻守,除了保卫使团安全,更是彰显明朝的政治威慑力。"他们在野外扎营的方式如下:军士按方形扎营,犹如用罗盘和尺子来规划。搭营帐时以帐索相互拧结,不给行人留下进入其中的空隙。该方阵的四面各开四门,在它的当中留下一大块空地,其中筑有一座大小为一扎里布(Jarib)③的大台。在前场,按御营的样式,用两根中国式的竿子搭一座大帐,它的门帘卷起。那里支起一个有篷布的亭架,使一扎里布的地面完全被它遮住。就在两根竿子下面,为王大人摆了一张椅子,同时在它的左右设有别的椅子。"④玛扎海里对士兵扎营守卫的情况也作了相应的补充:"从台前一直到营帐星罗棋布的四门,站着手执长矛的披甲武士,他们不向前后移动一步。将官甚至是不需

---

① Henry Yule, *Cathay and the Way Thirther*, Vol. I, p. 201.
② 《丝绸之路——中国—波斯文化交流史》,第 49 页。
③ 注:扎里布(Jarib),据巴尔托德的说法,大约相当于九百平方米。
④ 《丝绸之路——中国—波斯文化交流史》,第 46 页。

要的,因为他们的纪律和法令严明到难以形容。"①

外国贡使们途经的每一个地方都有宴会接待,他们受到了当地官员们的尊重。"每至一城,使者均受邀赴宴。府邸称作'督厅'(Duson),宴会在那里举行。在这样的宴会上,总有一空的王座,前面悬一幅帐,一精美地毯铺设于座前。中国诸官员和大使们坐于地毯上,其余众人排列站于其后,其情形类似于伊斯兰教徒行祈祷礼。一人立于王座旁用中国话宣讲,官员则向王座叩首,此时使节亦被迫行礼。"②显然在朝贡体系下,中央王朝的政治权威必须得到尊重,域外使团必须符合中国的礼仪。

宴会的现场还能看到精彩的乐曲演奏:"两侧有装扮华丽的乐队,演奏迷人的戏乐。"③玛扎海里对该段表演进行了补充:"在大鼓的左右两侧站立着一些乐师。乐队系由键琴、提琴、吉他、口琴、两种笛子(普通的竖笛子和横笛)、中国铃鼓、箫、支在三角架上的双面鼓、钹铙、拍板和罍鼓组成。乐师们为一批舞蹈者伴奏,舞队由浓妆艳抹和化装成女舞蹈演员的青年杂技演员组成,他们留有女式发型,带有制成耳环的珍珠。这一切都超过了其他地方的同类表演,因为中国的娱乐活动在世界上是独具一格的。"④除了器乐在宴会现场,这里的杂技艺术也让使团成员叹为观止:"年轻男子穿着女人服装表演舞蹈,亦有人以纸板制成兽形,人在兽形物中操动表演。最为精彩的是一只鹳表演的节目。这只鹳随着音乐摇头起舞,令观者惊叹不已。总之,我们认为中国人举行的第一次宴会可谓大盛会!"⑤

西方人细致的观察力还体现在对社会下层人物的关注上,例如对苦力们就作了详细记载:"管马的童子叫马夫,管骡的叫骡夫,而那些管车的人叫车夫。他们的人数很多,他们把绳子系在车上;同时这些童子把绳搭在肩上,拉着车走。不管是雨天,还是经过山区,那些童子使劲用肩拉车,把车从

---

① 《丝绸之路——中国—波斯文化交流史》,第 49 页。
② 《东域纪程录丛》,第 240 页。Henry Yule, *Cathay and the Way Thirther*, Vol. I, p. 203.
③ 《东域纪程录丛》,第 238 页。Henry Yule, *Cathay and the Way Thirther*, Vol. I, p. 201.
④ 《丝绸之路——中国—波斯文化交流史》,第 45 页。
⑤ 《东域纪程录丛》,第 238 页。Henry Yule, *Cathay and the Way Thirther*, Vol. I, p. 201.

一个驿馆拉到另一个。每辆车由十二个人拉。童子们都很俊秀,耳上戴着假的中国珠子,把发在头顶上打一个结。"①可见在当时从事苦力劳作的有很多年轻人。

(三)河西走廊的佛教建筑

肃州和甘州地处文明交流带,受宗教文化影响较深。沙哈鲁使者盖耶速丁在初入肃州城时便被这里浓厚的宗教氛围所惊叹:"在肃州城各种庙宇到处可见,有些占地达十亩,院内非常干净。地面铺以琉璃瓦,光洁如琢磨过的大理石。"②拉姆希奥与土耳其使者谈话中也显示河西走廊城市拥有诸多寺院建筑和佛像雕塑,且这里的雕刻师手艺精湛:"其庙宇建筑有类我国的教堂,全用廊柱,规模宏大,可容四五千人。甘肃城内还有两座不同凡响的神像,一为男像,一为女像,各高四十尺,卧于地上;每一雕像皆以一块坚石雕成,全身涂金。城内有一流雕石家。所用石头有些取自二三天行程外的地方。以大车载运,大车有四十个很高的轮子;以五六百匹马或骡子拉动。还有一些稍小的雕像,有六七个脑袋、十只手,每只手握着不同的东西,如蛇、鸟、花草等等。"③

最令西方使者们惊叹的是甘州城内的宗教建筑和佛像。盖耶速丁着重对雕塑作了详细的介绍:"有一 500 腕尺见方的寺庙。庙中有一卧佛,长 50 步,其足底长 9 步,脚被围长 21 腕尺。卧佛后面和头上有其他佛像,高一腕尺,又有比丘僧像(Bakshis),大小若真人。所有雕像制造精妙,栩栩如生。墙上还有其他雕刻精致的佛像。大卧佛一只手枕于头下,另一只手放于腰间。全身涂金,人称释迦牟尼佛。人们成群结队前来,对大佛顶礼膜拜……在甘州还有另一座寺庙,香火亦颇盛。伊斯兰教徒称之为'天球'(Celestial Sphere),呈八角形,从头至尾有十五层。每层有房数套,以漆装饰,有内屋

---

① 〔波斯〕火者·盖耶速丁著,何高济译:《沙哈鲁遣使中国记》,中华书局,1981 年,第 112 页。

② 《东域纪程录丛》,第 239 页。Henry Yule, *Cathay and the Way Thirther*, Vol. I, p. 202.

③ 《东域纪程录丛》,第 256—257 页。Henry Yule, *Cathay and the Way Thirther*, Vol. I, p. 218.

和走廊……塔之底部有魔鬼像,塔基固定于魔鬼像的肩部……金塔以磨光的木头构成,外部巧妙地饰以镀金,使人有固若金汤之感。塔之底下有地窖。一铁轴固定于塔之中央,自底部贯于顶端;铁轴底部置于一铁盘上,而其顶端则负荷遮蔽塔亭的塔顶。所以,地窖中的人少许用力即可转动金塔。全世界的木匠、铁匠和画师都应来这里考察学习!"①玛扎海里的《丝绸之路》对所谓"天球"这一建筑又作了补充性介绍:"它是一座八角形的塔,从上到下有十五层。每层有一走廊,而每个有看台和房间的走廊盖着中国式的圆顶。走廊四周塑有各类图像的浮雕。举个例子说,一个国王坐在宝座上,他的左右站着侍从、奴仆和婢女,各自忙着某种职司,等等。有走廊的这十五层楼,大小不等,最小的一平方指,最大的一平方腕尺。整个下面塑有巨人像,状似以肩举塔。塔的四围是二十腕尺,高为十二腕尺。它整个用光滑的木材构制,再很好地涂上金,以致人们以为它都是用实金制成。"根据其八角形的塔形对照推测,有可能是甘州即今天张掖的木塔寺。此外根据使者的记载,在卧佛寺外还有许多像旅舍一样的建筑,推测可能是为香客们修建的住所,可见甘州地区百姓受宗教影响程度之深:"在这座寺院的外面,四周有作为旅舍之用的彼此衔接的其他建筑物,其面积自身足以成为一座佛寺。这些都备有各种锦缎帘子、涂金椅、椅子、灯架、瓷杯及种种装饰。"②其实对于甘州大卧佛的记载情况,盖耶速丁并不是最早的记录者,早在马可·波罗来华时期,它就已经存在且被马可·波罗记录下来。

域外人在明代途径河西走廊进入中原是当时丝绸之路活力的体现。西北内陆的陆路交通在密切了东西方经济文化交往之外,更显示了中央王朝对西北边地的控制力。河西走廊地处东西方交通的咽喉要路,人员、物资、文化在这条交通线上流动传播。域外人士对于中国河西走廊的记载极大地丰富和补充了我们自身由于"灯下黑"而产生的语焉不详之处,有助于我们更加全面和深入地理解明代河西走廊的文明面貌。

---

① 《东域纪程录丛》,第 240—241 页。Henry Yule, *Cathay and the Way Thirther*, Vol. I, pp. 203-204.
② 《丝绸之路——中国—波斯文化交流史》,第 50 页。

唐代粟特军将康太和考论

——对敦煌文献、墓志、史籍的综合考察[*]

冯培红　冯晓鹃

浙江大学历史学院

2019 年 4 月,《陕西省考古研究院新入藏墓志》一书刊布了《唐康太和墓志铭并序》。[①] 从墓志内容可知,康太和曾在河陇地区抗御吐蕃,又长期在京城供奉宿卫,官至河西节度副使、陇右节度副使及左羽林军大将军。此方墓志的刊布很快引起多位学者的研究,短短一年左右就有三篇论文发表。[②] 关于康太和其人,在该墓志刊布前已为学界关注,这是因为敦煌文献 P. 3885 抄有一篇《前大斗军使将军康太和书与吐蕃赞普赤德祖赞》,是开元末康太和写给吐蕃赞普赤德祖赞(khri-lde-gtsug-brtsan)的书信,极为珍贵,有不少学者对之进行录文或探讨。[③] 此外,传世史籍中也有关于康太和的记录,即

[*] 本文系国家社科基金重点项目"中古粟特人与河西社会研究"(19AZS005);浙江省哲学社科冷门绝学重点项目"中古丝路鱼国、粟特、波斯胡人比较研究"(20LMJX01)的子成果。

[①] 陕西省考古研究院编:《陕西省考古研究院新入藏墓志》,上海古籍出版社,2019 年,图版见第 74 页,录文见第 272 页(以下简称"陕")。下引康太和墓志文字皆参此,不一一注明。

[②] 李宗俊、沈传衡:《康太和墓志与唐蕃道路等相关问题考》,《西藏大学学报》2019 年第 4 期,第 9—16 页(以下简称"李沈");赵世金、马振颖:《新刊〈康太和墓志〉考释——兼论敦煌文书 P. 3885 中的唐蕃之战》,《西夏研究》2020 年第 1 期,第 69—74 页(以下简称"赵马");雷闻《凉州与长安之间——新见〈唐故左羽林军大将军康太和墓志〉考释》,《河北师范大学学报》2020 年第 5 期,第 20—26 页(以下简称"雷")。下引上述三文皆参此,不一一注明。

[③] 陈祚龙:《敦煌学新记》之"二、关于唐代康太和与盖嘉运的遗文",《敦煌文物随笔》,台湾商务印书馆,1979 年,第 260—264 页(以下简称"陈祚龙")。邵文实《开元后期唐蕃关系探谜》,《西北史地》1996 年第 3 期,第 80—83 页;《敦煌边塞文学研究》,甘肃教育出版社,2007 年,第 14 页(邵书比邵文晚出,改正了一些原来误录之字,如　(转下页)

樊衡所撰《为幽州长史薛楚玉破契丹露布》，提到右翼部队诸将中有"供奉长上折冲康太和（一作利）"①。总的来看，关于康太和的生平事迹，史籍记载极为简略，而包括敦煌文献、墓志在内的出土资料则内容丰富，价值极高。前人对康太和的研究，起初围绕敦煌文献 P. 3885 进行，2016 年李宗俊又揭出樊衡露布所记康太和参战契丹事，2019 年随着康太和墓志的刊布，学者们结合敦煌文献与传世史籍，突破较大，但对敦煌文献、墓志的录文仍然讹误较多，相关问题的探讨还存在分歧和疏误。笔者近期给浙江大学博士生开设"出土文献与中古史研究"课程，用了两次课的时间阅读讨论了 P. 3885 与康太和墓志；嗣后，与当时的共读者冯晓鹃一起合撰此文，拟在前人研究的基础上对敦煌文献、墓志、史籍进行综合考察，希望更全面地揭示出这位唐朝粟特军将的戎马一生，以及粟特人在唐朝边防中所起的作用及宫廷宿卫情况。

一、敦煌文献 P. 3885 与康太和墓志校录

自 1979 年起，有多位学者对这两件出土文献作过校录，但都不同程度地存在一些问题，故有必要对它们重作校录，以给学界提供一个更为精准的文本。

1. P. 3885《前大斗军使将军康太和书与吐蕃赞普赤德祖赞》校录

P. 3885 文书全长 191. 5 厘米，宽 28 厘米，②正面抄写了一组诗、三篇

（接上页）"朝""敢""己"字原误作"服""取""已"，但也有个别字原对后错，如"少"字后误作"烽"。总的来说，后出转精，故本文校勘主要用邵书，偶及邵文。以下对邵书简称"邵"）。陈尚君：《全唐文补编》，中华书局，2005 年，上册，第 421 页（以下简称"陈尚君"）。陆离：《敦煌文书 P. 3885 号中记载的有关唐朝与吐蕃战事研究》，《中国藏学》2012 年第 2 期，第 90—98 页（以下简称"陆"）。李宗俊《敦煌文书 P. 3885 反映的吐蕃行军路线及神策军驻地、洮州治所等相关问题》，《唐史论丛》第 22 辑，三秦出版社，2016 年，第 233—250 页（以下简称"李"）。以及李沈、赵马、雷三文。下引上述诸文皆参此，不一一注明。

① 李昉等编：《文苑英华》卷 647《露布一》，中华书局，1966 年，第 4 册，第 3332 页。参照敦煌文献及墓志，显然以"和"字为确，"利"字形近致误也。董诰等编《全唐文》卷 352 即作"和"，中华书局，1983 年，第 4 册，第 3570 页。

② Michel Soymié, *Catalogue des Manuscrits chinois de Touen-houang: Fonds Pelliot chinois de la Bibliothèque Nationale*, IV, N°s 3501 - 4000, Paris: École française d'Extrême-Orient, 1991, pp. 372 - 375.

文、一篇赋,背面有杂诗、杂字。正面所抄有一文为《前大斗军使将军康太和书与吐蕃赞普赤德祖赞》,凡 19 行,行 9—16 字,共 266 字(其中有 1 字全残),其文为:

前大斗【1】军使、将军康太 和【2】书与【3】吐 蕃【4】赞普【5】

家则论【6】家,国则论【7】国。各【8】有分野,常自守隅。 天子圣明,垂拱而理。不拘【9】细物,海纳百川。四海宾朝【10】,重易(译)【11】来贡。故待【12】已(以)【13】礼,荣之以官。人事往来,自无忠(中)【14】外。吐蕃国大,早为敌礼之恩【15】;华夏清勤,号曰外甥之国。起(岂)【16】为不终【17】 天【18】德,违背生□【19】? 边 惜【20】惶惶,常负弋(戈)【21】载。自兵马北侵,越□川【22】岭。道路苕茏(迢峣)【23】,人畜疲劳。小军孤□【24】,阙【25】为主礼。河西、陇右两节度使盖 大【26】夫昨往南军,遂【27】巡未至【28】。近令驰报,朝□【29】即来。少【30】留三五日,决定一【31】两场。强弱得 知【32】,臧否便定。田苗不【33】惜,人亦(?)【34】敢【35】当。足【36】马 期【37】有草,人食有【38】苗。足得踪(纵)【39】横,于此养【40】省【41】。何期匆【42】速,便拟告还? 太和拱(供)【43】奉 玉【44】阶,侍卫 天子。但缘边隙,勒此镇【45】□【46】。客军自来,未申主礼。增【47】已【48】惜【49】颜【50】,□多恋【51】德。谨遣行官郑玄志【52】驰书重【53】谘【54】,可否【55】垂报。不具【56】。

谨 书【57】。

校记:

【1】 "斗": *Catalogue des Manuscrits chinois de Touen-houang: Fonds Pelliot chinois de la Bibliothèque Nationale* 第 373 页、徐俊《敦煌诗集残卷辑考》(中华书局,2000 年)第 425、430 页皆校录作"升(斗)",但原卷本作"斗";陈祚龙、陈尚君、邵、陆、李、赵马、雷皆录作"斗",但陈祚龙称"斗,原本作升",误;王重民《伯希和劫经录》(收入商务印书馆编《敦煌遗书总目索引》,中华书局,1983 年)第 297 页、敦煌研究院编《敦煌遗书总目索引新编》(中华书局,2000 年)第 303 页皆误录作"升"。

【2】 "和": 此字右部有所残缺,结合残存笔画及第 15 行"太和"可知,应为"和"字。*Catalogue des Manuscrits chinois de Touen-houang: Fonds Pelliot chinois de la Bibliothèque Nationale*、陈祚龙、《伯希和劫经录》、《敦煌遗书总目索引新编》、《敦煌诗

集残卷辑考》、陈尚君、邵、陆、李、赵马、雷皆径录作"和"。

【3】"与"：*Catalogue des Manuscrits chinois de Touen-houang: Fonds Pelliot chinois de la Bibliothèque Nationale*、陈祚龙、《伯希和劫经录》、《敦煌遗书总目索引新编》、《敦煌诗集残卷辑考》、陈尚君、邵、陆、李、雷皆录作"与"，赵马误录作"于"。

【4】"吐 蕃"：此二字有残缺，结合残存笔画及第 5 行"吐蕃"和上下文意可知，应为"吐蕃"二字。*Catalogue des Manuscrits chinois de Touen-houang: Fonds Pelliot chinois de la Bibliothèque Nationale*、《伯希和劫经录》、《敦煌遗书总目索引新编》、《敦煌诗集残卷辑考》、陈尚君、邵、雷皆径录作"吐蕃"，陈祚龙录作"(吐蕃)"，陆、李皆录作"□□"，赵马录作"吐 蕃"。

【5】第 1 行此句，陈尚君仅录"与吐蕃赞普书"6 字，但在标题之前列有作者"康太和"，并注曰："康太和。玄宗开元末署前大斗军使将军"；尾注"按。此篇原题前大斗军使将军康太和书与赞普"，尾题中缺"吐 蕃"二字。

【6】"论"：陈祚龙录作"论"，但称"论，原本作沦"；陈尚君录作"沦"；邵、陆、李、赵马、雷皆录作"论"。于义以"论"为优。

【7】"论"：陈祚龙录作"论"，但称"论，原本作沦"；陈尚君录作"沦"；邵、李、赵马、雷皆录作"论"；陆校录作"沦(论)"。于义以"论"为优。

【8】"各"：邵、李、赵马、雷皆录作"各"，陈祚龙、陈尚君、陆皆误录作"如"。

【9】"拘"：陈祚龙、邵、陆、李、赵马、雷皆录作"拘"，陈尚君误录作"捐"。

【10】"朝"：陈祚龙、陈尚君、邵、陆、李、赵马皆录作"朝"，雷误录作"服"。

【11】"重易(译)"：陈祚龙录作"重译"，但称"译，原本作易"；陈尚君将"易"校改作"译"；邵录作"鱼易(渔阳?)"；陆、李、赵马、雷皆校录作"重易(译)"。

【12】"待"：陈祚龙、陆、雷皆录作"待□"，衍一"□"字；陈尚君、李、赵马皆录作"待"；邵误录作"稽"，并在后面加"〔之〕"。

【13】"已(以)"：陈祚龙录作"以"，但称"以，原本作已"；陈尚君录作"己"，并在后面补一"以"字；邵径录作"以"；陆、李、雷、赵马皆校录作"已(以)"。

【14】"忠(中)"：陈祚龙录作"中"，但称"中，原本作忠"；陈尚君将"忠"校改作"中"；邵、陆、李、赵马、雷皆校录作"忠(中)"。

【15】"恩"：陈祚龙、邵、陈尚君、陆、李、雷皆录作"恩"，赵马误录作"思"。

【16】"起(岂)"：陈祚龙录作"岂"，但称"岂，原本作起"；陈尚君将"起"校改作"岂"；邵、陆、李、赵马、雷皆校录作"起(岂)"。甚是。

【17】"终"：陈祚龙录作"忠"，但称"忠，原本作终"；陈尚君、雷皆录作"终"；邵、陆、李、赵马皆校录作"终(忠)"。

【18】"天"：此字残缺过甚，只剩一点末笔。陈祚龙、邵皆录作"□"；陈尚君作"之"，雷录作"之"，似不确；陆误录作"□/□"（陆称"□/□"为文字缺损，具体字数难以辨认"，但从图版可知实仅残损一字，字前为空白）；李、赵马皆录作"天"。此字前面有空缺，当属敬空，书信中有两处"天子"，前面均有敬空，故此字应当为"天"。

【19】"□"：此字上部残缺，陈祚龙、陈尚君、邵皆录作"心"，陆、李、赵马、雷皆录作"心"。

【20】"惜"：此字书于"边""惶"二字之间的右侧行间。陈祚龙录作"隙"，但称"隙，原本作惜"；陈尚君、雷皆误录作"恒"；邵误录作"情"；陆校录作"惜（隙）"，李、赵马皆录作"惜"。第13行有"惜"字，第16行有"隙"字，写法均与此字异。黄征《敦煌俗字典》（上海教育出版社，2005年）第437页作"惜"，但在此处于义不协。

【21】"弌（戈）"：陈祚龙录作"戈"，但称"戈，原本作弌"；陈尚君、雷皆径录作"戈"；邵、陆、李、赵马皆校录作"弌（戈）"。

【22】"□川"：前字残缺，后字清晰可辨。陈祚龙、陈尚君、陆、李、赵马、雷皆录作"□川"，邵录作"□□"。

【23】"苕荛（迢峣）"：陈祚龙录作"迢峣"，但称"迢峣，原本作苕荛"；陈尚君照录作"苕荛"；邵校录作"苕（迢）荛"；赵马校录作"苕荛（迢峣）"；陆、李、雷皆校录作"苕荛（迢峣）"。于义校作"迢峣"为优。

【24】"□"：此字几乎全残，陈祚龙、陈尚君、邵、陆皆录作"□"，李、赵马、雷皆录作"弱"。

【25】"阙"：陈祚龙录作"厥"，但称"厥，原本作阙"；陈尚君、邵、李、赵马、雷皆录作"阙"；陆校录作"阙（厥）"。

【26】"大"：此字大部分残缺，陈祚龙、陈尚君、赵马皆径录作"大"，邵录作"□〔大〕"，陆、李、雷皆录作"大"。

【27】"迨"：陈祚龙录作"骏"，但称"骏，原本作迨"；陈尚君、邵、陆、李、赵马、雷皆录作"迨"。

【28】"至"：陈祚龙、邵、陆、李、赵马、雷皆录作"至"，陈尚君误录作"出"。

【29】"□"：此字几乎全残，陈祚龙、陈尚君、邵、陆、李、赵马皆录作"□"，雷录作"夕"。

【30】"少"：陈祚龙、陈尚君、陆、李、赵马、雷及邵文实《开元后期唐蕃关系探谜》皆录作"少"，但邵却误录作"烽"，疑手民排印之误。

【31】"一"：陈祚龙脱，陈尚君、邵、陆、李、赵马、雷皆有"一"字。

【32】"知"：此字大部分残缺，仅存左边部分笔画。陈祚龙、陈尚君、陆、赵马皆径

录作"知",李、雷皆录作"知",邵误录作"分"。从残剩笔画及上下文意判断,当为"知"字。

【33】"不":陈祚龙、陈尚君、陆、李、赵马、雷皆录作"不",邵误录作"禾"。

【34】"亦(?)":陈祚龙、邵、陆皆录作"亦",陈尚君、李、赵马皆录作"之",雷校录作"之(亦?)"。

【35】"敢":陈祚龙、陈尚君、邵、李、陆、雷、赵马皆录作"敢",邵文实《开元后期唐蕃关系探谜》误录作"取"。

【36】"足":陈祚龙脱,陈尚君、邵、李、陆、雷、赵马皆录作"足"。

【37】"期":陈祚龙录作"嘶",但称"嘶,原本作斯";陈尚君将"斯"校改作"嘶";邵录作"期";陆、李、赵马、雷皆校录作"斯(嘶)"。

【38】"有":陈祚龙、陈尚君、陆、李、赵马、雷皆录作"有",邵误录作"望"。

【39】"踪(纵)":陈祚龙录作"纵",但称"纵,原本作踪";陈尚君、邵径录作"纵";陆、李、赵马、雷皆校录作"踪(纵)"。

【40】"养":陈祚龙、陈尚君、陆、李、赵马、雷皆录作"养",邵误录作"(答?)"。

【41】"省":陈祚龙录作"生",但称"生,原本作省";陈尚君、邵皆照录作"省";陆、李、赵马、雷皆校录作"省(生)"。

【42】"匆":陈祚龙录作"忽",但称"忽,原本作念";陈尚君、雷皆照录作"念";邵误录作"(忽)",陆误录作"忽";李、赵马皆校录作"念(匆)"。原卷写作"念",为"匆"的异体字。

【43】"拱(供)":陈祚龙录作"供",但称"供,原本作拱";陈尚君、雷皆径录作"供";邵、李、赵马皆照录作"拱";陆校录作"拱(恭)"。

【44】"玉":此字几乎全残,陈祚龙、陈尚君、邵、陆、李、赵马、雷皆录作"□"。从右下角残剩笔画及上下文意判断,当为"玉"字。

【45】"镇":陈祚龙、陈尚君、陆、李、赵马、雷皆录作"镇",邵录作"镇(?)"。

【46】"□":此字上部残缺,仅剩末笔。陈祚龙、陈尚君、邵、陆皆录作"□",李、赵马皆录作"军",雷校录作"军(守?)"。

【47】"增":陈祚龙、陈尚君、陆、李、赵马、雷皆录作"增",邵校录作"增(憎)"。

【48】"己":原本写作"已"字,实即"己"。陈祚龙、陈尚君、邵、陆、李、雷皆录作"己",赵马校录作"已(己)"。

【49】"惭":陈祚龙、陈尚君、陈、李、赵马、雷皆录作"惭",邵录作"惛",陆录作"惭(?)"。

【50】"颜":陈祚龙、陈尚君、陆、李、赵马、雷皆录作"颜",邵误录作"颡"。

【51】"恋"：陈祚龙、邵、陆、李、赵马皆录作"恋"，陈尚君、雷皆误录作"慈"。

【52】"志"：原本写作"志"。陈祚龙、陈尚君、陆、李、赵马、雷皆录作"志"，邵录作"忠"。兹从前者。

【53】"重"：陈祚龙、陆、李、赵马、雷皆录作"重"，陈尚君录作"□"，邵校录作"□（重?）"。按，此字原件中清晰可识。

【54】"谘"：此字上部残缺，陈祚龙、陈尚君、赵马皆径录作"谘"，邵录作"谘（?）"，陆、李皆录作"谘"，雷误录作"咨"。

【55】"否"：陈祚龙、陈尚君、陆、李、赵马、雷皆录作"否"，邵误录作"召"。

【56】"不具"：陈祚龙录作"不□"，陈尚君、雷皆录作"不具"，邵作"□□"，陆、李、赵马皆误录作"不只"。

【57】"谨书"：此二字书写潦草，似为"谨书"。陈祚龙、陆皆误录作"□□之至"，陈尚君、雷皆径录作"谨书"，邵录作"河（?）书"，李、赵马皆录作"□□书"。

2.《唐康太和墓志铭并序》校录

据《陕西省考古研究院新入藏墓志》介绍，墓志分为志盖、志身，志盖呈盝形顶，长58厘米，宽56厘米，厚6厘米；盖顶四周减地线刻牡丹，四隅减地线刻柿蒂纹，四刹减地线刻四神，衬以花卉。盖文阴刻、篆书，凡3行，每行3字，共9字，其文为：

大唐故康府君墓志铭【1】

校记：

【1】李沈、赵马皆未录志盖文字，陕、雷皆录有之。

志身四周减地线刻壸门十二生肖，兽首人身，持笏而坐，衬以如意云纹；中间呈正方形，长、宽皆60厘米，厚8厘米。志文正书，凡30行，满行29字，共835字，其文为：

大唐故左羽林军大将军康府君墓志铭并序

公讳琮，　　　敕改太和，字金砖，汲郡人也。其先承颛顼之苗胄，周文王之胤绪，康叔之后。象贤崇德，兰芬桂芳。原乎炎汉、大魏，泊乎北齐、西晋。畴庸率职，国史、家谍详焉。

属随【1】季乱离，官僚紊叙。　高祖怀。　祖锋，武威郡磻和府果毅，以才调班，以文从政，莅蜀郡城（成）【2】都县尉。蹑南昌之令誉，仁东阁之嘉征。景福不昌，遽从物化。考庆，负淮阴侯【3】之智策，蓄傅介子之奇谋。威武驰声，佩猳申勇，擢授武威郡磻和府折冲。

公以弈代鹰杨（扬）【4】，将门骁果，解褐补洮州赤岭戍主，转扶【5】州重博镇将员外置同正员，从班例也。戎幕无点，防御有功，超升右威卫鄯州柔远府左果毅、上柱国、赐绯鱼袋、内供奉射生。力用可甄，阶级方进，拜游击将军、右领军卫扶风郡通济府左果毅，转安定郡蒲川府折冲，授定远将军、纯德府折冲、赐紫金鱼袋，又转明威将军、左卫扶风岐（岐）【6】山［府］【7】折冲，又授忠武将军、右卫京兆仲【8】山府折［冲］【9】，又进大明府折冲，并准前供奉。警卫忠谨，爪牙勤恪，又授左武卫中郎将，又转左司御率府副率、充【10】大斗军使。勋效过人，部伍超众，拔授忠武将军、大斗军使、河西节度副使、右【11】清道率府率。又云麾将军、充河源军使。天宝二载（743），授右骁卫大将军、关西都知兵马使、都虞候【12】、河源军使、节度副使。五载（746），授左羽林军大将军，留宿卫。竭诚奉国，殊赏见优，特封姑臧县开国伯、食邑七百户。　皇上以六叶开元，五圣垂裕。相兼伊、吕，将列韩、彭。轮楠不遗，夷夏同用。公宿卫卅载，历职十五迁。铁石居心，松竹摽【13】性。颁赐稠叠【14】，朱紫繁荣。莅职清平，福祚坚【15】贞。家室以之昌宁，宗族以之元亨。得不谓从微至著、善始令终乎？

噫！否泰无恒，倚伏奚准？以天宝十二载（753）十二月四日遘疾，终于昭应县行从私第，享载七【16】十。　敕别赠绢壹【17】伯【18】匹，粟壹【19】伯【20】石。即以十四载乙未（755）二月十二日壬寅，葬于京兆【21】咸宁县崇道乡之原，礼也。白马驰送，朱旐晓引。九原之路，埋景增悲。三春之衢，雨泪多感。

夫人太原阎氏，辅佐君子，郁有声芳。

嗣子承奎，历任有功，授咸宁郡长松府折冲、赐紫金鱼袋、上柱国；次子承宥，武部常选；少子承业，武部常选。并绝子思【22】之浆，同泣高柴之血。相与策苴杖，饰桐棺。访儒术以昭志，卜宅兆以辛酸。车马饯别【23】以云郁，缟素悲泣以林横。镌翠琰以表德，缵鸿烈以纪官。俾贤门之英胄，绍元勋兮不刊。其铭曰：

海变山移兮四序催，地久天长兮万象回。惟达人兮符（符）【24】命合，奉　明君兮封禄开。魂灵归兮掩东岱，胤息衔恨兮泣南陔。子子孙孙【25】兮袭宠禄，枝枝叶叶兮 绝 【26】氛埃。

校记：

【1】"随"：陕、李沈皆将"随"字校改为"隋"，赵马、雷皆照录作"随"。

【2】"城（成）"：陕、李沈、赵马、雷皆照录作"城"，但赵马在文中指出"蜀郡城都县，当为成都县之误"。

【3】"侯"：陕、李沈、雷皆录作"侯"，赵马脱。

【4】"杨（扬）"：陕、李沈、赵马皆径录作"扬"，雷校录作"杨（扬）"。

【5】"扶"：陕、李沈、雷皆录作"扶"，赵马误录作"抚"，并在文中说："唐武德五年（622），改临川郡为抚州，隶属于洪州总管府"，误。

【6】"歧（岐）"：李沈、雷皆径录作"岐"，陕、赵马皆照录作"歧"。

【7】"［府］"："山"字后面原无"府"字，据文意补。陕、李沈、赵马、雷皆未补。

【8】"仲"：陕、李沈、雷皆录作"仲"，赵马误录作"钟"。

【9】"［冲］"："折"字后面原无"冲"字，据文意补。陕注"此处夺'冲'字"，李沈注"脱'冲'字"，赵马未补此字，雷补"冲"字。

【10】" 充 "：此字左上部残损，陕、李沈、赵马、雷皆径录作"充"，可从。

【11】" 右 "：此字下部残损，陕、李沈、赵马、雷皆径录作"右"，可从。

【12】"候"：陕、李沈皆录作"候"，赵马、雷皆误录作"侯"。

【13】"摽"：为"标"之异体字。陕、李沈、赵马皆径录作"标"，雷照录作"摽"。

【14】"叠"：陕、李沈、赵马皆录作"叠"，雷误录作"迭"。

【15】"坚"：陕、赵马、雷皆录作"坚"，李沈误录作"圣"。

【16】" 七 "：此字有残损。陕录作" □ "；赵马、雷皆录作" 七 "，可从；李沈误录作" 六 "。

【17】【19】"壹"：陕、雷皆录作"壹"，李沈、赵马皆误录作"一"。

【18】【20】"伯"：陕录作"佰"，李沈、赵马皆误录作"百"，雷校录作"伯（佰）"。"伯""佰"二字通。

【21】"兆"字后面，雷录有"府"字，疑据文意补。陕、李沈、赵马皆无之。

【22】"思"：陕、李沈、雷皆录作"思"，赵马误录作"嗣"。

【23】"别"：陕、李沈、雷皆录作"别"，赵马脱。

【24】"苻（符）"："苻"为"符"的异体字，陕、李沈、赵马、雷皆径录作"符"。

【25】"子子孙孙"：原刻作"子孙子孙"，陕、雷皆校录作"子子孙孙"，甚是；李沈、赵马皆照录作"子孙子孙"。

【26】" 绝 "：此字左边残损，据残剩笔画及上下文意推测，似为"绝"字。陕、李沈、

赵马、雷皆录作"□"。

二、磻和府军将与凉州磻和粟特人

康太和墓志记其为汲郡人,汲郡在唐代又称卫州,碑志中确实有一些康氏人物自称为汲郡或卫人,如康令恽"其先汲人也"①,康叔卿"其先卫人也",康威"卫人也",李宗卿"夫人汲郡康氏"。② 他们追溯祖先或称自己为汲人、卫人,或望称汲郡,显然是追源于西周初的卫康叔封,《唐康希铣神道碑铭》即云:

> 其先出于周,武王同母少弟卫康叔封之后也。《史记》云:"成王长,用事,举康叔为周司寇,赐卫宝祭器,以彰有德。"封子康伯,支庶有食邑于康者,遂以为氏。周代为卫大夫,至汉有东郡太守超,始居汲郡。③

不过,碑铭所记东汉康超以后的世系有断裂,而且很早就迁离了汲郡。西晋末,康翼随司马睿南渡,居吴兴郡乌程县;至陈朝,康宗谔复移居会稽郡山阴县。到了唐代,康希铣被封为汲郡开国公,子元瑛袭爵。即便康超真的居住在汲郡,但一个"始"字戳穿了康希铣家族编织的源于卫康叔封的谎言;晋唐时期,康家早已离开汲郡,迁居江南,汲郡成为康氏家族所称的郡望或所受的封爵之地。

比起上述自称汲郡或卫人的康氏人物攀附西周卫康叔封,康太和墓志更是将其始祖追溯到远古的颛顼:

> 其先承颛顼之苗胄,周文王之胤绪,康叔之后。象贤崇德,兰芬桂芳。原乎炎汉、大魏,洎乎北齐、西晋。畴庸率职,国史、家谍详焉。

① 王育龙:《唐长安城东出土的康令恽等墓志跋》,《唐研究》第 6 卷,北京大学出版社,2000 年,第 396 页。
② 《唐康叔卿夫人傅氏墓志并序》《唐康威墓志》《唐李宗卿墓志铭并序》,皆见周绍良主编《唐代墓志汇编》大中一二三、开元一六四、贞元〇七七,上海古籍出版社,1992 年,下册,第 2347 页;上册,第 1270 页;下册,第 1892 页。
③ 颜真卿:《颜鲁公集》卷 7《碑》,上海古籍出版社,1992 年,第 49—50 页。

墓志称颛顼、周文王、卫康叔封是康太和家族的祖先,自不可信。雷闻指出,"关于康太和的家世,从前引志文中可看出,他出自一个凉州粟特胡人家庭,虽然志文称其为汲郡人,且将其祖先追述至颛顼和周文王,但这不过是入华粟特人常见的攀附之举"。雷氏及其他研究者均将康太和视作粟特人,当无疑义,墓志中"夷夏同用"一语透露出康太和为粟特人的信息。需加注意,墓志在叙述"炎汉、大魏"与"北齐、西晋"四朝时,将"北齐(550—577)"置于"西晋(265—316)"之前。西晋与北齐相去两三百年,墓志的书写者为什么将两者前后倒置呢? 这恐怕不是毫无缘由,很可能康太和的祖先曾在北齐生活过,而北齐是粟特人极为活跃的朝代,①甚至出现了陈寅恪所说的"西胡化"现象。②

康太和家族的可信世系始自其高祖康怀,生活时代在隋末、唐初。墓志叙云:

> 属随季乱离,官僚紊叙。 高祖怀。 祖锋,武威郡磻和府果毅,以才调班,以文从政,莅蜀郡城(成)都县尉。蹑南昌之令誉,伫东阁之嘉征。景福不昌,遽从物化。 考庆,负淮阴侯之智策,蓄傅介子之奇谋。威武驰声,佩毂申勇,擢授武威郡磻和府折冲。

康太和的祖父康锋、父康庆均为武威郡磻和府的军将。《新唐书》卷40《地理志四》"凉州武威郡"条下注:"有府六,曰明威、洪池、番禾、武安、丽水、姑臧。"磻和府当即番禾府,为唐代凉州境内所设六个折冲府之一。《唐阴神护墓志铭并序》记载阴德、神护父子皆为右威卫番禾府校尉;③敦煌莫高窟第217窟主室西壁龛下南向第四身供养人题记为:"……□(副)尉右□(毅)卫凉州番……将员外□(置)同正……绯鱼袋、上柱国恩悯"④,刘志华指出"毅"字当为"威"之讹,"番"字后面当缺"禾府别"三字,恩悯担任的是右威卫凉州番禾府别将。⑤

---

① 参李百药《北齐书》卷50《恩幸传》,中华书局,1972年,第685—694页。毕波《中古中国的粟特胡人——以长安为中心》,中国人民大学出版社,2011年,第15—25页。

② 陈寅恪著、万绳楠整理:《陈寅恪魏晋南北朝史讲演录》第十八章《北齐的鲜卑化及西胡化》,黄山书社,1987年,第297—300页。

③ 朱安:《武威近年来出土四合隋唐墓志》,《陇右文博》2017年第3期,第9页。

④ 敦煌研究院编:《敦煌莫高窟供养人题记》,文物出版社,1986年,第99页。

⑤ 刘志华:《隋唐时期的武威郡(凉州)军府考证》,《档案》2017年第11期,第47页。

从伯希和早年所录"番""将"之间缺三字看,①刘氏所考极是。

番和除了番禾之外,又写作番和、盘和、蕃禾,这表明它不是汉语词汇,而是少数民族语言。汉代,凉州张掖郡下设有番和县。② 晋代,番和县改隶于武威郡。③ 十六国时期,五凉政权割据河西,将许多县升格为郡,番和县亦不例外,但改称为番禾郡。④ 北魏、西魏时,延续设置番和(或作禾)郡,辖彰、燕支二县。⑤ 北周裁撤番和郡,置番和镇。⑥ 值得注意的是,北齐在境内侨置凉州,其下置盘和县。⑦ 隋代继承北周沿置蕃禾镇,⑧后改置番禾县,并将力乾、安宁、广城、障、燕支五县之地并入番和县。⑨ 及至唐朝,设置番禾县、番禾府;咸亨元年至调露元年(670—679),一度将番禾县升格为雄州;天宝三载(744),番禾县更名为天宝县;⑩晚唐时又置番禾镇。⑪ 以上对汉唐时期凉州番和的建制进行了系统梳理,可知"番""番""盘"三字可通,"和""禾"二

---

① 伯希和著,耿昇译:《伯希和敦煌石窟笔记》,甘肃人民出版社,2007年,第122页。

② 班固:《汉书》卷28下《地理志下》,中华书局,1962年,第1613页;司马彪:《续汉书·郡国志五》,收入范晔《后汉书》,中华书局,1965年,第3520页。

③ 房玄龄等:《晋书》卷14《地理志上》,中华书局,1974年,第433页。

④ 《晋书》卷122《吕纂载记》记载"纂番禾太守吕超擅伐鲜卑思盘";卷117《姚兴载记上》记"郭将为番禾太守";卷126《秃发傉檀载记》云:"袭徙西平、湟河诸羌三万余户于武兴、番禾、武威、昌松四郡",第3068、2984、3150页。李吉甫《元和郡县图志》卷40《陇右道下》凉州天宝县条云:"北凉沮渠蒙逊立为番禾郡",中华书局,1983年,下册,第1020页。

⑤ 魏收:《魏书》卷16《道武七王·河间王拓跋修传》、卷106下《地形志下》作"番和",卷4下《世祖纪下》、卷26《尉古真附侄尉眷传》作"番禾",中华书局,1974年,第399、2623、93、657页。令狐德棻等:《周书》卷28《史宁传》作"番禾",中华书局,1971年,第468页。魏徵等:《隋书》卷29《地理志上》记作后魏"番和",中华书局,点校本二十四史修订本,2019年,第908页。

⑥ 《隋书》卷29《地理志上》,点校本二十四史修订本,第908页。

⑦ 《唐赵宗墓铭并序》云:"曾祖德,齐亮(凉)州盘和县主簿",见北京图书馆金石组编《北京图书馆藏中国历代石刻拓本汇编》,中州古籍出版社,1989年,第15册,第7页。

⑧ 《隋宋永贵墓志铭》记载,开皇九年(589),"加授仪同三司,出为蕃禾镇将",见王其祎、周晓薇编著《隋代墓志铭汇考(繁体版)》,线装书局,2007年,第6册,第385、387页。

⑨ 《隋书》卷29《地理志上》,点校本二十四史修订本,第908页。

⑩ 刘昫等:《旧唐书》卷40《地理志三》,中华书局,1975年,第1640—1641页。

⑪ P.4660《康通信邈真赞》记其为"番禾镇将",见上海古籍出版社、法国国家图书馆编《法藏敦煌西域文献》第33卷,上海古籍出版社,2005年,第24页。据尾题可知,该邈真赞撰于中和元年(881)。

字亦通,前者可以从《元和郡县图志》卷 40 凉州天宝县条所记"汉番音盘禾县"得到证实,①即"番""盘"连同"磻"字的读音均为 pán。磻和、番和、盘和、番禾属于少数民族语言,所以汉译写法多有不同。西汉番和县是从匈奴手中夺取后设置的,而匈奴占据此地才半个多世纪,此前为月氏人所有,推测磻和(番和、盘和、番禾)一词极可能为月氏语。其位置据《元和郡县图志》卷40 记载,"东至州一百八十里",即今甘肃省永昌县城。

　　雷闻以为康太和的高祖康怀也担任了磻和府果毅都尉,未确;墓志中"高祖怀"三字的前、后,都空开一字距,表明康怀无事可述,仅记其身份、名字。赵马则将康怀误作曾祖父。从墓志行文看,康怀既无官职,亦无事迹,甚至没有任何文字记述,其子在墓志中连名字亦未出现。这些都表明,康怀家族在隋末、唐初沉沦不显。直到康太和的祖父康锋、父康庆分别担任武威郡磻和府的果毅都尉、折冲都尉,为唐代折冲府中的高级军将,靠着军功才使本家族的地位显赫起来。然而,墓志对康锋官职的记载比较奇怪,先为磻和府果毅都尉,后来出任蜀郡成都县尉。唐代折冲府分三等,上府果毅都尉为从五品下,中府正六品上,下府从六品下。无论磻和府为何种等级的折冲府,果毅都尉的官品都比仅为九品的成都县尉要高得多。② 这有两种可能:一是康锋从磻和府果毅都尉被贬为成都县尉;二是磻和府果毅都尉不是实任其职,而是死后的赠官。康庆为磻和府折冲都尉,是折冲府的最高长官。墓志称他有淮阴侯韩信之智、傅介子之谋,所言"威武驰声,佩觿申勇",当非虚言,这也可以从其子康太和"以弈代鹰杨(扬),将门骁果"的话中得到印证。雷闻认为,"从康太和父祖三代都在磻和府任职折冲或果毅都尉的事实来看,康氏家族无疑是凉州土著,在当地军府系统中有很深的根基";甚至说"康太和的家族也属于这个胡人集团(指隋末武威粟特人集团——引者注),其高祖康怀、祖父康锋起初应该也是西凉政权的支持者。不过,他们可能最终追随安兴贵兄弟归附了唐王朝,从而攀龙附凤,先后在当地的折冲府中担

---

① 《元和郡县图志》卷 40《陇右道下》,下册,第 1020 页。
② 成都县为望县,望县处于畿县、上县之间,畿县县尉为正九品下,上县县尉为从九品上。见李林甫等《唐六典》卷 3《尚书户部》、卷 30《京县畿县天下诸县官吏》,中华书局,1992 年,第 73、751—752 页。作为望县的成都县之县尉,其官品必为正九品下或从九品上。

任高官。从康太和之父康庆后来也升任磻和府折冲都尉的事实来看,唐王朝在某种程度上承认了康氏在凉州府兵系统中的世袭权力,康氏可谓累世蕃将家族"。不过,康太和的祖先如果真的曾经生活在北齐,则可能是在北齐灭亡后进入北周及隋,至唐初担任磻和府军将。康怀在隋末、唐初无官职、事迹可述,其子在墓志中更无任何记载,其孙康锋在唐代从磻和府果毅都尉降为成都县尉。康怀、康锋是否为李轨河西大凉国的支持者、后来又追随安兴贵兄弟归唐而攀龙附凤,尚难遽断。

虽然康太和的祖上可能居住在北齐,但磻和位于甘、凉二州之间,这里确实是入华粟特人的聚居地。永昌县水源镇杜家寨村乱墩子滩墓群出土2件胡人陶俑,头戴尖顶帽;东寨镇双桥村出土1件胡人木俑,眼睛深凹,①均为少数民族人物形象。这些胡人俑的时代均被定在汉代。汉末魏晋南北朝时期,大量粟特人经由河西走廊东迁中原,②其中凉州磻和为其重要据点。及至唐代,《唐臧怀恪神道碑铭并序》云:

　　后充河西军前将。盘禾安氏有马千驷,怙富不虔。一族三人,立皆殴毙。军州悚栗,畴敢不祗。③

碑文系此事于开元十二年(724)之前,臧怀恪任河西军前将。盘禾安氏是当地的粟特豪族,畜养马匹,多达千驷,积聚了大量财富,形成雄厚的经济实力;他们凭此势力怙恶不悛,为非作歹,造成了恶劣的影响。应当注意的是,盘禾安氏的势力并不只在民间,很可能为河西节度使提供马匹作为军事物资,与军界有着密切的关系。河西军前将臧怀恪一举惩治盘禾安氏,殴打击毙一族三人。这一举动使得凉州军民战战兢兢,不敢再违法乱纪。这里的"军州"一词也透露出盘禾安氏在当地军界与民间的影响。唐代在凉州西侧设置赤水军,军置监牧使,武威姑臧粟特人安忠敬就担任过赤水、新泉两军

① 这3件俑均藏于永昌县博物馆,其中1件陶俑、1件木俑的图版见孙尚瑜主编《河西宝藏——永昌馆藏文物菁华》,甘肃文化出版社,2019年,第39页"胡人陶俑",第151页"木俑"。
② 冯培红:《北朝至唐初的河西走廊与粟特民族——以昭武九姓河西诸郡望的成立为出发点》,刘进宝主编《丝路文明》第1辑,上海古籍出版社,2016年,第51—92页。
③ 王昶:《金石萃编》卷95,陕西人民出版社,1990年,第2册,第6页。

监牧使。① 安元寿曾任葱河道检校军马使、夏州群牧使,②其墓志记载贞观
"三年(629),凉公以河右初宾,家业殷重,表请公归贯检校",山下将司认为
"家业"是指牧马业;③其实除了养马之外,武威安氏还从事丝路贸易,从中获
取巨额利润。④ 从"殷重"一词可知,武威安氏产业大、财富多,显示出强大的
经济实力。盘禾安氏的牧马业与武威安氏相类同,虽然我们不知道两者之
间是否有关联,但作为凉州地区的粟特聚落,安氏在凉州治所姑臧县及毗邻
的盘禾县均极有实力,并对当地军州产生较大的影响。

晚唐时,康通信为"番禾镇将",另外兼任甘州删丹镇遏、充凉州西界游
弈防采营田都知兵马使,⑤极可能是一位粟特军将。⑥ 此外,《唐罗甗生墓志
铭并序》记其为阴山人,死后"谥曰盘和公",似乎透露了出自阴山的胡族罗
氏与盘和也有关联,而罗甗生的"夫人康氏"显然为粟特女性。⑦

总之,位于凉州西部的磻和(番和、盘和、番禾)确实是中古时期入华粟
特人的聚居地,到唐代甚至形成了"盘禾安氏"这样的地方豪族,经营牧马业
等产业,颇具经济实力,并对当地军界也有着重要影响。作为抵达丝路重镇
凉州的前一站,磻和有粟特聚落存在显然是易于理解的。⑧

---

① 《文苑英华》卷917张说《唐安忠敬神道碑》,第6册,第4828页。
② 昭陵博物馆(陈志谦执笔):《唐安元寿夫妇墓发掘简报》,《文物》1988年第12期,第
   46—47页;王溥:《唐会要》卷72《马》,中华书局,1955年,下册,第1302页。
③ 山下将司:《唐の监牧制と中国在住ソグド人の牧马》,《东洋史研究》第66卷第4号,
   2008年,第18页。
④ 张说《唐安忠敬神道碑》记其祖父安兴贵时,"远通城郭之国",见《文苑英华》卷917,第
   6册,第4828页。
⑤ P. 4660《康通信邈真赞》,见《法藏敦煌西域文献》第33卷,第24页。
⑥ 康通信一名又见于敦煌文献S. 1898、S. 2228,参沙知主编《英藏敦煌文献(汉文佛经以
   外部分)》第3卷,四川人民出版社,1990年,第173页;第4卷,1991年,第49页;莫高
   窟第54窟有"康通信供养"之题记,见敦煌研究院编《敦煌莫高窟供养人题记》,第
   17页。
⑦ 《北京图书馆藏中国历代石刻拓本汇编》,第16册,第114页。
⑧ 此点可以补充荣新江《北朝隋唐粟特人之迁徙及其聚落》《北朝隋唐粟特人之迁徙及
   其聚落补考》,见《中古中国与外来文明(修订版)》,生活·读书·新知三联书店,2014
   年,第34—105页;《中古中国与粟特文明》,生活·读书·新知三联书店,2014年,第
   22—41页。

三、宫廷宿卫：内供奉射生及左武卫中郎将

墓志对康太和(683—753)一生的任官迁转记载得十分详细,为便于讨论,兹将其迁转情况摘列于下:

(1) 洮州赤岭戍主

(2) 扶州重博镇将员外置同正员

(3) 右威卫鄯州柔远府左果毅、上柱国、赐绯鱼袋、内供奉射生

(4) 游击将军、右领军卫扶风郡通济府左果毅

(5) 安定郡蒲川府折冲

(6) 定远将军、纯德府折冲、赐紫金鱼袋

(7) 明威将军、左卫扶风岐山府折冲

(8) 忠武将军、右卫京兆仲山府折冲

(9) 大明府折冲(并准前供奉)

(10) 左武卫中郎将

(11) 左司御率府副率、充大斗军使

(12) 忠武将军、大斗军使、河西节度副使、右清道率府率

(13) 云麾将军、充河源军使

(14) 右骁卫大将军、关西都知兵马使、都虞候、河源军使、节度副使

(15) 左羽林军大将军(留宿卫)

(16) 姑臧县开国伯、食邑七百户

应当注意的是,墓志中有两处记载到康太和的任官年代:一是第(14)条,为天宝二载(743),在陇右、关西担任使职;二是第(15)条,为天宝五载(746),调回朝廷宿卫。除了第(16)条为爵、食邑外,其他(1)～(15)条皆有职事官或使职,间及散官、勋官、章服,正好印证了墓志所记康太和"历职十五迁"。

墓志记载"公宿卫卅载",第(15)条明确记载746年"授左羽林军大将军,留宿卫",但从该年到康太和去世的天宝十二载(753),仅有7年。也就是说,另外还有23年的时间应当考察746年以前康太和的宿卫情况。

首先使用排除法,即第(1)(2)条皆为外职事官,①第(11)～(14)条皆为外地使职,应予排除。这些外地使职同时带有散官、京职事官,散官如第(12)条之忠武将军、第(13)条之云麾将军,亦称为"阶",可以不论;京职事官如第(11)条之左司御率府副率、第(12)条之右清道率府率与第(14)条之右骁卫大将军,这些诸卫、东宫率府官是康太和的本官,但实际充任的是使职。易言之,康太和当时在河陇任职,其所带的诸卫、率府官已经阶官化,并非在京宿卫。

其次来看第(3)～(10)条,皆有诸卫折冲府官,间及勋官、章服、散官与内供奉射生。如同散官一样,勋官[第(3)条之上柱国]、章服[第(3)条之赐绯鱼袋、第(6)条之赐紫金鱼袋]可以不论;至于诸卫折冲府官、内供奉射生,雷闻有比较透彻的探讨,云:

> 从《康太和墓志》来看,他在开元时期就已经充任"内供奉射生"了。但无论如何,射生官都是从各军府挑选出来的善于骑射的精锐。从此,康太和就从一个河西粟特胡人出身的基层蕃将,进入宫廷禁军将领的行列。至于其时间,案志文末称其"宿卫卅载",除去天宝年间的十年,其余的时间应该是在开元年间,故康太和入朝宿卫大致当在开元初。此外,《康太和墓志》起首称"公讳琮,敕改太和",而改名的时间最早也应在他入京成为"内供奉射生"之后,只有这样,他才有可能进入玄宗皇帝的视野。

> 需要指出的是,康太和在成为内供奉射生时,其本官是"右威卫鄯州柔远府左果毅",也就是说,这个折冲府的官职虽属职事官,却不必前往任职。正如孙继民先生所指出的,折冲府官号与职事的分离从开元之前就已开始,反映了折冲府职事官的散官化或衔官化。

雷氏认为,开元初康太和从基层蕃将入京宿卫,以右威卫鄯州柔远府左果毅都尉的身份充任内供奉射生,并非在鄯州柔远府任职,而是在京城宿卫。孙氏指出,早在开元之前,折冲府已经出现了官号与职事的分离,折冲府职事官呈现散官化或曰衔官化倾向。② 关于此点,李沈、赵马皆未论及,以为康太

---

① 《旧唐书》卷 42《职官志一》记武德七年(624)令,罗列了三公、六省、御史台、九寺、将作监、国子学、天策上将府、十四卫府、东宫、王公国、公主邑司诸官,"并为京职事官;州县、镇戍、岳渎、关津为外职事官",第 1783 页。

② 孙继民:《敦煌吐鲁番所出唐代军事文书初探》,中国社会科学出版社,2000 年,第 293 页。

和仍在各地折冲府任职,如前者说:"康太和自从因为善于骑射被选为'内供奉射生'后,其迁转之地便从陇右转移到了京兆附近,以便于京师宿卫",似乎是说康太和的折冲府官只有到了京兆附近才能宿卫;后者云:"康太和担任柔远府左果毅,成为河湟地区防御体系中的重要一员",则完全忽视了内供奉射生及诸卫折冲府官的阶官化问题。

这种以折冲府官内供奉的情况在开元时期较为普遍,如《唐茹义恩墓志铭并序》云:"解褐拜游击将军、岐州三交府左果毅,累迁定远将军、同州连邑府折冲,兼仗内供奉"①;《唐宋庄墓志并序》云:"特授左领军卫匡道府折冲,仍长上内供奉",特别是志文中记"偏显圣颜,观游玉阶,戏坐金殿,凡几年矣",知其在京城长上内供奉,而不是地方诸州的折冲府中任职。以射生官内供奉宿卫的例子,如奚人李宝臣"幼善骑射,节度使安禄山选为射生官。天宝(742—756)中,随禄山入朝,玄宗留为射生子弟,出入禁中";奚人张孝忠"以勇闻于燕、赵……天宝末,以善射授内供奉"。② 这些来自外地的蕃将到京城长安后,被编入射生军,担负宿卫之责。《旧唐书》卷44《职官志三》"武官"条记载,唐肃宗"又置衙前射生手千余人,谓之左右英武军,非六军之例也";神威军下注曰:"本号殿前射生左右厢,贞元二年(786)九月改殿前左右射生军,三年(787)四月改为左右神威军,非六军之例也。"实际上,属于六军之一的羽林军亦置射生,如梁崇义即"为羽林射生"③。唐长孺已据《唐大诏令集》所记英武军、宝应射生、衙前射生并出之史料,正确地指出衙前射生手并非左右英武军。④ 早在"太宗贞观(627—649)中,择官户蕃口中少年骁勇者百人,每出游猎,令持弓矢于御马前射生"⑤,就已经出现"射生"一词;至开元(713—741)时,康太和入为内供奉射生,自然也不足为怪。

自右威卫鄯州柔远府左果毅都尉以后,康太和相继担任以下各折冲府的军将:右领军卫扶风郡通济府左果毅都尉→安定郡蒲川府折冲都尉→纯

---

① 周绍良、赵超主编:《唐代墓志汇编续集》开元〇九〇,上海古籍出版社,2001年,第515页。
② 《旧唐书》卷142《李宝臣传》、卷141《张孝忠传》,第3865、3854页。
③ 《旧唐书》卷121《梁崇义传》,第3489页。
④ 唐长孺:《唐书兵志笺正(外二种)》卷3,中华书局,2011年,第104—105页。
⑤ 《旧唐书》卷106《王毛仲传》,第3253页。

德府折冲都尉→左卫扶风岐山府折冲都尉→右卫京兆仲山府折冲都尉→大明府折冲都尉,末有"并准前供奉"之语。这个"并"字是指康太和的职事官在各地折冲府迁转时,其本人一直在长安充任内供奉射生。换言之,康太和是在京城宿卫,而折冲府官只表示他的官资迁转。这种情况就像《唐刘智才墓志铭并序》所言:

> 束发以一身供奉,终秩而三任折冲。银印朱绶,虽未参庙算;鹰扬虎视,而常典禁兵。弧矢取威,迁左卫郎将。[1]

刘智才在折冲府中经历了三次迁转,但实际上一直在京城供奉,常典禁兵;后来他从折冲都尉改任左卫郎将,这与上揭第(9)(10)条康太和任大明府折冲都尉,"警卫忠谨,爪牙勤恪,又授左武卫中郎将",如出一辙。

樊衡《为幽州长史薛楚玉破契丹露布》记述,某年四月二十三至二十七日,唐朝与契丹之间发生了一场战争,唐军由幽州节度副使乌知义统率,其右翼军队诸将中有供奉长上折冲康太和。露布描述战争场面十分激烈,最后唐军大获全胜,称"前后大小三十一阵,旗鼓所向,莫不奔溃",斩首3万余级,俘虏49 000余人,羊、马、驼、驴30余万头,以及器械等,并将部分战利品赏赐给战士及内附奚人。据吴廷燮考列,薛楚玉于开元二十至二十一年(732—733)出任幽州长史(幽州节度使)。[2]《旧唐书》卷8《玄宗纪上》记载,开元二十年六月"庚寅,幽州长史赵含章坐盗用库物",表明薛楚玉继任幽州长史是在该年六月庚寅以后,则露布中所说的战斗发生在翌年四月下旬。然而,四月这场大捷在两《唐书》的《玄宗纪》《薛楚玉传》《契丹传》及《资治通鉴》中却未被记载,反倒是记录了四月之前的闰月发生的唐与契丹的另一场战斗,结果是唐军惨败。《旧唐书》卷199下《北狄・契丹传》记述此事最详:

> (开元)二十年(732),诏礼部尚书信安王祎为行军副大总管,领众与幽州长史赵含章出塞击破之,俘获甚众。可突于率其麾下远遁,奚众尽降,祎乃班师。明年(733),可突于又来抄掠。幽州长史薛楚玉遣副将郭英杰、吴克勤、邬知义、罗守忠率精骑万人,并领降奚之众追击之。

---

① 《北京图书馆藏中国历代石刻拓本汇编》,第26册,第117页。
② 吴廷燮:《唐方镇年表》卷4《幽州》,中华书局,1980年,第1册,第546—547页。

军至渝关都山之下,可突于领突厥兵以拒官军。奚众遂持两端,散走保险。官军大败,知义、守忠率麾下遁归,英杰、克勤没于阵,其下六千余人尽为贼所杀。

《资治通鉴》卷 213 唐玄宗开元二十一年(733)条明确系于闰月癸酉。① 渝关都山一战,唐军大败,副将郭英杰、吴克勤战死,6 000 余人被杀,唐军死亡过半,损失惨重。《新唐书》卷 219《北狄·契丹传》记郭英杰为"副总管",邬知义作"乌知义",特别是"杀唐兵万人",如此则郭英杰等所率精骑 10 000 人几乎全军覆没。康太和是否也参加了此次渝关都山之战,尚不清楚,但从樊衡所撰露布知康太和在翌月下旬随新任幽州节度副使乌知义讨伐契丹。

樊衡在露布中极力宣扬幽州长史薛楚玉大胜契丹的辉煌战绩,但这很可能是薛楚玉的邀功之举,希望能掩饰上个月在渝关都山的惨败。薛楚玉在两《唐书》中附于其兄《薛讷传》后,略云:"讷弟楚玉,开元中,为幽州大都督府长史,以不称职见代而卒"②,表明 733 年唐对契丹的战争确实是以失败告终,薛楚玉被撤职,以至于玄宗不得不将陇右节度使张守珪紧急调任为幽州长史。

如上所言,康太和曾在多个折冲府中任折冲都尉,733 年赴幽州与契丹作战时是在哪个折冲府任职呢? 笔者推测为大明府折冲都尉。原因是与契丹战争之后,薛楚玉遭到撤职并很快去世,康太和的官职也发生了变动。折冲府有三等之别,大明府位于大明乡,距离大明宫不远,③地位极为重要,必属上府,上府折冲都尉为正四品上。此后,康太和改任左武卫中郎将,官品却为正四品下。④ 尽管墓志所记"警卫忠谨,爪牙勤恪,又授左武卫中郎将",称颂康太和充任宿卫时忠诚、勤谨,但这只是墓志书写的隐晦讳词,实际上官品却发生了降级,这可能是与契丹作战失利而受到处分。如此,也就确定

① 司马光:《资治通鉴》卷 213 唐玄宗开元二十一年条,中华书局,1956 年,第 6801—6802 页。

② 《旧唐书》卷 93《薛讷附弟楚玉传》,第 2985 页。欧阳修、宋祁《新唐书》卷 111《薛仁贵附子楚玉传》所记略同,中华书局,1975 年,第 4144 页。

③ 张沛亦"疑大明府因宫或乡得名,在大明宫附近",见《唐折冲府汇考》第一《关内道》,三秦出版社,2003 年,第 42—43 页。

④ 李林甫等:《唐六典》卷 24、25,第 621、644 页。

了康太和从第(9)条之大明府折冲都尉到第(10)条之左武卫中郎将的时间,即露布所记开元二十一年(733)五月四日唐军回师以后。

从第(10)条之左武卫中郎将到第(11)条之左司御率府副率、充大斗军使,康太和官职的所属机构和官品继续发生变动,归纳起来包含三个方面:第一,职事官从天子诸卫官调任为东宫率府官,当属降级任用;第二,职事官的官品从正四品下降为从四品上;第三,从京城宿卫外调到河西前线,担任大斗军使。很可能康太和持续受到幽州作战失利的影响,职事官一再遭贬,甚至被调离京城宿卫,外调为大斗军使。李沈、赵马、雷等文虽然根据墓志叙述了康太和从京官到外职的变动,但对这一变动的相关细节及造成的贬官则皆未提及。

论证至此可知,康太和除了746—753年留京宿卫的7年间,另外23年宿卫是在以折冲府官充任内供奉射生及左武卫中郎将期间,其上限在开元初或稍前,下限在开元二十一年(733)五月四日以后的一段时间。

四、河陇使职:唐蕃交争中的康太和

从康太和一生的任官履历可知,他最初担任洮州赤岭戍主、扶州重博镇将员外置同正员,驻防在陇右道与剑南道的缘边地区。赤岭为唐蕃分界地,开元二十二年(734)九月一日双方在此立界碑。关于赤岭的位置,以往大多认为是在鄯州之西今青海省湟源县的日月山,[①]但也有学者认为在洮州境

---

① 佐藤长:《チベット歴史地理研究》,岩波书店,1978年,第104、140—141页;严耕望:《唐代交通图考》第2卷《河陇碛西区》,台北"中研院"历史语言研究所,1985年,第532—534页;崔永红:《青海通史》,青海人民出版社,1999年,第191页;吴景敖:《西陲史地研究》,中华书局(上海),1948年,第11页;谭其骧主编:《中国历史地图集(隋·唐·五代十国时期)》,中国地图出版社,1982年,第5册,第61—62页;司俊、司俭:《对〈石堡城疑辨〉的疑辨》,《青海社会科学》1983年第6期,第117—123页;王子贞:《关于唐石堡城地理位置的辨析——与李振翼、马明达二同志商榷》,《青海社会科学》1983年第6期,第124—128页;曾毅、温彬、永吉:《关于唐石堡城的地理位置》,《西北史地》1983年第2期,第85—90页;陈小平:《唐石堡城地理位置考索——兼驳甘肃卓尼县羊巴城即石堡城址说》,《青海民族学院学报》1987年第2期,第34—40页;王昱:《石堡城唐蕃争夺战及其方位》,《青海社会科学》2010年第6期,第178—184页;郑红翔、张旭:《唐、蕃战争中的九曲之地与石堡城》,《兰州大学学报》2020年第1期,第106—114页。

内，并考定赤岭东 20 里的石堡城即今甘肃省卓尼县的羊巴古城；①尤其是最近十年间，李宗俊连续发表多篇论文，力挺洮州说，②而康太和墓志的出土为赤岭在洮州一锤定音。李沈进一步研究认为，赤岭"位于甘南临潭县、卓尼县以西，碌曲县以东，纵贯洮河两岸，包括洮河南岸的额尔琼山、道格尔桑尺郭山、杰姆则雅杂山、道格尔玛格山，乃至北岸的浆红山、西凤山、麻日山等，方圆几十里土石皆赤，应该正是唐代赤岭所在"，并怀疑洮州赤岭戍是否为今甘肃省碌曲县拉仁关乡唐科村的古城遗址。③ 至于扶州重博镇，李沈从《光绪虞城县志》中揭出一方《唐张全礼墓志》，记其在调露（679—680）年间"制授扶州重博镇副"，十分难得。扶州在今四川省九寨沟县，与洮州相去不远，都是唐朝防御吐蕃的军事前沿。康太和墓志记其卒于天宝十二载（753），享年 70 岁。若以 20 岁为入仕之年计算，他任洮州赤岭戍主约在武则天统治的长安年间（701—705），转任扶州重博镇员外置同正员约在唐中宗或睿宗时期。员外置同正员虽然在唐高宗永徽（650—655）时就已出现，但广为设置则要到 705 年中宗复辟以后。④ 神龙元年（705）五月三日敕曰："内外员外官及检校、试官宜令本司长官，量闲剧取资历，请与旧人分判曹事，自外并不在判事之限，其长官、副贰不在此限"⑤，可知内外员外官分为判事与

①　李振翼、马明达：《甘南卓尼县〈唐李将军碑〉考略》，《兰州大学学报》1982 年第 1 期，第 8—17 页；包寿南：《石堡城疑辨》，《西北史地》1982 年第 1 期，第 38—42 页；孙显宗：《也谈唐石堡城遗址》，《西北史地》1983 年第 2 期，第 91—92 页；李振翼：《唐石堡城方位之我见》，《西北史地》1985 年第 2 期，第 89—92 页。

②　李宗俊：《唐代石堡城、赤岭位置及唐蕃古道再考》，《民族研究》2011 年第 6 期，第 38—50 页；《道格尔古碑即唐蕃赤岭划界碑考辨》，《民族研究》2013 年第 1 期，第 67—73 页；《唐前期西北军事地理问题研究》第三章第三节《唐代石堡城位置考》、第四节《道格尔古碑即唐蕃赤岭划界碑考辨》，中国社会科学出版社，2015 年，第 268—301 页；《敦煌文书 P.3885 反映的吐蕃行军路线及神策军驻地、洮州治所等相关问题考》，《唐史论丛》第 22 辑，第 233—250 页；《〈新唐书·地理志〉所记唐蕃道部分地名及南北道考》，《西藏研究》2019 年第 3 期，第 23—31 页。

③　李宗俊、沈传衡：《康太和墓志与唐蕃道路等相关问题考》，《西藏大学学报》2019 年第 4 期，第 13—15 页。

④　《唐会要》卷 67《员外官》云："永徽五年（654）八月，蒋孝璋除尚药奉御员外特置仍同正员，员外官自此始也"；"员外及检校、试官、斜封官，皆神龙（705—707）以后有之"，中册，第 1176 页。

⑤　《唐会要》卷 67《员外官》，中册，第 1176 页。

不判事两种，①康太和担任扶州重博镇将员外置同正员，应该是到扶州重博镇实任其职。

约自开元初或稍前起，康太和在鄜州、扶风郡（岐州）、安定郡（泾州）、京兆郡（雍州）的各折冲府不断迁转，但实际上一直在京城宿卫，充任内供奉射生。后来，他从左武卫中郎将外任为大斗军使，离开京城长安，回到河陇任职，重新担负起防御吐蕃的重任。墓志云："又转左司御率府副率、充大斗军使。勋效过人，部伍超众，拔授忠武将军、大斗军使、河西节度副使、右清道率府率。"从职事官的角度看，康太和从左司御率府副率（从四品上）升为右清道率府率（正四品上）；从使职的角度看，在大斗军使的基础上又加授河西节度副使；散官未变，仍为忠武将军。这显然是康太和在大斗军使任上立有军功，在官职上获得了升迁。

大斗军是河西节度使下设 8 军之一，位于"凉州西二百里，本是赤水军守捉，开元十六年（728）改为大斗军，因大斗（枝）〔拔〕谷为名也。管兵七千五百人，马二千四百匹"。在 8 军中，大斗军的兵力、马匹数量仅次于赤水军，②位居第二。大斗军设在祁连山下，扼守河西走廊通往青海的交通要冲，是唐河西节度使防御吐蕃的军事重镇。唐代多位名将曾在大斗军任职，如康太和、安思顺为大斗军使，③乌怀愿、哥舒翰为大斗军副使。④ P.3885《前大斗军使将军康太和书与吐蕃赞普赤德祖赞》就是康太和在大斗军使任上写给吐蕃赞普的书信，信中提到"盖大夫"，即开元二十八至二十九年（740—741）担任河西、陇右节度使的盖嘉运，⑤此时的吐蕃赞普为赤德祖赞（704—754 年在位）。康太和书信之后有两篇关于盖嘉运的文书，其中后一篇《前河西陇右两节度使盖嘉运制廿九年（741）燕支贼下事》云："吐蕃赞普，被挫相

① 参杜文玉《论唐代员外官与试官》，《陕西师大学报》1993 年第 3 期，第 90—97 页；朱长义《唐代前期的员外官制》，《荆州师专学报》1994 年第 3 期，第 63—67 页；张景臣《唐代员外官任用制度探析》，《商丘师范学院学报》2008 年第 2 期，第 56—58 页。

② 《元和郡县图志》卷 40《陇右道下》，下册，第 1018 页。

③ 《新唐书》卷 135《哥舒翰传》云："为大斗军副使，佐安思顺，不相下"，第 4569 页。

④ 《河西破蕃贼露布》云："臣别差大斗军副使乌怀愿、讨击副使哥舒翰等领精骑一千应之"，见《文苑英华》卷 647《露布二》，第 4 册，第 3334 页；《旧唐书》卷 104《哥舒翰传》记载王"忠嗣以为大斗军副使"，第 3212 页。

⑤ 吴廷燮：《唐方镇年表》卷 8《河西》，第 3 册，第 1121 页。

□;陇右丧亡，河西失律；还国无路"及"拟复来，猗（苟）度河源""张、安等二将军""河西军州团练"等，可知赤德祖赞亲率吐蕃大军，兵分两路北攻唐河西、陇右，但均被唐军击败。《旧唐书》卷196上《吐蕃传上》记载，开元二十九年（741）"六月，吐蕃四十万攻承风堡，至河源军，西入长宁桥，至安仁军，浑崖峰骑将盛希液以众五千攻而破之"。这是吐蕃进攻陇右的军队，另一支进攻河西的军队也在燕支山下被唐军击败。燕支山属祁连山支脉，位于大斗拔谷的东北面，属于大斗军的防区。大斗军使康太和在信中对赤德祖赞说："少留三五日，决定一两场"，表现出对吐蕃赞普的挑衅意味。然而，吐蕃"便拟告还"，撤军而去。康太和在燕支山下成功击溃吐蕃军队，所以他的官职得到提升，职事官从左司御率府副率升为右清道率府率，使职在大斗军使的基础上加授河西节度副使。

然而，吐蕃军队经过半年休整，于年底再次大举进攻唐朝，接连攻陷陇右地区。《旧唐书》卷9《玄宗纪下》记载，开元二十九年（741）"十二月丁酉，吐蕃入寇，陷廓州达化县及振武军石堡城，节度使盖嘉运不能守"；卷196上《吐蕃传上》亦记："十二月，吐蕃又袭石堡城，节度使盖嘉运不能守，玄宗愤之"。唐玄宗对此战失利、特别是石堡城失守十分愤怒，史籍中此后再无河西、陇右节度使盖嘉运的相关记载，疑遭贬黜甚或被杀。作为盖嘉运的副手之一，河西节度副使、大斗军使康太和自然也难逃处分，即降为河源军使。①

741年夏、冬的两场战争，在敦煌藏文文献P. t. 1288《大事纪年》中也有记载：

> 及至蛇年（玄宗开元二十九年，辛巳，公元741年），夏，赞普以政务出巡临边。陷唐之城堡达化县。晓顿尚氏园中，于赞普驾前，征军政之大料集。冬，赞普牙帐自边地还至札玛。没庐·谐曲攻铁刃城，克之。为赞普王子拉本，及赞蒙、公主二人举行葬礼。是为一年。②

---

① 第（13）条之散官为从三品的云麾将军，则较之前正四品上的忠武将军高，这可能是因为"散位则一切以门荫结品，然后劳考进叙"，见《旧唐书》卷42《职官志一》，第1785页。

② 王尧、陈践译注：《敦煌古藏文文献探索集》，上海古籍出版社，2008年，第97页。

这里分夏、冬记事：夏天，吐蕃赞普赤德祖赞出巡临边，即上引 P. 3885 与《旧唐书》所记吐蕃进攻河陇事，但是吃了败仗；①从《大事纪年》可知，741 年下半年赤德祖赞一直在吐蕃东北边境，厉兵秣马，休整待发；冬天，赤德祖赞回到札玛，由没庐·谐曲率军进攻铁刃城（即石堡城②），一举克之。吐蕃越过唐蕃分界线，攻占赤岭以东 20 里的石堡城，对唐朝造成了极大的威胁。

对于康太和来说，741 年对吐蕃的抗击战，夏胜冬败，其官职也经历了先升后降，但此后他在河源军使任上抗御吐蕃有功，于天宝二载（743）升为右骁卫大将军、关西都知兵马使、都虞候、河源军使、节度副使，职事官从右清道率府率（正四品上）升为右骁卫大将军（正三品），使职在原河源军使之上加授关西都知兵马使、都虞候、节度副使。需要指出的是，"节度副使"之前有脱字，参照四年后哥舒翰的同一使职，此处可补"陇右"二字。③

此后，皇甫惟明、王忠嗣相继出任陇右节度使，但均未能够收复石堡城，尤其是天宝四载（745）九月，"陇右节度使皇甫惟明与吐蕃战于石堡城，官军不利，副将褚直廉等死之"；翌年（746）正月，"陇右节度使皇甫惟明贬播川太守，寻决死于黔中"④。石堡城之战失败，陇右节度使皇甫惟明作为主帅，先贬后杀；作为他的副手，陇右节度副使康太和也在 746 年被调入京，任左羽林军大将军，留宿卫。李沈指出："显然当时作为皇甫惟明副手的康太和也是同样受到牵连，受到惩处。而且从此以后，直至天宝十二载去世，志主职

---

① P. t. 1288《大事纪年》将吐蕃攻陷达化县系于夏天，与《旧唐书》卷 9《玄宗纪下》异，卷 196 上《吐蕃传上》未记达化县。王尧、陈践译注《敦煌古藏文文献探索集》第 136 页注（52）称："这里的'达化县'的藏文读音与汉文完全吻合。"当以 P. t. 1288 为确。

② 《新唐书》卷 216 下《吐蕃传下》云："石堡城，崖壁峭竖，道回屈，虏曰铁刀城"，第 6102—6103 页。铁刀城即铁刃城。

③ 《旧唐书》卷 104《哥舒翰传》云："天宝六载（747），擢授右武卫员外将军，充陇西（右）节度副使、都知关西兵马使、河源军使"，后来"代忠嗣为陇右节度支度营田副大使、知节度事"，第 3212 页；《新唐书》卷 135《哥舒翰传》云："擢授右武卫将军，副陇右节度，为河源军使"，后"为陇右节度副大使"，第 4570 页。哥舒翰从陇右节度副使、都知关西兵马使、河源军使升为陇右节度副大使、知节度事，《旧唐书》"陇西"当为"陇右"之误。康太和的职衔与哥舒翰相同，他一连串使职中最后的"节度副使"实为陇右节度副使。

④ 《旧唐书》卷 9《玄宗纪下》，第 219 页。

位再无升迁,说明昔日的惩处对他的影响是深远的。"比起皇甫惟明的悲惨结局,康太和的命运显然要好得多,他在63岁时结束了河陇地区的戎马生涯,回到京城长安,其职事官从右骁卫大将军改为左羽林军大将军,均属正三品,后来又特封姑臧县开国伯、食邑七百户。天宝十二载(753)底,康太和病卒,三个儿子康承奎、承宥、承业或任折冲都尉,或为武部常选,可见其家族是个名副其实的粟特军将世家。

结　　语

　　纵观康太和的一生,生活在唐朝最鼎盛的时代,出入于帝国边境与京城长安之间,70年的人生经历极为丰富。康太和家族至晚在北朝已经东迁入华,可能经历了从北齐到北周及隋唐,其祖父康锋、父康庆为唐武威郡磻和府军将,凉州磻和一带为入华粟特人的聚居地,甚至出现了"番禾安氏"等当地豪族。康太和是个典型的粟特军将,其活动范围主要在河陇与长安,也曾到幽州与契丹作战。康太和在地方上曾任河西节度副使、大斗军使、陇右节度副使、河源军使等职,在中央官至左羽林军大将军。李沈认为:"康太和却能从基层武官做到禁军大将,足见其本人颇有才智,且屡立边功而步步升迁,深得朝廷信任。"这么说总体而言并无问题,但却未能将康太和人生中的曲折经历交代清楚,特别是几次战败而遭贬官,如733年与契丹之战惨败、741年与吐蕃之战先胜后败、745年与吐蕃之战失利,康太和均受到降职处分,或遭官品降级,或从天子卫官降调为东宫率府官,或是外任为大斗军使,或被撤免河西节度副使,或从陇右节度副使内调为左羽林军大将军。这种情况与康太和的旧上司薛楚玉、盖嘉运、皇甫惟明的命运是类似的,但他在746年被召回长安后,以宫廷宿卫而终老,命运则要好得多。总之,康太和"历职十五迁"并非一帆风顺,而是经历了不少坎坷和曲折,人生跌宕起伏,两《唐书》中也没有他的列传;但他"宿卫卅载","供奉玉阶,侍卫天子",常典禁兵,又出任边将,官至河西、陇右节度副使,抗御吐蕃,立有勋劳,是唐朝蕃将中的一位著名的粟特军将。

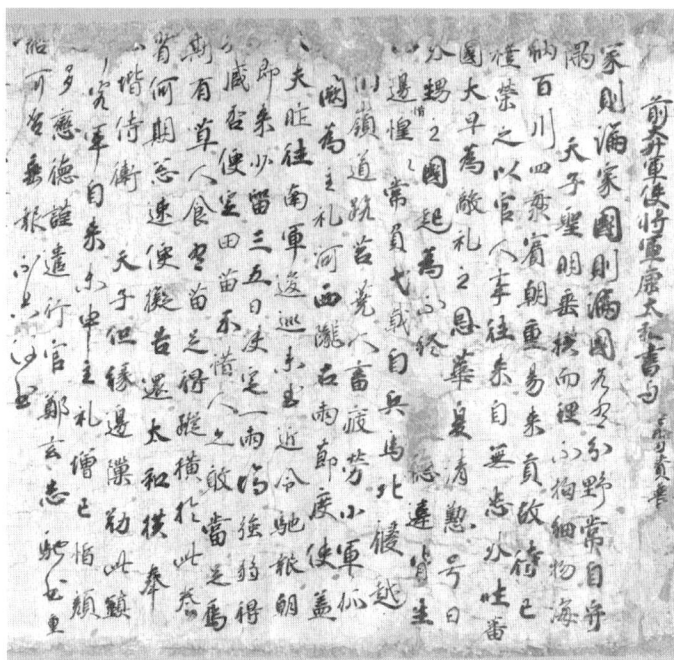

图1 P.3885《前大斗军使将军康太和书与吐蕃赞普赤德祖赞》

图2 《唐康太和墓志铭并序》志盖拓片

图 3　《唐康太和墓志铭并序》志身拓片

（原载《敦煌研究》2021 年第 3 期）

慕容曦光夫妇墓志反映的若干问题

李鸿宾

中央民族大学历史文化学院

我曾经撰写《唐朝朔方军研究——兼论唐廷与西北诸族的关系及其演变》一书,[①]讨论了朔方军产生、发展、变迁与衰亡的过程。作为唐朝的一项军事制度,具体说就开元时期(713—741)创建的一个节度使而言,书中的讨论是以具体的情节展现为出发点和目标的,我将它定位为中等规模问题的具体阐述。但限于当时的认识程度和治学水平,许多具体的细节并没有充分地照应到,现在看来,当时的研究仍显粗陋。近日读书涉及不少墓志资料,发现其中的慕容曦光夫妇墓志介绍的男性墓主曾充任朔方军节度副使,这是我当时未曾措意的材料,虽然我当时在书的附录里设置"朔方节度使任职表",但只罗列节度正使,副使以下限于资料和时间并没有纳入考虑的范围,类似慕容曦光夫妇墓志提供的细节资料足以补充以往的缺憾,更何况这两合墓志的主人系出吐谷浑王族和唐朝宗室,且有联姻关系,又揭示了开元年间发生的粟特胡康待宾等人"叛乱"的事项,与我的研究旨趣相合,故特作此小文,以申拙意。

一

此二合碑铭中慕容曦光墓志是夏鼐、阎文儒于 1945 年在甘肃武威南山考古发掘所得,收录于夏鼐《武威唐代吐谷浑慕容氏墓志》一文,[②]武氏夫人

---

① 吉林人民出版社,2000 年。

② 见夏鼐《考古学论文集》,科学出版社,1961 年,第 95—116 页。又收录周伟洲《吐谷浑资料辑录》,青海人民出版社,1992 年,第 109—111 页。

墓志分见宁笃学《甘肃武威南营发现大唐武氏墓志》和周伟洲《武威青嘴喇嘛湾出土大唐武氏墓志补考》等文，①现胪列二合墓志文字内容如下，再就相关问题进行讨论。

其一：

大唐慕容府君墓志铭（志盖）

大唐故朔方军节度副使兼知部落使、金紫光禄大夫、行光禄卿员外置同正员、五原郡开国公、燕王、上柱国慕容曦光墓志铭

王讳曦光，字晟，昌黎鲜卑人也。粤以周载初元年（689）岁次戊寅七月八日，生于灵州之南衙，年甫三岁，以本蕃嫡孙，号观乐王。年十岁，以本蕃嫡子，号燕王。年十四，去长安四年（704）十月廿九日，授游击将军，守左豹韬卫翊府左郎将。至唐神龙二年（706）七月廿六日，转明威将军、行左屯卫翊府左郎将。至景云元年（710）九月廿五日，转忠武将军、行右卫翊二府左郎将。开元二年（714）三月十六日，封五原郡开国公；其年八月十一日，加云麾将军。去开（元）九年（721）六州叛，复领所部兵马，摧破凶胡；至其年二月十四日，加授左威卫翊府中郎将。至开（元）十年（722），胡贼再叛，立功授左威卫将军，以功高赏轻，寻加冠军大将军、行左金吾卫将军。至开元十一年（723）五月廿八日，加金紫光禄大夫、行光禄卿。至开元十八年（730），敕差充朔方军节度副使。以大唐开元廿六年（738）七月廿三日，薨于本衙；其年闰八月五日，赠持节凉州都督，归葬于凉州先茔，春秋卌有九。性惟谨慎，触事平均，部落叹惜，如丧考妣，呜呼哀哉，以为铭记。

大唐开元廿六年十二月九日记

叔银青光禄大夫、将作大匠、上柱国承福，伤犹子之盛时，述悲词于

① 宁笃学文载《考古与文物》1981 年第 2 期。周伟洲文载丝绸之路考察队编著《丝路访古》，甘肃人民出版社，1983 年，第 200—208 页；又收入同作者《西北民族史研究》，中州古籍出版社，1994 年，第 460—464 页。武氏墓志又收录于周伟洲《吐谷浑资料辑录》，第 111—112 页；周绍良主编《唐代墓志汇编》（下册）开元 437，上海古籍出版社，1992 年，第 1458 页；吴钢主编《全唐文补遗》第二辑，三秦出版社，1995 年，第 511—512 页；余者参见［日］气贺泽保规《新版唐代墓志所在综合目录》（增订版）番号 3254，汲古书院，2009 年，第 127—128 页。

志后,词曰:

我之犹子,降德自天,气含星宿,量包山川;列位于卿,分茅于燕,为人之杰,为国之贤;纯和禀性,孝道自然,何工不习,何艺不专;射御称善,博弈推先,其生始贵,其没何遄;名山玉折,大海珠捐,呜呼昊穹,悲哉逝水;辅仁不祐,丧吾千里,抚膺下泣,骨惊心死。铭石记之,传乎万祀。

其二:

大唐故武氏墓志之铭(志盖)

唐朔方军节度副使、金紫光禄大夫、行光禄卿、上柱国、五原公、燕王慕容公故妻、太原郡夫人武氏墓志铭并序

夫人太原人也,则天大圣皇后之侄孙女。耸极天孙,分辉若木,峻岳疏趾,长源演流。祖承嗣,周朝中书令、魏王;父延寿,皇朝卫尉卿。夫人生自崇闱,长承明训,女德柔顺,韶姿婉淑。十有九载,移天贵门,三星备于礼容,百两暖乎盈室。言无出阃,动不逾城,秋霜洁操,春旭齐华。才克媲于金夫,邑爰封于石窬,而灵根宿植,法性潜明,高尀尘樊,屏绝声味。心念口演,诵真经而靡倦;焚香散花,绕尊容而不息。然猛风欻至,幻体难留,红颜落于梦华,素景坠于曾谷。以开元廿三年(735)十月二日薨于京兆长安延福里第,春秋卅有三。琴瑟怆断,馆舍悲凉,红闺闋其遂空,翠羽惨其无色。即以廿四年(736)景子岁十月三日己酉迁窆于凉城南卅里神乌县阳晖谷之西原,礼也。嗣子右金吾卫、沁州安乐府果毅都尉兆,擗标棘心,哀哉荼思,追攀罔极,载割于襟灵,岸谷难常,用刊于玉石,铭曰:

南雪山兮北乌城,邦媛殂兮此瘗灵;寒草初凋兮哀挽声,幽泉已闷几时明。

二

这两合墓志的内容,夏鼐和周伟洲等先生均有论述,我这里只就慕容曦光及其夫人有关任职朔方军、参与镇压康待宾等事件再作申论,以弥补我之

前撰写《唐朝朔方军研究》一书的不足。

　　先谈慕容曦光与武氏之关系。按两者墓志及墓葬均出土于今甘肃武威南 15 公里祁连山麓下青嘴、喇嘛湾北壁山岗之处,[①]同属降附唐朝之后吐谷浑王族之墓地。[②] 又慕容曦光的任职分别是"朔方军节度副使兼知部落使、金紫光禄大夫、行光禄卿员外置同正员、五原郡开国公、燕王、上柱国",而武氏夫人之丈夫的任职则是"唐朔方军节度副使、金紫光禄大夫、行光禄卿、上柱国、五原公、燕王",除前者多一"兼知部落使"外,其余均同。又慕容曦光生于武周载初元年(689),[③]武氏夫人按志文卒于玄宗开元二十三年(735),时年虚岁 33,周岁 32,她应生于 703 年即武周长安三年,较慕容曦光小 13 岁。从婚姻年龄上看,男女之间的差异是可以接受的。根据这三方面的情况判定,两者夫妻的关系能够成立。

　　另有一个不能回避的问题则是墓志主人慕容曦光与文献记载中的慕容曦皓的关系。按夏鼐早年的研究,两者应当是兄弟关系,他的根据就是曦光的墓志没有"青海国王"之记述。[④] 与之相对,周伟洲、黎大祥等认为两者实为一人。[⑤] 20 世纪 90 年代,西安又出土了慕容曦皓的墓志,[⑥]证实了夏鼐推测的两者为兄弟关系,对此,靳翠萍《唐与吐谷浑和亲关系始末考》、杜林渊《从出土墓志谈唐与吐谷浑的和亲关系》、孙瑜《唐慕容曦皓墓志考释》等文

---

①　参见宁笃学、周伟洲前揭文。

②　见周伟洲前揭文。

③　按 689 年即永昌元年,此年十一月始改元载初。载初元年的正月和腊月对应的是公元 689 年,一月以后则对应 690 年。慕容曦光出生在七月八日,应属 690 年。参见王双怀主编《中华日历通典》第六编《隋唐五代日历》,吉林文史出版社,2006 年,第 2521—2522 页。

④　见夏鼐前揭文。

⑤　见周伟洲前揭文,又见氏著《吐谷浑史》,广西师范大学出版社,2006 年,第 162—163 页;黎大祥《武威青嘴喇嘛湾唐代吐谷浑王族墓葬》,《陇右文博》1996 年第 1 期。

⑥　全名《唐故大同军使云麾将军左武卫大将军宁朔县开国伯慕容(曦皓)公墓志铭》,吴钢主编《隋唐五代墓志汇编·陕西卷》第四册,天津古籍出版社,1991 年,第 37 页;同作者主编《全唐文补遗》第二辑,第 28 页;周绍良、赵超主编《唐代墓志汇编续集》,上海古籍出版社,2001 年,第 697 页。其他收藏本参阅气贺泽保规《新版唐代墓志所在综合目录》(增订版)番号 4018,第 173—174 页。

作了比较详细的考订。① 根据靳翠萍、孙瑜等文的研究,吐谷浑王族的世系
大致如下:

诺曷钵→慕容忠→慕容宣超(赵)→慕容曦光→慕容兆

慕容曦皓→慕容崇、慕容信、慕
容岗、慕容述、慕容近、慕容迥、
慕容遨、慕容遂

这里截录的只是与本文相关的王族世系,详细的内容可见上文。这个世系
值得我们注意的就是慕容兆究竟是谁的儿子。按照传世的文献记载,兆是
曦皓之子,这个世系是以吐谷浑王族之最高首领传承为依托的。譬如《旧唐
书·吐谷浑传》记云:"诺曷钵卒,子忠嗣。忠卒,子宣赵嗣。……宣赵卒,子
曦皓嗣。曦皓卒,子兆嗣。"②《新唐书》《册府元龟》等文献记载大致相同。③
如果按照武氏墓记记载慕容兆是武氏之子、而武氏又是慕容曦光之妻的推
测,那么文献中慕容兆系慕容曦皓之子的记述就是错误的。正如孙瑜文章
辨析的那样,慕容兆是慕容曦光之子,曦光是慕容宣超之嫡长子,慕容曦皓
则是次子(如同曦皓墓志所说"姑臧县主次子",曦皓之父即宣超),④文献记
述吐谷浑王族继承的嫡长子世系将慕容曦光与曦皓弄混了。我认为这个推
测是比较合理的,故此文采纳这种观点。⑤ 依此,我拟谈以下四个问题。

---

① 三文分别刊载于《敦煌学辑刊》1998 年第 1 期、《考古》2002 年第 8 期、《山西师范大学
学报》2010 年第 3 期。

② 见《旧唐书》卷 198《西戎传·吐谷浑》,中华书局,1975 年,第 5300—5301 页。

③ 见《新唐书》卷 221 上《西域传上·吐谷浑》,中华书局,1975 年,第 6227—6228 页;《册
府元龟》卷 967《外臣部·继袭第二》,中华书局,1960 年,第 11368 页。按《新唐书》《通
典》(卷 190《边防六·西戎二·吐谷浑》,王文锦等点校,中华书局,1988 年,第 5166
页)"慕容宣赵"作"慕容宣超";《册府元龟》"慕容曦皓"作"慕容希皓"。根据慕容曦皓
墓志铭文叙及其父名称,应作"慕容宣超"。

④ 参见杜林渊《从出土墓志谈唐与吐谷浑的和亲关系》,《考古》2002 年第 8 期。

⑤ 日本学者村井恭子仍然认同文献记载中慕容曦皓的王位,只不过他并不是第一继承
人,而是在他的兄长慕容曦光去世后继任的,他死后,王位又传给了曦光的儿子慕容
兆。此论可备一说。参见氏著《东亚国际关系中的唐朝北边政策研究》,北京师范大
学博士学位论文,2008 年,第 12 页。

三

第一,慕容曦光之先吐谷浑王族降唐后的安置问题。

吐谷浑王族及其部属降附唐朝一事,始于它被吐蕃兼并之际。以《旧唐书·吐谷浑传》记述为例,云:"高宗嗣位,以其(吐谷浑主诺曷钵)尚主,拜驸马都尉,赐物四十段。其后与吐蕃互相攻伐,各遣使请兵救援,高宗皆不许之。吐蕃大怒,率兵以击吐谷浑,诺曷钵既不能御,脱身及弘化公主走投凉州。高宗遣右威卫大将军薛仁贵等救吐谷浑,为吐蕃所败,于是吐谷浑遂为吐蕃所并。"①至此,立国350余年的吐谷浑国不复存在,其青海故地被吐蕃侵占,王族宗室及属下转投唐朝。这就是吐谷浑亡国的基本情况。《新唐书·地理志》有关于吐谷浑被朝廷安置在羁縻府州的记载,仅有关内和陇右二道的三个州,其中宁朔州初隶乐容都督府,代宗时来属,隶属关内道的夏州都督府;浑州系高宗仪凤(676—679)中自凉州内附者,处于金明之西境,隶属关内道延州都督府;阁门州则隶属陇右道凉州都督府。②　这与宋人所称之856个羁縻府州的数目相比,专门安置吐谷浑的州县少得可怜,③这里不排除文献漏载的可能,尽管如此,与突厥、回纥、党项等羁縻府州相比,吐谷浑的府州还是少得不成比例,似乎说明跟随其王族进入唐朝境内的吐谷浑人数不多,如同《新唐书》所言"诺曷钵不支,与公主引数千帐走凉州"④,大部分都留在故地而成为吐蕃的属部了,⑤但从下文郭元振将吐谷浑降附者化整为零地置于州县直接控制的上书看,吐谷浑投附唐朝的人数并不少,只是没

---

① 见《旧唐书》卷198《西戎传·吐谷浑》,第5300页。参见《新唐书》卷221上《西域传·吐谷浑》,第6227页。
② 见《新唐书》卷43下《地理志七下》,第1125、1134页。周伟洲对这三州的情况有具体描述,参见氏著《吐谷浑史》,第157—166页。
③ 《新唐书·地理志七下》,第1120页。
④ 见《新唐书·吐谷浑传》,第6227页。
⑤ 有关吐谷浑的核心地区被吐蕃控制的过程可参阅[日]铃木隆一《吐谷浑与吐蕃之河西九曲》,钟美珠译,《民族译丛》1985年第3期。吐谷浑人东迁进入河曲(灵州、丰州等)地带的人口,艾冲认为其王族所属25 000人左右,后来进入的有42 000人,总计约70 000人。见《论唐代前期"河曲"地域各民族人口的数量与分布》,《民族研究》2003年第2期。

有专门为他们设置更多的羁縻府州而已。

入唐的吐谷浑王族,先是被安置在凉州(治姑臧,今甘肃武威)靠近祁连山麓附近的地方,后于高宗咸亨三年(672),又被迁徙到鄯州(治湟水,今青海乐都)浩门水南,寻因该州地窄,迁于灵州(治回乐,今宁夏吴忠西),以该州属县鸣沙置安乐州(治今宁夏中卫鸣沙乡)收纳,①唐廷任命诺曷钵为刺史。安乐州的建置不见于《新唐书·地理志》上文所云羁縻府州之内,不知何故,但从文献与诸合墓志传达的讯息看,吐谷浑人降附唐朝不是一次两次,也不仅限于王族或亲信,而是不同部落多次地进入唐朝控制的地区,②《新唐书·地理志》现存的记载不排除是其中的一部分,诚如该书作者所说"其后或臣或叛,经制不一,不能详见"③。

那么,唐廷对内迁的吐谷浑是什么态度呢?

应当说吐谷浑的内迁是唐朝立国后周边诸族势力整体内迁的一个组成部分,这些势力内迁的缘由多种多样,不可一概而论。倘若用最简洁的话语表述,那就是唐朝在稳固中原核心区的形势后,随着自身政治、经济,特别是军事实力的增强,转而向周边拓展,尤其以征服东西突厥为突破,形成了跨越长城南北、深入西域腹地的集皇帝、天可汗为一体的强势王朝。④ 在这种形势下,周边各族势力或是被武力征服,或是主动降附,成为前期内迁的主流趋势。⑤ 对内迁诸族之态度、方法或政策,唐廷也分别对待,如同我在《唐朝朔方军研究》一书中指出的,就东突厥降户而言,唐廷将其上层安置在都城长安,百姓则安置在灵州至幽州(治蓟县,今北京城南)之长城地带,目的

---

① 吴松弟《唐代吐谷浑和吐蕃的民族迁徙》(《河北学刊》1996 年第 2 期)将安乐州治所今地定为宁夏同心县东北之韦州。按周伟洲之意,唐先设安乐州,位于今宁夏中卫县鸣沙乡;后因吐谷浑部落的发展,又在安乐州东长乐川设长乐州以处之,地在今宁夏同心县韦州乡境。见周伟洲《吐谷浑资料辑录》,第 107 页;《吐谷浑史》,第 157—158 页。

② 吴松弟总结安史乱前吐谷浑有四次规模较大的群体内迁,迁入的地点主要是灵州、凉州及河西各州。见氏著《中国移民史》第三卷《隋唐五代时期》,福建人民出版社,1997 年,第 57—61 页。参见王素、李方《吐鲁番出土敦煌文献研究述略》,《敦煌吐鲁番研究》第 7 卷,中华书局,2004 年,第 182—188 页。

③ 见《新唐书·地理志七下》,第 1119 页。

④ 关于唐朝前期的强势地位,学术界几成定谳。此处可参阅朱振宏《大唐世界与"皇帝·天可汗"之研究》,花木兰文化出版社,2009 年。

⑤ 吴松弟前揭书第二章至第四章详细讨论了这个问题,可参看该书第 11—135 页。

是保持其原有的生活方式不变。① 按照唐朝官员温彦博的说法,这叫"顺其土俗"②,而且唐廷又将所谓羁縻府州制度化了。③ 实际上,冠冕堂皇话语的背后,是唐廷无力在短期之内将周边各族势力完全纳入正州正县即朝廷直接管辖的范围内,原因再简单不过:如此之多的外族势力无法施行同质化的管理,虽然这是包括唐廷在内的统治集团的强烈愿望。④ 因此,羁縻府州虽已作为制度显现,实际上只能算作权宜之计。对突厥如此,那对吐谷浑又如何呢?

　　与东西突厥被武力征服的方式不同,吐谷浑在诺曷钵的率领下是主动

---

① 见拙著《唐朝朔方军研究》第 14—20 页。有关唐廷安置东突厥降户问题,参看薛宗正《突厥史》,中国社会科学出版社,1992 年,第 377—386 页;吴玉贵《突厥与隋唐关系史研究》,中国社会科学出版社,1998 年,第 227—272 页。

② 见《资治通鉴》卷 193 唐太宗贞观四年四月条,中华书局,1956 年,第 6076 页。

③ 参见拙著《唐朝朔方军研究》,第 20—37 页。羁縻府州的制度化,是一个比较复杂的问题,有一个初步设置到逐渐完善的过程。对此的专门讨论,可参阅刘统《唐代羁縻府州研究》,西北大学出版社,1998 年。

④ 从逻辑的角度讲,任何一个势力强大的王朝在征服周边地区外族势力之后,都想采取与核心心区同样的方式治理,使它所控制的地区达到全国上下一致的局面,诚如汪晖列举的清朝事例:"在地位稳固之后,清朝采取了一系列的措施促使内部关系的同质化或权力集中趋势。""清朝的帝国建设与国家建设存在着趋同的过程,即改变帝国内部的多元权力中心的格局而趋向于内部统一的过程。"(《现代中国思想的兴起》上卷第二部《帝国与国家》,生活·读书·新知三联书店,2008 年,第 616 页)如所周知,从关外入主中原的满族贵族建立的多元性帝国的清朝,在其地位稳定之后,尚且增进王朝的一体化进程,与之建国迥然有别即秉承中原正统的唐朝,其建国后追寻上下一统的格局,理所当然地成为统治集团的诉求,例如《通典》(卷 6《食货六·赋税下》"大唐"条,第 106 页)记载外来蕃人内附者向政府交纳的赋税享受两年的优待后就等同于唐朝的普通百姓;外藩入唐之后其牲畜课税及牲畜死耗减免,制度规定优待的期限也同样定为两年,之后就不再享受了(参见《唐律疏议》卷 15《厩库》,刘俊文点校,中华书局,1983 年,第 275—276 页;天一阁博物馆、中国社科院历史研究所天圣令整理课题组校正《天一阁藏明钞本天圣令校正》,中华书局,2006 年,第 400 页)。这些制度性的规约反映的都是王朝"同质性"的追寻,只是其能量有限,短期之内难以完成罢了。所以采用羁縻府州之制,实属权宜之计。关于唐朝对蕃族一体化措施的研究,可参阅王小甫《唐五代北边的内外之际与国家认同》,《唐研究》第 16 卷,北京大学出版社,2010 年,第 1—26 页;清朝多元(样)性的建构,参阅[美] 柯娇燕《中国皇权的多维性》,牛贯杰译,刘凤云、刘文鹏编《清朝的国家认同——"新清史"研究与争鸣》,中国人民大学出版社,2010 年,第 53—70 页。

降附的。唐朝对他们较突厥降户更放心，大体采取安抚性措施。与东突厥降户的安置相似，唐廷对吐谷浑人的政策也分作王族和属民两个部分区别对待。不过对吐谷浑各部的安置，唐廷并没有像突厥降户那样集中处置，而采用分隔他们于各处的散居方法以避免势力坐大。这以郭元振向武则天递的状子为典型，他提出的建议是：

> 吐浑所降之处，皆是其旧居之地，斯辈既投此地，实有恋本之情。若因其所投之地而便居之，其情易安。因数州而碟裂之，则其势自分。顺其情，分其势，而不扰于人，可谓善夺戎狄之权矣。何要篡聚一处如一国，使情通义合如一家，脱有异志，则一时尽去，伤害州县，为患滋深。何如分置诸州，使每州皆得吐浑使役，欲有他怀，必不能远相连结总去。①

《新唐书·吐谷浑传》记载朝廷认可了郭元振的建议，②这也就是《新唐书·地理志》吐谷浑属州为什么寥少的缘由。看来，吐谷浑内迁入唐的人数前前后后也不能说过少，唐廷将他们分散于正州之中，而不单设羁縻州县，其目的则有直接控制的意图在，至少与东突厥降户的羁縻府州是有差别的。③

对吐谷浑王族，朝廷有两个方面的部署值得关注，一是将王族与部众安置在一起；二是唐室与吐谷浑王族保持着联姻关系。

还是举东突厥降户为例。唐廷将东突厥上层与普通民众分隔开来，上层居住在长安，百姓分布在长城沿线。④ 朝廷如此安置的意图是想要打破突厥降户上下之间的密切关系，便于控制。即使是主动投附过来的粟特安菩

---

① 见《通典》卷190《边防六·西戎二·吐谷浑》，第5167页；参见《新唐书·吐谷浑传》，第6228页。

② 对郭元振奏疏的研究，亦可参见苏航《唐代北方内附蕃部研究》，北京大学博士学位论文，2006年，第83—84页。

③ 他们很可能像入华粟特人那样，被安置在州县属下的乡里聚落而居。关于粟特人入居内地的研究多见，其中池田温的《八世纪中叶敦煌的粟特人聚落》(辛德勇译，刘俊文主编：《日本学者研究中国史论著选译》第九卷《民族交通》，中华书局，1993年，第140—220页)堪称典型。比较全面揭示粟特人聚集生活图景的研究，可参阅荣新江《中古中国与外来文明》(生活·读书·新知三联书店，2001年)，荣新江、华澜、张志清主编《粟特人在中国——历史、考古、语言的新探索》(中华书局，2005年)的相关篇章。

④ 参见拙著《唐朝朔方军研究》，第14—31页。

部落,唐廷同样将其家族置于都城,而将随他同来的粟特民众安排在关内道北部专门设置的六胡州里。① 在朝廷看来,突厥以及北方游牧势力降户甚众,对他们处置倘若不当,就会产生威胁朝廷的情况。将上下层分隔处理,能够有效地瓦解降户的统一力量。而诺曷钵投附朝廷以后,他和王族一直率领自己的亲信部众,从凉州辗转到灵州(境内的安乐州),此后,这里就成为王族聚集和生活的中心,直到后来吐蕃攻陷安乐州为止。上文所列其王族世系,根据出土的墓志所载,基本上反映他们生活在灵州境内之安乐州一带。譬如诺曷钵之妻弘化公主在圣历元年(698)卒于"灵州东衙之私第",次年"葬于凉州南阳晖谷冶城之山冈",与先期葬于此地的夫君诺曷钵合窆;② 诺曷钵的儿子慕容忠,亦于圣历元年"薨于灵州城南浑牙之私第",次年"归葬于凉州城南之山冈";③忠之妻金城县主,开元六年(718)"薨于部落。至七年八月十七日合葬于凉州南阳晖谷北岗"④;王族成员神威(慕容忠之孙)夫妇,亦分别"终于长乐州私馆""私第",归葬于凉州。⑤ 这些连同其他吐谷浑王族的墓志,在 20 世纪相继出土,集中收录于夏鼐《武威唐代吐谷浑慕容氏墓志》和周伟洲所编《吐谷浑资料辑录》等论著中。⑥ 吐谷浑王族定居在灵州,死后则迁葬凉州,无论是在灵州者还是在其他地区做官的王族成员,死后族葬地均选择凉州,盖因该地毗邻吐谷浑故地之缘故。⑦

　　唐廷与吐谷浑王族保持联姻,是处理吐谷浑内迁问题的另一个层面。我试图从这个角度论述吐谷浑地位变迁的问题,故另辟一专题论述。

---

① 参见拙文《安菩墓志铭再考——一个胡人家族入居内地的案例分析》,《唐史论丛》第12 辑,三秦出版社,2010 年,第 160—181 页。

② 见《大周故西平公主墓志》,出自夏鼐《武威唐代吐谷浑慕容氏墓志》,载《考古学论文集》,第 113—114 页;其余收录者参见气贺泽保规《新版唐代墓志所在综合目录》(增订版)番号 2128,第 85—86 页。

③ 见《大周故青海王墓志铭》,出自夏鼐前揭文,前揭书第 114 页;余者参见气贺泽保规前揭书番号 2129,第 85—86 页。

④ 见《大唐金城县主墓志铭》,出自夏鼐前揭文,前揭书第 95—96 页;余者参见气贺泽保规前揭书番号 2725,第 109—110 页。

⑤ 见《大唐故左领军卫大将军慕容神威墓志》,出自钟侃《唐代慕容威墓志浅析》,《考古与文物》1983 年第 2 期;余者参见气贺泽保规前揭书番号 3889,第 167—168 页。

⑥ 分见夏鼐前揭书第 95—116 页、周书第 95—109 页。

⑦ 参见周伟洲《武威青嘴喇嘛湾出土大唐武氏墓志补考》。

四

第二,慕容曦光与武氏婚姻反映的和亲问题。

作为王族继承人,慕容曦光与唐朝宗室(武氏系出武则天系统,这里亦可视同宗室,但有差别,详下)的联姻,是吐谷浑王族与唐宗室婚姻关系的延续和组成部分。中原王朝与周边各族之政治势力通过上层,尤其皇室、王族的结亲行为,是典型的政治媾和、联系的反映。[①] 我们先将有关王族的数合墓志内容列为下表,[②]再作讨论:

下表所列,基本上将出土吐谷浑王族世系,尤其是吐谷浑王族与唐宗室等联姻的情况反映出来了,个别情况不甚清晰者没有列入。对唐与吐谷浑和亲关系的阐述,杜林渊划分三个阶段进行总结,其结论是唐朝出嫁的女性成员地位递减,反映出吐谷浑特别是投附朝廷后,其地位下降之事实;与此对应,唐廷授予吐谷浑王室嫡子之官品亦呈下降趋势。在唐、吐蕃、吐谷浑三角关系中,随着吐谷浑王族对抗吐蕃的作用、地位之下降,唐廷对待吐谷浑之待遇也逐步降低。[③] 我大体认可他分析的这个趋势,这里着重谈慕容曦光与武氏联姻反映的问题。

在下述 13 人中,吐谷浑王族成员与唐联姻的有 8 人,包括唐宗室女 4 人、武氏女 2 人、官员女和大族女各 1 人。其中唐宗室女出嫁的都是吐谷浑王位的继承者。慕容曦光迎娶的武氏则是武则天宗室之女,但武氏出生之时正是武则天倒台之际,武氏家族的政治前途就此失势,并非显赫。这是众所周知的事实。朝廷之所以选择武氏女出嫁慕容曦光,应当既是出自吐谷浑王族联姻唐廷传统的延续,也有现实政治的考量。一个不容忽视的现象

---

① 有关唐朝与诸族势力和亲之研究,可参阅王小甫撰写的《和亲政策》,胡戟等主编《二十世纪唐研究》,中国社会科学出版社,2002 年,第 217—218 页;新近的综合性研究成果见崔明德《中国古代和亲通史》,人民出版社,2007 年,第 146—279 页。

② 本表所据墓志基本取自夏鼐《武威唐代吐谷浑慕容氏墓志》、周伟洲《吐谷浑资料辑录》(第 95—113 页)等论著。参见靳翠萍《唐与吐谷浑和亲关系始末考》,《敦煌学辑刊》1998 年第 1 期。

③ 参见杜林渊《从出土墓志谈唐与吐谷浑的和亲关系》,《考古》2002 年第 8 期。

夫名	身份与任职	妻名	身份	男性生卒年	女性生卒年	男性葬地	女性葬地	资料来源
诺曷（易）（贺）钵	慕容顺嫡长子。燕王,唐立为河源郡王,授乌地也拔勤（勤）豆可汗,青海国王,驸马都尉,安乐州刺史。	弘化公主	唐宗室女	636—688	623—698	卒于安州,迁葬凉州南阳晖谷。	卒于灵州,迁葬凉州南阳晖谷冶城山冈。	《通典·边防六·西戎二·吐谷浑传》,两《唐书·吐谷浑传》《册府元龟·外臣部·继袭二·吐谷浑传》《大周故青海平公主墓志》
慕容忠（苏度摸末）	诺曷钵长子。成王,左领军卫大将军,镇军大将军,左豹卫大将军,青海国王,乌地也拔勤豆可汗。	金城县主	宗室李道恩之女	648—698	643—718	卒于灵州浑牙私第,归葬凉州城南山冈。	卒于部落,合葬凉州南阳晖谷北冈。	《通典·边防六·西戎二·吐谷浑传》,两《唐书·吐谷浑传》《册府元龟·外臣部·继袭二·吐谷浑传》《大周故青海王墓志铭》《大唐金城县主墓志铭》
闼卢摸末	诺曷钵子。梁汉王,右武卫大将军。	金明县主	宗室女					《新唐书·吐谷浑传》
慕容若	诺曷钵子。	李深①	唐延州司马李志贞之女		668—710		归葬凉州先茔。	《大唐故夫人李氏墓志》

① 周伟洲《吐谷浑资料辑录》所收《大唐故夫人李氏墓志》（该书第112—113页）"李深"作"李彩"。

续表

夫名	身份与任职	妻名	身份	男性生卒年	女性生卒年	男性葬地	女性葬地	资料来源
慕容宣超（赵）	慕容忠嫡子。左豹卫员外大将军，乌地也拔勒（勤）豆可汗。	姑藏县主						《通典·边防六·西戎二·吐谷浑传》，《两唐书·吐谷浑传》，《册府元龟·外臣部·继袭二·吐谷浑传》，《唐慕容曦皓墓志》
慕容宣昌（煞鬼）	慕容忠子。			681—706		卒于京城三辅，归葬凉州神乌县天梯山野城里阴晖谷之原。		《大唐故政乐王墓志铭》
慕容宣彻	慕容忠子。辅国王，左领军大将军。	崔氏	博陵大族，博陵郡大夫人	？—709		葬于凉州神乌县。		《大唐故辅国王墓志》，《大唐故左领军卫大将军慕容神威墓志》
慕容曦光	慕容宣超嫡子。观乐王、燕王、五原郡开国公，冠军大将军，左金吾卫将军，金紫光禄大夫、光禄卿、朔方军节度副使兼知部落使，上柱国。	武氏	武延寿之女	690—738	703—735	卒于朔方军简，归葬凉州先茔。	卒于长安延福里第，归葬凉州城南神乌县阴晖谷西原。	《大唐慕容府君墓志铭》，《大唐故武氏墓志之铭》

续表

夫名	身份与任职	妻名	身份	男性生卒年	女性生卒年	男性葬地	女性葬地	资料来源
慕容曦（希皓）	慕容宣超妖子。押蕃浑使、左武卫大将军、大同军使、云麾将军、宁朔县开国伯。			708—762		卒于大同军使任上（太原），葬于长安县高阳原。		《通典·边防六·西戎二·吐谷浑传》、两《唐书·吐谷浑传》、《册府元龟·外臣部·吐谷浑传》、继袭《唐慕容曦皓墓志》
慕容威	慕容宣彻之子。左武卫郎将、左领军卫大将军、长乐州游弈副使。	武氏	武延寿之女	695—756	?—758	卒于长乐州私馆，葬于凉州南原。	卒于私第，葬于凉州南原。	《大唐故左领军卫大将军慕容神威墓志》
慕容明	慕容曦光族弟。代乐王、左屯卫将军，押浑副使、上柱国，右监门卫中郎将员外同正员。			680—738		卒于本简，归葬凉州先茔。		《大唐故代乐王上柱国慕容明墓志铭》
慕容兆	慕容曦光嫡子。右金吾卫、沁州安乐府果毅都尉。							《通典·边防六·西戎二·吐谷浑传》、两《唐书·吐谷浑传》、《大唐故武氏墓志之铭》
慕容复	朔方节度副使、左金吾卫大将军同正、长乐州都督、青海国王、乌地也拔勤（勒）豆可汗，死后停封。			?—798				《通典·边防六·西戎二·吐谷浑传》、两《唐书·吐谷浑传》、《册府元龟·外臣部·吐谷浑传》、继袭

是慕容曦光与他弟弟曦皓的任职与活动情况的对照：

慕容曦皓的墓志明确记载他出自吐谷浑王族，是慕容宣超之子，但墓志则称他是京兆长安人，先投身于防抗吐蕃的军事活动，后转而北任大同军使。此时正值回纥取代后突厥并与唐朝往还之际，曦皓所任大同军职，应当是唐廷应对这种局势的举措，他最终也卒于太原。墓志记载的曦皓事迹，说明他已离开吐谷浑王族的世居地，成为唐廷直接统属的一员将领，他的出仕与调动，是唐廷军事作战与防御布局形势下的安排，如同其他军将一般。

与此对应，慕容曦光的仕任则保持了吐谷浑投附唐廷以后王族世系沿承的传统。墓志说他出生于灵州之南衙，这是王族安乐州居所和活动的场地，墓志所述他去世后"部落叹惜，如丧考妣"，说明曦光仍统领吐谷浑王族及其亲信部落，换句话说，到曦光之时，吐谷浑王族系统仍旧持续存在，唐廷依然需要他们驻守灵州防御。出自这种现实政治形势的考虑，采用和亲笼络，就是一个有效的手段。对吐谷浑王族保持自身政治地位而言，他们更需要与唐廷的联姻以提升自己的身份，这在几乎所有的吐谷浑王族成员墓志铭文里都有所反应。正是出于这种考量，以及他们实际地位又呈下降的趋势，唐廷才将已失势了的曾经的宗室之女出嫁曦光。如此看来，唐廷此时处理与吐谷浑王族的关系时，看似复杂，实则简单，即采取现实主义的策略应对。决定唐廷如此考虑的因素，一是吐谷浑势力在唐朝控制内的变化及其在唐朝整体布局棋盘中的位置，一是它防御吐蕃的作用。这种状况持续到德宗贞元时期（785—805）慕容复死后封王断绝为止。

五

第三，慕容曦光参与镇压康待宾"叛乱"之问题。

康待宾等人的"叛乱"，对唐朝安置以粟特降胡为主的六胡州乃至整个北方原突厥羁縻府州的形势影响甚巨，朝廷为此出兵镇压并将他们安置于内地的举措，文献记载不可谓不翔实，[①]也引起了研究者的关

---

①   有关康待宾起兵及朝廷派兵镇压诸事，吴玉贵《突厥第二汗国汉文史料编年辑考》一
　　书有详细而集中的收录，可参阅，中华书局，2009 年，下册，第 1075—1088 页。

注。① 这里只就与慕容曦光有关的情况略作分析，目的还是探索朝廷与吐谷浑王族的关系。

康待宾起兵"反叛"的队伍多达七万，他本人是兰池州胡人。兰池州即兰池都督府，此地初期是六胡州，长安四年（704）并为匡、长二州。神龙三年（707）复置兰池都督府，"在盐州白池县北八十里，仍分六州各一县以隶之"②，治所在今内蒙古鄂托克前旗境内之敖乐召其古城。③ 说到底，兰池州与六胡州地理位置相近或交叉，康待宾亦属广义的六胡州粟特人。面对如此规模的"叛乱"，唐廷迅速调集军队镇压，玄宗下发的敕文称："朕今发陇右诸军马骑掩其南，征河东九姓马骑袭其北，三城士卒截其后，六郡骁雄击其前。其蕃、汉军将以下，战士以上，若生擒及斩获康待宾等一人，白身授五品，先是五品以上授三品。"④官军的主力一是朔方大总管王晙部，一是陇右节度使郭知运部，还包括河东九姓，其中六胡州就在朔方大总管的控制范围，因此王晙是镇压"叛军"的主力当无疑问。墓志说慕容曦光"领所部兵马，摧破凶胡"，就是参加了王晙组成的"讨叛"队伍。如上所述，安乐州隶属灵州，而灵州又是朔方大总管队伍的一个重要基地，虽然朔方节度使尚未成立，但其发展的过程此时足以选择一个重要的驻防中心，当属必然。灵州与六胡州相距不远，都属于朔方大总管防御的范围，驻守安乐州且忠于朝廷的吐谷浑王族所属势力参与征讨"叛乱"，正是"谅藩屏之任隆，实边维之寄重"的写照。⑤

与此形成对比的则是，六州胡"叛乱"曾与党项人联结，"攻银城、连谷，据其仓庾，张说将步骑万人出合河关掩击，大破之，追至骆驼堰，党项乃更与

---

① 早期的研究可参阅夏鼐《武威唐代吐谷浑慕容氏墓志》一文，另可参阅周伟洲《唐代六胡州与"康待宾之乱"》，《民族研究》1988 年第 3 期；王永兴《论唐代前期朔方节度》，同作者《唐代前期西北军事研究》，中国社会科学出版社，1994 年，第 245—320 页；陈海涛、刘惠琴《来自文明十字路口的民族——唐代粟特人研究》，商务印书馆，2006 年，第 163—166 页。

② 见《元和郡县图志》卷 4《关内道四·新宥州》，贺次君点校，中华书局，1983 年，第 106 页。

③ 见王北辰《唐代河曲的"六胡州"》，《内蒙古社会科学》1992 年第 5 期。

④ 见《册府元龟》卷 986《外臣部·征讨五》，第 11584—11585 页。

⑤ 见《大唐故政乐王墓志铭》，周伟洲《吐谷浑资料辑录》，第 101 页。

胡战"①。党项人虽然反过来协助官军进攻"叛军",但他们(至少一部分)毕竟曾经参与了"叛乱"。② 同样分布在这个地区的吐谷浑人,从传世文献包括石刻墓志等资料看,尚未显示出他们参与这些"叛乱"的迹象,相反,协助政府参与镇压则是文献、墓志资料记述的主要内容。看来,吐谷浑人倾向于唐廷,是名不虚传的。曦光参与镇压康待宾"叛乱"时年 31 岁,正值青壮盛年。他的弟弟曦皓此时 13 岁,尚未成年,谈不上参与了。曦光的另一位族兄弟慕容明长曦光十岁,他若参与征讨时是 41 岁,年龄也相符合。他是否也参与征讨了呢? 墓志记载他受任官职时有一个"押浑副使",意思是负责吐谷浑部落诸事之官员,当然还有"正使"一职。③ 开元十年(722)正月十一日,慕容明因"夙申诚款,久职戎旃,勤效既深,授兹戎宠"而被擢升为右监门卫中郎将员外置同正员,④联系慕容曦光参与"平叛"所授予的左威卫翊府中郎将、左威卫将军、冠军大将军、左金吾卫将军等职务,不排除慕容明有参与"平叛"的可能性。

六

第四,慕容曦光充任朔方军节度副使的问题。

我在《唐朝朔方军研究》一书中曾讲到康待宾"叛乱"与朔方节度使设置的直接关联:

> 从(开元九年,721)四月康待宾之反,到七月唐朝将其镇压,再到十月六日玄宗下敕设立朔方节度使,这三者之间存在着明确的因果关系。……突厥大规模的反唐活动打破了都护府的监控机制,迫使唐廷

---

① 见《资治通鉴》卷 212 唐玄宗开元九年七月条,第 6746 页。
② 党项人与"叛乱"的关系,亦不可一概而论,至少充任静边州都督、防御部落使的拓跋思泰曾率部参与官军征讨六胡州"叛乱",思泰因此而献身。参见周伟洲《陕北出土三方唐五代党项拓跋氏墓志考释——兼论党项拓跋氏之族源问题》,《民族研究》2004 年第 6 期。
③ 参见陈国灿《检校浑部落使》,陈国灿、刘健明主编《〈全唐文〉职官丛考》,武汉大学出版社,1997 年,第 45—46 页。
④ 见《大唐故代乐王上柱国慕容明墓志铭》,周伟洲《吐谷浑资料辑录》,第 108 页。

采取朔方道行军的方式北上应付;现在,六胡州的反抗暴动又迫使唐朝再次确立了朔方节度使的正式体制,进一步加强了北部的防御能力。①

朔方军是一个前后发展的过程,康待宾起兵促使唐朝正式建立朔方节度使体制。慕容曦光因功而被授予高级军职,并在开元十八年(730)被任命为朔方节度副使。显然,这既归功于吐谷浑王族维护唐廷北部边地的一贯性作用,更直接来自他参与"平叛"六胡州的功绩,后者的关系更大。他任职副使到去世时的朔方正使,先是宗室信安王李祎,后是牛仙客。前者自开元十六年(728)转为正使至二十四年(736)离职,他与李祎共事 6 年,与牛仙客共事一年半多一点时间。② 我这里主要集中两个具体问题:一是曦光任副职与李祎正职时间之认定;二是所谓押蕃部落使。

有关李祎任职朔方正使,如上文所述,我将他任正职的时间定为开元十六年。但《旧唐书》本传先说开元"十五年,服除,拜左金吾卫大将军、朔方节度副大使、知节度事,兼摄御史大夫。寻迁礼部尚书,仍充朔方军节度使",后则说"二十二年(734),迁兵部尚书,入为朔方节度大使";③《新唐书》开始就说"迁礼部尚书、朔方节度使",后又加上"久之,擢兵部尚书,为朔方节度大使"。④ 总之,两《唐书》本传将李祎任职朔方使说成前后两次,稍有不同的是前一次叫"朔方节度使"、后一次叫"朔方节度大使"。慕容曦光的墓志记载他于开元十八年(730)"敕差充朔方军节度副使",至少表明此时节度副使不再是李祎,这也再次证实拙著对李祎十五年任职朔方副使、旋转正使的推测。由此似可说明两《唐书》本传后一次任职朔方节度大使系多余或衍文,除非"大使"与"使"有不同含义,但到目前为止,我们还看不出两者有何差别。

另一个引起我们关注的就是押蕃部落使。这里同样有两个层次的问题,一是该使之意涵,二是节度使体系之下"押使"的发展。

吐谷浑王族墓志里有关墓主升迁兼有押蕃部落使者有慕容曦光、曦皓

---

①　见拙著《唐朝朔方军研究》,第 109 页。

②　李祎、牛仙客任职朔方节度使的时间见拙著《唐朝朔方军研究》,第 362 页。

③　见《旧唐书》卷 76《太宗诸子·孙信安郡王李祎传》,第 2651—2652 页。

④　见《新唐书》卷 80《太宗诸子·信安王李祎传》,第 3567—3568 页。

和慕容明,其具体名号分别是"兼知部落使""押蕃浑使"和"押浑副使"。① 从时间上看,慕容明的"押浑副使"最晚在景云二年(711)已有,慕容曦光的"兼知部落使"和曦皓的"押蕃浑使"不见具体记载。不过就曦光继承吐谷浑王统而言,兼知部落使应当从他王统继承的那一天开始就有了。这里的"押""知"即管理之意,慕容明因非王子,故其职为副使;曦皓虽是王子但非王位继承人,其职只负责管理吐谷浑本部落;作为王位继承者的曦光,则负责整个部落系属,由此看来,他们任职的大小与其身份有直接关系。这些名目相异的押使,应当就是负责管理投附朝廷而分布于诸州的各部族或部落的职务。《旧唐书·地理志》云:

> 吐浑部落、兴昔部落、阁门府、皋兰州、卢山府、金水州、蹄林州、贺兰州,已上八州府,并无县,皆吐浑、契苾、思结等部,寄在凉州界内,共有户五千四十八,口一万七千二百一十二。②

这些寄居在凉州的诸部落吐谷浑(特别是阁门府)连同同书《地理志一》中寄治延安郡的"浑州",③正与前引《新唐书·地理志七下》所载吐谷浑羁縻州相对应,"押使"应当就是负责这些部落的官吏。然而,正如人们熟知的,投附朝廷的外族羁縻府州,其首领、酋长多被唐朝授予都督或刺史,他们与"押使"是什么关系? 是并行的两套系统,还是因情况差异而分别的设置? 值得进一步研究。

现在的问题是,这些"押使"在节度使体系建立后相继被纳入其属下,应当是这些外族部落被节度使收编的结果。节度使吸收诸种军队建置为一体,是其前期军事发展的结果,其属下汇聚多种外族势力也为人所熟知。根据王永兴先生的研究,河西节度使属下的豆卢、墨离二军即由吐谷浑人为主而组成,该军七万三千人的队伍,蕃族占据绝大多数。④ 朔方军中的蕃族同样不少,但构成则以铁勒系属居多。⑤ 正因为辖属蕃族,才有开元十六年

---

① 后二者分见《唐慕容曦皓墓志铭》《大唐故代乐王上柱国慕容明墓志铭》。
② 见《旧唐书》卷 40《地理志三》,第 1641 页。
③ 见《旧唐书》卷 38《地理之一》,第 1411 页。
④ 见王永兴《论唐代前期河西节度》,收入《唐代前期西北军事研究》。
⑤ 见王永兴《论唐代前期朔方节度》,收入《唐代前期西北军事研究》。

(728)朔方节度使兼检校浑部落使、二十年(732)增领押诸蕃部落使的出现，①这是否意味着此前由各族首领或王族成员充任的"押使"诸职现在统统被节度使兼并了？我推测确实如此。② 不过，归附节度使属下的"押使"具体由节度使本人亲自充任，还是托付给属下如副使等兼任，可能有不同的处置。按照《新唐书·方镇表》的记载，似乎是节度使兼领，③但慕容曦光以朔方副使兼知部落使和曦皓押蕃浑使等的记载，也不排除他们在正使领导下具体负责这项任务的可能。我估计后者应当是实际情况的反映，节度使一人担任多职，充斥着《新唐书·方镇表》和吴廷燮《唐方镇年表》，④但他一个人能够全部承担起来，是有疑问的，应当说具体负责的另有他人，这样的揣测是合理的。因此，慕容曦光、曦皓兄弟担任的兼知部落使、押蕃浑使等，表明他们在节度使体系下具体负责部分或全体的蕃族事务。⑤

　　这里顺带一提，我以前在《唐朝朔方军研究》一书中涉及朔方使兼检校浑部落使，当时我是根据《新唐书·方镇表》"朔方"条开元十六年(728)中对"废达浑都督府。朔方节度兼检校浑部落使"这二句作为因果关系理解的，

────────────

① 参见拙著《唐朝朔方军研究》，第 119 页。

② 村井恭子认为押蕃使最早由各族首领充任，担负维护朝廷使命之责，开元以后亦由朝廷指派专人，变成了中央监控的手段，旋后就纳入到了节度使系统(《东亚国际关系中的唐朝北边政策研究》，第 20 页)；苏航则从羁縻府州与节度使体系转换的角度，考察押蕃使在这一转换中的地位、作用与功能(《唐代北方内附蕃部研究》，第 96 页)；这个思路较早的讨论见张国刚《唐代的蕃部与蕃兵》一文(同作者《唐代政治制度研究论集》，文津出版社，1994 年，第 93—112 页)。

③ 见《新唐书》卷 64《方镇表一》，第 1762—1763 页。

④ 见《新唐书·方镇表》，第 1759—1954 页；吴廷燮《唐方镇年表》，中华书局，1980 年。村井恭子前揭文有详细的统计，第 22—25 页。

⑤ 另可参见周伟洲前揭《陕北出土三方唐五代党项拓跋氏墓志考释》(《民族研究》2004年第 6 期)、王富春《唐党项族首领拓跋守寂墓志考释》(《考古与文物》2004 年第 3 期)等文，墓主拓跋守寂的高祖拓跋立伽"兼十八州部落使"，祖父拓跋后那则任静边州都督、押淳恤等一十八州部落使，拓跋守寂本人亦继承此职，其弟拓跋守礼则助知检校部落使。他们所在的部落是党项，拓跋系是党项较大的八部之一，作为部落酋首，这个家族在担任羁縻府都督的同时，也充任"押使"，情形与吐谷浑王族慕容曦光家族相似。又据推测同属吐谷浑人的李良与他的儿子李据曾担任延州安塞军番(蕃)落副使、押诸番(蕃)府部落兵马使等，时在宪宗以后，说明"押使"职务在唐中后期节度使甚至神策军中仍普遍存在，"押使"之具体负责者可能仍多是蕃胡或非汉人。前引例证参见姬乃军、范建国《唐李良墓志铭考释》，《考古与文物》1996 年第 1 期。

亦即前者罢废后,其浑部(铁勒系统)改由节度使监管。现在看来,这样的解释有一个问题回答不了:铁勒诸部包括回纥、同罗、仆固、浑等降附唐朝基本是集体性的行为,而不是个别或单独行为,唐廷安置他们设立羁縻府州也同样是集体性(或一拨一拨)的措施,①如果朔方使单独检校浑部落使而排除铁勒其他部族,似乎于理不符。另外,检校浑部落使之“浑”与铁勒之“浑”“达浑”是什么关系,也值得重新辨证。按《新唐书·地理志》:“东皋兰州:以浑部置,初为都督府,并以延陀余众置祁连州,后罢都督,又分东、西州,永徽三年(652)皆废。后复置东皋兰州,侨置鸣沙。”②结合其他文献与今人的研究,这段记载大体上反映的是这种情况:

所谓以东皋兰州置浑部,指的是贞观二十一年(647)唐征服薛延陀后,漠北诸部内附,唐廷设置六府七州,皋兰州即其一,安置的是铁勒系统的浑部,③其地理位置应当就在《新唐书·地理志七下》的灵州都督府范围内。东突厥复国后,皋兰州的浑部与铁勒其他部落“徙居甘、凉之间以避之”④,此后,这些浑部就流散于陇右,未再返回。⑤后来复置的、侨置鸣沙的东皋兰州部落,按照刘统的意见仍旧是浑部,⑥这部分浑人是否为原来未走的抑或是后来的,他没有解释,但推测为浑部似较可信。这是对铁勒之“浑”的回应。

所谓达浑都督府之“达浑”,是指薛延陀部落,高宗开耀元年(681)内附并侨置于夏州宁朔县(即今陕西横山、靖边南部地区),⑦其名称按《资治通鉴》记载为“薛延陀达浑等五州四万余帐来降”⑧,确切地应称作“达浑”。⑨这样看,“达浑”与“浑”是两个不同的概念,前者系属薛延陀,后者系属铁勒。

---

① 参阅刘统《唐代羁縻府州研究》,第79—88、145—157页;拙著《唐朝朔方军研究》,第20—31页。

② 见《新唐书·地理志七下》,第1121页。

③ 见《资治通鉴》卷198唐太宗贞观二十一年正月丙申条,第6244—6245页。关于浑部,参见《新唐书》卷217下《回鹘传下附浑部》,第6141页。

④ 见《资治通鉴》卷213唐玄宗开元十五年九月条,第6779页。

⑤ 参见刘统《唐代羁縻府州研究》,第80—84页。

⑥ 参见刘统《唐代羁縻府州研究》,第178页。

⑦ 见《新唐书·地理志七下》,第1121页;刘统《唐代羁縻府州研究》,第155—156页。

⑧ 见《资治通鉴》卷202唐高宗开耀元年七月条,第6402页。

⑨ 我在《唐朝朔方军研究》一书(第27—28页)推测达浑都督府系太宗贞观二十一年(647)前后为安置薛延陀部落所设,现在看来并不准确。

我以前将两者混为一谈,才有将《新唐书·方镇表》记载的两句话之间看作因果关系,在此特作辨别。那么,《新唐书·方镇表》朔方使兼检校浑部落使之"浑"应作何解呢? 首先应将"达浑"一词剔除,我倾向于将它视作吐谷浑之"浑"。如上所述,唐朝安置铁勒者一般是诸部并置,而此处单独将"浑"列出而不计列其他诸部,似不合体例;又吐谷浑与铁勒族属有明显差别,唐廷安置吐谷浑与铁勒在方式、时间、地点等方面亦不相同,所以此处之"浑"专指吐谷浑而非铁勒,是讲得通的;另外,"浑"字单独列出指向吐谷浑,与慕容明、慕容曦皓墓志记载的"押浑副使""押蕃浑使"相似,说明"浑"即吐谷浑的省称可以成立。① 倘若如此,我们就可以将开元十六年(728)朔方节度使检校浑部落使理解为朔方使首先监理了属下的吐谷浑诸部,到开元二十年(732),再全部监理其属下的诸蕃各部。而正使的统领,如同慕容曦光、曦皓兄弟墓志记载的那样,是通过后两者"知部落使"和"押蕃浑使"而具体负责的,易言之,朔方使掌领名分,②慕容曦光、曦皓则实际执行。③

　　附识:本文原载杜文玉主编《唐史论丛》第十四辑,陕西师范大学出版总社有限公司,2012 年,第 136—157 页;此次收录又作了个别文字修订。

---

① 　参阅陈国灿《检校浑部落使》,《〈全唐文〉职官丛考》,第 45—46 页。
② 　黎虎先生对节度使监理押蕃使有系统的研究,参见《唐代的押蕃使》,《文史》2002 年第 2 辑,中华书局,2002 年,第 115—130 页。
③ 　正文中涉及慕容曦光等人押蕃部落使职只是一个初步的考虑,鉴于学界已有研究成果,我此文的论述尚不足以将此问题说清,拟专门另文讨论。

凉州会晤与元代治藏方略的形成

先 巴

青海民族大学藏学院

1206 年,成吉思汗统一蒙古诸部,建立起蒙古汗国。是后,先后征服西辽、西夏,攻灭金朝,将大一统中国的历史进程推向全新的发展阶段。在这一历史进程中,元朝对于包括西藏在内的整个青藏高原地区的统一却有着另一番历史图景,由此形成了元朝治藏方略。

一、蒙古与吐蕃的早期接触

蒙古与吐蕃的最初接触与今青海湟中地区的西纳(又译作"斯纳")族有密切关系。据《安多政教史》记载:"斯纳姓氏,源于西藏四大姓氏之一的董氏。"董氏又分为白色南木董(天董)为萨迦氏,黄色的尼董(日冬)为西纳氏,淡红色的萨董(地董)为郭朗氏。藏族史籍中曾有这样的说法,"人们的一半属于董氏,董氏的一半属于西纳"。① 西纳族在藏族历史上占有重要地位由此可见一斑。

大约在 1211—1215 年成吉思汗攻取金朝黄河以北地区时,西纳家族的一位著名佛教学者西纳格西在萨迦学习显密经教,因度母授记:"(汝)前往北方蒙古地区,弘扬佛法。"于是他从西藏后藏地区的觉摩隆、拉萨和贡塘三地各带领一位最有学识的格西作为随从,前往北方,觐见正在上都(相多)地方居住的成吉思汗。西纳格西一行与成吉思汗相会后,西纳格西留在皇宫中。当时与西纳格西一同觐见成吉思汗的还有西纳泽觉等亲属。成吉思汗

---

① 智观巴·贡却乎丹巴绕吉著,吴均等译:《安多政教史》,甘肃民族出版社,1989 年,第 161 页。

的小儿子拖雷诺颜和其妃索罗达生有忽必烈等兄弟三人,又按蒙古传统把西纳泽觉收为养子,因而有忽必烈"兄弟四人"之说。①

这一记载,说明西纳家族与蒙古王室建立了密切的关系。西纳格西与成吉思汗相会,西纳泽觉被拖雷收为养子,奠定了蒙古与吐蕃之间接触的基础,为后来萨班与阔端的会晤开辟了道路。

二、凉州会晤与萨迦政权的建立

宋元之际,藏传佛教为了求得发展,积极攀附于各地割据政权,寻求政治力量的支持。而当时的各割据政权亦如上所述,在没有力量统一吐蕃的现实下,都从各自的统治愿望出发,积极地利用佛教这一社会力量,以巩固封建统治。由于这种现实的社会需要,促使佛教与政治结成一种新的联合。在这种社会环境中,宗教上层为了各自的利益,积极使各自的宗教势力带上浓厚的政治色彩,他们凭借在信仰者中的威望,在社会中的影响力也日益提高。由于宗教上层的积极努力,佛教的社会影响在这一时期实际上已经超过了政治力量,形成了能左右吐蕃社会的中坚力量。正因为这样,世俗领主便总是依靠其所控制的宗教教派的力量来维持其统治。

藏传佛教在这一时期开始分裂为许多教派,与分裂割据的政治势力有着密切的联系。各地世俗领主往往争取其所辖地区的教派法主,有的甚至出家,直接主持寺院,来稳固自己的统治地位,从而形成了以某一教派的主寺为中心,而幕后则由某一社会政治力量支持的教派势力。其中主要的有宁玛派、萨迦派、噶举派、噶当派等。这些教派的出现,反映了吐蕃分散脆弱的封建经济和割据的封建政治势力,借助宗教求发展的愿望。这一时期,佛教各派的形成亦与印度佛教衰落后大量印度佛僧的潜入吐蕃有密切的关系。印度僧人又把印度佛教中的密教色彩带到吐蕃,对吐蕃佛教教派的形成有一定的影响。

12世纪,吐蕃佛教各教派的形成,一方面是社会分裂的反映,另一方面亦反映了佛教教义的发展。当宗教发展到一定社会历史阶段,其为适应社

---

① 智观巴·贡却乎丹巴绕吉著,吴均等译:《安多政教史》,第161—162页。

会发展之需要,修订教义是经常发生的文化现象,它是宗教发展的表现。在看法、主张等方面出现分歧、甚至形成不同的教派,这在世界宗教史上屡见不鲜。而且,宗教作为一种社会力量,发展到一定程度便不甘心俯首屈从的地位,而往往是积极地向社会施加影响,进而力争控制或左右其所依存的社会,这对于吐蕃社会亦不例外。

12世纪末13世纪初,吐蕃社会中割据一方的地方政权都各自站在不同的教派背后,以教派之争为旗号,互相进行着不可调和的政治斗争。这种借助宗教旗号的斗争形式,客观上将僧侣推上了一种特殊的地位,从而使佛教与地方政治势力的联系推进到一个新的时期。"在宗教和俗人之间结成了一种充满危险的联盟:它使贵族最终地没落,而寺院将成为胜利者,寺院权力和扩张欲望与日俱增,很快变成西藏命运的主宰。"①

1206年,蒙古军队进攻西夏,兵锋曾达到青海柴达木。② 成吉思汗的这次用兵,引起了当时吐蕃上层的震惊。史籍记载,雅垄王族第悉觉噶和蔡巴衮噶多吉闻知后,即与三百名各地头人聚集在一起,共同商讨对策,决定和战事宜。最后决定派使者向成吉思汗称降,把乌斯藏阿里三围等吐蕃地区奏献给蒙古可汗。③ 这是蒙古与吐蕃最早的接触。但对此学术界尚有不同的看法。④

1227年6月,西夏最终向蒙古投降。不久,成吉思汗病死在六盘山营中。成吉思汗死后,按照蒙古的传统,暂由幼子拖雷"监国"。两年之后,由蒙古诸王贵族在克鲁伦河畔举行库勒台大会,遵照成吉思汗的遗嘱,推举窝阔台继任大汗。窝阔台继汗位后,将原西夏的部分属地赐给他的次子阔端作为封地。

1234年蒙古灭金,阔端受命攻取秦、陇等地的金朝残部。1235年金朝巩昌总帅汪世显降于阔端。1236年阔端又奉命率军进攻四川。他命宗王穆

---

① 〔意〕杜齐:《西藏中世纪史》,中国社科院民族研究所,1980年内部资料,第4页。
② 王辅仁、索文清编著:《藏族史要》,四川人民出版社,1981年,第71页。
③ 齐美多吉《蒙古佛教史》、松巴堪布《如意宝树》等史料都有记载。见韩儒林《元朝史》,人民出版社,1986年;杜齐《西藏中世纪史》。
④ 参见东嘎·洛桑过列《论西藏政教合一制度》,民族出版社,1985年,第38页注③。韩儒林《元朝史》,第249—250页。

直等分兵由今甘南向四川进军。以按竺迩为先锋,攻破宕昌、阶州,进攻文州,取古阳道攻入四川。上述所经地区多为吐蕃等民族杂居之地。按竺迩招来吐蕃酋长勒孟迦等十族。勒孟迦入觐,"赆金符",设文州吐蕃万户府,由按竺迩之子国宝兼任达鲁花赤。① 这是史籍中蒙古最早在吐蕃地区设立的军政机构。

　　阔端自四川北返后,驻营于原西夏重镇凉州附近,开始着手对吐蕃的经营。1239 年,阔端派部将多达那波带领一支蒙古军队从青海经藏北,进攻西藏,在此次军事行动中,热振寺和杰拉康被焚毁,大德索敦为首的僧俗共五百余人遭到杀害。② 多达那波进军西藏的此次军事行动,使"全藏为之震惊"③。因此,关于多达那波的这次军事行动,在藏文史书《贤者喜宴》《西藏王臣记》《朗氏家族史》等中都有或详或略的记载,足见此次军事行动对当时整个藏族社会的巨大影响。陈庆英等学者认为:"多达那波进藏是历史上第一次青藏高原以外的军队深入到拉萨的附近,和唐朝薛仁贵以十万大军进兵,只打到黄河河源附近就全军覆没相比,进军出奇地顺利。这固然是因为蒙古骑兵的战斗力和机动性,更主要是由于西藏分散的教派和家族势力无法组织有力的抵抗,所以,蒙古军能够很快控制主要地区,拆除堡寨,并设立驿站供应物资。接着,多达那波转而寻求与藏传佛教的主要领袖人物建立关系。看来多达那波清楚西藏各教派当时的情况,因此,他首先找的是前藏地区影响最大的止贡寺的京俄仁波且。"④当时,"京俄仁波且扎巴迥乃实际上掌握着止贡噶举和帕竹噶举两大派,对其他一些教派也有影响,可算是前藏地区最有影响的宗教领袖。多达那波逮捕止贡寺官巴和礼敬扎巴迥乃,目的都是要扎巴迥乃和蒙古军合作,应邀前去蒙古。扎巴迥乃虽然代表西藏僧俗首领向多达那波呈献了户籍,但是对去蒙古却故意推托,他向蒙古人

① 《元史》卷一百二十一《按竺迩传》。
② 廓诺·迅鲁伯著,郭和卿译:《青史》,西藏人民出版社,1986 年,第 60 页;参阅王辅仁、索文清编著《藏族史要》,第 16 页;陈庆英、丁守璞主编《蒙藏关系史大系·政治卷》,西藏人民出版社、外语教学与研究出版社,2002 年,第 26—30 页。
③ 大司徒·绛求坚赞著,赞拉·阿旺等译:《朗氏家族史》,西藏人民出版社,1989 年,第 74 页。
④ 陈庆英、丁守璞主编《蒙藏关系史大系·政治卷》,第 27 页。

推荐萨迦派的萨迦班智达,并鼓动和资助萨迦班智达前去,这才促成了萨迦班智达前往凉州会见阔端的重大历史事件"。①

多达那波奉命进军西藏,据藏文史书记载是为了寻找一位有学问的藏传佛教高僧去蒙古传布佛法。但从当时的历史背景看,"这只是事情的一个方面"。多达那波进军到西藏的另一个重要目的,从他给阔端写回来的信中可以看得清楚。据《西藏王臣记》记载,多达那波在信中写道:'在边地西藏,僧伽组织以噶当派的最大,顾惜脸面以达垅噶举派的领袖最甚,排场华丽以止贡噶举派的京俄为最,教法以萨迦班智达最精通,迎请何人请示明谕。'看来,阔端给多达那波的使命就是要找一个可以代表西藏的人物,前来商讨西藏如何归顺蒙古的大事。多达那波在信中所写的情况,符合西藏的实际。当时西藏的寺院僧人确实以噶当派为最多,达垅、止贡等噶举教派的支系,也确实是比较有实力的。至于萨迦派,特别是这一教派的教主萨班,在西藏很有声望"。②

随后,由于蒙哥汗病死,多达那波即撤兵北返。1244 年,根据多达那波所了解的有关吐蕃社会的情况及其分析和建议,阔端遂派金字使臣多达尔赤入吐蕃,敦请萨迦班智达衮噶坚赞(以下简称"萨班")到其驻地凉州相会。同年,萨班应蒙古使臣之请,从萨迦动身前往,路上走了两年,于萨迦班智达六十六岁之阴火羊年(1246 年 8 月)到达凉州。1247 年在幻化寺与蒙古之王额沁阔端会见,开启历史性会晤。

萨班在吐蕃面临蒙古武力的危急之秋,为了使吐蕃免遭战火的洗劫,受吐蕃各地领主之委托,前往凉州与阔端进行会谈,表现了萨班以民族利益为重的高尚精神。当时,随同萨班同行的人员中还有他的两个侄子——八思巴和恰那多杰。萨班带领两个年幼的侄子前往蒙古,按蒙古对其他民族的征服惯例,这种举动似有人质担保的意味。

史称,萨班与阔端相会,萨班在原先于圜高僧向阔端介绍佛教的基础上,让阔端明了佛教的教义,使阔端极为欣悦。之前在举行祈愿法会时,由

---

① 陈庆英、丁守璞主编:《蒙藏关系史大系·政治卷》,第 28—29 页。
② 王辅仁、陈庆英编著:《蒙藏民族关系史略(十三至十九世纪中叶)》,中国社会科学出版社,1985 年,第 17 页。

也里可温长老和蒙古的萨满坐在僧人的上首,至此,因萨班向阔端阐明佛法,并劝其善待佛教。阔端从这种新的宗教仪式、教义和咒术中感触到了一种令人敬畏的神秘力量。萨班因此而赢得了阔端的敬重。阔端遂下令"从今之后也里可温和萨满不能坐在上首,而是让萨班坐在僧众的上首,祝愿时首先由佛僧人祝愿"①。从这里可以看到,当时的蒙古社会多种宗教并存。阔端作为一个争作蒙古大汗的政治人物,他的善待佛教和礼遇萨班,更重要的还是出于政治目的,是一种怀柔之策。萨班与阔端达成政治上的协调后,萨班即遵照阔端之旨意,致书吐蕃各地领主,劝其归顺蒙古,这就是史籍中所说的《萨迦班智达致蕃人书》。②

　　《萨迦班智达致蕃人书》是萨班代表蒙古统治者致吐蕃各地僧俗领主们的一封公开信,同时亦是蒙古对吐蕃的一道通牒。书中提出了吐蕃归顺蒙古的条件,并指出,若不接受其中的条件,则会遭到蒙古的军事征服;即使有人不归顺,而欲反抗,最终的结局亦必然是被蒙古所征服。萨班在此书中特别提到阔端这位蒙古皇族对佛法的崇敬及其对自己的礼遇,这对于当时的吐蕃各地领主是有相当大的吸引力的。他还列举了畏吾儿、金国等归顺者和抵御者的不同结局,进而说明吐蕃归顺蒙古为大势所趋,对于各地领主来说亦是最好的选择。在这样一种历史大势下,吐蕃各地领主听取萨班"致书"中的规劝,归顺了蒙古。

　　为了促成统治者之间的政治联合,阔端授予萨迦款氏家族"金字符",以提高其在吐蕃社会政治中的威望,并作为蒙古的代表管理吐蕃。从而,萨迦派法主在蒙古统治者的支持下,声威大震,一跃而成为吐蕃的王者,并促成了佛教与吐蕃社会政治的更进一步结合。这样,在以阔端为首的蒙古统治者的经略下,没有诉诸武力而"利用宗教首领来压制世俗领主"以实现对吐蕃的统一,这在蒙古征服史上是仅有的。可以说,这是蒙古统治者在成吉思汗奠定帝国基础之后,通过对许多民族和国家的征服战争中,不断吸取教训

① 阿旺·贡噶索南著,陈庆英、周润年等译:《萨迦世系史》,西藏人民出版社,2002年,第84页。
② 《萨班全集》,此书全文收在《萨迦世系史》中。意大利学者杜齐将全文译为英语,见《西藏中世纪史》,第14—19页。王尧将全文译为汉文,见王辅仁等编著的《蒙藏民族关系史略》,第30—31页,注(18)。

的结果,也是以后面临对南宋的征服使命,调整了征服的策略。这反映了蒙古统治者在政治上趋于成熟。

1251年,蒙古和吐蕃政治联盟的两位创建者阔端和萨班,相继在凉州去世。正在这个时候,蒙古统治者内部的最高统治权力亦发生重大调整,即蒙哥继贵由之后登上蒙古大汗位,这标志着蒙古统治者内部的最高统治权力的大汗位由窝阔台系转到拖雷系。随之,漠南汉藏地区的统治权亦从阔端一系转到了忽必烈属下。

当时,萨班和阔端的凉州会晤,经过统治者之间的相互妥协,吐蕃确认了对蒙古的归顺,承认了蒙古至高无上的权力。吐蕃和蒙古的政治联盟最终形成。从此,整个吐蕃社会被纳入一个新的统一政权之中,它原有的社会结构由于元王朝这个强大的外部政治力量的作用,发生了根本的变化。① 这为此后元朝对青藏高原的进一步统治打下了基础,也标志着青藏高原各民族历史进入了一个全新的时期。

三、蒙古汗国时期蒙藏关系的发展

蒙哥即汗位后,对吐蕃的统治仍然继承了阔端所开创的策略,即继续依靠萨迦派来统治吐蕃,并在阔端开创的基础上进一步加强。据八思巴1252年给吐蕃僧俗领主的信,蒙哥曾"派金字使臣去吐蕃各处清查户口,划定界限",八思巴为之"派遣格西多吉周与格西松布等率领随从前往"协助,并要吐蕃本土的僧侣领主亦"遣僧人同往"参加。② 这是蒙古第一次派使臣清查吐蕃人口。

同时,蒙哥汗命令和里觷"统土蕃等处蒙古、汉军,皆仍前征进"③,对吐蕃不归顺的部落进行军事征服。同年秋,忽必烈奉命南征大理。第二年,"次忒剌地,分兵三道以进",越过大渡河,直抵金沙江畔。今天四川西部等

① 参见先巴《十三世纪吐蕃社会的历史性变迁——兼谈政教合一制度的形成》,《青海民族研究》1992年第2期。
② 王辅仁、陈庆英编著:《蒙藏民族关系史略(十三至十九世纪中叶)》,第22页。
③ 《元史》卷三《宪宗本纪》。

地的许多吐蕃部落次第降服。[1] 其后,蒙哥汗亲征四川时,亦曾派兵进征朵思麻、朵甘思等,或遣使招谕各族首领,先后将这一带的吐蕃部落收归治下。[2] 至此,蒙古基本上统一了吐蕃全境。

为了进一步笼络吐蕃佛教力量,蒙哥即位诏书中还向各地方宣布:"对僧人免除兵差、劳役、贡赋,使臣们不得在僧舍住宿,不得向僧人们摊派乌拉。使僧人们依照教法为朕告天祝祷,所有僧人之事俱有萨迦派掌领。"[3]这样,佛教僧侣的社会地位被提高到了一个十分优越的位置,他们所享有的各种特权几乎同于吐蕃王朝后期的情形。随之,吐蕃佛教各教派面对社会时局的急剧变化,都认识到要巩固和发展自己的势力,就必须依靠政治势力,因而,便竞相寻求蒙古统治者的政治支持。当时,萨迦、帕竹、止贡、达陇、雅桑等教派都派人到蒙古地方去,各自投顺蒙古汗王及王子,作为自己的"施主"。[4] 吐蕃佛教各教派作为一种传统社会力量,在新的社会变化中力求主动,以谋其发展。蒙古统治者顺迎各教派,以"施主"的身份而卷入其中。

蒙哥死后,忽必烈在开平府即大汗位。随后忽必烈与阿里不哥之间为争夺汗位,展开了长达四年的内战。最后,忽必烈击败阿里不哥,稳固了汗位,建立元朝。在这场汗位之争中,吐蕃佛教各派亦卷入其中。

当时噶玛噶举派首领噶玛拔希因为支持阿里不哥,事后被捕入狱,受到严厉的打击。后来虽被释放返回吐蕃,但是噶举派在忽必烈在位时及其后都未能得到元王朝的重视和扶植。而以八思巴为法王的萨迦派则一直随从忽必烈,所以忽必烈即汗位的当年,即尊八思巴为国师,"授以玉印,任中原法王,统天下教门"[5],而且,忽必烈曾欲下令禁止除萨迦派以外的其他各派教法。[6]

可见蒙古对吐蕃佛教各派的兼容政策,在忽必烈时有了较大的改变。虽因八思巴之建议,忽必烈准许各教派自奉其教法而发展,但实际上是有所

---

① 《元史》卷四《世祖本纪》。
② 韩儒林:《元朝史》,第 252 页。
③ 王辅仁、陈庆英编著:《蒙藏民族关系史略(十三至十九世纪中叶)》,第 22 页。
④ 参见东嘎·洛桑赤列《论西藏政教合一制度》,第 38 页。
⑤ 《大正大藏经》卷四十九,引自《蒙藏民族关系史略》,第 33 页。
⑥ 东嘎·洛桑赤列:《论西藏政教合一制度》,第 42—43 页。

偏重的。忽必烈尊八思巴为国师,以后又升号为帝师,显示了佛教高于其他宗教的地位。

在贵由和蒙哥在位时,克什米尔僧人那摩在蒙古汗廷中就很活跃。蒙哥曾尊那摩为国师,授玉印,总领天下释教。那摩之兄亦是僧人,曾被封为"迦什弥儿(克什米儿)万户"派往当地。① 这种做法,开创了由一个家族成员掌握政教大权的先例。忽必烈继承这个传统,并于八思巴为国师的同时,亦封八思巴之弟恰那多杰为"白兰王","赐给金印,并为他设置左右衙署,委派他治理整个吐蕃地区"。这是在吐蕃最早得到"王"封号的人。②

先前,恰那多杰曾娶阔端之女墨卡顿公主为妻,结成姻亲关系。利用联姻这种形式以加强政治上的联系,这一向是历代王朝统治者争取外族的政治手段。这样,元朝王室与吐蕃(萨迦派)从宗教上,大汗与帝师"结为施主与福田的关系";从姻亲上,元朝王室与萨迦款氏结为"舅甥"关系。从此,"吐蕃地方纳入了忽必烈皇帝的统治之下",同时亦牢固地树立了萨迦派在吐蕃社会中的政治地位。特别是这一时期通过蒙古与吐蕃统治者之间的和亲联姻,进一步密切了蒙藏之间的相互亲近,促进了青藏高原地区与元朝其他地区的政治、经济和文化交往,其历史意义是极为深远的。正如有的学者所言:"蒙元与西藏萨迦款氏家族的和亲,既有重视萨迦款氏宗教和政治影响的考虑,也有巩固和发展经济文化交流的意图。毫无疑问,这些联姻对于进一步拓展青藏高原丝绸之路必会起到一定的推动作用。"③

四、宣政院及其对涉藏地区的施政

蒙古统治者实现对吐蕃的统一之后,便着手建立新的社会秩序,这就是扶植它的政治代表者萨迦派,并不断将涉藏地区的统治权力集中到元朝中央政府。概括来说,元朝在青藏高原的施政,在中央设立宣政院而领之于帝

---

① 《元史》卷一百二十五《铁哥传》。参见《藏族简史》,西藏人民出版社,1985 年,第137 页。

② 达仓宗巴·班觉桑布著,陈庆英译:《汉藏史集》,西藏人民出版社,1986 年,第 203页、206 页。

③ 崔明德:《中国古代和亲史》,人民出版社,2007 年,第 469 页。

师,"统西蕃诸宣慰司",即吐蕃等处宣慰使司都元帅府、吐蕃等路宣慰使司都元帅府和乌思藏纳里速古鲁孙等三路宣慰使司都元帅府。《元史·释老传》载:"元起朔方,固已崇尚释教。及得西域,世祖以其地广而险远,民犷而好斗,思有以因其俗而柔其人,乃郡县土蕃之地,设官分职,而领之于帝师。乃立宣政院,其为使位居第二者,必以僧为之,出帝师所辟举,而总其政于内外者,帅臣以下,亦必僧俗并用,而军民通摄。于是帝师之命,与诏敕并行于西土。"①由此,整个吐蕃地区处在以宣政院为中心的行政系统和以帝师为首的宗教系统的有效管辖之下,实行政教合一的统治。同时元朝政府又派宗王出镇"边徼襟喉之地",进行有效的军事防范和威慑。因而,元朝对吐蕃地区实行的是一种"双轨"统治。

此外,元朝在青藏高原东部的甘青川滇四省民族地区,设置了陕西五路西蜀四川行中书省(至元元年置)和甘肃、四川、云南等行省,在各行省与青藏高原交汇地区,各有下辖的宣慰司、宣抚司、安抚司等机构,以管理青藏高原东部各民族的事务。元朝行省制度的设置,是中国历史上一大创举,按照元朝制度,行中书省"掌国庶务,统郡县,镇边鄙,与都省为表里"②。史称:"都省握天下之机,十省分天下之治。""国家置中书省以治内,分行省以治外。"③从史载中看,元朝设置十行省的目的和作用,各有侧重,并不完全一致。如"位于中原、关中及西南边徼襟要,驻有许多蒙古军团的陕西、四川、云南、河南四行省,又以军事襟要的镇遏控制为重心。'太祖肇基之地','诸王星布棋列'的岭北行省及辽阳、甘肃等行省,则以廪养或防范蒙古诸王,控制蒙古部众及供给军需作为主要使命"④。再如"元代湟水流域和西宁州一带隶属于甘肃行省,巩昌元帅府所辖 24 城隶属于陕西行省,行省管理农业区;黄河南岸的积石州、贵德州一带牧区则由设在河州的吐蕃等处宣慰司管辖,上隶于宣政院"⑤。

---

① 《元史》卷二百二。
② 《元史》卷九十一《百官志七》。
③ 《至正集》卷三二《送蔡子华序》;《道园学古录》卷三九《江西行省平章政事伯撒里公惠政碑》。引自李治安《元代政治制度研究》,人民出版社,2003 年,第 69 页。
④ 李治安:《元代政治制度研究》,第 70 页。
⑤ 高士荣:《西北土司制度研究》,民族出版社,1999 年,第 114 页。

1267年,由元世祖忽必烈亲命的"白兰王"恰那多杰突然死于萨迦。这一事件引起元朝统治吐蕃政策上的一个重大改革,即在萨迦设置"本钦"(意为大长官)这一行政长官职位。担任"本钦"一职的人选,需经帝师八思巴推荐,由元朝皇帝任命。

第一个受命为"本钦"者是萨迦寺僧人释迦桑布。在此之前,释迦桑布曾受萨班之命,担任"萨迦的总管事,并让除上师伍由巴和夏尔巴·意希迥乃(此二人负责萨迦教法方面的事务)以外的所有高僧大德都向他礼拜"[1]。可知,释迦桑布在萨迦是极有威望的,其威望则是通过萨迦法主萨班而取得的。从释迦桑布任萨迦总管事再到担任"本钦"这一过程,足见佛教在这一时期的社会整合力量,这和以往"分裂时期"的吐蕃社会不大一样了。

正是在这一时期,吐蕃社会的特征有了一个根本的变化,佛教成为吐蕃社会的一个基本特征。从此,佛教得到政治的支持,成了吐蕃社会文化的一个重要因素,因而得以长足的发展,贯穿到整个社会的机体中。政治和宗教紧密地联系在一起,宗教对社会的运转具有了决定性的意义。这种使佛教力量在吐蕃社会君临一切的地位,是元王朝在政治上支持这一外部力量促成的,尤其是到了忽必烈建立元朝后,通过一系列的政治措施,有步骤地建立起了上有帝师、下有本钦的统治体系,使吐蕃政教合一的体制成为一个完整的社会政治制度。

八思巴受封为国师不久,又因奉旨创制蒙古新字,于1270年升号为"帝师",并诏"自今以往,凡有玺书颁降者,并用蒙古新字,仍各以其国字副之"[2]。《萨迦世系史》中记载,八思巴36岁的阳铁马年(1270)从吐蕃回到朝廷后,忽必烈皇帝再次请求灌顶时,"改西夏甲郭王的玉印为六棱玉印,连同诏书一并赐给,封八思巴为'皇天之下、大地之上、西天佛子、化身佛陀、创制文字、辅治国政、五明班智达八思巴帝师'"[3],统领天下释教。

帝师之设是忽必烈的一个创举,是对以往国师制度的发展。帝师在宗教上是皇帝之师,比皇帝更崇高,"皇天之下,一人之上",在朝廷中,对帝师

①　达仓宗巴·班觉桑布著,陈庆英译:《汉藏史集》,第224页。

②　《元史》卷二百二《释老传》。

③　阿旺·贡噶索南著,陈庆英、周润年等译:《萨迦世系史》,第140—141页。参阅王辅仁、陈庆英编著《蒙藏民族关系史略(十三至十九世纪中叶)》,第35页。

之尊崇亦"无所不用其至,虽帝后妃主,皆因受戒而为之膜拜"①。帝师在元朝廷及政治生活中,地位是极为荣耀的。忽必烈之后的历任皇帝,竞相优待帝师,成为一种风气。

根据《元史》记载,帝师之职掌主要有:(一)作为皇帝的上师,向皇帝传授戒法,举行密宗灌顶仪式。(二)主持各种佛事活动。(三)统领全国佛教,传播和弘扬佛法。(四)领吐蕃之地。由此可见,帝师的职掌是很广泛的,不仅有宗教方面的,也有政治方面的,帝师不仅拥有宗教上的至高地位,而且亦有很高的政治地位。后来,元朝在中央设立宣政院,统领全国的佛教事务,并统辖吐蕃各地,由帝师领事。宣政院是元朝创设的机构,它具有政教、军事兼领的特点,并且有很大的灵活性。

八思巴任帝师时,曾"向薛禅皇帝(忽必烈)及后妃、皇子等三次传授萨迦派特有的密宗大灌顶。作为第一次灌顶的供养,(皇帝)奉献了乌斯藏十三万户。……作为第二次灌顶的供养奉献了三却喀(却喀意为区)。这三个却喀是:由嘉玉阿贡塘以下到索拉甲沃以上为正教法区;自索拉甲沃以下黄河河曲以上为黑头区;自黄河河曲以下到汉地大白塔以上为俯行马区。人、马、法三却喀虽是按照奉献供养的例规奉献的,但各个却喀都有一位本钦,是按照皇帝与上师(即帝师八思巴)商议决定而任命的"②。从此,八思巴以佛教特有的方式取得了统领吐蕃朵甘思、脱思麻、乌斯藏三区(即吐蕃全境)的权力,作为萨迦派法主,其政治荣誉和权力达到了顶峰。

正是因为帝师的这种荣誉和权力,吐蕃地区的统治体系被深深烙上了佛教的印迹。吐蕃佛教势力由于元朝廷的支持,迅速地把教权置于世俗政权之上,由帝师统领,建立起藏族历史上的萨迦地方政权。这是吐蕃经过数百年分裂后建立起来的一个全新的政权,它是由元朝统治者扶植起来的一个地方政权。而且元朝廷将吐蕃视为一个行省来对待,处在元朝廷的完全控制之下。按照元朝的区域划分,"吐蕃三个却喀不足一个行省,但由于是帝师(八思巴)的住地和佛教教法兴盛之区,所以也算作一个行省"③。

---

① 《元史》卷二百二《释老传》。
② 达仓宗巴·班觉桑布著,陈庆英译:《汉藏史集》,第170—171页。
③ 达仓宗巴·班觉桑布著,陈庆英译:《汉藏史集》,第165页。

只是元世祖忽必烈对吐蕃的统治,仍然采取其先辈所开创的怀柔之策,"因其俗而柔其人",并郡县其地,"设官分职,而领之于帝师"。在吐蕃之地,"帝师之命,与诏敕并行"。① 当时因之而广传"天有日月一双,地存供施两者"之语。② 元朝廷治理吐蕃社会的这一套政策,"即是扶植宗教势力,促进政教合一,利用当地佛教势力及其深远影响来帮助进行统治的政策。尊崇帝师与特设宣政院,就是这种政策的具体实施"③。

可见帝师在元朝廷统治吐蕃中的地位,亦可见元朝廷对吐蕃的统治方略及其特点。这种统治模式,将吐蕃社会的佛教势力推上了一个特殊地位。以帝师为领袖统领吐蕃诸事,这为佛教的发展提供了有力的政治后盾。在元朝统治者扶植下建立起来的吐蕃萨迦派政权中,帝师,亦是萨迦派法主,是最高的权力代表。

帝师之下又设有各级行政官员:本钦、万户长、千户长、宗本、庄主,及其相应的行政机构,还设有宗教上的侍从官员:索本、森本、却本、促译等十三人。这样,吐蕃的政治和宗教,在一个新建构的社会模式背景下,更进一步结合在一起,由萨迦派法主作为最高统领,在中央以帝师之身份担任宣政院的最高领事者。吐蕃诸事具体则由本钦负责管理,但其人选,必须要由帝师推举,皇帝批准任命。由此可见,帝师不仅是宗教上的最高领袖,而且兼领宣政院事,拥有管理吐蕃之地的实际政治权力。从而形成了集政教权力于一身的帝师制度,即是政教合一制度的雏形。这个具有双重意义的制度,对此后吐蕃社会发展的影响是十分深远的。

忽必烈即位后,阔端第三子只必帖木儿继承阔端封地,"专问河西"。至元九年(1272)在西凉府城北三十里筑新城,忽必烈赐名"永昌府"。从此,只必帖木儿被称为永昌王。至正三年(1343),中书省认为"阔端分地接连西番,自脱脱木儿卒,无人承嗣,达达人口畜牧时被西番劫夺,甚不便,遂以其地置永昌等处宣慰司都元帅府治之"④。从此,阔端后裔在河西的统治宣告结束。

---

①　《元史》卷二百二《释老传》。

②　班钦·索南查巴著,黄颢译注:《新红史》,西藏人民出版社,1984 年,第 55 页。

③　田继周等著:《中国历代民族政策研究》,青海人民出版社,1993 年,第 236 页。

④　《新元史》卷一——《阔端太子传》。

当时位于青藏高原东北的甘青河湟地区是忽必烈第七子奥鲁赤的辖地,其中西宁州是章吉驸马(后封西宁濮郡王)的封地。至元六年(1269),奥鲁赤被封为西平王,其封地除甘青河湟地区外,川西北亦包括在内。其子铁木儿不花承袭王位后,元成宗封其为镇西武靖王,是元朝统治安多藏族地区的主要蒙古亲王。

元朝于至元初年,创设总制院,全名释教总制院。总制院具有双重职能,它既管理元朝辖区内的佛教事务,又直接管理藏区,推行政令于吐蕃全境。由于管理西蕃诸宣慰司之事务繁重,遂于1288年提高总制院的级别,改名宣政院,仍由帝师领事。宣政院设有院使、同知、副使等官员,其中第二名院使必须是僧人,而且须经帝师推举,同知副使则汉人与畏吾儿可以参用。初设时,桑哥以尚书右丞相兼宣政院使。宣政院下属的藏族地区的各级行政机关的长官也同样僧俗并用,军民通摄,其目的就在于确定政教合制的管理,并对地方封建势力予以一定的牵制,便于控制。

宣政院在元朝中央的位置,与中书省、枢密院、御史台的地位平等,由此可见其位置的重要。它可以直通皇帝报奏事宜,用人奏事不必经过中书省,不受其他机关的制约。

宣政院以下管理全国各藏区事务的由中央任命的高级官员是"宣慰使",机构之名为"宣慰使司"或"宣慰司",兼摄军权者则称"宣慰使司都元帅府"。其下设宣慰司、安抚司、招讨司、元帅府、万户府、千户所等地方行政机构,以管理当地军政事务。① 由此构建起一个以宣政院为总领的政教合一体系。

在西北安多藏族地区,设"吐蕃等处宣慰使司都元帅府",治河州,管辖今甘、青和川西北藏族地区,辖境大致与安多地区相对应。宣慰使司都元帅府下又设有脱思麻宣慰司、积石州元帅府、贵德州宣慰司、朵思麻宣慰司、必里万户府等机构。

在西南藏区设"吐蕃等路宣慰使司都元帅府",治所在今甘孜,辖川西、康区(昌都)及青海玉树等地区。其下亦设有宣慰司等地方行政机构。

在西藏地区设"乌斯藏纳里速古鲁孙等三路宣慰使司都元帅府",辖卫、

---

① 参见东嘎·洛桑赤列《论西藏政教合一制度》,第41页。

藏、阿里(含拉达克)等地方。

　　元朝对藏族地区的施政具有双轨制的特点。从《元史》等史籍记载的阔端、忙哥刺、奥鲁赤三系宗王镇抚吐蕃的情况看,阔端王系驻甘肃西部,忙哥刺一系驻甘肃东部,奥鲁赤一系驻四川,对吐蕃形成一个半圈形的部署。他们可能不直接管理吐蕃事务,但吐蕃处于他们的势力影响之下,应该是无疑的。再从吐蕃等处宣慰司都元帅府被同时列于宣政院和陕西等处行中书省下的记载看,它可能受宣政院和陕西等处行省的双重统属。尤其值得注意的是,元朝在继承唐宋以来在边疆民族地区实行"因俗而治"的羁縻制度时,将其创造性地转变为土官土司制度。元朝建立后,在青海藏族地区广泛推行土官制度,在设置的统治机构中,任用藏族僧俗首领为长官,代表元朝行使对当地的统治权。"土官的主要特征是世袭其职、世有其地、世领其民;在其辖区内实行旧有的统治方式不变;土官必须向封建国家承担规定的政治、经济义务,战时还要率所部士兵奉调出征。"历史表明,因俗而治的土官土司制度适应当时青海藏族地区的政治经济发展水平和文化习俗,有利于元朝对藏族地区的统治。据史载,元时必里万户、宗喀万户都是"世袭万户"。①

────────────────

① 　参阅先巴《青海藏族简史》第七章相关内容,青海人民出版社,2014年。

从黑山岩画太阳飞鹰图浅谈嘉峪关史前先民对太阳和飞鸟的图腾崇拜

牛海鹏

嘉峪关长城博物馆

图腾是原始社会的标志,史前原始先民因不能理解日月星辰风雨雷电等各种自然现象产生的原因,不能抵御大型猛兽的侵袭,不明白有些植物不论寒暑都能保持四季常青等,逐渐对其产生崇拜和心理恐惧,希望通过祭祀这些伟大的自然力,能给自己和族人的生命生活提供庇护,最早的图腾崇拜就这样产生了。图腾崇拜在嘉峪关黑山岩画中表现得也比较普遍,发现的144幅岩画中,有老虎、貘、野牛等岩画表示动物崇拜,有蕨类叶子所表示的植物崇拜,有舞蹈、狩猎等画面所表现的生殖崇拜,有祭祀、佛塔、佛殿等表现的宗教崇拜,还有太阳飞鸟表示的太阳图腾崇拜等。黑山四道股形沟中部左侧崖壁上的太阳飞鹰岩画,是生活在嘉峪关黑山地区原始部落先民太阳图腾崇拜的证明。

一、黑山史前先民崇拜太阳图腾

太阳飞鹰岩画,画幅宽0.23米,高0.30米,敲击凿刻而成。画面中间有一颗直径0.08米光芒四射的太阳,周围环状围绕着4只头朝太阳、展翅翱翔的神鹰,每只鹰身长0.07米,翼展0.15米。整幅岩画画面干净,风格古拙,形象生动自然。四只鹰围绕着光芒四射的太阳展翅高飞,展现了史前人类对太阳和飞鸟的强烈崇拜,太阳象征着光明、温暖、激情、向上,而飞鹰象征着自由、勇敢、激情和向上。太阳飞鹰岩画体现了黑山地区原始先民对光明温暖和自由飞翔的无限崇拜和神往,是史前黑山地区原始先民太阳崇拜和飞鸟崇拜的图腾标志。

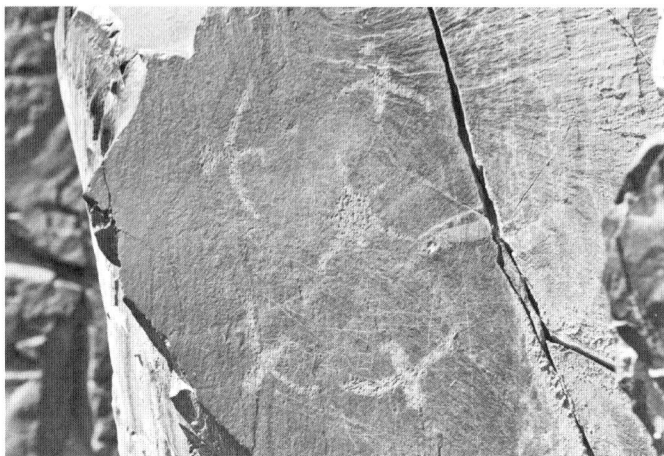

嘉峪关黑山岩画太阳飞鹰图

二、与太阳神鸟金饰的比较

2001 年在四川成都广汉三星堆金沙遗址发掘出土的太阳神鸟金饰,该金饰图案被专家称为"四鸟绕日",是古蜀国先民对太阳图腾崇拜的代表作,也被定为中国文化遗产标志。四鸟绕日图案的中心,太阳向四周喷射出十二道等距弧形成顺时针方向旋转的锯齿状光芒,太阳周围有四只首尾相接、形态相同的火烈鸟,引颈、展翅、伸腿环绕着太阳逆时针方向飞行。"太阳神鸟"图案中的太阳向四周喷射出十二道光芒,弧度整齐划一,形象美丽动感,象征着光明、生命和永恒;环绕在太阳周围的四只逆时针方向飞翔的神鸟,象征着一年四季,首尾相接,循环往复,也象征着自由、美好和圆满。由金沙太阳神鸟金饰和黑山太阳飞鹰岩画的比较来看,它们虽然造形相近,但从太阳飞鹰岩画画

四川成都广汉三星堆金沙遗址
太阳神鸟金饰图

风简朴古拙,而太阳神鸟金饰的做工精细,炼金制作工艺更加精湛,可以推断,嘉峪关黑山太阳飞鹰岩画是比四川成都太阳神鸟金饰时间更早的太阳图腾崇拜证明。

三、太阳图腾崇拜的产生

从人类诞生起,太阳作为一种高挂在天空的火球与人类朝夕相处,人们每天可以从阳光的照耀中获取光明和温暖。当原始先民从最初的自然采集者和狩猎者逐渐转变成使用简单工具进行生产的种植者和畜牧者时,人们逐渐开始认识到太阳散发出的光和热对植物的生长和动物的畜养都有直接或间接的制约和影响,太阳可以决断食物的生长和丰产,从而促使人们在生产之余,用更多的时间来观察太阳,思考太阳,认识太阳。原始先民们认为万物皆有灵,太阳也像人一样有喜怒哀乐。由于崇拜,人们逐渐把太阳神化,并按时按需加以朝拜和祭祀。江苏连云港将军崖岩画就是代表,岩画内容为一排禾苗,中间长出细长的秸秆,顶部结有人脸形的果实,内容直观反映了原始先民对造物神的崇拜,是太阳图腾崇拜初期的表现。

江苏连云港将军崖岩画

四、太阳图腾崇拜的发展

《山海经·大荒东经》记载:"汤谷上有扶木,一日方至,一日方出,皆载于乌。"原始人对自然的认知是简单直接的,有的史前部落先民看到从日出到日落,太阳像个大火球一样飞翔在天空上,太阳没有翅膀和双腿,是怎样在天空中移动的?雄鹰展翅在天上飞得又高又稳,每天肯定是有着像鹰一样的神鸟驮着太阳,在天空中从东飞到西。《淮南子·精神训》记载:"日中有踆乌。"意思是太阳是金乌的化身,金乌是一种长有三足的飞禽。有的史前部落先民通过长期观察日出日落,更认为太阳是一只巨大的火鸟,早晨飞出鸟巢,从东方升起,傍晚回巢,从西方落下,晚上住在一棵叫汤谷的扶桑树上沐浴休息。随着原始部落相互兼并融合,太阳崇拜和飞鸟崇拜的部落逐渐融合成新的部落,新的部落把各自崇拜的太阳图腾和神鸟图腾也融合在一起,就有了太阳鸟图腾的出现。嘉峪关黑山岩画中的太阳飞鹰岩画,四只雄鹰环绕着太阳展翅飞翔,证明黑山原始先民的太阳崇拜与太阳图腾崇拜发展的第二阶段相像。

五、太阳崇拜最终发展成祖先崇拜

《白虎通·五行》中记载:"炎帝者,太阳也";《尚书大传》中记载:"黄者光也,厚也,中和之色,德施四季。"意思是我们的祖先炎帝和黄帝都是至高无上的太阳神,是太阳图腾崇拜发展的最终阶段祖先崇拜。汉代皇帝郊祭,祭拜五方太阳神,东方太昊为春帝,南方炎帝为夏帝,西方少昊为秋帝,北方颛顼为冬帝,中央季夏为黄帝。《白虎通义》中说炎帝氏族的神祝融"其精为鸟,离为鸾",也就是说炎帝氏族的图腾是鸾鸟。我国最早的夏王朝和商王朝都崇拜鸾鸟图腾,也就是太阳鸟。太阳鸟也被古人称作乌金、阳鸟、鸾鸟、凤鸟等,并最终演变成凤图腾。《禹贡》中记载的"阳鸟悠居"和《诗经》记载的"玄鸟生商"就是佐证。进入封建社会,随着皇权的出现,皇帝自称为天子,代天帝以牧民,这样自然崇拜中的太阳崇拜也就逐步过渡到祖先崇拜。图腾崇拜在今天仍然发挥着重要作用,在全球化的今天,全世界华人都自称是炎黄子孙,是龙的传人,是崇拜太阳图腾的延续,图腾崇拜在国家统一大业和联系民族情感、延续民族血脉、凝聚民族归属感上发挥着重要作用。

结　语

可以想象,在远古时期的嘉峪关黑山一带,山上丛林茂密,溪流淙淙,大草滩、黑山湖等山下平原地区水草茂盛,鱼肥水美,野牛、貘、大角羊、梅花鹿漫步其中,天空中飞鸟群集翱翔。黑山原始氏族先民们每天伴着日出,强壮的男子集体到大草滩、黑山湖草场上去捕捉野山羊、梅花鹿,去围猎野牛,到黑山上去射猎老虎、貘、豹子等野兽,女人们结伴外出,采集种子、果实,在溪流中捕捉鱼虾,行动不便的老人看守部落营地,照顾小孩。到太阳落山,夜幕降临前,忙碌一天的人们都回到部落驻地,集体分享白天捕获采集的食物,当捕捉到老虎、貘、野牛等大型野兽时,部落先民在酋长和巫师的带领下,头顶羽毛戴胜,身穿兽皮短裙,曲臂伸腿,围着篝火舞蹈,敬献牺牲,祭祀神明。智慧较高的巫师每天细心观察日月星辰,由于日食等自然天象的经常出现,原始先民怕失去光明、温暖和食物,在每天早晨太阳升起的时刻,整个部落都要举行原始盛大的太阳神祭拜,以乞求太阳每天常在,借用太阳神力保护他们的食物丰足和身体康健。由此可以确定,太阳飞鹰岩画是嘉峪关远古氏族先民的太阳神鸟图腾,是嘉峪关黑山地区史前部落先民崇拜太阳神的有力证明。

参考文献：

　[1]杨惠福、张军武:《嘉峪关黑山岩画》,甘肃人民出版社,2001年。
　[2](晋)郭璞注,(清)郝懿行笺注,沈海波校点:《山海经》,上海古籍出版社,2015年。
　[3]吴庆洲:《太阳崇拜与中国古建筑》,《新建筑》1997年第2期。
　[4]张新:《从太阳崇拜看中国古代文明和古希腊文明演化的差异》,《株洲师范高等专科学校学报》2006年第1期。
　[5]王守功:《考古所见中国古代的太阳崇拜》,《中原文物》2001年第6期。

北凉河西石窟与昙曜精神

马　德

敦煌研究院

一、北凉时期的河西石窟与河西僧团

北凉时期河西地区佛教兴盛,石窟也遍布河西全境,主要的有天梯山、马蹄寺(含金塔寺)、文殊山、昌马、莫高窟(鸣沙山)等。唐代道宣(596—667)撰《集神州三宝感通录》卷中记载:"昔沮渠蒙逊以晋安帝隆安元年(397)据有凉土三十余载,陇西五凉,斯最久盛。专崇福业,以国城寺塔终非云固,古来帝宫,终逢煨烬,若依立之,效尤斯及。又用金宝,终被毁盗。乃顾眄山宇,可以终天,于州南百里,连崖绵亘,东西不测,就而凿窟,安设尊仪,或石或塑,千变万化。"凉州石崖即今天梯山石窟,仍存北凉遗迹,河西其他地区也有北凉佛教遗迹。但总的看来,这一时期一直到北魏前期,活跃在河西一带的石窟营造的团队都是西域高僧带领的僧团和工匠,这些石窟除了在建筑方面有一些本土元素之外,塑像和壁画的风格几乎都是源于印度的天竺法或凹凸法。

北凉河西僧团的石窟营造活动,奠定了石窟这一社会化的佛教活动场所的千年基业,展示了中国社会对外来文化的包容精神、融合能力,以及佛教作为意识形态的开拓、创造的战略眼光。西域僧团首先选择在河西这块属于中原的土地种植外来的粮食,让河西石窟一开始就展现了国际化的风范。这里也体现汉文化深厚的河西大地所具有的包容情怀、一直处于东西方经济文化交流通道上的汉晋民众的宽阔胸襟。石窟在建筑方面或采用中国传统的尊贵居处帐形殿堂,或采用大尾顶式的堂殿,小龛中创造性地把汉阙植入,这样就使佛窟成为中印合璧建筑。而石窟最终的目的就是让佛教社会化,不仅是向全社会普及与传播,重要的是在社会的稳定和发展中发挥作用；不仅是与社会发展相适应，重要的是要有一定的开拓创新作用。这就需要有长远的战略眼光，把石窟做成开拓性和奠基性的事业。

北凉在西北、在河西，因此北凉石窟集中在河西。换言之，北凉石窟只有河西才有。北凉石窟是继龟兹石窟之后的中国第二批石窟群。

一直以来，学术界以敦煌早期三窟中存在与云冈类似的因素为理由，总认为敦煌石窟与中国北方其他地区的石窟一样，都是在云冈石窟的影响下所营造的。有云冈因素并不一定都是受云冈影响，恰恰相反，这种云冈因素正是来自敦煌和河西的北凉石窟！这一观点已被各方面的史料所证实。敦煌自汉晋时期就有佛教活动，竺法护和他的译经僧团、昙猷和他的禅行、莫高窟的创建，都早于北凉半至一个多世纪。[①] 同一时期整个河西地区佛教石窟的大规模营造，也是于史有据。另外，敦煌遗书有一些十六国时期关于佛教的记载，甘肃省博物馆藏敦煌文献 001 号《法句经》卷下有"升平十二年（368）沙弥净明"、"咸安三年（373）十月二十日沙弥净明诵习《法句》起"题记；P. 2381《法句经》的书法与甘博 001 号《法句经》类似，学界认为也是此时期的写本。最早明确记载写于敦煌的写经是 S. 797《十诵比丘戒本》，题记："建初元年岁在乙巳（405）十二月五日戌时，比丘德佑于敦煌城南受具戒。和上僧法性，戒师宝惠，教师惠颖。时同戒场者，道辅、惠御等十二人。到夏安居，写到戒讽之趣，成具拙字而已。手拙用愧，见者但念其义，莫笑其字也。故记之。"德佑这次受戒包括自己在内的僧人已有 16 位之众，说明当时敦煌已经有完整的僧团组织与生活。所以，莫高窟有北凉石窟应该是不容置疑的。

二、凉州高僧昙曜事迹与贡献

昙曜的正传在《续高僧传》卷第一《译经篇初》，但早在与昙曜同时代的《高僧传·玄高传》中就有他的事迹记载，后来的《魏书·释老志》、《广弘明集》卷第二、《大宋僧史略》卷中《沙门都统》等史籍都有较为详细的记载。中

---

① 参见马德《莫高窟前史新探》，《敦煌研究》2017 年第 2 期。

国佛教史学界的泰斗汤用彤先生在其名著《汉魏两晋南北朝佛教史》第十四章专列"昙曜复兴佛法",梳理诸家记载,对其作了更为系统全面的介绍。①任继愈先生和后来的佛教史学家们都有叙述和评价。一般认为,昙曜的姓氏、家世、生卒年月均不详。只知他自小出家习禅,品格坚贞,志气高远,风度闲雅。他长期活动于凉州。北魏灭北凉后,昙曜被作为俘虏带到平城,遇上太武帝灭佛,因同情佛教的太子晃的关照免于杀身之祸,移居中山(今河北定县)藏身山中七年。文成帝即位的第二年,即北魏兴安二年(453),昙曜被朝廷征至京都平城(今山西大同),被礼为帝师。和平初年(460),同为来自凉州的道人统罽宾沙门师贤去世后,昙曜继任,改名为沙门统。帝王的看重和拥有一定的话语权,为他复兴佛法提供了便利。

昙曜复兴佛教主要做了三件大事:一是兴建云冈石窟"昙曜五窟",二是确立佛教经济体制,三是组织佛经的翻译。后两者已经有诸多中外佛教史家近乎完美的研究和介绍。这里只就第一件事在前人的基础上补充一点自己的认识。

山西省大同市西面约 30 华里处,武州川北岸高约百尺的断崖上,东西排列着一连串高大宏丽的洞窟,窟里雕有通高四五十尺雄伟庄严的佛像,窟壁穿插着许多佛龛、千佛、飞天、花草等富丽神奇的浮雕图饰,有的窟外还连接着三四层楼的宏大建筑。这就是举世闻名的云冈石窟,是东方艺术的明珠,世界艺术宝库中的瑰宝。而它最初开凿的推动、组织、经营者,就是北魏复兴佛教的名僧昙曜。前面说到,云冈石窟开凿之前,凉州辖区内的鸣沙山已大规模开山造像。凉州僧人移于平城,其中当不乏善工艺者。昙曜亦来自凉土,开窟又为其所建议,他又熟悉西域佛影窟的体制,还见过敦煌鸣沙山石窟的实物,构思起来有例可循;但他只把旧例作为借鉴,更多地是融进自己丰富的想象,进行了卓杰的创造。昙曜的目的是考虑一个万全之策,使佛教能够永远流传,不致因一时政治权力的迫害而经像法物荡然无存。他任沙门统之后提出的凿窟雕佛建议,便是他总体计划中一项重要的内容。文成帝即位后,矫正废佛政策的时机已经成熟,所以迅速地推行了复佛措

① 参见汤用彤《汉魏两晋南北朝佛教史》第十四章。以下所引昙曜生平事迹均出此著,不另注明。

施。昙曜提出凿窟雕佛的建议，文成帝认为正可借此忏悔祖父废佛之过，同时为祖先追福，便很爽快地批准了昙曜的建议，还从人力物力上给予积极的支持。昙曜选择武州塞的断崖作为开窟之所，是因为这段断崖的水平层为砂岩石结构，最适合雕刻。担任雕凿的石工，多是太武帝平北凉后由凉州迁来的，有着娴熟的技术和丰富的经验。总体构想和设计方案则出自昙曜本人。昙曜所造云冈"昙曜五窟"每座规模都很宏大，窟内各雕一尊石像，高达40尺至45尺，第5座的石像最大，高约50尺，总名为灵岩寺。各窟雕饰之奇伟，艺术形象之丰富精美，可说是旷古所无，令人叹为观止。

很明显的是，河西北凉石窟不仅对昙曜建造云冈石窟有直接影响，而且石窟营造团队的主体力量恐怕也是他从凉州带过来的。河西北凉石窟均早于云冈石窟。无论是天梯山、马蹄寺、文殊山，还是莫高窟、西千佛洞，早在北凉时期就已经形成规模。云冈石窟是以河西北凉诸石窟（有文献记载者如鸣沙即莫高窟、西千佛洞等）为基础为模板，加上本土特色与制度制约而建成的。这也是昙曜他们那代人，和他的团队留给我们的历史文化遗产。

公元439年，北魏灭北凉，《魏书·释老志》记载："凉州自张轨后，世信佛教。敦煌地接西域，道俗交得，其旧式村坞相属，多有塔寺。太延中，凉州平，徙其国人于京邑，沙门佛事皆俱东，像教弥增矣。"这里专门强调了敦煌的佛教盛况和北凉时代河西像教的盛行，而其他相关记载也说昙曜见过鸣沙山的佛教造像，我想这不是一般的巧合，恰恰说明了敦煌石窟和云冈石窟的渊源关系，即是敦煌和河西北凉石窟远早于云冈石窟的历史事实。敦煌莫高窟创建较早，但大规模的营造也是在北凉时期，因"君臣缔构而兴隆"，即是与北凉最高统治者有关。[①] 云冈"昙曜五窟"含有为北魏太祖以下五帝祈福的意义。所以，无论从哪一方面讲，都不是敦煌受云冈的影响，而是云冈传承了敦煌，传承了河西。

石窟作为僧团基地。不仅是僧团营建了石窟，石窟也成就了僧团活动。按《释老志》高肇奏云："凉州军户赵苟子等二百家为僧祇户。"大概昙曜所奏请充僧祇户者多魏平诸国之俘虏。而佛图户则品格更卑，为犯重罪者及官奴。僧祇户原所以赈济饥荒，且为僧伽之共有财产。昙曜于寺院毁灭之后，

---

① 　参见拙作《敦煌莫高窟史研究》，甘肃教育出版社，1996年，第53—55页。

谋经济权之确定,其于复兴必帮助不少也。

石窟同时也是译经的场所。昙曜的译经工作始于和平三年(462),在刚刚修成的武周山石窟约集一批学问僧,同时又与天竺沙门常那邪舍等译出新经 14 部:《称扬诸佛功德经》3 卷,《方便心论》1 卷,《付法藏因缘传》6 卷,《杂宝藏经》8 卷。其中《付法藏因缘传》记述了释迦佛之后 24 代佛祖绵延不断传续佛法的情形,昙曜抓紧将它译出,寄托着自己和后人继续使佛法永传不绝的祈愿。

今天,僧祇户和佛图户已成历史的陈迹,但昙曜译出的经典却流传不绝,云冈石窟更成为祖国传统优秀文化的精华之一,大放光芒。以此而论,昙曜不但是复兴佛教的功臣,也是创造文化奇迹的巨人。

在昙曜之后,石窟的开凿没有停止。文成帝之后的历代帝王,倾全国的赋赋收入,旷日持久地继续浩大的凿窟雕像工程,遂成今天所见连绵 30 里,栉比相连、数量众多的云冈石窟群。不仅如此,北魏迁都洛阳后,又建造了规模更大的龙门石窟,而且在从云冈到龙门的晋、冀、豫,以及秦、陇大地及整个中国北方的千山万壑中,佛教石窟遍地开花;同时随着北魏孝文帝改制,佛教信仰在北方得到普及,石窟也成为重要的佛教活动场所。昙曜弘扬佛教,使之成为永远流传的事业。

云冈石窟的兴建,源于北凉河西石窟的奠基;北魏时代中国北方各地佛教石窟的大规模营造,则源于云冈石窟的肇起。北凉时期的河西石窟是由北凉僧团为主导营造,云冈石窟也是由河西僧团为主体的团队所营造。北凉石窟一开始就体现着佛教与中国社会的融合,石窟作为社会化的佛教活动场所即由此始;云冈石窟则是进一步全面系统地体现了佛教与中国社会的完美统一。在中国石窟建筑史上居功至伟的昙曜大师即是从武威走出来的北凉高僧。

三、昙曜精神与凉州文化

昙曜在魏武帝灭佛时因太子晃缓宣废佛诏书而死里逃生。但他是一个信仰坚定、很有操守的僧人,在对僧徒迫害最厉害的日子里,尚贴身穿着法服,没有片刻离身。他并不是为个人的一己之私,而是为大众、为社会,也为佛教着想。在当时的历史条件下,无疑是有巨大的进步意义的。魏晋南北朝时期的高僧都注重人格塑造,①昙曜的个人修为和品德是那个时代的杰出代表。

　　昙曜在中国佛教史上贡献巨大,人所共知。难能可贵的是他荣辱不惊,审时度势,敢为天下先,把佛教与社会(皇权)捆绑在一起,开创千年石窟营造的基业,让佛教作为一种意识形态根植于人类社会,让石窟营造活动在中国大地上延续一千六七百年之久,对历史的发展进步起到了一定的积极作用,也让昙曜和他的团队功垂千古,体现了杰出的智慧和创造精神。雄伟瑰奇的云冈石窟,也正是记载他卓绝精神和杰出贡献的丰碑。

　　昙曜的籍贯史无明确记载,他可能是凉州人,也有可能是天竺或西域来的高僧。因为那个时候很多高僧都是从西边来的,但也不乏河西本土的出家高僧,如敦煌的昙猷,凉州的玄高、竺佛念、智严、宝云等。② 昙曜在沙门统任上,有"凉州军户赵苟子等二百家为僧祇户",说明他与凉州徙来之民的亲近关系。但无论如何,昙曜在河西多年,是从凉州走出来的高僧大德,是凉州和河西这块土地成就了他的人格,培养了他的品德和精神,给了他力量和信心,成就了他的佛教大业。

　　昙曜的事迹,是凉州历史文化的重要组成部分;昙曜的坚守、奉献和创造精神,是在凉州培育和造就的中华民族的民族精神,是凉州地区珍贵的文化遗产和财富,需要好好珍惜、研究、弘扬和传承。

---

① 参见尹晶《从〈高僧传〉看魏晋南北朝时期佛教徒人格的塑造》,新疆师范大学硕士学位论文,2007 年。
② 参见潘银花《魏晋时期的凉州高僧》,《陇右文博》2009 年第 1 期。

明英宗为著名佛寺颁赐
圣旨及《北藏》略考

黎大祥

武威市博物馆

圣旨,是封建社会中皇帝的命令。汉蔡邕《蔡中朗集》外集二《陈政要七事疏》载:"臣伏读圣旨,虽周成遇风,讥诸执事,宣王遭旱,密勿祗畏,无以或加。"《晋书·文帝纪》司空郑中《劝进九锡文》也载:"明公宜承奉圣旨,受兹介福,允当天下。"皆指皇帝旨意。唐上谕名目有敕旨,至宋代始,明确称帝命为圣旨。

在明代正统十年(1445)二月十五日,英宗皇帝朱祁镇,曾经向全国著名佛教寺院传下圣旨,并颁赐《北藏》一部。据目前所掌握的历史文物保存资料来看,全国有 3 处受颁赐的寺院。

其一,是北京西山的大觉寺。在寺内无量寿佛殿北侧前,保存有明代正统十年《颁赐大藏经敕谕碑》。碑身高 2.35 米,宽 0.70 米。螭首龟趺,汉白玉石质,明正统十年刻,英宗朱祁镇撰文。此外,大觉寺内无量寿佛殿西侧墙壁前还立有六组高大的木质经橱,由于年代久远,外观已呈黑色。经橱高 2.86 米,宽 2 米,厚 0.95 米,门对开两扇,里面是分隔成数层的木屉,曾经收藏《永乐北藏》。另外在寺藏文物中还保存有部分《北藏》的残卷,为明代藏经遗物。还有其他 2 处佛寺,分别为甘肃河西走廊著名的甘州卧佛寺及凉州的罗什寺。其颁赐的圣旨和大藏经都基本保存完整。以上 3 处佛寺,能得到明英宗所赐圣旨及《北藏》,足以证明其在当时寺院中的佛教地位之高和与明朝皇室的关系之密切。

英宗所下的圣旨,从大觉寺保存的碑文所刻内容以及甘州卧佛寺圣旨内容、凉州罗什寺圣旨内容来看,这 3 道圣旨除颁赐《北藏》的地方、寺院的名称各不相同外,其圣旨所载其他内容都是完全相同的,格式一模一样。甘州卧佛寺、凉州罗什寺圣旨的质地、书写,包括字体、大小、书写规格、落款时间及用印等,都完全一致;北京大觉寺圣旨镌刻在石碑上,由英宗朱祁镇撰文。

凉州罗什寺圣旨,现藏武威市博物馆,保存完好,字迹清晰可辨,被定为国家一级文物;甘州圣旨,现藏甘州区博物馆,其上、下横边及右半边残损,被定为国家二级文物。因武威市博物馆珍藏的圣旨保存完整,以此为准,其书写形式及内容介绍于下:

圣旨长 100 厘米,宽 40 厘米;在龙纹黄罗绢上,用汉文恭楷书而成,书法遒劲秀拔,字迹清俊优美。圣旨内容称:

> 皇帝圣旨:朕体天地保民之心,恭承皇曾祖考之志。刊印大藏经典,颁赐天下,用广流传,兹以一藏,安置陕西凉州在城大寺院,永充供养,听所在僧官、僧徒看诵赞扬,上为国家祝厘,下与生民祈福,务须敬奉守护,不许纵容闲杂之人,私借观玩,轻慢亵渎,致有损坏、遗失,敢有违者,必究治之。谕,正统十年二月十五日。

后有朱印一方,楷书。内容为"敕命之宝"。

《北藏》,即《永乐北藏》,全称《大明三藏圣教北藏经》。明正统五年(1440)英宗皇帝朱祁镇御赐,为明成祖永乐八年(1410)敕令在北京开雕之大藏经。《金陵梵刹志·钦录集》卷二曾记,永乐十七年(1419)三月初三日宣僧录司右善世道成与一如等八人于西红门,降旨"将藏经好生校勘明白,重要刊版。经面用湖水表素绫"。校经地点在北京庆寿寺。《北藏》刊版,自永乐十七年三月开始校勘藏经,至英宗朱祁镇正统五年十一月经版刊竣,历时二十一年(1419—1440)。主要颁赐全国名山大寺。这是汇集佛教全部经典的一部全书。主要内容由经、律、论三部分组成,又称《三藏经》。宋太祖开宝四年刻《大藏经》5 000 余卷,是第一次大规模的刻经工作,从宋太祖开始,经元、明、清各代,朝野所刻大藏经有许多种,而官版《大藏经》主要是颁赐给国内名山大寺和赠送友邦邻国的,因此大都刻工精良,装帧华美。藏经为折装本,字体秀丽,用于颁赐天下名山寺院,目前传世本相当罕见。藏经自大乘般若经起,至明三藏法数,集佛教经、律、论之大成,共收经 1 621 部、6 361 卷,分作 636 函,以"千字文"编次自"天"至"石"。

以上所记圣旨及《北藏》具有重要的历史研究价值。

据记载：明正统六年(1441)，《北藏》首部佛经《大般若波罗蜜经》到达甘州(张掖)，至正统十年(1445)，全部《北藏》赐经完毕，举行了承旨仪式。

从现存《北藏》来看，藏经装帧、印刷考究，函套和经本上下掩面一般裱绫或绢，封面以蓝绢为底，墨色经题下有"千字文"函号、册次。每版录经文25行，折为5页，每页5行，每行17字。版式的特点是扩大了版心，加大了字体，充分显示出官版大藏经的气派和华贵。版框天地边线为子母线，外粗内细，外框高约27.3公分，内框高约26.3公分。一页长12.8公分，纸宽约36.6公分，天头高约7公分，地脚约2.6公分。通篇采用赵体字。卷首提名下标注"千字文"编号及号、册次及版次，函号和册次均为阴文，在圆形双线边框内。

《北藏》每卷卷首有扉页一种，画幅为一版五页，边框系上下双边，左右单边，长约63公分。扉页中央绘释迦牟尼佛结跏趺坐于莲花宝座上，身着莲花图案袈裟，右手臂上曲于胸前作手印，左手臂平曲于腹前，掌心向上。释迦牟尼佛两侧闻法僧众各32位，有菩萨、四大天王、天龙八部、十八罗汉。《北藏》各函首册扉页画前有御制藏经碑，末册尾一些印本还有御制施经牌，函末亦有护法神韦驮像。这些经文典籍保存基本完整，具有重要的研究价值，被收入国家珍贵图书名录。

据记载明正统六年(1441)，御赐之《北藏》首部《大般若波罗蜜多经》，由钦差讲经兼赐宝藏的圆融显密宗师道深运至张掖。钦差镇守陕西甘肃等处御马监兼尚宝监太监鲁安公王贵(法名朵儿只省巴)为"上以图报列圣宠赐之洪恩，下以效资祖宗栽培之厚德，更计显考昭勇将军王公、显妣吴氏太淑人，由乎善利泛慈航，等彼岸于菩提，次及己躬雪衍，尤增富寿于景运"，集地方名士以《北藏》首部《大般若波罗蜜多经》为蓝本，取绀青纸为质，依千字文编序，金、银书写绘画，共计600卷。序言通篇用金泥书写，经文文字用银泥书写，凡"佛""菩萨""世尊""菩萨摩克萨"等尊谓，皆用金泥加以重描。晦涩之字注通假字以便诵读，并于每函卷首扉页置精美的金线描曼荼罗画一幅。

金银书《大般若波罗蜜多经》现存558卷(287本)，分三十函，每函五本，每本两卷，合为十卷，其中扉页曼荼罗画28幅，分五折页金线描绘。画幅总宽61厘米，高28.5厘米，面积0.17平方米。画面以本尊释迦牟尼坛城为中心,周围绘以十万众佛、菩萨、诸天、罗汉、神众等尊像,人物多达一百零八尊。经书封皮以绫锦装帧,刺绣龙纹图案,尽显华贵。

金银书《大般若波罗蜜多经》,经文书法结体周正,字体清雅俊美。卷首曼荼罗画显密兼顾、佛道相杂,人物精丽,线条柔美。透射出强烈的艺术感染力,使金银书《大般若波罗蜜多经》充满经久不褪、华美庄严的金粉之气。汉藏交融的艺术风格,是民族文化相互交融的历史见证,也是张掖先民聪明才智与艺术才华的充分展示,真实地反映了明代张掖佛教文化艺术发展的繁荣与兴盛。这些经文典籍具有重要的研究价值,被国家文物局专家组定为国宝。现藏张掖市甘州区博物馆。

武威市博物馆保存的凉州圣旨中所载“陕西凉州城内大寺院”,即武威罗什寺院。清康熙二十八年(1689)《重修罗什寺碑记》就有这样的记载,“在明永乐七年间,有主持僧石洪修建大殿,迨正统十年颁赐大藏经全部”。谕旨中所说陕西凉州在城大寺院,就是武威的“罗什寺院”。也就是说,这一圣旨是明代英宗皇帝为武威罗什寺院颁赐大藏经所下的命令。又据《甘肃通志稿》记载,明洪武九年(1376),明王朝在武威设凉州卫,凉州卫属陕西行都司(治所在今张掖)管辖。因此,在圣旨中称:“安置陕西凉州在城大寺院,永允供养。”明英宗为凉州罗什寺院下谕颁赐大藏经,并在谕旨中称之为“大寺院”。这是因为,罗什寺院不仅在我国佛教史上有着重要的历史地位,而且在当时具有相当的规模和很大的影响。罗什寺院以东晋十六国时期著名高僧鸠摩罗什在此讲经说法,传播佛教长达十八年之久,死后将舌头舍利葬于凉州罗什寺塔下而闻名于世。到了明代,据《重修罗什寺碑》记载:“明永乐元年春,鄱阳善人石洪从军张掖,以老弱寄居凉州。”“欲葺盖就,命工浮屠。”用十七年的时间,耗资用工甚巨,最后修葺俱毕,寺院规模之盛大,称为河西佛教之胜地,在全国具有很大影响。正因为如此,英宗皇帝下此令,颁赐大藏经,便安置在罗什寺院内。

自此以后,凉州人民为了守护好这批大藏经,在明隆庆、天启,清顺治、康熙、嘉庆年间对寺院又进行了大规模的扩建、修葺,使这批大藏经能够广泛流传、世代保存。由于凉州人民的精心守护管理,这批大藏经至今仍保存在武威市博物馆。1986年通过重新整理,除有极少部分残缺损失外,现保存660多卷、6 000多册,被列为国家珍贵图书名录。

《北藏》佛经在武威罗什寺和张掖大佛寺的入藏,极大地丰富了当时武威罗什寺及张掖大佛寺佛教文献的内容,满足了僧官、僧徒看念颂经的需要,对佛教文化的传播发展发挥了作用,对研究中国大藏经的历史和内容有极高的历史价值,是武威罗什寺和张掖大佛寺蜚声海外的镇寺法宝之一。

然而,清世祖顺治四年(1647),甘州回民米刺印、丁国栋发动反清起义,起义军在与清将张勇的战斗中,一些散兵游勇趁火打劫,大佛寺内佛经锦绢包袱被劫夺,并造成九百余卷佛经失毁。事后,甘州大佛寺立即组织人员全力补造,派遣僧人到武威罗什寺补造 900 余卷遗失毁损的《北藏》,为填补佛经的缺失,再兴刊印等诸多佛事。从清世祖顺治十年(1653)开始,大佛寺僧纲司刘道津组织寺僧善信等人,在地方政府支持下,以姑苏坊刻本或其他藏本为蓝本,与武威罗什寺联络,对《北藏》失毁经卷,依照武威罗什寺所藏《北藏》进行补抄,对经卷的封皮、函套、裹经包袱也进行了整修。这项补救工作一直持续到清圣祖康熙三年(1664)才完成。这些活动,在刊印的雕版中,都有所记述。如"信士刘诰兹,因为父了还生前承刻,药师经愿助银三两……康熙二十七年九月,甘州金塔殿重刊","信官高孟刊版流通,同登华藏,共入毗卢,大清岁次癸亥年吉月吉旦","信女高门耿氏、王氏、李氏,释子比丘道海"等。这些雕版题记,一方面明确了清康熙年间大佛寺刊印佛经的地点在金塔殿的事实,另一方面也解决了一些本地史的遗留问题。如清康熙时期的张掖人凉州总兵高孟的家眷子嗣和捐资善举,本地史书中无记,雕版中的这些史实,可谓填史料之空白。

在明代,刊印佛经主要集中于江浙一带,尤以南京、姑苏一带最为繁盛,地处西北边远的河西张掖大佛寺佛教兴盛,少量的汉文佛经是远远不能满足僧侣及信徒们的需求的,而作为宫廷刻本的《北藏》,"不许闲杂之人,私借观玩,轻慢亵渎,致有损坏、遗失,敢有违者,必究治之"。于是,刊印佛经、教化信众,就成了大佛寺佛教文化传承的重要方式。历史记载,明万历以后,大佛寺就已开始在金塔殿刊印经版,张掖大佛寺寺藏明清佛经雕版,时代自明嘉靖至清康熙,共 795 块,为国家一级文物。雕版材质多以梨木、枣木、桃木及松木为主,这些佛经雕版,平直厚重,木纹清晰,内容分《法华经》《金刚经》《童子经》《孔雀经》《药师经》《华严经》《七曜经》《金光明经》《观世音菩萨大悲咒》等近 20 种,多已缺失不全。经版规格不一,尺寸集于纵 48—75 厘米、横 12.7—29 厘米、厚 2—4 厘米间。雕版以文字版为主,正楷体,字形和行序皆反向。从版面上看,由于历史上频繁用墨刷印,多数雕版乌黑闪亮,字面工整凸凸,笔画粗细均匀,字体清秀俊美,真实反映了明清刻工的超群技艺。其中有近 50 块经变故事版画、人物版画及陀罗尼真言符咒版,或为扉画冠经文之前引首处,或是经中插图,组成左图右书、上图下文、内图外文等多样版式,目的都是为了形象通俗地解释经中故事。在一些经文之尾,一般是"护经神像"的位置。这些版画,或线条繁缛、精细华美,或构图严谨、版式多变,是寺藏佛经雕版中的艺术珍品,为研究大佛寺佛教文化、佛教历史提供了宝贵的实物资料。

历史上的北京西山大觉寺,在明代是最鼎盛的时期,据寺存明代各朝碑文记载,从宣德三年(1428)至成化十四年(1478)整整半个世纪的时间里,明皇室对大觉寺进行了三次较大规模的重修和扩建,现存寺院建筑和规模基本是明代奠定的。明代的宣宗、英宗、宪宗、孝宗皇帝曾多次临幸驻跸大觉寺,帝王们不仅出资重修寺庙、遣僧住持,而且还赏赐田亩、颁赐藏经,使得大觉寺不仅殿堂巍峨、佛像庄严、僧弥众多,而且寺庙经济相当发达,成为西山三百寺中的一座巨刹。由于历史和人为的原因,大觉寺《北藏》仅残存部分,但这也是研究这一时期佛教文化的珍贵实物资料。

上述这些圣旨及《北藏》乃至写经、佛经雕版,是研究我国佛教文化以及明、清佛教经典版本和甘肃河西佛教文化发展的重要实物资料。圣旨,即是研究明代书法艺术的珍贵实物资料。明代为了专制集权统治的需要,实行以"八股"取士的制度。因科举的需要,不仅小楷字体在明代有相当的发展,而且还产生了要求书体整饬一律的"台阁体"。这种字要求写得乌黑、方正、光洁、大小一律,特别是在上层官僚间形成了这样一种文风,盛行于明代早期。正统圣旨的书体体现了当时上层官僚中的文风和书体风格,是明代公文、书法艺术的一种具体反映和体现,对研究当时的书法艺术也具有很高的价值。

明清凉州藏传佛教的发展特质

朱丽霞

河南大学哲学与公共管理学院

作为河西走廊上的历史文化名城,凉州也是西域佛教东传的必经之地,所以自古以来佛教文化就很兴盛。唐朝时,藏传佛教传入凉州。公元 8 世纪,佛教传入西藏,并逐渐与西藏的传统文化相融合,形成了藏传佛教。大约与此同时,凉州陷于吐蕃(764),藏传佛教随即传入凉州。在凉州遗存的藏文古籍中,就出现了吐蕃时期的"写经残卷 4 件,吐蕃木牍 4 块"①。

但藏传佛教真正在凉州扎根是在"后弘期"时,即五代到北宋初期这一时段,凉州先后由西藏的不同部落及西夏统治,藏传佛教再次传入凉州,并在民间形成广泛的社会基础。据《宋史·吐蕃传》记载:

> 凉州郭外数十里,尚有汉民陷没者耕作,余皆吐蕃。其州帅稍失民情,则众皆啸聚。城内有七级木浮图,其帅急登之,给其众曰:"尔若迫我,我即自焚于此矣。"众惜浮图,乃盟而舍之。②

与"前弘期"(即唐、吐蕃时期)藏传佛教主要在上层社会及吐蕃统治中心传播的情形不同,此时凉州的藏传佛教在下层社会开始广泛传播,这就意味着藏传佛教在凉州已经获得了长足的发展动力。1246 年,萨迦班智达贡噶坚赞(sa-pan-kun-dgav-rgyal-mtshan,1182—1251)到达凉州时,阔端的身边就已经有藏传佛教僧人活动。③ 到了明清时期,凉州的汉传佛教逐渐衰

---

① 卢亚军、苏得华、更登三木旦:《凉州遗存藏文古籍考略》,《图书与情报》2006 年第 2 期,第 129 页。

② (元)脱脱等撰:《宋史》卷 492,中华书局,1985 年,第 14152 页。

③ 阿旺贡噶索南:《萨迦世系史》,陈庆英、高禾福、周润年译注,西藏人民出版社,2002 年,第 82 页。

落,但藏传佛教继续发展,很多藏传佛教的寺院屡次得到重修、扩建。究其原因,明清时,作为佛教发源地的印度,其佛教已经荡然无存,河西失去了作为汉传佛教输入通道的地位,凉州亦然。同时,河西的这些重要的城市又远离国家政治、经济中心,汉传佛教丧失了发展的支撑。与此不同的是藏传佛教获得了发展契机,这一则是因为河西地区自古多民族杂居,因而也就成为一个多民族文化交融的地区,各种宗教文化在此地长期共存,包括藏传佛教。明朝《敕赐清应禅寺碑记》中说:"凉州为西域襟衽之地,而番僧杂出乎其间。"[1]在民族交往、交流、交融的背景下,藏传佛教在河西的传播有其自主、自发的一面。二则明清时河西的藏传佛教受到统治者的重视与支持,这主要是出于"巩固边疆,羁縻其他民族"[2]的考量。而整个河西的藏传佛教,包括凉州的藏传佛教,其传播与藏传佛教在中原腹地的传播形态有所不同,中原藏传佛教的传播往往与统治者的支持密不可分,其盛衰受政权更替影响很大,自身存在基础相对薄弱。总之,明清河西藏传佛教在自发和人为双重因素的作用下,得以持续发展。

明清时期,凉州的藏传佛教与唐宋时期该地区藏传佛教相比较,存在以下特征:

一、承续了蒙元藏传佛教崇尚和平的传统

明清时期凉州的藏传佛教存在的基础,追根溯源,肇始于蒙元时期传入凉州的藏传佛教,其主要推动者便是参加"凉州会盟"的萨迦班智达贡噶坚赞,凉州历史上最著名的寺院白塔寺,就是阔端为萨班扩建的。凉州其他藏传佛教的寺院,也或多或少地与他有着某种联系。藏文史籍认为他"于东方莲花寺大演显教教法;南方自在寺,举行百种灌顶;西方大海寺,降服诸龙,令立誓言,顺时降雨,于诸世间,降澍五谷财神,如意甘霖,永无穷尽;北方幻化寺因有大幻变师所幻城邑,乃撒掷妙花,令其幻化不能再灭,故寺亦名为

---

① (清)张澍辑录:《凉州府志备考》,周鹏飞、段宪文点校,三秦出版社,1988 年,第797 页。

② 杜斗城等著:《河西佛教史》,中国社会科学出版社,2009 年,第 634 页。

幻化之寺,一时传为奇迹云"①。这里提到的与萨班有密切联系的四大寺院,即凉州的四大佛寺:莲花寺、金塔寺(灌顶寺)、海藏寺、白塔寺。关于海藏寺,《安多政教史》中的记载与此略有不同,认为这是萨迦班智达"曾经讲经说法,大转法轮,并收服了使蒙古阔端汗患龙病的龙魔"②之地。在藏地的传说中,龙可以导致龙病;而在汉地的传说中,龙主要是负责行云布雨的。所以,有关海藏寺的传说中,融合了汉藏传统文化的内容。萨班是西藏纳入中原王朝治下的关键性人物,因而凉州的藏传佛教从源头上看,就是中华民族多元一体历史进程形成的重要见证,充分彰显了我国佛教界爱好和平、主张统一的优良传统。

由于萨班的巨大威望,加之八思巴后来被封为帝师,凉州的藏传佛教极度兴盛。以白塔寺为例,在"众生怙主八思巴时期,这座萨迦派寺院有比丘千余名,大经殿背面的佛塔内装有贵重的十万小泥佛像。萨班圣师徒时期,有令人目眩的数处稀奇的佛塔和拉让"③。上千名僧众的寺院,在当时的藏区也算是大型寺院了,基于此,《萨迦世系史》中说:"法王萨班有大、中、小三种寺院。大寺有具吉祥萨迦寺和北方凉州寨喀寺。"④虽然藏语中的 rtse-khab⑤(寨喀)与白塔寺的藏语读音 shar-sprul-ba-sde(夏珠巴第)并不一致,但按照逻辑推导,当时凉州最大的藏传佛教寺庙就是白塔寺,因此此处所指的应当是白塔寺。

元代凉州的这些寺院虽然盛极一时,但在元末的战争和各种天灾中,几乎毁灭殆尽。白塔寺"元际兵焚,颓毁殆尽,瓦砾仅存"⑥。而海藏寺到明成化年间重修之前,只是"城之西北相去五里许,有地一区"⑦,也就是只剩一片空地了。白塔寺在宣德四年(1429)开始重修,塔志中简要地交代了其起源:

---

① 五世达赖著:《西藏王臣记》,刘立千译,民族出版社,2000 年,第 65 页。
② 智观巴·贡却乎丹巴饶吉著:《安多政教史》,吴均、毛继祖、马世林译,甘肃民族出版社,1989 年,第 139 页。
③ 智观巴·贡却乎丹巴饶吉著:《安多政教史》,第 140 页。
④ 阿旺贡噶索南:《萨迦世系史》,第 94 页。
⑤ 昂仁·贡噶索南著:《萨迦世系史》(藏文),民族出版社,1986 年,第 145 页。
⑥ 《重修凉州白塔志》,武威市志编纂委员会编《武威金石录》,兰州大学出版社,2001 年,第 98 页。
⑦ 《钱进张太监重修海藏寺碑记》,《凉州府志备考》,第 800 页。

"原其本乃前元也埠火端王重修,请致帝师撒失加班支答居焉。"①而清朝的《重修白塔碑记》中,也提及白塔寺的渊源乃"若白塔不知创自何代,近翻译番经,知系果诞王从乌斯藏敦请神僧名板只达者来凉,即供奉于白塔寺,时年已六旬矣"②。只是这篇碑记的作者不知果诞王的身份,但对萨班的事迹则有粗略的认识:"盖河西未入版图,原系西藏,若凉州之西莲花寺,与南之金塔寺、北之海藏寺,并东之白塔寺,俱系圣僧板只达所建,以镇凉州之四维,俾人民安居乐业,永享太平之福,获免兵革之惨。"③清朝在"康熙壬戌年"(1682)完成了白塔寺的重修工作,当时的白塔寺在甘青藏传佛教界声望颇高,"西番之喇嘛高僧来绕塔者,络绎弗绝"④,重修后的白塔寺中供奉着萨班,"宝贝尚师并达赖喇嘛"⑤。

　　所以,明清时期凉州的汉文史志对阔端与萨班的"凉州会盟",对萨班与凉州藏传佛教的渊源,都有简单的记述,萨班在中华民族多元一体历史进程中所发挥的作用,以一种比较模糊的历史记忆继续呈现。但由于萨班是中国藏传佛教中不可或缺的重要人物,因此几乎所有的藏族史籍都对他受邀前往凉州的事迹做了记载。尤其在从明末到清中期的藏文史书中,"凉州会盟"及萨班在凉州的活动,普遍得到详细记载,如成书于1629年的《萨迦世系史》、成书于1865年的《安多政教史》、成书于1819年的《蒙古佛教史》等。我们今日所见的《萨迦班智达致蕃人书》就来自《萨迦世系史》,正是这封书信对西藏纳入中国版图起到了巨大的推动作用。这些留存在明清时期汉、藏文献中的记载,是西藏自古以来就是中国领土的最有力的佐证,它们使"凉州会盟"对中华民族共同体铸造的作用,得以保存和传扬。因此,明清时期藏传佛教在凉州的持续发展,是凉州宗教爱国主义传统持续传承的重要载体。

---

① 《重修凉州白塔志》,《武威金石录》,第98页。
② 《重修白塔碑记》,《武威金石录》,第130—131页。
③ 《重修白塔碑记》,《武威金石录》,第131页。
④ 《重修白塔碑记》,《武威金石录》,第131页。
⑤ 《重修白塔碑记》,《武威金石录》,第131页。

二、凉州的藏传佛教体现了多文化交融的特征

凉州因为其特殊的历史地理位置,使得中国各种文化并存于此,其中包括儒学、佛教、道教、民间信仰等,它们在凉州互为影响,互相交融,这也是凉州的文化特色。就藏传佛教而言,由于它和凉州各种文化形态发生交融,所以呈现出了明显的凉州特征。这种特征主要可以通过三个方面彰显出来:

1. 汉藏佛教交融。如前所述,凉州曾是我国汉传佛教史上的重要传播中心,藏传佛教传入凉州后,必然与之产生交集。明清时期,汉传佛教和藏传佛教经过长期的发展,更是呈现出了明显的交融之态。如海藏寺、莲花寺供奉的神灵中,都有三世佛,无论此地寺院的三世佛以何种形态存在,这都是典型的汉传佛教寺院的格局。一些藏传佛教的寺院中,直接供奉了汉地神灵,比较典型的就是在莲花寺中,甚至"还有许多汉族供奉的神道"[1]。另外,从信仰主体来看,明清时期凉州的僧人,出现了一种倾向,即跨越了佛教在传承过程中形成的区隔,最大限度地弥合了汉传佛教和藏传佛教的分界,最突出的表现就是清代的白塔寺"寺院外面有一座白塔院,内有砖瓦修建的许多塔以及数座土佛龛,这是守护圣地的汉族和尚们的墓地"[2]。而在凉州城内的青英寺内,"有数间并列的佛殿,内有释迦涅槃像、三世诸佛、《甘珠尔》大藏经,以及许多汉文的经函和各种珍宝合金铸造的大神"[3]。青英寺中曾收藏了多种版本的藏文大藏经,其大规模抄写、刻印的时间应该是在明朝,[4]经后的供养人有藏族、汉族、土族、蒙古族、裕固族(元明称撒里畏兀儿),这也从侧面说明明代凉州藏传佛教信众的跨民族性。

在寺院的建制方面,根据《安多政教史》的描述,凉州的藏传佛教寺庙,其很多殿堂既不是纯粹的藏式"中心聚集"式的,也不是纯粹的汉传佛教寺院殿堂的中轴对称式的,而是这两者的结合,也就是汉藏形制融合在一起

---

① 智观巴·贡却乎丹巴饶吉著:《安多政教史》,第 139 页。
② 智观巴·贡却乎丹巴饶吉著:《安多政教史》,第 141 页。
③ 智观巴·贡却乎丹巴饶吉著:《安多政教史》,第 141 页。
④ 参见苏得华《凉州藏朱砂版〈藏文大藏经〉初探》,《西北民族大学学报》2013 年第 6 期,第 165 页。

的。这都体现了凉州作为各种文化传播长廊上的重镇之一,其文化的多元性和包容性特征。

2. 藏传佛教与民间文化相融合。凉州的寺院创建过程中,出现了鲁班、汉民牧工等传说,这都是藏传佛教吸纳中国传统文化最突出的表现。据《安多政教史》记载,凉州的大佛寺(广善寺、天梯山石窟)在修建八层佛殿时,"困难很多,汉族的木工祖师鲁班爷化为一位汉民老者的模样前来,说'若以美味佳肴款待,可以修建佛殿'。于是就按他所说办理,一夜间就修成了这座佛殿"①。鲁班与凉州文化渊源深厚,他作为能工巧匠的代表,许多精巧的建筑都被附会为出自其手,尤其是作为传统建筑代表的佛寺。《凉州府志备考》中提道:

> 《酉阳杂俎》:今人每睹栋宇巧丽,必强谓鲁般奇功也。至两都寺中,亦往往托为鲁般所造,其不稽古如此。据《朝野佥载》云:鲁般,肃州敦煌人,莫详年代,巧侔造化。于凉州造浮屠,作木鸢,每击楔三下,乘之以归。②

鲁班也称鲁般,春秋时鲁国人。《酉阳杂俎》和《朝野佥载》都为唐朝的史料笔记,所以有关鲁班与凉州的故事,都是民间传说,属于民俗文化的组成部分。大佛寺中不仅融合了汉族的传统文化,也纳入了藏族的传统文化,寺庙中"还有格萨尔和他的部属以及许多汉族神像的庙堂"③。格萨尔王是藏族英雄史诗中的人物,代表着古代藏族民间文化的最高成就。可见,大佛寺是汉藏文化交汇融合的殿堂。而海藏寺在成化十九年至二十三年(1483—1487)的重修时,由藏传佛教寺院变成汉传佛教寺院,但准确地说,它实际上变成了一个佛道教共存的场所,因为新修的海藏寺,后面"筑方台高三丈,阔一十四丈,进深十三丈,上建重檐真武殿五间,前龙虎殿三间,左右梓潼灵官二殿各六间……垣墙外之东南建龙王庙三间"④。道教的重要神灵都出现在这座寺院中,根据重修碑文,这座寺院似乎以供奉观音

---

① 智观巴・贡却乎丹巴饶吉著:《安多政教史》,第 135 页。
② (清)张澍辑录:《凉州府志备考》,第 329 页。
③ 智观巴・贡却乎丹巴饶吉著:《安多政教史》,第 136 页。
④ 《钱进张太监重修海藏寺碑记》,《凉州府志备考》,第 800 页。

和道教神灵为主。① 到了清代,海藏寺又回归到汉藏佛教融合的寺庙形态,其中神灵为汉传佛教寺庙中的主神,但有"金刚持"和"汉地版的《甘珠尔》大藏经"。②

3. 凉州藏传佛教融合了西藏的各个教派。凉州藏传佛教与西藏的藏传佛教有所不同,寺院中供奉的高僧跨越教派,如萨迦派的萨迦班智达和格鲁派的大慈法王同时供奉在金塔寺中,因为大慈法王在往返北京的途中,曾于甘青地区传法,所以在这一带影响很大。而清代的白塔寺壁画中,除了萨班之外,更是出现了大量噶举派的僧人形象,如玛尔巴、米拉日巴、塔波拉结、帕木竹巴等人,以及对西藏佛教发展作出卓越贡献的各派僧人,如宗喀巴、萨迦三祖札巴坚赞、布顿大师等人,另外还包括时轮金刚法系的传承上师等。可见藏传佛教传到凉州后,因为远离西藏腹地,所以失去了藏地强烈的宗派意识,在凉州兼容并包的文化形态的影响下,得以重新整合。可以说,凉州是各种思想文化重新整合的熔炉,凉州的藏传佛教既不同于西藏的藏传佛教,也不同于北京、五台山等中原腹地的藏传佛教。西藏腹地的藏传佛教依据传承,有明确的派系界限;北京等地的藏传佛教与西藏高僧关系密切,因此也有较为明确的派系归属。但凉州的藏传佛教从整体性出发,崇拜藏传佛教历史上的所有高僧,这是藏传佛教发展的凉州形态,或者说河西形态。而且,元明清三朝分别倚重萨迦派、噶举派、格鲁派,这三派在西藏和北京的势力也随之消长。但凉州的藏传佛教将这三派人物都留存在自己的寺庙中,尤其是到了明清时期,萨迦派势力与元朝时一派独大盛况已经不能同日而语,但萨班的形象仍然被保留在雕塑、壁画和传说中。因此,明清凉州的藏传佛教是历史的活化石,它不仅体现了藏传佛教兴衰传承的情况,刻录着藏传佛教整体发展的历史,并且承载着对铸造中华民族大一统国家作出卓越贡献的西藏高僧的历史记忆。

---

① 清代凉州出现供奉观音和道教神灵的寺院,据《创建李氏家庙荫善庵碑记》(《武威金石录》,第138页)记载,李氏的家庙就是"中建观音阁、三元殿、王虚关、列圣廊以为荫善庵"。
② 智观巴·贡却乎丹巴饶吉著:《安多政教史》,第139页。

三、明清凉州藏传佛教是整个甘青藏
传佛教的重要组成部分

通过大量的藏、汉文史料,可以发现明清时期凉州藏传佛教的影响力遍及甘青地区,其文化辐射区域除了东西向的河西走廊外,还包括其西南方向的青海西宁一带。这可以从两个方面得到印证:

1. 清代出现了一批有关凉州四大寺院的藏文志书。《安多政教史》在提到自己的资料来源时,曾提到达隆寺(天祝县)华丹著的《凉州四寺志·清净明镜》(或译作《凉州四寺志·极净明镜》),且反复引用了这部书。《凉州四寺志·清净明镜》简称"大志",是有关凉州四大藏传佛教寺院的一部详志。这部著作未木刻印行,仅有一套手写本,一直藏于达隆活佛府中,足有一大函,应是介绍凉州地区藏传佛教历史最为详尽的著作,可惜后来毁于"文革"中。但在 1844 年,玛尼夏茸依据《凉州四寺志·清净明镜》,在塔尔寺写成《凉州四寺志》,简称"简志",①其汉译本被译为《凉州佛寺志》。②《凉州四寺志》主要记载了从塔尔寺到凉州四寺的朝拜路线,沿着这条路线,详细介绍了沿途的寺院和传说。所以,它应该也就是《安多政教史》在介绍凉州寺院时,所不断提到的《道路指南》。③ 对于凉州的藏传佛教寺院,清代出现了各种版本的藏文寺志,并且还有朝拜凉州寺院的详细路线,这说明在清代,凉州的藏传佛教享誉甘青地区,尤其是青海一带,并深受本地区藏族僧人的重视。

2. 凉州妙善通慧国师法系与西宁卫关系密切。凉州与青海藏传佛教渊源深厚,这从明代活动于这两个地区的妙善通慧国师法系就可以看出来。妙善通慧国师索南坚赞(bsod-nmas-rgyal-mtshan)是明代活动在凉州的最重要的藏传佛教僧人。《重修凉州白塔志》中记载:"宣德四年,西僧妙善通慧国师索南坚赞因过于寺,悯其无存,乃募缘重修寺塔,请命于朝,赐寺名曰

---

① 才让:《萨班在凉州等地的弘法事迹》,《西藏研究》2004 年第 4 期。

② 布西玛毫哇德思尔雅:《凉州佛寺志》,旺谦端智译,《中国藏学》1988 年第 4 期。

③ 智观巴·贡却乎丹巴饶吉著:《安多政教史》,第 138、140 页。

庄严。"①宣德四年为 1429 年,而明英宗正统十三年(1448)所立的《重修凉州广善寺碑铭》中提到索南坚赞曾居于广善寺,"能以其法劝人",所以被"赐号通慧国师,赐寺名曰广善"。② 实际上,索南坚赞被封为国师的时间远远早于明英宗时期。因为根据《明实录》中的记载,宣德六年(1431),"陕西西宁卫妙善通慧国师伊儿吉遣剌麻坚都赞卜等贡马及方物,贺皇太子千秋节"③,则索南坚赞至少在明宣宗初年就被封为国师,并且隶属于西宁卫。正统八年(1443),索南坚赞的侄子——索南巴袭封妙善通慧国师。此后,索南巴应该回到了西宁卫普法寺,明宪宗成化八年(1472),索南巴的侄子在西宁普法寺袭封妙善通慧国师之号。所以,从明朝开始,凉州和西宁藏传佛教界的关系就很密切,高层僧侣流动通畅。可见在历史上,凉州藏传佛教的影响力绝对不限于凉州,不限于甘肃,而是在甘青地区都很有影响。这就要求我们在理解明清凉州藏传佛教时,要有一个更为广阔的视域。

---

① 《武威金石录》,第 98 页。
② 《武威金石录》,第 104 页。
③ 《明宣宗实录》卷 84,"中研院"历史语言研究所 1962 年校印本,第 1942 页。

武威雷台观小考

宋学立

中国社会科学院古代史研究所

一、《雷台观碑记》录文

粤稽雷台观之设,历年久远,无可考证。惟查大明天顺年间,冰雹伤禾,敕建重修,培助风脉,辛邓二神,降笔于墙。自此冰雹永息,物阜民丰,人文启发,蒙神默佑,诚五凉之一大观也。至顺治初年,逆回变乱,烧毁庙宇。刘总戎重建,立太白会,给照经理。又于康熙初年,刘抚台创建斗阁,耆约督工,立斗姆会,经理存焉。不意近年以来,遭被附近居民□周二姓伐树占地。两会八社人等确查,古碑内载用价增买地土、栽树等语。无奈,控告道宪刘、府宪菩、本县郑,蒙会审断,伐树赔价,地归圣宫,发给执照。岂知周姓等贪心不足,不交地土,曾于乾隆元年复控。道宪高、郭,府宪郑,本县傅,亲履台观前后,踏勘明白,即批本县,责惩交地交价。至此地界清楚,又给执照。是以勒石,永垂不朽云。尔后无侵占之害,并将四至开列于后。

1. 台观周围香火地数十余亩,用使泉水一昼夜,遇轮浇灌,设无粮草,不当杂差。

2. 山门前神路三道,自石桥起,至头架牌坊倚树止,以树东面横至东墙,官尺三丈一尺;以树西面横至西墙,官尺三丈二尺。

3. 山门前西面周文敏小庄,原日庄门面向西开。因为希图侵占官地,筑打猪圈,改挖水沟,门向东开。奉宪公差,拆毁圈落,平去水沟。现存执照并文敏私约,今自文敏庄门墙根,南至小墙庄角,北至庙墙。又山门前牌坊东角下向西,香火铺面一间。

4. 斗阁下三丰、丘祖道院二处;斗阁西台下常住道房屋一所;台下东、西道院二所。

　　5. 斗阁台下东角官沟内大树二棵；又西湖边古树二棵。奉宪批：道正司王验明官地官树。其余台前周围大小树株，俱属圣宫。神树古照可查，毋容备载。

　　陕西凉州府正堂加三级纪录二次郑松龄，凉州府武威县督补厅加一级陈良智，署凉州府武威县正堂加一级何世宪，国学生王宗文、何兆琳，斗姆、太白两会功德主张廷瑜、何大美、何沛世、张自荣、黄国民、王洪简、萧荫、程士超、陈国柱、朱振声、管参、岳之峻等。

　　吏部拣选府经历张廷瑜熏沐敬撰 凉州府武威县儒学生员李继宗熏沐敬书

　　乾隆三年岁次戊午四月朔日吉旦①

二、凉州地方政府、社会与雷台观建设

　　雷台观位于武威市凉州区金羊乡新鲜村，坐落于著名的雷台汉墓夯土台上。现存建筑坐北朝南，包括山门、二平门、风伯雨师殿、雷祖殿、东配殿、西配殿、三星斗姆殿、东华阁、西华阁等建筑。《雷台观碑记》称，"物阜民丰，人文启发，蒙神默佑，诚五凉之一大观也"。

　　雷台观的创建年代，现存碑刻语焉不详，不可详考。我们推测，或与北宋末年创立的道教神霄派不无关系（下文详述）。《雷台观碑记》称，明清时期，这座道观先后经历明英宗天顺朝（1457—1464）、清顺治（1644—1661）初、康熙（1662—1722）初年等多次重修。乾隆初年，因宫观庙产遭受周文敏侵占，凉州府县官员亲临踏勘，划清宫观四至，颁予执照，刻石立碑，以防类似侵占庙产情况的发生。如此，即便是从明英宗朝算起，武威雷台观至今也已经有将近600年的历史，在明清时期已经成为河西走廊上的一座著名的道教圣地，诚如碑记所称之"圣宫"。

　　明清时期雷台观的重修和护庙碑记显示，以下几方力量在推动雷台观的建设与发展过程中，发挥了至关重要的作用。一是明最高统治者英宗皇

---

① 王其英编著：《武威金石志》，天津古籍出版社，2020年，第165—166页。

帝。《雷台观碑记》称,天顺年间"敕建重修"雷台观。如称该观为皇家宫观恐有拔高之嫌,然而一座距离京城数千里之外的道教宫观的重修工程,却惊动了最高权力中心,当与这座道观闻名遐迩的影响力密不可分。奉敕重修一事,也间接说明雷台观至少不应该是英宗朝新建道观,而是一座有着悠久历史的道教圣地。

二是凉州地方军、政两界的官员。碑记谈到,顺治初年,因"逆回变乱",庙宇被烧,"刘总戎重建"。刘总戎指的是甘肃副总兵、平回前戎大将军刘友元。刘友元,榆林人,谙熟兵法,骁勇善战,军纪严明。《清史稿》载,顺治五年(1648)三月,驻甘州副将米喇印和丁国栋杀害巡抚张文衡,率部起义,"既陷甘、凉,渡河东,残岷、兰、洮、河诸州,薄巩昌。乔芳帅师出驻秦州,遣赵光瑞、马宁等赴援,城兵出,夹击,斩百余级。宁等复战广武坡,逐北七十余里,斩三千余级,巩昌围解。喇印、国栋之党数百人,分扰临洮、岷州内官营。乔芳部勒诸将,令张勇、陈万略向临洮,马宁、刘友元取内官营,赵光瑞、佟透徇岷、洮、河三州"①。沈加显《副总戎刘友元平逆回碑》详细载述了刘友元平定"叛乱"的过程,其中谈到,"河西回逆叛,率十余万直抵临、巩间。所过,官民莫敢撄之。公单骑日夜走五百余里,请兵不满千,公当先击贼,如穴中之蚁,竹破瓦解,奔溃皋兰之间,夺城御贼,阵亡落水者以三万计。公迅速渡河,倡民兵数万,突至五凉城下挑壕围困,贼惧投降。公领兵百骑入城中,拈髯微笑,有古人扪虱谈兵之致。民间贸易如初,秋毫不犯,顷刻之间回逆投首以数千计,所谓'民兵合而贼无遁计,王师出而野无荆棘'者,非耶?惟时甘、肃未靖,仅存回逆千余,安插东关。公任事数月,禁兵骚扰,屏绝民词,清廉正直,军伍间阎,一丝一粒,戒严四知。至四月中,大兵凯旋,安插之回,如釜鱼之不可逃。公擐甲戴胄三昼夜,矢石如雨,贼半伤于关城,半逃之深山。公跃马追贼,至永昌界,招安七百余,剿洗于城西演武场,嗣是河西之患始除"②。

康熙初年,"刘抚台创建斗阁"。刘抚台即甘肃巡抚刘斗,字耀薇,正红

---

① (清)赵尔巽等撰:《清史稿》卷237,中华书局,1977年,第9478页。另见王钟翰点校《清史列传》卷78《马宁传》,中华书局,1987年,第6508页。

② (清)张玿美总修,张克复等校注:《五凉全志校注》,甘肃人民出版社,1999年,第155页。

旗籍,北直清苑(今河北清苑)人。① 此人非常热衷于武威地区的佛道寺庙建设。据《武威金石志》,他在凉州任职期间,曾多次出资并倡导修建斗姥阁(按,《创建斗姥台阁记》明确交代斗阁创建于康熙三年,次年竣工落成)、玄真观、清应寺、安国寺等庙宇。康熙三年(1664),他还曾印造佛教经卷,②在推动地方佛道寺庙建设和文化发展、以神道助益教化方面做了大量工作。《创建斗姥台阁记》赞其"体天子教养民,一如五辰四时,代天宣化也;为百姓兴除利弊,一如日月九曜,容光必照也"。

至于康熙朝至乾隆初年,参与勘察雷台观四至、保护庙产的官员就更多了,包括先后出任凉庄道的刘永璜、高梦龙、郭朝祚,凉州知府菩萨保、郑松龄,武威县知县郑松龄、傅树崇等。这些人的履历《五凉全志》多有记载。如《武威县志·官师志》称,菩萨保,正白旗蒙古,举人,雍正六年任凉州知府,雍正十一年升任凉庄道。"性廉静,吏治严肃。后迁闽,凉民颂德不忘"。郑松龄,直隶丰润(今河北丰润)人,岁贡,雍正四年任武威县知县,十一年署凉州府。"精政治,吏胥莫敢欺。时军兴,有干济才。后告归"。还有一位值得注意,即负责"验明官地官树"的道正司王。《大清会典》规定,清代道教管理机构"府属道纪司,州属道正司,县属道会司管领"③。《清史稿》称,"府道纪司都纪、副都纪,州道正司道正,县道会司道会,各一人。俱未入流。遴通晓经义,恪守清规者,给予度牒"④。可见这位王姓道士就是凉州道正司的职官。

三是武威地方会社,包括太白会、斗姆会等。前者系顺治初年刘友元重建雷台观时所建。后者系康熙三年刘斗建斗阁时所创。《雷台观碑记》还谈到,乾隆朝参与庙产保护的除了两会之外,还有"八社"。现存史料对两会八社的具体情况记载很少。然而,至少从两次重修军政两界官员创立两会的记载来看,清初雷台观的维系采取的是官民共举的方式。会社在维持宫观

① 关于雷台斗姥阁创建详情,参见(清)李霨《创建斗姥台阁记》,《武威金石志》,第126页。

② 王其英编著:《武威金石志》,第125页。

③ (清)伊桑阿等编著,杨一凡、宋北平主编,关志国、刘宸缨校点:《(康熙朝)大清会典》卷161《道录司》,凤凰出版社,2016年,第2010页。

④ (清)赵尔巽等撰:《清史稿》卷116《职官三》,第3360页。

香火、保护宫观庙产、传播雷神信仰方面，发挥了不容小觑的作用。难能可贵的是，《雷台观碑记》文末开列了两会部分功德主名单，包括张廷瑜、何大美、何沛世、张自荣、黄国民、王洪简、萧荫、程士超、陈国柱、朱振声、管参、岳之峻等。此外，碑刻文末题名除了凉州知府郑松龄、武威县督补厅陈良智、武威知县何世宠等政府官员之外，还有国学生王宗文、何兆琳。儒学生员李继宗为之书篆。在雷台观的修建和保护过程中，政教互通、儒道互通、官民共襄盛举的特点，显而易见。这都是雷台观强大影响力的体现。

三、凉州地区的雷神信仰

之所以称为雷台观，当与凉州地区比较普遍的雷神信仰有直接关系。清代凉州府下辖武威、镇番、永昌、古浪、平番五县，合称五凉。清张珂美总修《五凉全志》对五凉地区的雷神庙宇有比较详细的载录。例如《武威县志·寺观》记载，"雷台，城北二里"①。《武威金石志》收有一通《重修雷祖台士庶姓名碑》，开列为重修武威雷台观捐资捐物的士庶功德主名单，其中有多家商号和道士名单，主要是士庶功德主名单，共 286 人（家）。②《金石志》编者推测该碑为清末所立。碑刻仅录名姓，给断代造成一定困难。《镇番县志·寺观》："雷祖庙，城西关。"③《重修雷台记》称，镇番雷祖台创建于明嘉靖八年（1529）。乾隆二十七年（1762）至乾隆三十八年（1773），两任镇番知县先后集众重修，"其后先首事诸君，俱有勤劳；其远近随缘信士，一粟一丝，无非善果"④。《永昌县志·寺观》："雷坛观，城北一里。"⑤《古浪县志·寺观》："雷公祠，在南郭外。雷台，在北郭外。""（大靖）雷坛观，城东北里许。康熙四十三年建。"⑥黑松、安远等地均建有雷祖庙、雷神庙。《平番县志·坛壝》将雷坛与天坛、地坛、先农坛、风云雷雨山川坛、历坛等并列，"各坛每岁祭祀

---

① （清）张珂美总修，张克复等校注：《五凉全志校注》，第 48 页。
② 王其英编著：《武威金石志》，第 267—268 页。
③ （清）张珂美总修，张克复等校注：《五凉全志校注》，第 213 页。
④ 王其英编著：《武威金石志》，第 682 页。
⑤ （清）张珂美总修，张克复等校注：《五凉全志校注》，第 319 页。
⑥ （清）张珂美总修，张克复等校注：《五凉全志校注》，第 403、405 页。

银一十四两五钱零"①。显然已将雷坛纳入地方国家祭祀之列。这种情况较为鲜见。同书《寺观志》载:"雷祖庙,城北五里。"②五凉地区众多雷祖庙的存在、士庶捐资助庙的善举,甚至将雷坛高规格纳入地方国家正祀的举措,都共同指向了一个结论,即当地雷神信仰颇为繁盛。

至于五凉地区广建雷神庙的原因,我们认为,应与当地的自然气候有关。天顺年间奉敕重建武威雷台观的原因是"冰雹伤禾",雷台观落成之后,"冰雹永息,物阜民丰"。《古浪县志·祥异》详列包括大稔、雾霾、地震、饥荒、鼠害等各种祥异之事。其中"(雍正)八年庚戌七月,雨雹,二坝伤禾麦,小者如卵,大者如拳"③。干旱、风雨、冰雹已然成为严重影响凉州地区生产生活的自然灾害。地方大员为了救灾济民,甚至亲临坛场,祭天祈雨。《五凉全志》收有一篇甘肃巡抚鄂昌的祷雨文。鄂昌,西林觉罗氏,满洲镶蓝旗人,大学士鄂尔泰从子。雍正、乾隆两朝先后在中央、陕甘、四川、广西、江苏等地任要职。乾隆十三年(1748)十月至十六年(1751)八月任甘肃巡抚。④《清史稿》卷338有传。乾隆十五年(1750),他以甘肃巡抚的身份撰文祷雨。兹录祷雨文如次:

> 伏以天道爱人,原好生而成德;神明育物,协大造以为功。禋祀致馨香,本为苍黎祈福;岁时有水旱,幸求庇佑施慈。我龙神风云雷雨之权,操于掌握;亿兆生灵之命,系于心怀。自恤农夫,岂容旱魃?况兹穷荒边徼,更惟稼穑艰难,须雨旸调时。若之休庶丰登,可比户而得,何武威全郡未沾沛泽甘霖,而镇番一隅倍炽炎风烈日?昌奉职无状,忧心如熏。或政有未平,刑有未允,未悉间阎之疾苦,未除官吏之贪残,则祈降昌灾,矢加修省。今委凉庄道张　择于　日,设坛祈祷,敬希神惠,速赐恩膏,俾雨泽均沾,俾田禾咸茂。并此后五风十雨,用成黍稷丰年;千仓万箱,爰足黎元生计。血诚尽沥,隆贶宜邀,曷胜悚惭,伏乞鉴察。谨告。⑤

---

① (清)张珩美总修,张克复等校注:《五凉全志校注》,第481页。
② (清)张珩美总修,张克复等校注:《五凉全志校注》,第488页。
③ (清)张珩美总修,张克复等校注:《五凉全志校注》,第399页。
④ (清)赵尔巽等撰:《清史稿》卷11,第402、413页。
⑤ (清)张珩美总修,张克复等校注:《五凉全志校注》,第541—542页。

　　当年入夏以来,雨泽愆期,祈求罔应。武威全郡干旱,以镇番最为严重。为祈得甘霖,鄂昌甚至做出了请求上天惩罚自己的祈祷。当地对巡抚祈雨也颇为重视,张之浚跋文称,"各县既缮板供奉(祷雨文),存为报赛"。鄂昌深以旱魃为忧,遂命皋兰刘令驰送邢道士,于六月初五日登坛祈雨。之后的两天甘霖大沛,五属均沾。

　　可见,雨旸风时,即《尚书·洪范》所言的"庶征",严重影响着明清时期武威地区的生产生活。雷法,因为能够祈晴祷雨,深受当地政府和民众的重视。按,雷法是北宋后期兴起的一种融符箓、咒术、指诀、禹步、存思及内丹术为一体的新型道法。前文提到雷台观与北宋神霄派有关,一个重要的证据就是《雷台观碑记》提到,天顺朝重修后,"辛邓二神,降笔于墙"。辛、邓二神分别指的是欻火大神邓伯温和霹雳火光银牙耀目威神辛汉臣,二者均为神霄派雷部将吏。《高上神霄玉清真王紫书大法》(收入三家本《正统道藏》第28册)收有大量的符咒、图箓、雷法、神祇圣位、帅将名讳及法服品式等,着重载录神霄雷法科仪。其中,雷神捉魁法就要迎请欻火大神邓伯温。用霹雳法则要延请霹雳火光银牙耀目威神辛汉臣。清微派是在神霄派基础上衍生出来的新道派,道法与神霄派大同小异,亦重雷法。[1]《清微玄枢奏告仪》谈到,雷法请神科仪中,很多时候都要迎请"雷霆邓、辛、张三大天君"[2]。由此可见,两宋时期兴起的神霄雷法在明清时期的武威地区有着广泛的信众市场。这虽不能得出武威雷台观肇兴于宋的结论,但至少可以间接揭示雷台观悠久的道教法派渊源和法术体系。

　　除了雷神以外,明清时期武威地区道教信仰繁盛。《雷台观碑记》在描述宫观庙产四至时提到,斗阁下有"三丰、丘祖道院二处"。《武威县志》记载,清代武威县有佛道寺观近百座,其中主祀玉皇、玄帝、三皇、三官、真武等的道教宫观占有相当大的比例,"真武庙,城西南二十里。又名武当山"[3]。

---

① 《清微神烈秘法》:"清微法者,即神霄异名也,实道中之妙法。道乃万法之祖,雷乃诸雷之尊,非法中之法也。"《道藏》第4册,文物出版社、上海书店、天津古籍出版社,1988年,第135页中。

② (元)叶云莱:《清微玄枢奏告仪》,《道藏》第3册,第611页下。

③ (清)张珌美总修,张克复等校注:《五凉全志校注》,第48页。

《永昌县志·寺观》称,武当寺在城北三里。① 《古浪县志·寺观》记载,玉皇阁在郭中古楼,三官庙在郭南隅,元真观在郭南门外。《平番县志·寺观》载:"西武当,城西五里。"②

从神仙崇拜角度看,明清时期武威地区的道教信仰呈现继承传统(如玉皇、三皇、三官等)又与时俱进(如真武、三丰、丘处机等)的特征。明代真武信仰、三丰信仰颇为繁盛。这两位仙真均与武当山有不解之缘。明成祖曾敕建武当山。有明一代,武当山已然成为皇家道场。从武威地区宫观建设来看,当地道教信仰与内地基本上是同时态的,说明当时武威地区与内地宗教文化交流的通道是畅通无阻的。

结　论

武威雷台观是明清及其以降五凉地区雷神庙、雷神信仰的典型代表。雷台观建设和宫观护持,贯穿明清两代。官方重视、民众支持、官民共举,是五凉地区雷神庙建设的显著特征,更是当地雷神信仰盛行的实证性体现。干旱少雨、雹灾频仍,是五凉地区雷神信仰兴盛的天候前提。

武威地处古丝绸之路要冲,是连接中原与西域的经济枢纽、文化大都会。儒释道三教文化在这里根深叶茂、和谐共荣。武威雷台观小史既是明清时期武威地方统治者以三教文化辅翼国家治理、重民济世的一个缩影,也是当地民众接受中原道教教化传统、传承宋元神霄雷法的活态体现。真武庙、三丰庙、武当庙遍布五凉地区,则在很大程度上诠释着道教文化在明清大一统文化格局构建中的重要助推作用。

诚然,由于材料所限,武威地区神霄法脉的渊源及其与雷台观乃至当地诸多雷神庙的关系等问题,本文未能论及。只能待日后有新材料开掘,再加以述说。

---

① （清）张玿美总修,张克复等校注:《五凉全志校注》,第 319 页。
② （清）张玿美总修,张克复等校注:《五凉全志校注》,第 488 页。

明清诗歌中的"凉州"意象

侯 冬

西北师范大学文学院

　　凉州,古称姑臧,今甘肃省武威市,位于河西走廊东端,是古丝绸之路上的重镇,有"五凉古都""河西都会"之称,也是汉唐时期重要的经济、文化交流中心,其在政治、军事及商贸上的重要性,使其成为历代王朝苦心经营的战略要塞。汉武帝元狩二年(前121),霍去病进击河西大败匈奴,自此"金城、河西并南山至盐泽,空无匈奴"(《汉书·张骞传》),汉朝为彰显武功军威,乃设武威为河西首郡,隶属凉州刺史部。这里曾是东晋十六国时期的前凉、后凉、南凉、北凉及唐初的大凉的都城,也是西夏的陪都,此后历为郡、州、府治。清人顾祖禹对凉州的重要地位作出过这样的评述:"山川险著,土田沃饶,自汉开河西,姑臧尝为都会。魏晋建置州镇,张轨以后,恒以一隅之地,争逐于群雄间。……唐之盛时,河西、陇右三十三州,凉州最大,土沃物繁而人富。……西夏得凉州,故能以其物力侵扰关中,大为宋患。然则凉州不特河西之根本,实秦陇之襟要矣。"(《读史方舆纪要》)而作为丝绸之路上多民族融合和多元文化汇聚交流的枢纽,又使"凉州"成为中国文化史上的一座高地和诗歌创作中的典型意象。陈寅恪先生将五凉文化视作隋唐制度的重要渊源,他指出:"秦凉诸州西北一隅之地,其文化上续汉、魏、西晋之学风,下开(北)魏、(北)齐、隋唐之制度,承前启后,继绝扶衰,五百年间延绵一脉。"(《隋唐制度渊源略论稿》)盛唐时期,凉州已经成为西北仅次于长安城的国际大都市,玄奘法师西行求佛法时,曾以"凉州为河西都会,襟带西蕃,葱右诸国,商旅往来,无有停绝"(《大唐慈恩寺三藏法师传》)之句描绘其繁盛。伴随着疆域的扩展、开放交流的深入,大批文人开始将目光投向这片热土,凉州不仅成为对外开放的窗口,也是唐代士人建功立业、施展抱负的舞台。唐代许多杰出的诗人,都曾在这里留下足迹并写下脍炙人口的诗篇,如高适、岑参、王之涣、王翰等人的诗作,以不同的角度反映这座边塞古城的风貌,使得"凉州"之名远播,并以其豪迈奔放的意境和异域情调的风格,在诗歌创作领域逐渐形成了独具特色的"凉州词",这一创作传统一直延续到明清时期。在明清诗歌之中,"凉州"意象频繁出现,如果说"凉州"在唐诗中主要表现为盛世雄心和进取精神的象征,那么伴随着时代的变迁,明清诗歌中的"凉州"则具有了更加丰富的意涵。

一、对汉唐气象的追慕

凉州,由于其得天独厚的地理位置,从西汉至盛唐,始终是王朝对外开放的前沿,也是唐代"经营西域的总部"(王永兴《唐代前期西北军事研究》)。从汉代设置"河西四郡",隋、唐先后以之作为依托,设置了"西域四郡"和"安西四镇",国家版图不断扩大,文化交流和民族融合也不断加深,繁华的凉州,已成为汉唐盛世的象征,可以说汉唐气象,半在河西走廊,尤以凉州为最。降及明清,虽然丝绸之路故道的作用逐渐下降,凉州也从对外开放的门户变成控驭西陲的咽喉要冲,但诗人们抚今追昔,追慕汉唐盛世的光荣与梦想时,"凉州"情节始终作为其寄托。如明人汪广阳作《凉州曲》:"琵琶初调古凉州,万壑风泉指下流。好是开元无事日,玉宸宫里按新秋。"作者以开元盛世玄宗亲演乐曲之闲情来表达对盛世的仰慕,同样的作品还有清人李希圣《八月五日作》:"望仙楼下万人喧,新进凉州法曲翻。想见开天全盛日,年年八月坐朝元。"诗中所指之"凉州法曲"乃边将进献的带有异域风情的大曲,唐代郑綮《开天传信记》记载:"西凉州俗好音乐,制新曲曰《凉州》,开元中列上献之。"郭茂倩《乐府诗集》载:"《凉州》,宫调曲。开元中,西凉府都督郭知运进。"这种乐曲"既融合了胡乐的因素,又保持了中原音乐的本色。但它又不同于其中的任何一种,这样就使得它听起来既有浓郁的异国情调,又不乏熟悉亲切的中原风格"。([美]谢赫《唐代的外来文明》)凉州大曲在某种程度上讲也是一种战利品,在唐朝鼎盛时风靡一时,也是唐王朝开疆拓土和国力强盛的象征,其深受唐玄宗及杨贵妃的喜爱,明人董邺有诗记其事云:"羯鼓声高舞袖长,制成小管自宁王。太真独爱《凉州曲》,自出金钱赐耍娘。"(《唐宫词》)此外,唐代士人渴望拜将封侯,积极投身边塞的进取精神,也时刻感召和影响着明清诗人,如明代张恒《凉州词》:"垆头酒熟葡萄香,马足春深苜蓿长。醉听古来横吹曲,雄心一片在西凉。"颇有唐人边塞诗篇之豪迈意境。又如清人陈恭尹诗:"玉门关外草萧萧,万里凉州路未遥。莫道书生无燕颔,边人今识汉班超。"(《送陈嵩山观察之任凉庄》)东汉班超自幼有立功异域之志,人云其"燕颔虎颈",有封"万里侯"之相,后官至西域都护,封定远侯(《汉书·班超传》),诗人借班超之典,抒发渴望建功立业之豪情。许梦青《秋思》诗亦有"毕竟壮心浇不尽,拼将沉醉唱《凉州》"之句。

二、对爱国情思的寄托

由于凉州"通一线于广漠,控五郡之咽喉"的战略地位,它也成为兵家必争之地。随着安史之乱作,唐王朝盛极而衰,河西陷于吐蕃,凉州也从"车马交相错,歌吹日纵横"的国际都会,成为文人士子抒发失地之悲和狼烟之慨的伤心地。唐王朝经略西域重要节点凉州的陷落,对唐朝国势影响巨大,据《旧五代史·吐蕃传》记载:"初,唐分天下为十道,河西、陇右三十三州,凉州最为大镇。天宝置八监,牧马三十万,又置都护以控制之。安禄山之乱,肃宗在灵武,悉召河西戍卒收复两京,吐蕃乘虚取河西、陇右,华人百万皆陷于吐蕃。"在此情形之下,在中唐以后诗人的作品中,凉州亦被赋予了黍离麦秀之叹,成为了爱国情思的寄托,诗人们的笔端也增加了收复失地、怀念故土的内容。而唐代以后凉州历史上发生过的另外两起重大事件,更成为明清诗人寄托爱国热情的情感来源,其一是北宋仁宗明道元年(1032),西夏党项族首领李元昊率兵攻占凉州、甘州(今甘肃张掖),河西之地尽归西夏;其二是公元1247年,元太宗窝阔台次子西凉王阔端与西藏萨迦派领袖萨迦班智达在凉州白塔寺举行了"凉州会盟",至此,西藏正式纳入中国版图。由于在中国历史上的特殊影响,"凉州"所蕴含的家国情怀更加丰富。基于这样的历史情感,明清诗人在诗歌中常以"凉州"及其相关意象来讽刺边将和统治者,将他们无力收复失地、耽于享乐的丑态揭示出来,而渴望有贤臣良将能够维护国家的主权,如明人戴良《凉州行》以"夫婿从军半死生,美人踏筵尚歌舞"来描述边将之腐败。朱诚泳所作《凉州词》有"三军辛苦觅封侯,终岁防边战不休。何事孟佗凭斗酒,当时谈笑博凉州"之句,用汉末孟佗用西凉美酒贿赂宦官张让、官拜凉州刺史的典故来讽刺朝政之黑暗。杨一清"只因边徼无烽火,忘却关山是远行"(《将至凉州》),则表达了对边塞和平的欣慰之情。清代屈大均以"凉州无大马"(《吊袁督师》)之句讽刺明朝君臣昏聩,自毁长城,以致丧师失地。历史上西凉兵马素以骁勇善战而闻名,此用晋代凉州刺史张轨的典故,张轨永宁中曾率西凉兵马击败叛军王弥,无名氏《京师为张轨歌》云:"凉州大马,横行天下。"至晚清时,边塞多事而朝廷腐败已极,诗歌中的凉州更具有了现实指向性,林则徐"小丑跳梁谁殄灭,中原揽辔望澄清"(《子茂薄君自兰泉送余至凉州且赋七律四章赠行次韵奉答》)之句,渴望卫国御侮之情溢于言表。张晋所作乐府诗《弃凉州》,则将批判的矛头直指统治者,诗云:"利器宜盘错,升卿负壮猷。谋臣皆肉食,何事弃凉州。"

三、对边地风物的择采

凉州地处丝路要冲,各路商贾云集,四方风物荟萃,明清诗人在吟咏凉州相关风物时,往往选择具有凉州特色的意象。凉州"地处西方,常寒凉也"(《晋书》),但日夜温差大、日光照射强的气候特点,使得此地适宜生长葡萄、苜蓿、沙枣等作物,这些具有边塞色彩的意象,在明清诗歌中也逐渐成为了凉州意象的延伸。这其中最著名的意象就是葡萄(蒲桃)酒,唐王翰的诗句"葡萄美酒夜光杯,欲饮琵琶马上催",使得凉州美酒享誉神州。凉州种植葡萄历史悠久,张骞出使西域即带回了葡萄种,东汉时凉州葡萄酒已经成为备受欢迎的奢侈品,据《天中记》记载:"汉末政在阉宦,扶风孟佗献西凉州葡萄酒十斛于张让,即拜凉州刺史。"宋乐史《杨太真外传》亦载:"太真妃持颇梨七宝杯,酌西凉州蒲桃酒,笑领歌,辞意甚厚。"可见凉州出产之葡萄酒备受统治者欢迎。此后文人也多以葡萄酒指代凉州,如明代张恒《凉州词》有句云"垆头酒熟葡萄香,马足春深苜蓿长",王洪"兹行总为宣恩德,不带葡萄苜蓿归"(《送陈员外使西蕃》),清人毛奇龄"出塞马衔青苜蓿,入关人载碧葡萄"(《凉州词》),田雯"酒价秋来太无赖,僭同凉州古葡萄"(《秋来饮桂树下》),吴绮"谁愈文园疾,凉州酿一升"(《葡萄》),陶廷珍"此去凉州风土近,马肥苜蓿酒蒲桃"等,皆以葡萄作为指代凉州的典型意象。

  总之,在明清文人的诗歌中,汉唐时代凉州的辉煌已经由地理空间的意象,逐渐泛化为一种"凉州情节",在文化空间与诗意空间的维度,成为了一座精神高地,冥冥中鼓舞、引领着后来人。

《救劫宝卷》的悲情叙事与文学治疗 *

刘玉忠

西北民族大学文学部

　　钟嵘在《诗品序》中提道："若乃春风春鸟,秋月秋蝉,夏云暑雨,冬月祁寒,斯四候之感诸诗者也。嘉会寄诗以亲,离群托诗以怨。至于楚臣去境,汉妾辞宫。或骨横朔野,或魂逐飞蓬。或负戈外戍,杀气雄边。塞客衣单,孀闺泪尽。或士有解佩出朝,一去忘返。女有扬蛾入宠,再盼倾国。凡斯种种,感荡心灵,非陈诗何以展其义? 非长歌何以骋其情? 故曰:'诗可以群,可以怨。'"①不独诗歌如此,其他文艺作品也可以"感荡心灵"。一部好的文学作品不仅仅给人以美的享受,也能够带来惊心动魄的悲剧震撼,有些中国文化的研究者往往将中国文化定义为"乐感"的特质,而且在中国历代文学作品中很少有惊心动魄的悲剧之作,但是这种观点未必适合于民间文艺作品。《救劫宝卷》悲慨满纸、字字心酸,揭露了由于地震、兵祸造成许多家庭生离死别、颠沛流离的悲苦情状:"多少行舟齐下泪,家家恐有望夫山。"王国维在《人间词话》中说:"大家之作,其言情也,必沁人心脾,其写景也,必豁人耳目 …… 以其所见者真,所知者深也。"②《救劫宝卷》如此哀婉动人,主要是因为作者亲历灾难使得作品激荡着一股悲怆的真情,战乱瘟疫、被迫离乡、颠沛流离等哀怨之情相互交织、层层推进,仿佛一曲悲怆的人生咏叹调,令人感慨万千,难以释怀,让听众和读者在聆听和阅读过程中得以宣泄内心的情绪,接受宝卷的熏陶,使得宝卷在文学审美的价值之外又兼具了心理治疗的功能。

---

*　　本文为西北民族大学博士创新项目"河西宝卷与地方性知识的人类学研究"
　　　(Yxm2020001)的阶段性成果;国家社科一般项目"河西宝卷整理与研究"
　　　(14BZW154)的阶段性成果。

①　郭绍虞、王文生:《中国历代文论》,上海古籍出版社,2001年,第106页。
②　王国维:《王国维文学论著三种》,商务印书馆,2001年,第42页。

一、灾 难 记 忆

悲情描写作为一种常见的描写手法,它既具有审美性也具有悲剧性。尤其充满悲情色彩的历史事件和人物描写能够引起欣赏者的情感共鸣和灵魂震撼,给予受众内心深刻的情感体验。同时它也会使得听众的心理平衡被打破,与作品中的人物同呼吸共命运,进而形成悲伤的情绪。正如丹纳所说:"群众的趣味完全由境遇决定;抑郁的心情使他们只喜欢抑郁的作品。"①传唱于河西大地的《救劫宝卷》就是这样一部充满悲情、悲美、悲剧的艺术杰作,之所以受群众喜爱就是因为其悲美的情感能引起亲历者或倾听者的共鸣。此宝卷根据古浪大靖冯相国先生亲身经历所写,他身临其境、耳闻目睹了中华民国十六年(1927)到十八年(1929)间在大靖发生的一段真实的灾难:当时天下大乱、瘟疫肆虐,加上天旱饥荒,于是民不聊生,四处逃难,完全打破了日常生活的秩序:

> 一大劫天摇地动,压死众百姓成千上万。二大劫连年荒旱,晒得河干井枯寸草不见。
>
> 三大劫各处的强盗作乱,只杀得百姓叫苦连天。四大劫瘟神下凡,白喉症死去的人无法计算。
>
> 五大劫洪水没了武威大片。六大劫刮大风天昏地暗,恨世人尽作恶不行善事。
>
> 七大劫降白雨大如鸡蛋打死了猪和羊地里禾田。八大劫虎狼凶把人咬惨,咬得那大街上人稀路断。
>
> 九大劫粮食贵人人亲见,一斗粮半斗钱饿死黎民百千。十大劫降祸灾,洋枪大炮打死了众百姓千千万万。

作品中展示的"天摇地动"指的是民国十六年农历四月二十三日(公历5月23日)20分在古浪发生的里氏8级大地震。农历四月二十一日(公历5月21日),古浪曾出现大风山鸣的现象。"没过10分钟,忽然大震,'炸裂巨

---

① 〔法〕丹纳:《艺术哲学》,天津社会科学出版社,2004年,第38页。

响,天地啸鸣,狂风大作,尘土飞扬,墙倒屋塌,哭声唤声惨闻。大震以后约4分钟,又来了一次小震,时间很短就停止了。没过5分钟又来了一次大震。这次大震是短促地暴跳震动,破坏性很强,多数房屋倒塌和人畜伤亡是在这一次。这次大震时间很短就停止了。过了一会儿,又来了一次小震。这次地震为里氏8级强烈地震,震中在祁连山区的沈家窝铺至冬青顶一带(即北纬36°75东经102°)。古浪县城除上城燃灯佛阁楼、北街杨家牌坊和高六尺长四丈的一段城墙外,其余城垣和铺面、居民房屋全部倒塌,城周围50里内变为废墟;平地裂为深沟,有长达30里者;山上灰岩裂缝,有宽2丈深2丈者;古浪峡山崩壅道,交通中断经年;泉流、河水干涸。全县共摇倒堡寨、村庄、油房、水磨、学校、寺院庙观等1 800余处,房屋14 400间,压死人口3 800余人,压死牲畜羊只28 560多头(只)。"临近的武威损失也很惨重,当时的《盛京日报》这样描写:"5月23日(农历四月二十三日)上午5时20分(卯时),武威地忽大震,轰烈如雷,簸荡如舟,如涛怒卷,土木合沓,尘土障空,村堡皆然。起止五六次,约十余分钟。震中裂度为十一度,震级为八级。县城砖楼倒二十三个,只留有北楼。土垛口落下,罗什塔只留一人高。清应寺、大云寺二塔顶圮,县署平倒,全城尽为瓦砾之场。倒塌民舍四万一千八百多间,压死三万五千五百多人,压伤四万三千二百余人,压死大牲畜四万八千八百余头,羊十七万六千二百余只,崩裂田地十二万三千七百亩。大震之后,黑雾弥漫,哭声遍野,此千古未有之奇灾也。""这次大地震,还波及兰州、临夏、永昌、山丹、镇番(今民勤)、平番(今永登)、高台、张掖、酒泉、金塔、敦煌等地,均有不同程度的生命财产损失,河西30余万灾民,无衣无食,流离失所。"①"毫无疑义,一场自然变动之所以在降临人间的时候就成了灾难是因为它给人类个体、群体带来的是无尽的身心痛苦和生命的消亡。这些苦难与死亡是多元、立体的,不仅仅是生活必需品的匮乏、人生理生命的伤害、建筑物的倒塌,更严重的是人精神世界的破碎。一方面,物质世界被摧毁,这使人类陷入了生活的困顿之中;另一方面,精神世界受到强烈的冲击,将人推进超越之豪迈与毁灭之惨烈的两极。"②但面对大自然的灾害,作为个体

---

① 傅占礼:《古浪史话》,甘肃文化出版社,2007年,第46页。

② 王玉红:《中国自然灾难的审美之维》,暨南大学硕士学位论文,2010年,第6页。

的人为了生存不得不去抗争，不得不去超越，这就使得倾听者和讲述者沉浸在悲酸的倾诉当中。"整个群体，包括讲述者和听讲者双方，一开始都抱着治疗的目的，他们在一种使双方都感到舒适的环境里开始进行。随着故事逐渐展开，听讲者将它写下来。讲故事者在一种内心敞开的状态下徐徐道来而不是探寻或分析。渐渐地，生活中的酸甜苦辣喷涌而出。"①

二、兵戈扰攘、流离失所的历史记忆

"干戈日寻兮道路危，民卒流亡兮共哀悲。"（蔡文姬《胡笳十八拍》）天灾人祸接踵而至，老百姓顾此失彼，满目凄凉，捉襟见肘，对此宝卷作了血泪般的描写：

十　字　调

民国的 十七年 灾难不浅 老天爷 不下雨 实实干旱 只晒得 百草干 树木不见

人无粮 马无草 实在可怜 虽有钱 买不上 五谷米面 只饿得 众百姓 东逃西散

人吃人 狗吃狗 古来少见 四乡里 一家人 各自分散 那时节 各家里 缺米少面

各处的 榆树皮 剥者吃光 草籽儿 吃得人 面黄肌瘦 一股儿 草腥味 实在难咽

唯有那 苦苦菜 养活饥人 若不是 苦苦菜 性命难存 苦苦菜 也挑尽 总难活命

吃牛皮 吃麸皮 又吃谷糠 三五日 无吃的 浑身打颤 眼睛里 冒火花 无以立站

娃娃们 只饿得 皮包骨头 老汉们 只饿得 难以行走 青年人 只饿得 东逃西奔

好夫妻 只饿得 各自分散 姑娘们 只饿得 眼泪汪汪 卖给了 远方人 背井离乡

---

① 叶舒宪：《文学与治疗》，陕西师范大学出版社，2018年，第25页。

还有那 七八日 无吃无喝 浑身上 如干柴 死在道旁 大街上 饿死人 到处横躺

可怜了 众百姓 命见阎王 我大靖 饿死人 数以万计 细思想 遭荒年 疼烂肝肠

也有的 全家人 一齐饿死 也有的 一家人 只剩一男 有一个 人贩子 心肠太狠

乘大难 买姑娘 大赚银钱 论年龄 讲身价 一岁十角 好姑娘 他只出 十多银元

饥饿年 命难存 家无度用 把姑娘 白送给 远方之人 这也是 造下孽 今日报应 死与活 难料到 珠泪纷纷

宝卷忠实地记录了痛彻肺腑的社会现实,景象凄惨、人烟灭绝、田园荒芜,对血淋淋的社会现实做了入木三分的描写。天灾无法避免,人祸更加可怕,接下来揭露了军阀豪绅强取豪夺、兵戈扰攘,造成了老百姓生灵涂炭的严峻现实。"人民越遭难,反动派越猖狂。他们视人民遭灾之时为掠夺人民的大好时机。驻扎武威的国民军教导团长,率部发动'凉州兵变',凉州总兵仓皇出逃;团长即以土皇帝的威风,派捐派税,要丁要粮,给凉州人民带来灾难,也给古浪人民、大靖人民带来灾难。不久,凉州总兵反攻凉州,团长败北,总兵又登上土皇帝宝座,再一次向人民派捐派税,要丁要粮。凉州、古浪、大靖的黎民百姓,在天灾的劫后余生中,怎能再承受如此兵荒马乱、战火横飞的人祸? 然而,反动政府不顾人民的死活,身为民之父母官的甘肃督导刘郁芳,疯狂扩军备战,加税抽丁,抓差索粮。"[1]一时之间:

十 字 调

上年荒 再加兵 瘟疫蔓延 要差粮 又抓丁 百姓涂炭 十八年 再干旱 禾苗不长

数百年 未经过 如此灾荒 一斗麦 暴涨到 五块银洋 一斗米 八元钱 到处难找

天无雨 苦苦菜 已被挖尽 榆树皮 和谷糠 也没余剩 肚中饥 身上寒

---

① 赵广军:《〈救劫宝卷〉的历史意义》,《河西学院学报》1991 年第 1 期,第 51 页。

腿也发酸

　　回到家 泪汪汪 口中苦干 好衣服 才换了 半升米粮 好家具 无人要 四街摆遍

　　好农具 和铁锨 一齐卖光 买回些 粗砂面 心中作难 逼得那 男子汉 偷米偷面

　　立逼得 女人们 跟了野汉 好男孩 有人要 换些米面 姑娘们 不怕羞 自己招汉

　　有几个 青年人 不顾性命 大街上 抢着吃 好不可怜 还有那 穷汉人 没有方便

　　一家人 含着泪 大街讨饭 走一家 过一户 都把门闩 从早起 讨到晚 肚中饥渴

　　那时节 人的命 太不值钱 各地方 穷汉人 饿死大半 大路上 抛尸骨 实在太惨

　　成群的 结队的 野狗来餐 那时节 有乡爷 绅士农官 众议者 放舍饭 暂救饥寒

　　也恐怕 众饥民 趁机作乱 劝富汉 救穷人 舍了粮担 每一天 一个人 四两米面

　　只饿得 嘴皮干 黄皮包骨 施舍饭 拥来了 饥民千万 有人说 吃舍饭 要命不远

　　果不然 饿死了 穷人万千 只时节 还不走 留恋何物 弃房屋 抛田产 匆忙上路

　　立逼得 众百姓 离乡逃难 上凉州 走甘州 又走肃州 南逃的 去西宁 去投活命

　　东逃的 走中卫 又走宁夏 北走的 进沙窝 蒙古鞑靼 人常说 中卫好 收拾就走

　　吃大米 把黄河 亲自观看

战乱将老百姓挟裹于痛苦的深渊当中，军阀为了满足自己的欲壑强取豪夺、残害百姓，将老百姓逼到近乎绝望的境地，令人悚然。于是没有立锥之地的百姓不得不放弃原本属于自己的生存空间而辗转流徙。作品情真意切、如泣如诉,演绎了一段真实的历史悲剧,唤起大众对历史悲情事件的关注和对老百姓的怜悯。"国破山河在,城春草木深。感时花溅泪,恨别鸟惊心。"如司马光所说:"'山河在',明无余物矣;'草木深',明无人矣。"(《温公续诗话》)

三、颠沛流离、悲苦古庙的悲情叙事

亚里士多德在其著作《诗学》中写道:悲剧"通过引发怜悯和恐惧使这些情感得到疏泄……人体内任何一种成分的积蓄,如果超出了正常的水平,便可能导致病变,医治的办法是通过 katharsis 把多余的部分疏导出去"①。灾民因自然灾害的发生而辗转流徙,接下来宝卷以第三者的视角交代了逃难的悲惨场面,却说张三一家人拖男带女往前行走,路途中尽是往中卫逃难的大靖人。男女老少一个个骨瘦如柴、仰天长叹、眼中流血、心内成灰。当他们步履艰难地行走到一座古庙门前,已是日落西山,众人精疲力尽、寸步难行,于是一起进到古庙中歇宿,待明日再走。他们在庙中饥肠辘辘、内心翻滚、难以入眠,哀叹自己命苦,竟然会落到这步田地,于是其中有一位便悲悲戚戚哭起了五更:

哭 五 更 调

一更里来好难肠 黑夜住在古庙堂 逃难出门离家乡 不由叫人泪汪汪 我的天呀 越思越想越悲伤

今夜住在古庙堂 家中丢下爹和娘 想起爹娘好难肠 何日才能回家乡 我的天呀 何日才能回家乡

二更里来好心伤 前思后想无主张 不幸大靖遭年荒 逼我一家逃他乡 我的天呀 哪年哪月回家乡

白日行路肚中饥 两腿打颤真悲凄 夜宿古庙难翻身 不由叫人泪悲啼 我的天呀 这样的苦楚谁人知

三更里来月正中 想起从前我大靖 东西两滩米粮川 城周南川庄稼旺 我的天呀 人称大靖小帝京

---

① [德]黑格尔:《美学》第3卷,朱光潜译,商务印书馆,1994年,第52页。

自从遭了大饥馑 饿殍遍野实可怜 卖儿卖女他乡走 为逃活命抛娘亲 我的天呀 父子骨肉难团圆

四更里来金鸡鸣 朦胧入睡难成眠 梦见大靖大有年 粮米不值几个钱 我的天呀 丰衣足食喜心间

正在高兴一梦醒 难人睡满古庙中 肚中饥饿实难忍 浑身无力难呻吟 我的天呀 浑身无力难呻吟

五更里来天渐明 送出太阳收了星 男男女女都起身 收拾行李出庙门 我的天呀 悲悲切切往前行

妻背行李父背儿 小女扯住哥衣襟 眼流疼泪往前行 何日才能到中卫 我的天呀 今日的磨难谁造成

被卷入这场灾难中的难民有着切肤之痛,所抒发的情感也是生命激情的自然流溢,正因为"由情真,亦由情深",所以读起来"激昂酸楚,读去如惊蓬坐振,沙砾自飞"(沈德潜《古诗源》卷三),"去去割情恋,遄征日遐迈。悠悠三千里,何时复交会? ……茕茕对孤景,怛咤迷肝肺"(蔡文姬《胡笳十八拍》)。蜷缩在小庙中的他们有多少酸楚和悲慨,此情此景催人泪下。小庙——这个让他们休戚与共、互诉衷肠的场所承载了无数的凄凉和诸多的辛酸,成为逃难人临时的避难所。"从引申义讲,场所可指容纳某类主题的话语或思想的'容器',它往往凝聚着某一族群的集体记忆,在情感上总是起着统合和聚集的作用。正如日本香山寿夫认为:'场所就是在不断叠加的过程中,各种各样的事情都在那里发生的地方,是一个将人类集团统合在一起的地方。场所是共同体的依靠和支柱。'"①作者将镜头聚焦于小庙这座场所,对背井离乡的逃难人而言,小庙是他们凄惨命运的浓缩,是命运共同体的象征,承载着浓厚的悲剧情感。他们在小庙中如泣如诉地向神灵倾泻内心的悲楚之情。"宝卷念唱试图营造神圣场域,进而将空间陌生化、神圣化进行禳灾与治疗。宝卷传唱地区的信众为了祈求平安幸福,避免瘟疫灾害,追求生活的幸福安定,会将宝卷作为祈福的工具使用。同时,作为中华民族过去的

---

① 曾斌:《少数民族小说空间叙事的多重精神向度——以阿来〈空山〉为例》,转引自朝戈金、尹虎彬、杨彬《全媒体时代少数民族文学的选择》,中国社会科学出版社,2016 年,第 698 页。

精神表征和集体记忆,宝卷建构了我们的生活状态和我们的道德出发点。通过想象与象征机制,宝卷念唱本身具有的禳灾与治疗功能得以显现。"①

四、衣衫褴褛、人性考验

当灾难把人置于生存边缘的时候,对人性的考量更加真实。"灾难的确是一面镜子,可以清楚地照出人类在某一特定时刻的灵魂。而灵魂的复苏、觉醒,也是一个嬗变的过程。"②面对这场惨绝人寰的自然灾害,芸芸众生在大自然面前是如此的卑微和渺小,生命是如此的脆弱。本想着逃离了地震的侵袭、兵祸的灾难能够在异域他乡找到一个栖身之地,至少可以填饱肚子。但当这些逃难之人来到中卫后生活境况并没大的改变,横亘于他们眼前的依然是颠沛流离、居无定所,他们不仅仅受到当地人的白眼,而且受到病魔的侵袭,雪上加霜的他们万般无奈,只好听之任之,忍气吞声,苦度光阴。残酷的社会环境与重大的自然灾害导致人性的异化和扭曲,在求生欲望的支配下逼迫下,逃难人的生存尊严被剥夺殆尽。到了十月间天气渐冷,逃难人衣衫褴褛、居无定所,更可怜的是到了三九天又被传染病感染,无钱治疗,死者不计其数:

十 字 调

　　盼中卫 奔中卫 望能活命 谁知道 在中卫 也是受罪 将妻子 和女儿一齐卖了

　　老和小 为糊口 也实心酸 老汉们 想吃饭 难上加难 唯独那 年青人倒也活便

　　插草标 卖本身 军营吃粮 进煤矿 背煤炭 苦度生涯 黄河上 当纤夫苦不堪言

　　卖柴草 进沙窝 四处游转 抓发菜 换米粮 养家糊口 凭力气 靠双手苦熬荒年

---

① 李永平、赵世昌:《民间口头传统中的禳灾与治疗》,《中国社会科学报》2019 年 4 月 29 日。

② 陈启文:《南方冰雪报告》,湖南文艺出版社,2009 年,第 23 页。

　　也有些 给人家 放牛牧马 力弱的 领妻儿 沿街讨饭 也有的 无廉耻 游手好闲

　　拿女人 吃贱饭 苟图安然 妻和人 日夜混 假装不见 头戴上 绿帽帽 自觉舒坦

　　从一月 到腊月 一年完满 又到了 十九年 正月元旦

　　潜藏于人性本能后面的苦苦挣扎令人欲哭无泪,饥荒、瘟疫、战乱让人性的善恶暴露无遗。在这场大饥荒面前,比饥荒更加可怕的是猥琐的人性:自私冷漠、灵魂背弃、道德失序,一旦面临生死抉择的关键时刻为了活命,不顾夫妻情深、礼义廉耻,为了活命出卖妻子:

难 离 调

　　王氏一听泪纷纷 叫声丈夫仔细听 夫妻结发情意深 为何今日起歹心 活着一处度光景

　　死后埋在一处坟 一夜夫要百日恩 百夜思情似海深 每日讨饭我情愿 死在一起也心甘

　　三从四德古贤训 我也曾将烈女闻 好马不备双鞍子 好女不嫁二丈夫 你我死了一处死

　　为啥你卖结发妻 王氏越想越恼恨 丈夫你的好良心 你为人家把工做 妻为别人做针工

　　挣上米来丈夫吃 挣上钱来你穿衣 夫吃米来妻喝汤 你我夫妻情意长 日后夫妻回家乡 亲朋脸上也有光 你若今日卖了我 今后日月如何过

　　"人作为社会性群体是充满悖论的存在,这主要表现为客体性与主体性的对立。所谓客体性是指人外在于自身的生存特征,也就是说他仅仅是宇宙的微不足道的一部分,是社会大群体中的一分子。从自然的角度而言人要受到天灾和病老的制约,从人事方面来说则要经受来自同类的种种伤害,因此人难以把握自己的生存轨迹,他依附于外部的力量而生存,也因外部的力量而不断改变自己的命运。"[1]王氏的丈夫为了自己活命不得不借助于外

① 郑训佐、李剑锋:《中国文学精神·魏晋南北朝卷》,山东教育出版社,2003年,第97页。

部力量的救助,他不听妻子的悲苦诉说、不顾亲情,依然将妻子卖给别人。其实战争总会过去,瘟疫也会消散,饥荒终会度过,而人性的灾难却非常可怕,宝卷将笔触伸向了人所面临的惨淡的困境,既描写出了在当时悲苦的情形下老百姓苦苦挣扎的生命情状,也将笔触延及人的内心深处,穿透了人性的善恶,当情感的悲痛凝聚成生存的话语时延宕着一种悲剧的张力,使读者对王氏丈夫形成了伦理谴责的义愤,进而形成强大的伤感涡流,对其妻子产生恻隐之心。人性原本非常复杂,既有自私自利的一面,也有善良光辉的一面,同样是流离失所、饥饿难耐,但也有爱的伟大显现与人性超越层面的救助。与王氏丈夫狠心卖妻相比,陈氏与其丈夫则患难与共,伉俪情深,但不幸的是丈夫在逃难途中饥饿难熬、体力透支,最终撒手人寰。临终之际,丈夫含泪诉说了多年来妻子对他的百般体贴和朝夕服侍,表示无论怎样也不愿意与她分离。唱词悲酸凄楚、感人肺腑:

十 字 调

张三叫 我贤妻 你听我说 两三天 莫吃饭 难熬饥荒 今日个 我觉得 心中难过

眼看着 活不成 命见阎王 倘若是 我今日 有个差错 你领上 儿和女 去过日子

到中卫 你母子 好好过活 要学那 贞烈女 莫侍二夫 你若是 把儿女 拉养成人

我虽死 也难忘 你的大恩 他妻子 听此言 泪流满面 细思想 儿和女 如何拉养

夫若是 一命亡 尸抛他乡 我母子 从今后 何人依帮

但往往天不遂人愿,最终张三撒手人寰,他在临终前殷殷托孤。人之将死其言也善,鸟之将亡其鸣也哀。其悲苦情状几近汉乐府民歌中的病妇"妇病连年累岁,传呼丈人前一言。当言未及得言,不知泪下一何翩翩。属累君两三孤子,莫我儿饥且寒。有过慎莫笪笞,行当折摇,思复念之!"在"永诀之时,便交织成忧虑与惊恐,发而为嘱托之辞了。……而在这迫切请求之下,又可看到那款款深情的脉脉流动。即将经受幽显隔绝、无缘重见之苦,也就愈加系念留在人间的幼男娇女,'思复念之',唠叨再三,更将殷殷嘱望之情,溢于言表。一个人临终之时，什么都可放下，唯独自己的孩子，却委实难割难舍。这既是母爱深沉的表现，也是劳动妇女善良品质的自然流露，情真语真，字字皆泪，令人唏嘘感叹不已"①。男儿有泪不轻弹，只是未到伤心处。张三临终嘱托与"病妇"何其相似。其情切切，令人卒不忍睹，宝卷素朴的描写将夫妻分离、临终托孤的悲伤之情渲染到极致。"存者且偷生，死者长已矣！"为了生存妻子欲哭无泪，欲死不能，因为还有儿女未长大成人："夫妻结发期百年，何言中路相弃捐。小儿未识死别苦，哑哑向人犹索乳。"（明代刘基《病妇行》）

> 我丈夫　饿死在　无人荒滩　请你们　众乡亲　行个方便
> 有众人　忙上前　发了善心　一时间　把死首　埋入土中

　　字字是血，句句是泪。在悲情的描写中让读者的心灵产生深深的震撼。正如黑格尔所认为的，"各种本身合理的伦理力量"是造成悲剧冲突的真正动力和内容，此处的描写之所以能深深打动人心，究其根由，全在一个"情"字。尤其"因伦理评价所引发的情感表现是人类的心灵特质，当然也是文学的本质属性，它的价值取向，隐含着人的政治、经济、文化、伦理、宗教和审美等社会性需要与态度，以及由此诸多因素形成的对社会生活的心理体验和判断。文学创作正是以这样的属性，在向人们展现'真'的同时，也向人们呈现着意义并以审美情感诉诸人们的心灵和激发人们的情绪的方式，发挥着它的审美意识形态作用"②。宝卷通过表层朴实的描写将悲痛错落并置，美与悲互为表里、共生互长，将现实的认知层面与人物内心的激烈挣扎相连接，产生了悲剧的效果，因此，读者在欣赏宝卷的时候被素朴的文字所打动，通过血与泪的文字发现了作者隐伏的悲痛，这不仅仅是个人之悲，更是时代之悲！其实"灾难的深重程度与政府救灾的做法和态度有着密切的关系，民众个体的生命在民族或国家的'利益'重压下显得微乎其微，权力的大手遮蔽了他们的生命空间。正如印度经济学家阿马蒂亚·森（Amartya Sen）指出的一样，贫困与饥荒问题与权利有很大的关系，贫困与饥荒不仅仅是因为权利供给不足，更多的是权利分配不均，比如灾荒造成的粮食缺乏，并不是

---

① 古诗文网 https://so. gushiwen. org/shiwenv_e0cc91fea6a8. aspx。
② 童庆炳：《文学理论教程》，高等教育出版社，2015 年，第 179 页。

粮食供给不足,主要是因为粮食的分配机制被破坏,只有相当多人的权利被剥夺才会导致大饥荒"①。但在这场惨绝人寰的灾难当中,秩序失衡、道德崩溃,诸多因素加剧了苦难的发生。在撕心裂肺般的描写当中真实地再现了普通民众生存的状况和悲剧的体验。"悲剧的美学意义并不仅仅在于展示这种厄运对人类的肆意玩弄,而在于展示出美的一种令人痛心的毁灭,更在于美面临厄运、面临毁灭时所出现的巨大增值。在灾难面前,也许我们失去了生命,给活着的人留下无限的遗憾和叹息,但灾难未必会毁灭我们的灵魂。灾难片之所以有悲剧感,就是因为悲剧表现出一种对生命的价值和意义的独到的审美解读,它通过生命的苦难和毁灭,展示出生命的秘密不在于长生不死地活着,而在于为什么活着。"②作者沉潜于生活的深处,以自己的亲身经历敏锐地触及当时人们面临的艰难处境,关注民众的悲悯、时代的苦难,通过这部史诗般的苦难宝卷,让我们更加明白活着的意义和价值。

五、云开雾散、重返家园

最终天开云散,凉州一府五县天降甘露,粮食丰收,于是逃难之人欣喜若狂,归心似箭。他们赶紧收拾行装离开中卫,风餐露宿,不几日来到了大靖:

马场滩 鸣沙咀 连走带看 大东滩 觉不远 就在眼前 走过了 大东滩 抬头观看

见大靖 不由地 叫人喜欢 到庄园 又不禁 泪洒胸前 见房屋 和庄墙 破烂不堪

早回的 友亲朋 都来看望 不由人 一阵阵 伤心作难 今日个 和你们 又得相见

离别时 灾难重 难想今天 有的人 一回家 好不凄惨 儿和女 屋中物 样样不见

---

① 向会斌:《〈一九四二〉:温故苦难　反思人性》,《电影文学》2013 年第 17 期。
② 朱凌明:《灾难片的人文意义和价值》,四川师范大学硕士学位论文,2011 年,第 24 页。

　　"离家"时撕裂的痛苦与漂泊的疲乏最终在"还乡"的喜悦当中被完全冲淡,这种带泪的微笑更令人唏嘘不已。在灾难来临时,人的种种精神影像在灾难面前得以显现,人性中的善与恶、美与丑、高贵与卑劣得到淋漓尽致的体现。"灾难是暂时的,苦难是永久的,每一次自然灾难的爆发都是人生苦难的具体、集中反映。灾难不能被孤立化,苦难不能被遗忘。灾难和苦难不是用来被大脑记忆的,而是用来被心灵咀嚼和消化的。灾难和苦难必须要从表层的经验转化成一种创伤记忆走进我们的审美视野。这样我们才能立足于生命的高度,挖掘生命的深度,体味到生命的厚度。对自然灾难的反思,会让我们明白,生命的价值不在于享受,而在于超越苦难,因为活得痛苦,所以活得深刻。"①正如作品所言:

　　遭荒年 苦难事 人人亲见 血和泪 教化人 代代相传 把有时 当无时 常记心间

　　万不可 今朝饱 不管明天 劝世人 早行善 不受大难 富与贵 贫与贱 轮流变换

　　综上所述,作品通过人与自然的冲突(天灾与逃难)、人与社会(百姓与兵祸)以及爱情的冲突(卖妻与葬夫)的描写,展示了属于人性的真诚情感和命运抗争,也折射出对社会现实分崩离析的一种深广忧愤的批判。"文学创作是一种最具个人创造性的精神生产方式,是通过人对世界的情感体验、感受、评价,力求表达人对世界的主观感受和认识。任何一位文学创作者的创作灵感都来源于生活。"他们对生活的审美感受、审美体验、审美判断和评价,以及运用文学语言反映生活的技巧、风格,都受到时代精神、社会意识、公共心理、民族特性、阶级意识等因素的影响。"②一方面是因为《救劫宝卷》体现了"善写时事"和"实录"的特点,另一方面尽管《救劫宝卷》属于俗文学的范畴,但就其整体的艺术风格而言,与杜甫的诗史非常接近。作者身处乱世,遭逢时艰,政治腐败、社会黑暗、黄钟毁弃、瓦釜雷鸣、凉州鼎沸、万户伤心。作者慨时势之艰难,痛社会之离乱,悱恻缠绵,如怨如诉,从而赋予宝卷的描写既具有可感的实在性,又包含浓郁的抒情性。正是风云变幻的时代

①　王玉红:《中国自然灾难的审美之维》,暨南大学硕士学位论文,2010 年,第 85 页。

②　童庆炳:《文学理论教程》,第 116 页。

因素与命运多舛、颠沛流离的人生际遇的共同作用,才催生出了这样一部描写苦难的杰作。这部杰作展示了民国时期古浪人民内心悲苦的挣扎以及与命运不屈的抗争,留下了那个时代属于普通百姓悲情的呼喊,也留下了对那个时代惊心动魄的苦难描绘。"干戈易洒苍生泪,诗卷长流天地间",把它誉为一部波澜壮阔的苦难史诗也毫不过分!

　　总之,在河西宝卷颇为盛行的乡村社会里,那些喜欢听宝卷的民众,他们的生活境遇要么是贫苦而又孤寂的,要么是在现实生活中遭受不幸遭遇或是人生理想遭到破灭,他们尤为渴望获得精神上的救助与满足,以实现某种心理平衡。聆听宝卷便具有这样一种心理补偿和治疗的功能。叶舒宪在谈到文学治疗的双向治疗功能时将其分为"自治"与"他疗"两种功能:"所谓'自治',此处并非政治术语,而是'自我疗救'之意,主要指作家在文学创作中,将自身苦闷、愁怨、愤恨等消极情绪,通过文本作品宣泄出来,治愈精神所受创伤。而'他疗',并非接受他人治疗,而是'治愈他者',指读者以文学阅读、文学评论等方式体认作家的创作意图和情感表达,目的在于达到彼此心灵的感知相通,以此化解读者自己心灵上的芥蒂和郁结,从而净化内心世界。当然,很多情况下,'自治'与'他疗'的界线没有那么泾渭分明,作家有意'自治'的过程中,不自觉间起到了良好的他疗效果。"①《救劫宝卷》在书写的过程中既宣泄了自己对乱世表现出的愤懑之情以及对百姓的同情之心,也使读者在阅读和聆听宝卷时与创作者进行心灵的对话,建构起丰富的内心世界,达到宝卷良好的"治疗"效果。

------

① 　叶舒宪:《文学与治疗》,第 10 页。

五凉史料整理与研究的新进展

冯晓鹃

浙江大学历史系

前　言

公元 4 世纪初至 5 世纪初,河西地区先后出现了五个以"凉"为国号的割据政权,即前凉、后凉、西凉、南凉、北凉,是当时北方十六国割据政权的重要组成部分。北魏崔鸿《十六国春秋》较早记载了这段历史,唐修《晋书》卷 86、87、122、126、129 及北宋修《太平御览·偏霸部》之八、九、十又分别记载了五凉政权的历史脉络,引用了大量《十六国春秋》的佚文,成为后世研究五凉历史的重要依据。由于《十六国春秋》散佚,明代刊定了屠乔孙、项琳辑本《十六国春秋》100 卷,但史料来源真伪不明,学界很少直接引用。到了清代,汤球广泛征引群书中的佚文,通过修订、考证与系统编年而成《十六国春秋辑补》,其中包含《前凉录》9 卷、《后凉录》4 卷、《南凉录》3 卷、《西凉录》3 卷、《北凉录》3 卷,内容丰富,方便查询;但此书的辑补存在一些讹误,部分内容的可信度尚待商榷。此后,日本学者关尾史郎等编《五胡十六国霸史辑佚》,又收集、摘录了各种史籍中对五凉史料的记载,[1]还包括《凉记》《凉州记》《西河记》《敦煌实录》等早期的史籍佚文,极大地丰富了史料内容,此书的整理工作相当细致,是一本很好的工具书;但由于该书以所选参考书目为顺序进行录文,且新增五凉史料分散、简短,研究者难以依托这些史料而取得重大突破。

---

[1]　五胡の会编:《五胡十六国霸史辑佚》,燎原书店,2012 年。《五胡十六国霸史辑佚》收集了《世说新语》《北堂书钞》《艺文类聚》《隋书》《沙州图经》《初学记》《通典》《元和姓纂》《元和郡县图志》《太平御览》等书籍中对五凉历史的记载。

　　考古出土文献史料的发掘,为五凉史料的整理与研究打开了新的大门。1977年,王素、李方收集了魏晋南北朝时期敦煌地区出土的包括简牍、文书、镜、钱、砖、塔铭记、碑志、石窟题记、古籍、写经题识及陶瓶朱、墨书镇墓文等在内的史料,整理成《魏晋南北朝敦煌文献编年》①,其中包含五凉史料100余件,以镇墓文、衣物疏、写经题记居多。书中对每件史料的性质、出土时间地点、收藏单位与编号、刊载的图版与释文的论著、国内外有关的研究成果等进行了介绍,是一部具有很高学术性和实用性的参考著作。2005年,日本学者关尾史郎又著有《中国西北地域出土鎮墓文集成(稿)》②,汇集了敦煌、嘉峪关、酒泉、定西、崇信等地出土的镇墓文共143件,其中有纪年的75件(属五凉时期的有63件),年代不详的68件;此书稿记载了镇墓文的墓葬纪年、出土地、器物形状以及部分书写情况和录文,能为相关研究提供较好的索引,但录文大多缺失,具有录文的镇墓文仅有60余件。需要说明的是,以上两部著作皆只对五凉考古出土史料进行了整理,但没有对相关史料开展研究。

　　除考古出土文献史料外,墓葬壁画作为图像史料亦受到学界重视,研究成果甚夥,为证史、补史提供了重要依据。其中,《甘肃出土魏晋唐墓壁画》③对甘肃境内已发掘的728幅魏晋唐墓葬壁画进行收集整理,保持了壁画的真实性、原始性,同时附有大量的文字注录和说明,是研究魏晋唐墓葬壁画及五凉历史不可或缺的材料,但本书存在不少缺憾,如材料不充分不准确等情况。④　其后,孙彦《河西魏晋十六国壁画墓研究》⑤、郭永利《河西魏晋十六国壁画墓》⑥、卢冬《地下画廊:河西走廊出土壁画彩绘砖》⑦等著作又分别从

①　王素、李方:《魏晋南北朝敦煌文献编年》,新文丰出版公司,1977年,第89—90页。

②　关尾史郎:《中国西北地域出土鎮墓文集成(稿)》,新潟大学"大域的文化システムの再構成に関する資料学的研究"项目,2005年,第21—83页。

③　俄军、郑炳林、高国祥主编,甘肃省古籍文献整理编译中心等编:《甘肃出土魏晋唐墓壁画》,兰州大学出版社,2009年。

④　关尾史郎:《河西砖画墓、壁画墓的空间与时间——读〈甘肃出土魏晋唐墓壁画〉一书后》,《敦煌吐鲁番研究》第13卷,上海古籍出版社,2013年,第549—562页。

⑤　孙彦:《河西魏晋十六国壁画墓研究》,文物出版社,2011年。

⑥　郭永利:《河西魏晋十六国壁画墓》,民族出版社,2012年。

⑦　卢冬:《地下画廊:河西走廊出土壁画彩绘砖》,甘肃人民美术出版社,2017年。

河西壁画墓的墓葬形制与分布、壁画题材与分类、图像内容与地域社会、绘画艺术与生活场景、源流及影响等角度展开了专题与系统性研究,解读了河西墓葬壁画中所展现出的民众生活场景、豪族共同体、民族与信仰、壁画题材与绘画艺术等内容。

以上为学界 2017 年以前对五凉史料的整理与研究情况,从中可看出,除墓葬壁画开展了一定的研究以外,其他如史籍史料、出土文献及镇墓文史料,都仅停留在整理的层面,尚未进行系统性的研究;且在整理过程中,存在年次、录文不详等问题。近年来,河西本地学者贾小军、吴浩军等在前人基础上对五凉史料开展了进一步整理与研究,并取得了新的突破和进展。在出土文献史料方面,如《魏晋十六国河西镇墓文、墓券整理研究》《河西墓葬文献研究》;在墓葬壁画方面,如《砖画·壁画からみた魏晋时代の河西》《汉唐时期河西走廊墓葬壁画全集》。这些研究成果不仅增添了新的五凉史料,还在整理史料的基础上开展相关研究,在研究方法、视角等方面取得了新的突破,为五凉史研究作出了重要贡献。

一、墓葬文献史料的整理与研究新进展

(一) 贾小军、武鑫《魏晋十六国河西镇墓文、墓券整理研究》

此书分为上、下两卷,分别对魏晋十六国时期河西地区出土镇墓文、墓券进行汇编、研究。汇编中共收录有截至 2017 年所见的镇墓文 89 例,墓券、衣物疏、名簿、铭旌、爰书等墓葬文献 39 例,除河西地区新发现的墓券、衣物疏外,还包括吐鲁番地区发现的,体例、格式与河西相近的墓券、衣物疏等墓葬文献。[①] 在整理过程中,作者结合相关资料对镇墓文进行了逐一释读、断句,并附之以摹本或相关图片,丰富了墓葬文献史料内容。在整理基础上,本书围绕墓葬文献进行了专题探讨,如解读"薄命早终"类镇墓文,梳理镇墓文、墓券的纪年信息,分析墓葬文献所反映的社会历史变化等,同时还揭示了墓葬、壁画及出土文献中所反映出来的河西民众的基本生存空间、社会生

---

① 贾小军、武鑫:《魏晋十六国河西镇墓文、墓券整理研究》,中国社会科学出版社,2017年,第4—116页。

活状况及丧葬习俗等社会历史信息。

作者整理与研究的进步之处在于：

第一，对近年来新发现的镇墓文、墓券资料进行收集整理，增加了五凉史料的数量和内容。作者参照考古发掘报告、相关图片及研究成果，对墓葬出土文献进行释读、录文和断句，丰富了史料内容，并提高了文本的准确性。在分类释读时，作者根据墓葬文献所反映出来的性质，将它们划分为镇墓文、墓券两种类型，在以往学者笼统称之为"镇墓文"的基础上有所推进。在整理基础上，作者还判定了 100 余件镇墓文、墓券史料的年份，在以往研究的基础上取得了很大的进步。

第二，作者在研究方法上采用了历史学、考古学、民俗学、社会学等多学科相结合的方法，不仅关注河西出土文献的地方特色，还注重其与周边地区同类文献之间的联系与区别，拓宽了研究视野；同时，还将墓葬文献与传世文献及其他诸如壁画、画像砖等考古图像资料相结合，形成了研究的新视角。①

第三，作者对出土文献中所暗含规律和历史信息的深入释读，有助于加强今后学界对镇墓文、墓券的理解和应用，具有重要的学术价值，为学界开拓出了更为广阔的学术空间。

不过，该书也存在一定的不足之处。首先，在年份判定上，部分纪年还有待商榷，未指出判定依据，且存在多份年次未详的镇墓文与墓券。如建元六年的魏德昌镇墓文，作者系年为 370 年(40 页)，而王素②、吴浩军③则释读为 348 年；又如张故年镇墓文、翟宗盈镇墓文、□阿平镇墓文等，作者皆记年次未详，未作相关考证。其次，在文字释读上，还不够细致全面，缺乏辨析。如建兴十八年(330)郭□子镇墓文之"乐莫相思"(24 页)，"□"与"思"，吴浩军分别录作"邵""氏(思)"；④"工□子"(43、44 页)，吴浩军录作"工偀子"；"□富昌"(46、47 页)，原写作"痈"，吴浩军作"雍富昌"。以上这些字多笔画清

① 魏军刚：《〈魏晋十六国河西镇墓文、墓券整理研究〉介评》，《出土文献》2019 年第 1 辑，第 422—432 页。
② 王素：《敦煌出土前凉文献所见"建元"年号的归属——兼谈敦煌莫高窟的创建时间》，《敦煌吐鲁番研究》第 2 卷，北京大学出版社，1997 年，第 13—22 页。
③ 吴浩军：《河西墓葬文献研究》，上海古籍出版社，2019 年，第 93—96 页。
④ 吴浩军：《河西墓葬文献研究》，第 78 页。

晰,可能为古代异体字或书写之误,作者未作相关讨论。最后,本书存在一定结构失衡、对相关研究成果的征引不够充分的情况,对此其他学者已作过相关探讨,兹不赘述。①

总的来看,本书系统整理了魏晋十六国河西镇墓文、墓券等墓葬文献,并深入讨论了其中包含的社会历史信息,具有重要的学术价值和现实意义,是五凉史料整理与研究取得新进步的重要表现。

(二) 吴浩军《河西墓葬文献研究》

此书是近年来对五凉史料整理与研究的另一重要著作,共分为五章,分别对河西墓葬的镇墓文、衣物疏、买地券、墓葬杂文进行整理,并研究了河西墓葬文献相关问题。本书共包含 59 件镇墓文、29 件衣物疏、10 件买地券、22 件墓葬杂文,其中有关五凉的墓葬文献史料共有 93 件。相比以往研究,吴氏又在校释墓葬文献、解析墓葬文献用语及重新推断墓葬文献纪年等方面取得了新进展。

首先,校释、解析了镇墓文。作者根据摹本图影及部分出土文物原件,参照河西镇墓文考古发掘报告释文,如《敦煌祁家湾西晋十六国墓葬发掘报告》《魏晋南北朝敦煌文献编年》《中国西北地域出土镇墓文集成(稿)》及《中国道教考古》等中的各家录文,对镇墓文进行校释,纠正了一些衍脱讹误现象,比如以往研究中存在的纪年推断、录文、释文、断句等错误。此外,作者还征引文献及相关出土文物研究成果,解析镇墓文用语,有助于读者理解文意。如"五石"(3—4 页),"解谪"(8—10 页),"天帝"("天帝使者")(12—13 页),"重复""承负"(15—22 页),"青鸟子""北辰"(28—29 页),"移殃转咎"(26 页),"太山"("泰山府君""太山君")(53 页),"八魁九坎"(59 页),"注"(76 页),"注仵"(85—86 页),"凡注"(97 页),"獨注"(105 页),"当星四时"(88 页),"日不时"(108 页),"算尽寿穷"(99—100 页),"建除十二直"(30—36 页)等。

其次,重新推断了镇墓文纪年。作者将镇墓文中出现的纪年与历史上

---

① 魏军刚:《〈魏晋十六国河西镇墓文、墓券整理研究〉介评》,《出土文献》2019 年第 1辑,第 422—432 页。

的相关纪年使用情况进行比对,再结合墓葬形制、出土器物、《二十史朔闰表》及镇墓文用词情况等,对镇墓文纪年(干支朔望)及建除十二直进行了考辨。① 如"甘露"(6 页)、"咸宁"(24 页)、"大康(太康)"(28 页)、"泰熙(太熙)"(30 页)、"元康"(36 页)、"永安"(42 页)、"建兴"(56 页)、"建元"(94页)、"咸安"(106 页)、"庚子"(116 页)、"玄始"(120 页)等,作者通过比对、排除,逐步确定了最切合镇墓文的纪年,由此在前人基础上判定了更多的年份。新判定年份的如(305 年)张故年镇墓文、(313 年前后)翟宗盈镇墓文、(316—321 年)佚名镇墓文、(330 年前)侯去疾镇墓文、(321—330 年)壹官镇墓文、(330 年后)阿平镇墓文、(420 年前)佚名镇墓文 2 件;②重新推断年份的,如(348 年)魏得昌镇墓文、(348 年)佚名镇墓文。③

值得注意的是,镇墓文中出现了大量纪年干支朔望与《二十史朔闰表》不匹配的情况,作者据此认为,或是时人书写讹误;或是后人录文时识别错误,如"九""六";或是时人对干支朔望的使用不同于今日,如"癸""水"。与此同时,作者还关注了敦煌历与中原历之不同,因此对于勘正后仍有问题的,则存疑,体现出严谨的科研态度。但对于出土墓葬文献中纪年出现超出历史上纪年使用期限的情况,作者认为是因为河西地处僻远,王朝改元的消息不能及时到达,所以常常出现使用已停用年号的情况(如 182 页),我对此不太认同,当然,这个问题本身具有一定复杂性,有待今后继续考证。此外,我认为作者改定的一些字词无须改定,如"用当地上之福"的"福"字,不应是"复"字的"同音致误",④而有可能是当时流行的另一种写法,或为"同音别写",⑤故不用改为"复"。

总体而言,作者用墓葬文献展开研究,关注到了墓葬文献的历史价值。不仅对镇墓文独特的体例、书法造诣以及它们对于俗字流变和俗文学研究

---

① 吴浩军:《河西墓葬文献研究》,第 30—36 页。
② 吴浩军:《河西墓葬文献研究》,第 46、51—55、66、75、80、82、120—121 页。
③ 吴浩军:《河西墓葬文献研究》,第 93、96 页。
④ 吴浩军:《河西墓葬文献研究》,第 113、119 页。
⑤ 张勋燎、白彬曾指出:"'福'当是'复'字之同音别写,即以斗瓶、铅人、五谷代生人承当复注之意……他器亦有如此者,这是需要特别注意的。"参见张勋燎、白彬《中国道教考古》,线装书局,2006 年,第 458 页。

的价值进行了分析,还结合墓葬形制构筑、随葬品组合、器物大小、制作工艺等讨论了墓葬的区域特征,揭示了墓葬文献的历史、文化、宗教和风俗的意义。正如作者开篇所指出,借用墓葬文献,"可以考察河西走廊的历史地理、丧葬习俗、民间信仰以及语言文字、书法、文学等方面的问题,具有不可替代的文献和历史价值"①。

二、壁画、砖画史料的整理与研究新进展

2019 年,贾小军著《汉唐时期河西走廊墓葬壁画全集》②,在全面梳理已有考古报告、简报和文物图集等相关资料的基础上,结合多次实地考察,并根据墓葬壁画的史料和艺术价值,选取了汉唐时期河西地区具有代表性的718 块(幅)壁画(包含五凉壁画 91 幅),分汉代、魏晋、十六国(五凉)、唐代、五代五个部分进行了全面、系统的整理,较为完整地反映出了汉唐时期河西走廊墓葬壁画的整体面貌。

该书的优点主要有以下两方面:

第一,分期整理墓葬壁画,并以经考究的图名为目录,使读者能够通过对比,更为直观地看出壁画的历史发展变化轨迹,并能较为明显地观察各个时期壁画的内涵特征,是图像研究的重要参考资料。比如五凉时期的壁画,主要包括云气纹、花纹、瑞像、力士、动物人物图等,其中动物、人物图都不如魏晋时期逼真。

第二,书中的部分资料为首次系统发布,如玉门市博物馆馆藏彩绘壁画砖、雕刻彩绘砖、摹印砖,丰富了以往研究成果,也有助于学界进一步研究。

第三,在整理过程中,作者注意到河西走廊墓葬壁画因时代、区域差异而具有不同特点,因此或取其整体,或突出细节,或分组分类予以收录,通过多个维度展示了墓葬壁画的史料和艺术价值。但是,书中出现有个人摄影与引用图像重复使用的现象,如五凉时期酒泉丁家闸五号墓中的西王母图、天马图等,虽有助于明确保存现状,但整体差异不大,略显多余;加上作者选

① 吴浩军:《河西墓葬文献研究》,第 2 页。
② 贾小军:《汉唐时期河西走廊墓葬壁画全集》,甘肃文化出版社,2019 年。

取的是具有代表性的壁画进行整理,可能存在不够全面的情况。

　　总体而言,该书集前人研究之大成,并结合现场考察之灵感,系统编选、汇集了河西走廊墓葬壁画,对认识其中所携社会历史信息,进而深入研究河西历史、认识河西走廊在中华文明史中的地位,都具有重要的参考价值。

　　同年,关尾史郎、町田隆吉主编《砖画·壁画からみた魏晋時代の河西》一书,以魏晋时期河西出土的图像材料(砖画和壁画)为研究对象,由总论和分论两部分组成,每部分包含 4 篇文章。① 在总论部分,北村永讨论了河西各地出土壁画、砖画材料的研究问题及展望;关尾史郎以嘉峪关新城古墓群为中心,结合考古发掘报告及前人研究成果展开讨论,有助于读者整体了解该古墓群;町田隆吉借用壁画材料探讨了十六国时期敦煌及周边的来世观,揭示了图像背后的社会观念,这是过去学界较少关注的;三崎良章则通过对比研究魏晋时期河西与东北辽阳地区的壁画墓与壁画,探讨了河西的地域特征。在分论部分,小林聪结合壁画、砖画中发现的服饰,讨论了五胡十六国时期胡汉交界地带宫廷服饰制度的传播情况;荻美津夫从众多墓葬壁画描绘的宴会宾客场景中,提取了所发现的乐器,并对琵琶、古琴、笛箫等类乐器的历史进行了探讨;内田宏美主要引用各种考古材料,讨论了河西砖画、木版画等图像材料中所描绘的魏晋兵器的特点;渡部武则对河西壁画、砖画中所见农具进行了收集整理与介绍。

　　该书主要以河西出土壁画、砖画为研究对象,运用了历史、考古、艺术等多学科领域的研究方法,不仅分析了图像,还对它们进行区域比较及分类研究,同时结合随葬品及墓葬结构一起考察了河西社会的历史,具有较强的问

---

① 总论部分,由北村永《河西各地の魏晋墓出土画像磚について—出土資料の問題点と今後の展望—》、关尾史郎《河西磚画墓とその時代—新城墓群を中心として—》、町田隆吉《敦煌祁家湾古墓出土"五胡十六国"時代の磚画をめぐって—敦煌地区における来世観とその周辺—》、三崎良章《魏晋時代河西の壁画墓と壁画の一面—遼陽との比較を通して—》;分论部分,由小林聪《河西出土文物から見た朝服制度の受容と変容—魏晋·五胡期、胡漢混淆地帯における礼制伝播のあり方—》、荻美津夫《魏晋時代の河西にみられる楽器—琵琶系楽器·琴瑟系楽器·洞簫系楽器を中心に—》、内田宏美《画像資料に見る魏晋時代の武器—河西地域を中心として—》、渡部武《甘粛省河西地方出土の犁耕関係画像資料一覧(稿)》组成。关尾史郎:《磚畫·壁畫からみた魏晋時代の河西》,汲古书院,2019 年。

题意识，有助于今后研究的深入开展，从而取得新的突破和进展。但是，以上各个专题讨论文章，主要建立在已有出土材料及研究成果的基础上，因此对壁画、砖画的材料收集整理不够全面、细致。同年 11 月，关尾史郎编《河西魏晋·〈五胡〉墓出土图像资料（塼画·壁画）目録》①的出版，则弥补了这一不足，为魏晋十六国时期河西地区出土的砖画、壁画研究提供了重要的历史资料。

结　语

综上所述，包括贾小军、武鑫、吴浩军、关尾史郎等在内的学者，对河西各地出土的墓葬文献、图像史料进行了尽可能完善的收集、归类整理与研究，进一步丰富了前人研究成果，在五凉史料的整理与研究上取得了新的进展和突破。尤其是在墓葬出土文献史料方面，在数量、内容及研究方面皆有所推进，填补了部分传世史料的空缺。可以说，以上新进展将有助于推进河西地区家族及社会文化研究，为五凉史、河西社会生活史研究开创了一片新天地。如镇墓文中出现的段、韩、窦、胡、苏、樊、徐、翟、吕、邓、阎、侯、傅、郭、赵、魏、姬、吴、雍等姓氏家族，是前人研究河西大族较少关注到的；而墓葬文献的历史信息、图像背后的社会观念与区域特征等，也都是值得今后继续探讨的问题。

当然，五凉史料的整理与研究虽已取得一定的进步，但这并不是终点。笔者认为，在今后的整理研究中，除墓葬文献、图像史料外，其他出土文献材料，如五凉时期的敦煌吐鲁番出土文书、敦煌社会经济文献等，也是五凉史料的重要组成部分，因此也应被纳入考察视野之中，如此一来，将有望建构一个完整的五凉史料系统。

---

① 　关尾史郎：《河西魏晋·〈五胡〉墓出土図像資料（塼画·壁画）目録》，汲古书院，2019 年。

《河西走廊通史》编纂思路刍议

田　澍

西北师范大学历史文化学院

2019 年 8 月中下旬,习近平总书记从敦煌到兰州,全线考察了河西走廊。这一考察活动在河西走廊的历史上是空前的,意义重大,影响深远。习近平总书记对河西走廊的考察,引起了各界对河西走廊的极大关注,也引起了世界的瞩目,学术界对河西走廊的研究也因此进入了一个新的历史阶段。编纂《河西走廊通史》是甘肃省哲学社会科学界采取切实行动,落实习近平总书记考察河西走廊重要讲话精神的重要举措。

一、河西走廊历史研究的现状

河西走廊地处古丝绸之路的黄金地段,区位优势突出,地理位置独特,文化底蕴深厚,是中国大一统王朝管理西北边疆的前哨阵地,是中国对外开放的陆路孔道,是中华文化和其他优秀文化交融互鉴的孵化基地,在国家稳定、边疆安全、民族交融、中西交流等方面扮演着无可替代的角色,在中国历史上发挥着独特的作用。所以说,河西走廊是甘肃的河西走廊,是中国的河西走廊,也是世界的河西走廊。在中国的所有走廊中,没有哪一个走廊能与河西走廊比肩。河西走廊是文明交流的走廊、开放包容的走廊、民族融合的走廊、国家安全保障的走廊。在实施"一带一路"倡议背景下,编纂《河西走廊通史》显得非常及时和必要。

在河西走廊历史研究中,涉及考古学、历史学、地理学、民族学、文学、民俗学、军事学、简牍学、敦煌学、边疆学、中外关系史等众多学科,学界在敦煌学、简牍学、丝绸之路文明交流史、民族史、边疆史等领域取得了显著成果。但还应该理性地看到,已有研究成果也存在着明显的不足,主要表现在以下几个方面：

1. 有关河西走廊的研究成果整体学术水平不高，研究的深度和广度还远远不够，研究成果水平参差不齐，普遍存在资料挖掘不够、视野狭隘、学术失范、认识不到位、吸收最新研究成果不足、自言自语、研究成果存在"碎片化"等缺点。

2. 对河西走廊历史的研究存在着厚古薄今即重汉晋五凉隋唐、轻元明清的特点，民国以降的研究则更为薄弱。其中对河西走廊与西北边疆史研究的有机结合不够，对河西走廊与中亚文明交流互动关系的研究不够全面和深入。

3. 时至今日，还没有一部系统、全面整合河西走廊历史研究、反映河西走廊历史演变的贯通性著作。目前仅有的《河西通史》，存在着篇幅较小、未能贯通古今等缺憾。其他如《甘肃通史》《西北通史》等对河西走廊历史的叙述也是泛泛而论，难以较好地反映河西走廊历史发展的特点。

4. 就河西走廊的学术影响力而言，其最西端的敦煌具有得天独厚的地位与资源，敦煌研究院是当今敦煌学研究的最高平台，敦煌的世界性已成为共识。走廊中部的张掖有河西学院，是河西走廊唯一的一所本科院校，对深化张掖历史文化的研究发挥着特殊的作用。相比之下，位于走廊东部的武威缺少有影响的学术机构和高校，势必影响到对武威历史文化的发掘和提升，与敦煌文化的研究形成了明显的反差。

总的说来，河西走廊历史文化研究很不平衡，西重东轻和厚古薄今的现象明显。

二、编纂《河西走廊通史》的必要性

1. 提升国家文化软实力的需要。文化是一个国家、一个民族的灵魂。文化兴则国运兴，文化强则民族强。自西汉张骞"凿空"之后，河西走廊长期在中西交流等方面扮演着无可替代的角色，东西方文明在此相互碰撞、交流互鉴，多元文化的精华经年累月积淀。加强对河西走廊历史的研究，编纂《河西走廊通史》，不仅可以揭示蕴含其中的中华民族的文化精神、文化胸怀，不断坚定文化自信；更能在保持自己特色文明的同时包容、借鉴、吸收各种文明的优秀成果。因此,《河西走廊通史》的编纂,对于提高国家文化软实力,展示中国文化自信、开放包容和古丝绸之路文明互鉴具有典型意义。

2. 服务"一带一路"建设的需要。"一带一路"倡议根植于古丝绸之路。丝绸之路将河西走廊、新疆、中亚等地紧密地联系在一起,尤其是河西走廊与中亚长期交往互动的历史,在各国人民中埋下了深厚的友谊之种。推动河西走廊的全方位研究,一方面可以再现丝绸之路的历史辉煌,另一方面可以认识河西走廊在丝绸之路中的独特地位,为"一带一路"建设提供历史智慧,有助于加强同沿线国家的文化交流,增进民心相通,共同构建人类命运共同体。

3. 提升河西走廊整体历史研究水平的需要。没有一部完整、系统的《河西走廊通史》,与河西走廊的重要地位和重大影响是不相匹配的。河西走廊独特的历史文化吸引了众多国内外学者的持续关注,研究成果丰硕。如何将分散的研究成果集合起来,提升河西走廊整体历史研究水平,是当下河西走廊历史研究的必然要求,也是甘肃史学界义不容辞的责任。

综上可见,不论从哪个角度来讲,以习近平总书记考察甘肃重要讲话精神为指导,在新时代编纂一部全面反映河西走廊历史全貌的《河西走廊通史》势在必行。

三、《河西走廊通史》编纂的四条主线

河西走廊历史文化丰富多彩,内容涉及政治、经济、军事、文化、民族、宗教和社会生活等诸多方面。为了突出河西走廊的特点,《河西走廊通史》将在国家安全、民族交融、文明互鉴、文化交流、环境保护等四条主线的指导下进行编写。

1. "大一统"国家安全的主线。自秦汉以来,虽因国家的统一、分裂,随着疆域的拓展、收缩,河西走廊的地位在"边陲"与"内地"间不断转换,但河西走廊一直是农耕文明向西推进的重要阵地,是"大一统"国家控驭西北边疆、维护国家安全的屏障。因此,《河西走廊通史》的编纂,首先就要在"大一统"观念下,从维护国家安全、边疆安全的视角去审视河西走廊,突出河西走廊在边疆安全和国家稳定方面所发挥的独特作用。

2. 各民族交往交流交融的主线。河西走廊是中原内地与欧亚大陆民族交融的场域、通道。河西走廊东部的汉族，河西走廊土著的西戎、羌、月氏、塞种等族群，北方蒙古高原的匈奴、突厥，青藏高原的吐谷浑、党项等族群，中亚的粟特人、色目人，这些族群进入河西走廊后，主动或被动地卷入了民族迁徙、交融的浪潮。匈奴、突厥、蒙古经河西走廊西去，进入中亚、欧洲，参与到中亚文明、世界文明的建构中。留居在河西走廊的族群与汉族、氐族、羌族聚居、融合，构成了河西走廊多样的民族结构。河西走廊是民族交往交流交融的重要舞台，对构建中华民族共同体意识发挥着重要作用。

3. 丝绸之路文明互鉴的主线。传统意义上的丝绸之路是指经过河西走廊到中亚的核心通道。在张骞"凿空"西域以后，河西走廊始终是中原与西域、中亚之间条件最好、最安全和最受欢迎的通道，对于保障丝绸之路安全扮演着无可替代的角色。河西走廊由于其独特的地理位置和民族构成，中原和中亚、西亚、欧洲的宗教、艺术及语言、文字等各种文化内容在此民族化、本土化、社会化，而后继续东传西进。除了宗教、艺术及语言文字等方面的交流，还有在日常生活、习俗如饮食、服饰、杂技、幻术等方面的交流，尤其是中亚饮食、习俗等对河西走廊及中原内地的影响巨大，反映了中原与中亚、西亚地区间人文交流的丰富内涵。

4. 生态环境保护的主线。河西走廊处在农牧交错地带，属大陆性干旱气候，生态脆弱。具体表现在土地沙漠化、水资源紧缺、森林面积锐减、人口外流等。河西走廊与构成走廊的南北山脉是一个整体复合系统。走廊南部的祁连山是我国极其重要的冰川和水源涵养生态功能区，是保障西部地区生态安全的天然屏障。加强祁连山生态环境保护，是国家生态战略的重要组成部分，是甘肃可持续发展的现实需要和紧迫任务。以生态环境为主线，长时段多学科结合考察历史时期河西走廊及其周边的农牧业活动与走廊生态环境变迁的关系，总结经验教训，可以为当下河西走廊生态环境保护提供借鉴。

《河西走廊通史》的编纂只要真正切实体现这四条主线，一方面可以较好地统领河西走廊历史的书写，另一方面能够较好地凸显河西走廊的地位与作用。

四、《河西走廊通史》编纂中的几个问题

1.《河西走廊通史》叙事的主体空间拟以今天的河西五市为主,兼顾不同历史时期的范围。最大范围应包括今天兰州黄河以西的安宁区、永登县,内蒙古额济纳旗的部分地区,新疆哈密和青海省的祁连山相关区域及河湟地区,应将地理空间与人文空间有机结合前来,揭示不同时期河西走廊历史区域变动的缘由。

2. 应加强武威历史的研究。要提高河西走廊历史的整体研究水平,首先要提高武威历史研究的水平。武威是历史文化资源富集区,地处河西走廊的东段,与西段的敦煌遥相呼应,区位独特,既有重要的战略地位,又有丰富的历史文化内涵,是古代丝绸之路的核心城市之一,是历史上民族迁徙的十字路口,是农耕文化与游牧文化互动的交汇之地。武威境内文化遗存较多,需要花大气力加强研究。特别是要突破以"五凉文化"为标签的武威历史文化的固有观念,加强武威历史的贯通性研究。只有加强武威历史整体性的研究,并进一步深化武威历史研究,才能补齐河西走廊历史研究的短板,真正提高河西走廊历史研究的水平。这是编纂《河西走廊通史》的基础条件,当然也是《河西走廊通史》编纂成功与否的关键之所在。特别需要指出的是,武威市已认识到自身的不足,因此与中国社会科学院古代史研究所等重要学术机构进行紧密合作,这无疑会大大提升武威历史研究的水平。

3.《河西走廊通史》的编纂,应加强河西走廊—祁连山生态环境史的研究。祁连山是我国极其重要的冰川和水源涵养生态功能区,是保障西部地区生态安全的天然屏障。河西走廊与祁连山唇齿相依,可以说,没有祁连山就没有河西走廊。重视河西走廊生态史的研究与书写,可以为国家生态战略和甘肃可持续发展的现实需要提供历史借鉴。

4. 集众人之力修史。《河西走廊通史》拟分八卷,即先秦卷、秦汉卷、魏晋十六国北朝卷、隋唐卷、宋元卷、明清卷、民国卷、中华人民共和国卷。每卷字数控制在 50 万之内,总字数为 400 万字左右。由于卷帙浩繁,内容广泛,故需成立编纂委员会,实行总主编负责制,聘请有学术影响力的省内外专家担任各卷主编。同时成立学术委员会,指导编写工作。只有发挥集体

的智慧和力量,才能较好地完成这一重大工程。

区域通史的书写大都以行政区划为对象,而打破行政区划,以某一地理单位为研究对象的区域史著作还不多见,可以借鉴的成果也不多。创新书写模式,编写一部系统反映河西走廊历史全貌的通史,对推动区域通史编纂具有重要意义。《河西走廊通史》的编纂是一项重大文化工程,将会极大地提高河西走廊和甘肃的知名度,对展示中国文化自信、开放包容和古丝绸之路文明互鉴具有典型意义。

清代凉州府进士研究

姜清基

甘肃省民勤县第四中学

　　"进士"是科举考试的最高功名,这个群体不仅是科举制度研究的核心内容之一,也是研究地方社会与文化教育的一个重要切入点。早在20世纪20年代,就有学者以进士为研究对象。张耀翔先生《清代进士之地理的分布》,研究了清代进士的分布,分析了人才聚集地的走势。[1] 稍后黄炎培先生《清代各省人文统计之一斑》一文对清代各省进士的人数进行了统计与比较。[2] 20世纪90年代,沈登苗先生《明清全国进士与人才的时空分布及其相互关系》一文分析了进士的时空分布及成因。[3] 进入21世纪,对进士的研究更加深入而具体,如李润强连续发表《清代进士的时空分布研究》[4]《清代进士职官迁转研究》[5]两篇论文,出版了《清代进士群体与学术文化》[6]的专著。而且出现专门研究清代甘肃进士的论文和著作,曲剧的兰州大学硕士毕业论文《晚清甘肃进士研究》,考察了清代甘肃进士的人数及地理分布,展示其生长的区域社会和文化环境。[7] 此后又发表《清代甘肃进士人数考》一文,对清代甘肃进士人数进行了考证。[8] 杨银权的《清代甘肃士绅研究》[9],

---

①　张耀翔:《清代进士之地埋的分布》,《心理》1926年第4期。

②　黄炎培:《清代各省人文统计之一斑》,《人文月刊》1931年第6期。

③　沈登苗:《明清全国进士与人才的时空分布及其相互关系》,《中国文化研究》1999年第26期。

④　李润强:《清代进士的时空分布研究》,《西北师大学报》2005年第1期。

⑤　李润强:《清代进士职官迁转研究》,《西北师大学报》2006年第2期。

⑥　李润强:《清代进士群体与学术文化》,中国社会科学出版社,2007年。

⑦　曲剧:《晚清甘肃进士研究》,兰州大学硕士学位论文,2006年。

⑧　曲剧:《清代甘肃进士人数考》,《陇东学院学报》2010年第1期。

⑨　杨银权:《清代甘肃士绅研究》,西北师范大学博士学位论文,2009年。

颉小录的《清代甘肃科举家族与地方社会》①，陈尚敏的专著《清代甘肃进士研究》②等论文和著作都对清代甘肃进士作了深入而细致的研究。从以上的文献来看，对清代甘肃进士的研究已取得了一定成果，研究结论比较可信。但具体到清代甘肃一个（州）府内进士的时间和地理分布却不能尽其详，也鲜有凉州府进士群体特征的提炼。武威"人文之盛，向为河西之冠"③，本文试图通过对清朝凉州府进士④的研究，揭露具有凉州地方特色的进士群体特征，并以此观照当时凉州的文化、经济、教育等状况，从中总结历史经验教训，为当今武威经济社会发展提供借鉴。

一、清代凉州府进士的人数及分布

（一）清代凉州府进士的人数及在全省的名次

清代科举制度，承明代而来，自顺治三年（1646）开科取士起，到光绪三十年（1904）举行最后一次科举考试，共延续了 258 年 112 科。据研究，清代甘肃进士人数为 343 人。⑤ 雍正二年（1724）裁行都指挥使司及诸卫、所，改凉州卫为凉州府，府治武威，辖武威、永昌、镇番、古浪、平番共 5 县。清代凉州府共有多少进士？ 据清代朱卷和凉州各县区志统计，清代凉州府共中进士者 57 人，其中武威县（今武威市凉州区）41 名、镇番县（今民勤县）10 名、永昌县（今永昌县）3 名、古浪县（今古浪县）1 名、平番县（今永登县、天祝县）2 名。

1840 年是中国历史的分水岭，是中国近代史的开端。有人将清代 1840年以前甘肃各府的进士数和 1840 年以后的进士数作过比较研究，⑥据研究，清代 1840 年前进士人数前五名的府依次为凉州府、宁夏府、巩昌府、兰州府、平凉府；1840 年后依次为兰州府、巩昌府、秦州直隶州、凉州府、平凉府。

---

① 颉小录：《清代甘肃科举家族与地方社会》，西北师范大学硕士学位论文，2014 年。
② 陈尚敏：《清代甘肃进士研究》，甘肃人民出版社，2013 年。
③ （民国）《甘肃省乡土志稿》第 22 章《重要都市》。
④ 本研究中的"进士"仅指文举考试中通过会试并参加殿试而获得进士及第、出身、同进士出身诸身份的文进士，不包括武进士及有进士之名而实非进士的人群，如"岁贡进士""恩进士"等。
⑤ 曲剧：《晚清甘肃进士研究》，兰州大学硕士学位论文，2006 年。
⑥ 曲剧：《晚清甘肃进士研究》，兰州大学硕士学位论文，2006 年。

总体上看,清代甘肃进士人数前三名的府分别是兰州府、巩昌府、凉州府。可见,就进士人数而言,1840 年前凉州府在甘肃是第一名,1840 年后是第四名,整个清代凉州府进士人数在甘肃是第三名。

(二) 清代凉州府进士的时间分布及其成因

镇番人孙克明,康熙三十九年(1700)庚辰科进士,是清代河西第一个考中进士者,"为国朝河西甲第之首"①,比武威县第一位进士孙诏早中 12 年,孙诏为康熙五十一年(1712)壬辰科进士,是清代武威第一个进士。"武威(县)自明季李锐登甲榜,官汀州太守。至方伯再成进士,故吾乡入国朝来,方伯为甲科开先。"②引言中的"方伯"即孙诏,孙诏曾官至湖北布政使。清代凉州府各县进士时间分布列表如下:

清代凉州府各县进士时间分布

	顺治	康熙	雍正	乾隆	嘉庆	道光	咸丰	同治	光绪	总数
武威县		1	1	7	14	5	5	2	6	41
镇番县		1	3	2		3			1	10
永昌县				2		1				3
古浪县									1	1
平番县							1		1	2

从上表可以看出,清代凉州府进士时间分布呈现"两头少、中间多"的"几"字型分布态势。顺治朝整个凉州卫没有一个考中进士的,康熙朝也只有两名,进士时间分布主要集中在雍正、乾隆、嘉庆、道光时期,而这一时期正是清朝的繁盛时期,社会经济的繁荣,必然给文化教育的发展奠定良好的基础。凉州府自咸丰以后,进士数量减少,尤其是同治年间只有 3 名进士。这是因为同治年间西北发生规模巨大的回民反清斗争。这次战乱遍及整个

---

① 　升允、长庚修:《甘肃新通志》卷 65《人物志·乡贤下》,江苏广陵古籍刻印社,1989 年。
② 　潘挹奎:《武威耆旧传》卷 1《孙方伯传》。

西北,延续十余年,直到光绪初年才逐渐平息。凉州一带经过这次战乱,元气大伤,文教事业遭到巨大破坏。

同治以后的光绪朝凉州府进士人数又有增长,这种增长除了因为太平天国起义被镇压、国内局势相对稳定外,更为重要的原因是陕甘分闱,甘肃士子应试再无须远赴西安,还有乡试中举额的增加。

从以上史实可以看出,当清王朝极盛期,教育方面也是卓有成绩的。在此期间,不仅人文荟萃,而且英华辈出。随着清王朝的衰落,政治上日趋腐败,官吏贪污成风,经济上对人民的压榨与剥削不断加深,人民生活困难,教育事业也就日渐不振了。

(三) 清代凉州府进士的地域分布及其成因

清代凉州府所辖武威、永昌、镇番、古浪、平番 5 县的进士分布如何? 用一图便明了。

从图中得知,在清代凉州府所辖的 5 县中,进士最多的是武威县,拥有进士 41 名,占凉州府进士群体的 72%;第二位是镇番,拥有进士 10 名,占凉州府进士群体的 18%,而其他三县的进士共有 6 名,远少于武威县和镇番县。可以看出,县与县之间,进士的分布是极不平衡的。究其原因,可以从以下几点来分析。

凉州府进士地域分布图

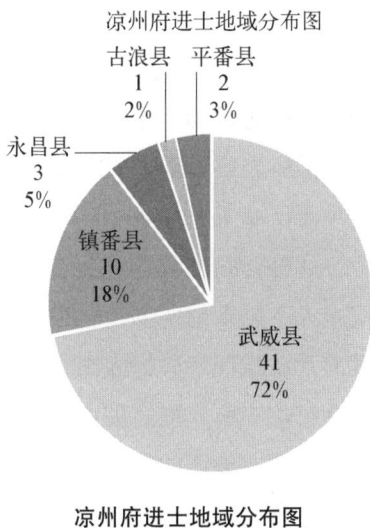

凉州府进士地域分布图

1. 经济因素

武威地处石羊河流域,地势平坦,水源充足。清初,政府在武威地区大规模屯田,兴修水利,仅有记载的干支渠就达一百多条。随着平准战争的胜利,河西地区相对变成了内地,社会安定,经济发展。嘉庆年间,这里已成为发达的灌溉农业区,人口有 1 464 498 人,耕地达 2 912 606 亩,每年上交税粮 86 876 石。① 农业的发展带动商业的繁荣,加之武威自古占有交通商贸孔道

---

① 《嘉庆重修一统志》卷 266《凉州府・户口・田赋》,上海书店,1984 年。

的优势,凉州成为河西最大的商贸集散地,所谓"河以西之商货,凉、庄为大,往者捷买资甘、肃,今更运诸安西、沙、瓜等地,以利塞外,民用所赖以通泉货者重矣。贾拥高资者寡,而开张稠密,四街坐卖无隙地。凡物精粗美恶不尽同,鲜有以伪乱真者。"①凉州城在乾隆年间城市人口达 3 万,②是甘肃境内和兰州不相上下的大城市。经济和人口的不断发展推动文化教育的繁荣,为人才的成长营造了良好的环境条件。

2. 教育因素

清代的武威和镇番重视学校教育,营建书院、设立义学、聘请主讲,武威和镇番两县人文鼎盛,英才辈出。

武威在明时设有凉州卫儒学,清雍正以前沿明制。雍正二年(1724)将凉州卫儒学改为凉州府儒学,并将古浪所童生八名增加入凉州府儒学,又增加廪膳生和增广生各十名,选拔贡生也由两年一贡改为三年两贡。凉州府儒学地址在城内东南隅,文庙西侧,始建于明,清代屡有修葺。武威县儒学在城内东北隅,旧北府门内。

书院之设始于康熙四十四年(1705),凉庄道武廷适创建成章书院,地址在县儒学之后,乾隆三年(1738)凉庄道何炳安维修,十三年(1748)凉庄道张之浚及所属五县扩修,乾隆三十四年(1769)改为天梯书院,并改建增修房舍。此外,尚有北溟书院,在县城北三十里的永昌堡内,为乾隆七年(1742)武威人欧阳永嫡所创设。又有雍凉书院,在城内西北隅,为光绪元年(1875)甘凉兵备道成定康捐俸银一千两购置修建而成。这样在武威县境内先后就设有书院三所。乾隆朝武威进士刘作垣、王化南,二人先后主讲本籍书院,奠定了武威地区的教育基础。

另外,在武威县城内西南隅还设有考场一处,为凉州府五县生员考取秀才的考场。除上述各官学外,还有义学多所,如东街义学、南街义学、西街义学、北街义学、凉州镇署义学、甘凉道署义学、凉州府署义学。又据《甘肃新通志》载,还有东关义学、孟家庄义学、张义堡义学等。清末废科举,兴学校,

---

① 张克复等校注:《五凉全志校注》卷 1《武威县志·风俗志》,甘肃人民出版社,1999 年,第 49 页。

② 曹树基:《中国人口史》第五卷(清),复旦大学出版社,2001 年,第 746 页。

儒学、书院、义学相继改为各级学校。

清乾隆四十八年(1783),在镇番县知县王赐均倡议下,邑人捐资创建苏山书院,"(王赐均)因于诸绅士谋建书院……而邑人亦踊跃乐输,其捐制钱二千串零五十千文,……以城内司马旧治,改作门堂庐室,大小共四十二间。因题其额曰:'苏山书院'"①。如王赐均《建置苏山书院碑记》曰:"异时之捍大难、决大策,为孝子、为良臣,风俗美而人材众多,宁不于是有望乎?"②清嘉庆十年(1805),镇番县官绅曾捐赠设立兴文社作为士子乡会试费用,他们从多方汇集资金作商业之用,盈利用来充当乡会试费用,"嘉庆十年,绅士杨增思、白之璐、刘丕曾、张琨等,为乡会试并立兴文社,义先资助,合邑率从,其得银三千两。……拟照书院膏火之例,散之当商……当商中有不开设者,许时本利银两交付社长,另给新开当商营运"③。张澍《五凉旧闻序》称:"我朝文教覃敷,玉关以西,黉序莘莘。凉州甲科,鳞次不绝,人文蒸上。"④

书院教育对学生的人文、道德教化所起的作用是很大的,教育兴则科举考试容易成功,考取的进士就多。武威文风的兴起,是与本籍的书院教育密不可分的。

二、清代凉州府进士的入仕及出身状况

清代凉州府进士作为一个群体出现,具有一定的特殊性。要分析这种特殊性,首先要深入分析凉州府进士群体的构成要素,从以下两个方面来看。

(一) 清代凉州府进士的入仕状况

清代凉州府进士尚未有人入选一甲,中二甲者也为数不多,只有镇番人

① 《建置书院碑记》碑文,引自民勤县教育局编《民勤县教育志》,兰州大学出版社,2010年,第977页。
② 民勤县教育局编:《民勤县教育志》,第976—977页。
③ 《武威兴文社当商营运碑记》碑文,引自《武威市教育志》,甘肃人民出版社,1999年,第304页。
④ 张澍:《养素堂文集》卷4《五凉旧闻序》,"中国西北文献丛书"本第167册,兰州古籍书店,1990年,第42页。

卢生薰（2 甲 54 名）、张尔周（2 甲 76 名），武威人王化南（2 甲 68 名）、李蕴芳（2 甲 33 名）、张美如（2 甲 56 名）、牛鉴（2 甲 4 名）、陈作枢（2 甲 57 名）、许楫（2 甲 81 名），古浪人张澂（2 甲 48 名）9 人，其余为三甲。最好的名次是 1814 年武威人牛鉴中二甲第四名，也是清代整个甘肃进士的最好名次。

　　在所有的进士中，只有一甲三人可直接进入翰林院，二甲和三甲在殿试三日之后，参加朝考。吏部根据会试复试、殿试和朝考情况，分别等级，将其中等第高者选若干人入翰林院，称为庶吉士，他们的职责是给皇帝讲解经史书籍，并帮皇帝起草诏书，是皇帝的秘书，权力很大。三甲进士要成为翰林院庶吉士，必须是会试复试和朝考都得一等，像武威翰林李于锴，虽然殿试三甲，但会试复试一等、朝考一等，钦点翰林院庶吉士。其余用为主事、中书、知县等职。凉州府 57 名进士中，选翰林院庶吉士的有 12 人，分别是武威县 10 人：孙诏、王化南、张澍、何承先、张美如、尹世衡、牛鉴、张兆衡、丁铠、李于锴，镇番县 1 人：卢生薰，古浪县 1 人：张澂。

　　由于清代凉州府没有考中一甲的，也就失去了任高品级官员的机会。查钱实甫所编《清季重要职官年表》（此书所编起自 1830 年），其中属凉州籍者只有一人，就是武威人牛鉴，曾任两江总督。牛鉴也是唯一见于《清史稿》的武威籍进士，其他凉州进士则主要为知县、知州、部主事等小官。凉州府进士中未仕的有 2 位：镇番县卢生薰雍正元年（1723）中进士进入翰林院，雍正二年（1724）就殁于京邸。萧士双，"章淮树盘桂自武威令骤迁江宁知府，士双往依焉，寄游江湖凡数年。后河州某以厚币聘为其子授举业"①。武威县王于烈、平番县王保鉴入仕与否不详。

（二）清代凉州府进士的出身状况

　　在清代登科录记载的信息中，有涉及进士上三代直系亲属的内容，包括曾祖父、祖父、父亲的姓名及任官状况。根据这一部分内容，我们可以大概了解到清代凉州府进士的出身状况，乃至科举制度在凉州的实施情况。

　　清代凉州府进士很少有贫寒家庭出身的，因为士子从童生到进士及

---

① 《甘肃新通志》卷 69《人物志・群才四》。

第要参加各级各类考试,要承担多年读书应考的各种费用。"揆厥由来,实缘自镇(镇番县)至陕相距二千余里,制科之士往往艰于资斧,裹足不前。致使皓首穷经,终老牖下者,指不胜屈。"①进士的出身都较好,几乎都是大户人家,有的一家祖孙为进士(如孙诏、孙俌),有的父子为进士(如南宫鼎、南济汉),有的兄弟同为进士(如卢生薰、卢生莲),有的出自有名的"科举家族"。"科举家族"的概念最早由张杰先生提出,是指清朝世代聚族而居,从事举业人数众多,其中至少取得举人或五贡以上功名,在全国或地方产生重要影响的家族。将科举家族的最低功名界定为贡生,原因在于,清代官员铨选,除了进士、举人外,贡生也有资格进入仕途,这样拥有进士、举人、贡生功名的家族就会形成一个良性循环,即由功名获取权力,由权力获取金钱,再由金钱支持族人读书应试而获取功名。②择其一二科举家族略述如下:

1. 武威孙氏家族

武威翰林李于楷说:"吾乡衣冠阀阅之盛,首推城河沿孙氏。自元朴先生以淳德至行,崇祀乡贤;风书方伯、仲山大令,仍世登进士第。勋绩行义文章,坊表乡里者百年。""孙氏自方伯以降,甲乙科前后相望","经乙丑之乱,第宅废为瓦砾,子姓虽繁,无读书者。仁义之不修,诗礼之日捐,世远泽竭"。③引言所及的元朴先生、风书方伯和仲山大令,即孙文炳,孙诏和孙俌。潘挹奎《武威耆旧传》有孙氏家族成员更为详尽的传列,分述如下:

孙文炳,字元朴,武威人,庠生,谨持礼法,嗜读书,教授邑中子弟四。

孙诏为孙文炳子,字凤书,号友石。康熙五十一年(1712)壬辰科进士,并获馆选,历官至湖北布政使。其子璘为举人、孙俌为进士。④孙俌,字仲山,乾隆十六年(1751)辛未科进士,曾官广东翁源知县,其子揆叙、揆泰、揆亮、揆章皆名诸生,揆章能诗古文。⑤

---

① 谢树森、谢广恩编著,李玉寿校注:《镇番遗事历鉴》,香港天马图书有限公司,2001 年。
② 张杰:《清代科举家族》,社会科学文献出版社,2003 年,第 316 页。
③ 《孙揆章传》,见李鼎文校点《李于锴遗稿辑存》,兰州大学出版社,1987 年,第 22 页。
④ 潘挹奎:《武威耆旧传》卷 1《孙方伯传》。
⑤ 《甘肃新通志》卷 69《人物志·群才四》。

2. 镇番卢氏家族

康、雍两朝,镇番卢生华四兄弟,二人举人、一人进士、一人翰林。"适川陕总督某观风全秦,生华同弟生莲、生薰、生荚俱列高等,倾动河西。总督特加奖赏,会题开大学。"①卢生薰(1689—1724),字文馥,号月湄。镇番(今甘肃民勤)人。雍正元年(1723)癸卯恩科二甲54名进士,钦点翰林院庶吉士,众称"卢翰林"。与其胞弟卢生华为民勤赢得了"人在长城之外,文居诸夏之先"的赞誉。雍正二年(1724)十月初十日子时,以病卒于京任,享年三十六岁。② 同时期的巩建丰就说:"近科如河西卢生薰昆弟诸墨,按之沉实,扬之高华。笔力才藻,在南人亦不可多得。"③

3. 镇番张氏家族

镇番张氏与当地卢氏共为科举大族,《光绪镇番乡土志》载:"以进士举贡官至知县者凡七十余人","科举之胜,比于卢氏"。④ 镇番张氏家族,从光绪十七年辛卯科(1891)举人张金寿乡试朱卷及其祖父张尔周会试朱卷可以得知其家族谱系。张金寿曾祖张尚美,诰赠奉政大夫。其祖父张尔周,字筱庄,道光庚戌进士。四川即用知县,历任夹江、长寿等县事,题补仁寿县知县。因井研解围出力,保奏以同知升用,后改官陕西,历署西乡、紫阳、甘泉三县事,实授蒲城县知县。以营缮西乡城藏事保荐升用直隶州知州,诰授奉政大夫,例敕赠儒林郎。父张从诚,附贡生,候选同知,诰授奉政大夫,例敕赠文林郎。⑤

五服亲族:胞伯、叔曾祖张尚达,岁贡生;胞叔张淦济,贡生;嫡堂伯、叔

---

① "会题开大学"是指镇番县学额由小学升为大学。清代,以各地文风盛衰状况为依据,为当地儒学规定一个较为固定的学额,三年一个轮回,进行岁、科二考以收录生员。就一般而言,小学学额8名,中学12名,大学15名,当然亦有例外。据民国《续修镇番县志》卷11《补录拾遗杂记》"芦生薰"条载:"镇番学额向隶小学,岁、科各八名。雍正二年川陕制府观风全秦,芦氏生华兄弟俱列高等,主司叹赏文声彪襮,遂复奏开大学。"光绪《清会典事例》卷377《学校·甘肃学额》亦载:"雍正二年,镇番卫向系小学,今人文最盛,改为大学,取十五名。"

② 乔晓军:《清代翰林传略》,陕西旅游出版社,2002年,第102页。

③ 巩建丰:《朱圉山人集》卷3《答胡静菴贡生书》。

④ 《光绪镇番县乡土志》卷12《氏族志》,成文出版社印行,第382页。

⑤ 《甘肃新通志》卷69《人物志·群才四》。

张从仁,癸酉优贡,乙亥举人;①从堂兄弟、嫡堂兄弟、再堂兄弟众多,间有功名,大多生员、业儒。

此外,还有武威尹氏家族、镇番马氏家族、永昌南氏家族等都是"科举家族",家族内有几代人都有功名。大户人家出身的进士人数多于平民出身的进士。因为科举之路除了需要士人们花费时间苦读之外,一定数量的资金也是必不可少的。按常理来说,官宦之家在金钱上比平民要富裕,所以在很大程度上更容易解决在科举过程中遇到的现实问题,他们考中进士的概率会更大。

三、清代凉州府进士的历史贡献

(一) 体察民情、勤于政事

对于凉州进士来说,艰苦的生长环境使其对国计民生有着更加深刻的认识,再加上西北人天生的粗犷豪放,他们敢做敢言,不畏朝中权贵,这使得他们在为官时能够深入体察民情,不畏辛劳地为民做事,忠于职守。

镇番人孙克明康熙三十九年(1700)中进士,为"国朝河西甲子之首"。后官湖广通城县知县,颂声载道,未尽所施而卒,通人立"遗爱碑"彰之。

孙诏为官勤于政事,尤其慎于处理刑狱之事。他说:"我不能使人无冤屈,惟求自己无可后悔就成了。"在宁波知府任上,朝廷因浙江曾出过几起"叛逆案"而停止每年的科试,他则明令规定:凡欲参试生员,必先纳完赋税,凡有功名而不交纳赋税者,要罪上加罪;凡已参加考试而没有纳完赋税者,必须经当地有关部门证明已纳完时才可录取。不久学使到宁波视察,认为是个好办法,就命令全省实行。这一年浙江赋税完纳是全国最好的。雍正对浙江人能很快转变,乐于完纳课税非常高兴,就准予恢复科试。至此,人们都夸孙诏对浙江人办了一件好事。浙江著名学者全祖望,对孙诏非常折服,诏死后他特作诔文,称颂其功德。

---

① 民国《续修镇番县志》卷9《人物列传上·孝义》载:"张从仁,字元甫,清同治癸酉优贡,光绪乙亥举人,事继母数十年,始终承顺间言,待兄弟友爱笃挚,尤善赈贫济苦。后官中卫教谕,勤于训迪,孜孜不倦。子锡寿,举人,官新疆兴平县知事。"

王化南,字荫棠,武威人。乾隆四年(1739)进士,历任直隶广昌、静海、怀来知县,山东平度州、莒州知州,后辞官归里,在县书院任主讲席。王化南为官时以勤政、廉洁、爱民闻名。他每到一地,首先要做的就是裁减冗员,他说:"衙门内多一人,百姓多受一人之累,欲为百姓去累,当先于衙门去人。"在平度时,他兴修水利,造福于人民。百姓编了一首民谣:"王公来,谋民食。浚源泉,汰蠹役。民利兴,民害息。公不来,吾谁翼?"

张翽,字凤飔,号桐圃,武威人。乾隆三十四年(1769)考中进士,授户部主事,不久升为户部郎中。

张翽在京为官不久,就出任江西吉安府知府,后又调任湖北荆州、宜昌、郧阳,湖南长沙等地知府。在他去荆州时,荆州正遭水灾,而地方官吏只知贪污赈济粮款,中饱私囊,却不治理水患、赈济灾民。百姓离乡,流落他方。因此荆州知府被革职,选派他去接任。面对哀鸿遍野的凄惨情景,他忧虑地在诗中写道:"领郡那无喜,亲民重有忧。随车荣五马,解刃困全牛。赈罢疮痍在,官虚案牍留。闾阎问府主,何术奏新猷?"因此,他到任后积极治理水患,主持防洪抢险、赈济灾民的工作。不幸就在这时,他的父亲病逝,张翽遂离任奔丧。服丧期间,他得知荆江又泛滥,荆州洪水成灾,为救民于水火,他毅然离乡赴任,防洪救灾,组织百姓重建家园。他写诗表达当时的心情说:"惊风吹雨逼穹庐,又去荆襄问旧途。忍听松楸喧鸟雀,愁看城廓占龟鱼。职臣未预堤防策,黼座频宣赈恤书。闻道经营劳上相,何人典守敢宁居。"从诗里可以看出他是一位同情百姓、忠于职守的好官吏。

刘作垣,字星五,武威县刘官寨人。作垣早年中举,乾隆二十六年(1761)中进士。曾任安徽舒城县知县、泗州知州。罢官归里后,先后在肃州书院、凉州书院任山长。

他在舒城任知县时,以勤于职守、公正廉明,博得了"玻璃刘公"的雅称和"好县官"的美誉。一次有兄弟俩为争家产到县衙打官司,为了打赢官司,都暗地里争着给他送礼。而他一次一次地收礼,却不断官司。一天,他把两兄弟叫到县衙,把他们送的东西拿出来,对他们说:"这许多东西都是你们悄悄送给我的。你们不应为争先人的家产打官司,更不应为争胜负拿钱财送人。"说得两兄弟都惭愧得哭了。于是把东西退还给他们,兄弟俩从此便和睦相处。这件事很快被传开了。人们送他个雅号叫"玻璃刘公",不久,便晋升为泗州知州。

牛鉴字镜堂,号雪樵,武威城关镇人。牛鉴于嘉庆十八年(1813)乡试中举。十九年(1814)上京会试,中进士入翰林院为庶吉士。

道光十八年(1838)八月补授河南巡抚,九月初即去赴任,到任后着手的第一件事就是整顿吏治,严格各级官吏的考察,分别予以奖惩;任职中以勤于政事、廉洁奉公,受到称道。道光二十一年(1841)九月初五日,奉调代理两江总督,随之补授两江总督,开封地区的百姓听到他要调走的消息,星夜上疏,请求留任。他接任两江总督时,正值中英鸦片战争爆发,他一到任立即赶赴上海前线,视察防务。道光二十二年(1842)五月初八日,英军乘潮大举进犯,牛鉴亲自督战,战斗中负轻伤,牛鉴退至嘉定。宝山、上海相继失陷,后来,清政府与英国签订丧权辱国的《南京条约》。

镇番人马明义,字境台,同治壬戌(1862)进士。官湖北知县,署枝江县,时旱蝗交集,哀鸿遍野,明义用意抚绥,民赖以安,喜接见士民,于胥役则严加约束,不肯稍假,有铁面冰心之颂,去任时,父老攀而送者数百人。①

古浪县张澂光绪十五年(1889)先后参加会试、殿试,殿试考取第二甲第四十八名进士,后又经过几次朝考,被朝廷授为翰林院庶吉士编修,达到了读书人梦寐以求的最高境界。他是古浪有史以来唯一名列皇榜的进士,是古浪人民的骄傲。后来在福建省,先后担任建宁、泉州等府知府,方志有"勤政务,恤黎民,声望颇高"的赞誉。

清代凉州府进士虽大多官阶不高,但他们在陇右文化的熏陶下养成了刚毅正直的品格,恪守儒家学说,不循陋习,不畏强暴,以至于丢官丧命也在所不惜,所以其为官时,能够深入体察民情,不畏辛劳地为民做事,多有循吏之风。

(二) 为文修志、著书立说

"(武威)自乾隆以降,彬彬多文学士矣"②。其中以文学知名的武威进士李蕴芳,在乾隆时期的胡中藻文字狱案中被害,著有《醉雪庵遗草》。武威

---

① 《甘肃新通志》卷69《人物志·群才四》。
② 《潘挹奎传》,见李鼎文校点《李于锴遗稿辑存》,第18页。

人张翮,乾隆己丑进士,著有《念初堂诗集》。郭楷,乾隆乙卯进士,河南原武知县,著有《梦雪草堂读易录》《梦雪草堂诗稿》等。

其后人才辈出,最著名的有张澍,为嘉庆己未进士,历任贵州、四川、江西等省知县,晚年辞官,客居西安,著述丰富,有《养素堂文集》《养素堂诗集》《姓氏五书》《蜀典》《二酉堂丛书》等。其中《姓氏五书》,号称绝学。编修方志成就最高的也是张澍,他修纂的《凉州府志备考》史料翔实、考订精深,对研究凉州历史文化、进行方志编纂以及学术研究都具有重要价值和贡献。

张美如,嘉庆戊辰进士,官至户部员外郎,长于书画,现在武威市博物馆尚保存有他的多幅书画。有诗稿,未刊行。

潘挹奎,嘉庆己卯进士,官至吏部主事,著有《通鉴论》《论论语》《武威耆旧传》、诗文集等,惜文稿多散失,惟《武威耆旧传》传于世。

李于锴,光绪乙未进士,官至山东沂州府知府。曾积极参加"公车上书"运动,反对《中日马关条约》。李于锴青年时喜欢考据,爱好诗赋,著有考据文字《式训小记》,有考古性质的骈文《尹夫人台碑》,有《写经楼诗草》收录古近体诗一百余首。李于锴的父亲李铭汉是一位学识渊博的史学家、诗人,一生勤于著述,其中学术成就最高的就是撰写了具有很高学术价值的《续通鉴记事本末》,可惜临终时该书只完成89卷。李于锴继承父亲遗愿,在山东蓬莱当官闲暇之余,奋力创作,终于完成了后21卷。光绪三十二年(1906)《续通鉴纪事本末》刊刻问世。

(三)教书育人、反哺桑梓

进士出身者,不管其等第、职位如何,都有重教兴文的责任。凉州府的进士除了进入体制,担任学职、教职以外,即使退居回乡,也大多在自己的家乡担任书院山长,教书育人。

雍正八年(1730)镇番县王有德以进士官山西榆次知县,旋改湖南湘乡县知县。其持法明允,民无冤滞,有廉惠声。后以亢直不谐于时,遂解绶归。晚年,劝课耕读,尤多所成就。

武威县王化南,字萌堂,乾隆四年(1739)进士,改庶吉士,散馆授知县。后辞官归故里,主讲天梯书院,"教法即淳且备","矻矻孜孜,俾不得斯须嬉,士风为之一变"。

乾隆十五年(1750)，武威县孙俌中举，第二年又考中进士，被派任广东翁源县知县。由于他性格耿直，不愿奉迎上官，不久被罢官。从此，他决定教书育人。他回到家乡后即设馆教学，根据学生特点因材施教，循循善诱。他常教导学生："读书做人，要有正确的动机，若动机不纯，考取功名为了个人升官发财，毫无为国为民之念，此世之大患！"因此受教于他的人后来大多得中高科，而他的声望在乡里也日益提高，受到了人们的敬佩和称赞。

武威县刘作垣早年中举，乾隆二十六年(1761)中进士。曾任安徽舒县等县知县，性耿介，不合于上官，后罢官归里，先后任肃州书院、凉州天梯书院山长。"山长教尚严，从之学者，作止语默，罔不绳之以礼法，偶逾其闲，诃责立至"，"以实心启迪后生，吾乡所以文教日上，不乏绩学之士者，由山长诱掖之力实多"。① 清代著名学者、陇上"二澍"之一的张澍即出其门。

武威县张美如，字尊五，号玉溪，又号第五山樵。他曾主讲于镇番苏山书院。嘉庆十二年(1807)赴西安乡试，考中举人。次年又考中进士，选翰林院庶吉士。嘉庆十四年散馆，改授户部主事。道光二年(1822)升任户部员外郎。后弃官归里，潜心于吟诗绘画、教书育人、奖掖后进，先后主讲于凉州天梯书院、兰州兰山书院、西安关中书院。

武威县潘挹奎，字太冲，号石生。嘉庆十三年(1808)25岁时考中举人，中举后以教书或作幕为生，二十四年(1819)他36岁时，考中进士，随即被派到史部任考功主事，从此住在京城。他居官京城期间，为帮助武威县赴京应考者，把官薪的大部分用在别人身上，而自己却生活得很简朴，有时甚至缺衣少食。对于武威考试落榜的人，他除了供给食宿外，还于公余亲自为其讲授补习，督促其按时作文，因此他家成了北京城里有名的"潘歇家"。张澍在潘挹奎死后写的《潘石生考功传》里说："今世如君厚天伦，敦信义，履艰险而不渝者几人！如君轻赀财，抚危困，以友朋为性命者几人！"生动地概括了他的为人。

任职天梯书院山长者有相当一部分是来自本籍的进士，如郭楷、杨增思、张美如、王于烈、张兆衡、陈作枢、张诏、袁辉山、张景福、周光炯等，他们中大多数人曾受教于天梯书院，进士中式后，又有于天梯书院讲授的经历。

① 潘挹奎：《武威耆旧传》卷3《刘山长传》。

进士刘开第、伦肇纪、李于锴也曾主讲雍凉书院。在清代甘肃府、县两级的书院中,有如此多的进士作为山长,在整个甘肃,武威为仅见。

归里后在野为绅士,凉州府进士更是投身于兴学、救灾、修纂地方史志等项事业中。其中兴学虽与新式教育不能相辅相成,但传承文化、弘扬文教亦为向新式教育的转型准备了条件;至于救灾、保留地方史更是实实在在地服务桑梓,造福民众。

结　语

清代统治者能意识到教育的重要性,从而加大力度扶持教育事业发展。明代凉州卫中进士者只有1人,清代井喷式增长,有57人之多,进士人数在甘肃各府州中居于第三名。清代凉州府进士的时间分布呈现出"几"字型的起伏状态,而在空间上更趋向于经济繁荣和重视教育的地区。虽然说清代凉州府的进士在全国做大官的不多,但是他们任官时,勤政为民,直言敢谏,造福一方百姓;辞官归里后,不忘著书立说,发展地方文教事业,为后世留下了宝贵的精神财富。

鲜为人知或业已消失的武威匾额

李学辉

武威市文联

　　匾额是集文字、书法、镌刻、雕塑、篆印、工艺、美术为一体的一种综合性文化体现。因内容的不同,称谓也有区别。挂在朝堂、府衙的称官匾;挂在民间院户门头的称门额。凡有古建筑处,就有匾额。匾额式样多变,具有装饰性,与所处的建筑相互辉映,体现了古代文化的价值观和审美观。

　　匾额是所处建筑的门脸,多为木质。从内容上可看出挂匾者的门第层次、姓氏来源、道德修养、思想情感、处世哲学、精神寄托、美好追求等等。匾额虽小,学问很大,是研究建筑、门阀、匾属的重要资料之一。

　　文化繁荣之地,匾额亦多。

　　武威自古崇文尚德。有清一代,名人辈出,所留匾额颇多,能反映武威较深的人文积淀和丰富的历史文化内容。因各种原因,武威匾额存世量已不多,但因文化工作者朱子云、冯天民、黎大祥、宋振林等先生的搜集、整理,部分匾额虽原匾不再,但内容却保存了下来。按匾寻迹,匾额背后浮现出的是几多兴衰,让我们可以从中觅出一点历史的印迹和与之相关的渊源关系。

　　自匈奴筑姑臧城始,历经汉、唐,直至明、清,尤其是五凉和唐时,武威城曾散发过耀眼的光泽。四大街、八小巷、三十六个蹚蹚巷的格局,七寺八观九台的壮观,城内八景的铺陈,端的是气象万千,令人神往。

武威门脸：四大城门匾额

　　我们幼时,曾传唱一首歌谣,"东门楼子,西门楼子,南门楼子,北门楼子,二十四个城门楼子。东门楼子龙滚石,西门楼子七鼓堆,南门楼子雨打瓦,北门楼子看西瓜……"小时候,没明白这有多大意思。后来才知道,这里面有奇观,也有传说,还有情趣。

据窦潴先生讲,东城门楼巍峨高大,其形状类于天安门。城门中洞长二十一丈,宽五丈,两中柱柱顶石为鼓儿石,柱上雕龙,龙尾缀石,龙首相对,中挂铁灯笼。铁灯笼传为赵飞赵铁匠所铸,工艺精美。远眺,龙首摇动铁灯笼,似为二龙戏珠,极富动感。

相传八仙过武威,进东城门时,铁拐李抬首一瞧,见二龙滚着铁灯笼,翻腾不已。铁拐李打开酒葫芦,将口对着灯笼一晃,自此,龙珠不再晃动。

南城门楼亦为三层。若天晴之夜,进楼阁,辄有夜雨打瓦之声,似在弹奏,极富乐感,寻声而去,则声顿止。抬头望天,天晴如洗。久而成为武威一景,曰夜雨打瓦。出南二城门有一城墙,照壁墙中立一剑,剑头正对天梯山。此剑又称分水剑。剑上裹布,布上有文。立剑于此,意为分黄羊、杂木两河之水,使武威免受水灾之祸。

据王宝元先生在《凉城沧桑》中记载,明代再修凉州城时没开西门,后宋晟镇守凉州时,增辟西门。宋为安徽定远人,明史有传,曾四次镇守凉州,前后达20余年。清人沈翔曾作《凉州怀古》,有"峰向南来皆有雪,城当西面独无楼"之句。民间传言鲁班筑西城门楼,昼筑夜走,后寻踪至嘉峪关,才知城门楼一跑千里,遂作罢。西城门有七处土堆,下埋坛,坛内装铜钱,成阵法排列,人立于土堆前,则成八个,换一个人站立,依旧如此,遂成一谜。亦有人说这七个土疙瘩凸在城墙上,似为北斗七星,又称七星剑。

口传筑北城门时,有四棵大树,正立相对,号为通天柱,设计者依树之所立位置修造了北城门楼。北城门中楼为阁子楼。有一木柱,中间结有一疙瘩,取结透亮,乃为一洞,从此洞眼遥望民勤,民勤所种西瓜都历历在目,遂称千里眼。亦为武威一景。

城门雄壮,匾亦增彩。西城门匾为石匾,黑底,一尺见方,上书"遥接峪关";南城门匾曰"翘映天梯";东城门匾为"河西保障";北城门匾为"大好河山"。西、东、南城门匾为何人所书,已无资料可考。据说北城门匾为武威名流杨成绪所书,"匾大如房",冯天民先生在武威《馆藏名匾》序中云:杨成绪书写此匾时,聚精凝气,意兴湍飞,大草"河"字右偏旁连拐三道弯。有人问他为何拐了几道弯,他言天下黄河九十九道弯,我这河字才拐了三道弯。此亦为美谈。

李铭汉故居匾额

　　李铭汉故居位于达府街。旧貌由三部分组成,中为祠堂院,西为住宅,南为花园。据宋振林先生所著《名胜古迹》载,祠堂院始建于民国五年(1916),坐南向北,分前后两院。后院上堂屋面阔五间,硬山顶式,屋脊施砖雕,飞檐出廊,滚檩踩枋。东、西厢房各三间,不出廊。北面过庭三间,朝南出廊,亦滚檩踩枋。过庭北面为前院,东、西厢房各五间,临街的大门两侧各有倒座,与住宅院及花园构成李氏故居。花园已毁,住宅区已建了住宅楼。

　　2018年,李铭汉故居被列入武威历史文化名城保护重点项目,时年10月5日开工,2019年竣工。2020年1月17日,正式对外开放。被用作他途多年的李铭汉故居以"修旧如旧,以存真意"的面貌重现于世人面前。复修的故居为二进院落,分前院和后院,坐南向北,过庭两侧为东西厢房,南为正屋,均为起脊土木结构建筑。

　　李氏三代,为"凉州世家,族望通明。茂苑仪型,门风清邵"。李铭汉(1809—1891),字云章,受业于名流,"虽布衣终身,但因德行高尚,学问渊博,负重望于乡邦"。其子于锴(1862—1923),字叔坚,为铭汉先生次子,"致力于志士、循吏、学人三种境界,均有突出业绩"。孙"鼎文先生(1919—2014)对故乡充满着深深的感情,一生撰写了不少考证故乡文史的文章。这些文章,写得既亲切朴实,又材料翔实,如数家珍;既倾注着对家乡的热爱,又不虚美,不隐恶,实事求是"。(以上引文均出自伏俊琏先生《怀念李鼎文先生》)

　　庚子春节,因受命撰写李铭汉、李于锴画像对联,慕追前贤,不敢造次,志忑再三,撰就两联:实事求是斯哉,学以致用是也;赋去烦重济世心,公车上书家国情。表达了对铭汉先生、于锴先生的崇敬之情。后撰写《李鼎文先生纪事》,引述业师赵逵夫先生1986年寻访李铭汉故居和张澍故居所写两诗,其中《访李云章叔坚先生故居》诗中有"上表公车忧国悴,更名去赋愿邦宁"句,更能概括李于锴先生一生之功德。李铭汉故居复修期间,有受惠之人后代捐出于锴先生去世后,因感其在任山东沂州知府时曾用薪禄银元二千元买过两年"更名粮",减免武威县王、吴、宋府赋税1 800石之举所送的两匾:"赋去烦重""槐荫满庭",现已悬挂至李铭汉故居。

李铭汉故居原府门大门门匾为"陇西望族",楷书书写。何人所写,现已不知。原大院过庭悬挂朱砂红金字匾额"中原耆旧",由书法家曾国杰所写。两匾不知归落何处。

张兆衡府第匾额

据梁新民先生考证,张兆衡府第在凉州城西小北街西侧,张澍故居南面,从坐西向东的一个街面进去,直顶到一堵影壁,而后从南、北两个侧门进去,是南、北两院房子,旧城改造时已拆除。

张兆衡为清代武威十大翰林之一,生于乾隆五十三年(1788),卒于道光二十八年(1848)。嘉庆二十五年(1820)考中进士,选庶吉士,道光二年(1822)散馆改知县,因请假省亲,未选任。曾主讲兰州五泉书院、兰山书院。道光十三年(1833),46岁时选任山西和顺知县,后调任曲沃知县。道光二十三年(1843),擢升朔州知州,到任一月,便称疾告归。其为官,"循声大著";侍奉双亲,乐不易此。较受世人称道。

据朱子云先生所记,张兆衡府第门额为"忠刚遗泽",由清道光左都御史、书法家姚元之用隶书题写。花亭匾书"古雪山房"。20世纪20年代,张兆衡后裔将祖业卖于名医权爱棠先生。权爱棠先生以行医名世,又是著名的书画家。购得张兆衡府第后,加以修缮,由祖弟书法家权景猷隶书匾额"略阳世泽",款署甘肃大绅张威。甘肃书画家范振绪先生适寓武威,看到此匾后赞不绝口,称看其隶书大作,在武威没有自己书写隶书的市场了,回去再不写隶书了。范振绪先生之叹,可见其胸襟。视其格局,实乃大家风范,不以他人之作而狭隘其心,实令人感佩也。此匾现已不存。

咸丰皇帝御笔: 夫子博学

牛鉴故居位于今凉州区高坝镇同益村,当地人称"牛家花园"。花园占地面积70亩,以梨树、核桃树、苹果树、杏树为主,杂有杨树、柳树、槐树等。庄园居于园中,因宅旁有24棵柏树,故牛鉴将宅第命名为"二十四柏之轩"。

据黎大祥先生《匾额》一文记载，牛鉴府第"夫子博学"匾额，为咸丰皇帝御笔，此为武威有史以来封建皇帝唯一的亲笔题字，威严壮观。牛鉴曾做过帝师。钦赐此匾，亦算恩隆有加了。此匾现已不存。

张铣府第门匾：通议大夫第

张铣为清光绪二十九年（1903）进士，曾任新疆焉耆知府。据朱子云先生记载，张铣故宅坐落于武威城区东巷子正北方，府址后为凉州区委党校所在地（现已搬迁）。三开间府门，悬挂彩绘蓝底金字楷书方匾"通议大夫第"，左右各悬彩绘草绿底金字"文魁"楷书匾两块，现已不存。其故宅已于20世纪50年代拆除。

武将慷慨："提督军门"匾

据朱子云先生记载，韩家祖宅坐落于武威城区西南隅，今武威市财政局东侧，原吕祖庙西南。有清一代，韩家两兄弟，皆为武将，后双双阵亡。朝廷为表彰其功绩，赐"提督军门"匾悬挂于府门。两扇大门，各绘武将一员。又在府第东修建"双烈祠"供人奉祀。祠毁于民国十六年（1927）大地震，其府第20世纪50年代已拆除。

据耆老云，韩家兄弟原镇守边关，有外族入侵，弟兄俩双双潜回，母问之，则曰回家侍母。母大怒，诘之，弟兄俩大惭，返回边关，以勇猛积军功，至提督，后双双战死。民间有口传：武将勇猛万万千，抵不过韩家两儿郎。盖因赞韩家两兄弟之勇烈也。

陆家大院门匾：派衍金谿

现存武威之大院，有陆家大院、贾家大院、秦家大院等。陆家大院，因陆运生先生之奋身精护，得以完整保存。近年来，有外地文友来，辄至陆家大院，夜间小坐，或听小曲，或谈掌故，杯酒碗茶，无不为其精美所叹，亦为武威民居之风范所心折。

武威陆氏源之江西金谿象山（陆九渊）故里，一支迁徙凉州，其门匾额"派衍金谿"，道出凉州陆氏一族之脉源。

凉州陆氏，前八代祖陆华国，生于清乾隆五十六年（1791），饱读史书，通晓数理。因科举失意，遂潜心办学，设"经义堂"，使无数学子受惠。其家藏"谊重分金"匾额，为道光二十六年（1846）同窗及弟子举人为华国先生55寿辰时恭赠，喻为"尊师重道、情谊无价"。此匾由其同窗举人张启玺、徐好清撰书。咸丰五年（1855），华国先生60寿辰时，同窗樊中选、樊桂撰书"式廓光前"匾，同窗张应彪、王锐补撰"诒谋裕后"匾。现两匾重绘挂于陆家大院二楼祠堂。

赵永年自书匾额：琴鹤遗址

赵永年先生为清代武威书法大家，字鹤村。其宅第坐落于武威城区原胜利街前进巷路西。建造考究，房舍精良，颇具文人情怀雅趣。门额"琴鹤遗址"为先生自题。堂匾为"琴鹤堂"，大石青金字，颜体，亦为先生自题，苍拙古朴。门庭两廊，装饰拓出清代著名书画家张美如"松寿"条匾，意境迭出。

永年先生在武威题匾、题联较多，现存世者已不多。

民间传一故事，说每至腊月，赵家府第门前车水马龙，求见者，高官有之，大户富商有之，都为求墨宝而来。其润格丰厚，传为一时佳话。所以民间又戏称赵永年先生为赵腊月或赵腊爷。民间还口传赵家"腊月里的包子正月里吃"，足见其人多物厚、书法受人喜爱的程度。此亦为旧时尊从文化人之盛举。

永年先生自题"琴鹤遗址""琴鹤堂"两匾，颇能见其性情。琴、鹤历来为文人雅士之爱物。直书琴鹤于门匾、堂匾，琴音高洁，鹤声嘹扬，至其府宅，便能慕其心境，以为清时武威一大佳话。

里巷见古匾　悠悠根脉长

宗族文化是中华民族的"根"文化，即祖脉。宗族繁衍，有根可据，有姓可寻,源头一脉,其络衍传。所以历来修谱悬匾,一标明自己的宗族渊源;二表示不数典忘祖,敬仰祖上功德,以继其志;三发愿慕追先祖之德望,以延其家风。故凡家族,大姓求其宏阔,小姓亦不忘其本。所以旧时起宅置院,悬匾是极为讲究之大事。或请名人、或请书家题之,或集名家之字,"宁穷一世,不穷一匾"。凉州故宅大院颇多,其匾额亦多。据朱子云先生记载,清至民国,武威城区匾额蔚为大观,其名人题匾,成为武威一道文化风景。走街串巷,抬头即匾,举首仰之,俯身慕拜,拂拂墨香,字字理明,一城文气,徜徉城垣,"大城"武威,以文取胜;"文城"武威,名副其实。

附:朱子云先生搜集整理的武威城区门额

曾任豫省旅凉同乡会会长的李兰轩,为河南籍回民。其宅第坐落于原唐府街(今武威军分区所在地西北部),其门额由范振绪先生所题,行楷,"布衣养志",并附跋语,其左侧为安姓人家,门额则书"勤种书田",楷书。斯文中寓含志向,匾语中富有哲理。大凡此类人家,都有很好的读书风气。

张禄全之父宅,坐落于原县府巷8号,门匾为"孝友传芳",楷体,由清同治年间武威进士刘开第所书。20世纪60年代修造原武威县医院时,拆迁搬至和平街钟楼巷10号。字迹损伤于"文革"。

武威商贾张槐宅第,坐落于原北府门巷口,门额为"泽继横渠",颜体,由段守谦所书。其侄张登良宅第,位于原学习巷5号,门额为"两铭世泽",汉隶,由武威书法家李兆甲(伯东)所书。镌刻于砖砌门上。先后拆毁于20世纪五六十年代。

张积福之宅第,坐落于原和平街北段41号,门额为"孝友传家",颜体,楷书,书写者不详,用沙浆制其门上,并配以沙浆门联:两铭当门时显瑞霭,百忍传芳常聚太和。在20世纪40年代,属装饰时髦之作,毁于20世纪五六十年代。

已故中医王仁山先生宅第,坐落于原西小北街面粉厂北侧,门额拓书著名书画家张美如行书"胜继兰亭"。仪门匾为"青缃世泽",楷书,由武威书法家贾坛所书。堂匾由武威书法家吴南泉所书,"佛心国寿",楷体。毁于"文革"。

王大全之父宅,门额为"兰亭遗泽",由武威名流段永新所书,楷体。

1996 年旧城改造中被拆除。

中医王海如先生宅第,坐落于原文家巷,后为和平街进步巷 4 号。其先父购买武威名流文国华宅第后,新换门额"胜继兰亭",由武威老秀才魏镛书写,颜体,行书,左右两侧配对联:茂林修竹世会山阴,紫电青霜材储武库。其宅院书匾数块。有拓制两江总督牛鉴"槐荫堂"匾一块,楷书;有魏镛楷书"积善余庆"匾一块,红底金字,此为楼匾;东厢房由武威名流杨成绪所书"忠厚可风"匾一块,红底黑字;西厢房由赵子和楷书"克昌厥后"匾一块,砂金底大蓝字;倒座由牛鉴楷书"贻厥孙谋"匾一块,红底金字。此于 20 世纪 50 年代拆除。

坐落于原小南街老乐巷,后称乐乐巷 5 号,"王蛤蚂膏药庄"、"万寿堂"主人宅第,俗称王家大院子,还有一套八院子之说。据知情者言,其宅第建造精巧,堪称武威民居之典范,院中匾额四布,琳琅满目。宅门小而玲珑,取意"巨富而不扬",门额"江左风流"由清代著名书画家张美如仿二王所书。此亦毁于"文革"。

坐落于北关街杨府巷 17 号,原主人王大寿,因是卖牛肉出身,人称王牛肉,宅第门额由被人们称为王老总的曾任武威县商会老总王保元所题,"乌巷风和",行书。坐落于东小北街,现和平街北段路西,已故商人王寿天宅第门额亦由王保元所题,"三槐家风",楷书,镌刻于砖砌大门。此两门额均毁于"文革"。

坐落于北关北路西王铁匠家宅第门额为"向阳门第",楷书,以草绿底金字彩绘,不知何人所题。因清中期曾出过进士,人们又称其王进士家。

坐落于钟鼓楼下,现和平街钟楼巷王家(名已不详)宅第,门额书曰"右丞小居",楷书。现已不存。

坐落于王府街,后为共和街王柏林家宅第,门额为"胜继兰亭",行书,由武威书法家陈霞山所题,毁于 20 世纪 60 年代。

王、李姓均为大姓,故题门额总能体现"祖脉"。若右丞,若青莲,大多追慕祖上名人之故,以彰祖先风范,或借其炫耀望族之盛。

坐落于原北府门,今署东巷市政府家属院所在地路南的李景才家宅第,砖砌圆大门,门额由贾坛所书,"西凉望族",镌刻、彩绘,小篆。门内亦悬匾"西凉望族",楷书。不同书体,两种气象。贾坛为民国年间武威的地方贤达,能书善画,酷爱金石文物。

坐落于北府门路口街西,一李姓宅第门额"青莲遗泽",毁于 20 世纪 70 年代。

坐落于原建国街路西之李烜宅第,门额为"紫气东来",楷书,用沙浆镌刻。李曾任武威县商会会长。其弟李炜宅第门额为"犹龙世泽",由马清鸿书写,颜体,楷书,毁于 20 世纪五六十年代。其址后为原武威市委家属院所在地。

坐落于和平街北段 47 号,已故赵子亭宅第门额"中令传芳",由白凤鸣书写,颜体。其意慕追宋之赵普之故。

坐落于原羊头巷,后为和平街提高巷 8 号赵姓宅第门额为"清献名家",颜体。毁于"文革"。

坐落于原马神庙街路北,后为和平街钟楼巷已故开明绅士赵士达宅第门额为"平原望族",砌砖镌刻,由清光绪翰林杨思书题写。毁于 20 世纪五六十年代。

坐落于原和平街百(白)家巷已故塾师赵惠元(子和)宅第,赵清代曾入国子监读书,宅第门悬蓝底金字竖匾"太学生",毁于 20 世纪 50 年代。

坐落于原东小北街路东,后为和平街 50 号霍家祖宅门额为"博陆传家",白凤鸣书写,颜体。毁于 20 世纪六七十年代。

原西北师大教授、著名书法家靳鉴先生父宅门额为"学宗伊洛",由清戊戌拔贡贾克明所书,欧体。毁于 20 世纪 70 年代。

坐落于原陆家井、后为共和街东小井巷吴裁缝家宅第门额为"延陵遗泽",由书法家权景猷所书,行书。现已不存。

坐落于原和平街 44 号、白凤鸣先生宅第门额为"香山后裔"。现已不存。此住宅据说为明代建筑,又称白家阙子。白家世代书香,庭院廊下四布匾额。每至春节,白凤鸣便亲书门联:世路难行钱作马,愁城易破酒为兵,以表达其心境。

坐落于原猪毛小巷,后为和平街正义巷骆绳武先生父宅门额为"会稽雅望",由清代武威秀才、书法家吴南泉所书,楷体。

坐落于原马神庙街、后为和平街钟楼巷路北,原有马家兄弟俩宅第。马老大宅第门额为"白眉遗泽",楷书。马老二宅第为"扶风名裔",欧体,楷书,草绿作底,金字彩绘。现已不存。马家曾从事粮油、裱画之生意。

坐落于原胜利街前进巷、河南籍商人马某某宅第门额为"茂林望族",镌刻,由书法家马清鸿书写,楷书。毁于"文革"。

坐落于原东巷子西路口南,后为北关街东巷子马某某宅第门额为"白眉世泽",挂于木结构门檐下,由吴南泉所书。

坐落于原共和街苏锦先生父宅门额为"武功雅望",由刘世华所书,楷书。

坐落于原南关街民主路武威国术师苏杰三宅第门额为"东坡遗裔",由赵惠元所写,楷书。

坐落于原和平街钟楼巷 41 号苏铁匠家宅第门额为"西湖风流",由王保元所写,楷书。此因与职业不合,挂出后多受人讥讽。

坐落于原胜利街青年巷(旧称流水巷)4 号杨光壁先生父宅门额为"三相流芳",由吴南泉所书,楷书。杨家祖上曾经营籽种,人称杨籽种家。

坐落于原胜利街 102 号杨德年先生父宅门额为"弘农遗泽",由武威书法家段维衡书写。

坐落于原东小北街路西许性悟宅第门额为"汝南雅望",由吴南泉所写。许原为凉州洪祥秀才,由于脸有麻子,被人称为凉州三大麻子秀才之一。先以教私塾为业,后从医。在 20 世纪 20 年代,堪称凉州一代儒医。

坐落于原南关西路烟文俊宅门额为"望重太邱",楷书。烟为武威国术师、针灸大夫。

坐落于原胜利街青年巷 5 号"范家粉房"主人宅第门额为"高平世泽",楷书。

坐落于原和平街提高巷 9 号秦延泉父宅门额为"派衍天水",由赵惠元所写,楷书。

坐落于原和平街钟楼南巷麻永忠先生父宅门额为"凉公遗泽",楷书。麻永忠原工作于凉州区文化馆,为武威著名书画家,爱秦腔,好酒,生性豁达,有儒雅之风。现已不存,毁于"文革"。

坐落于原佘家巷、后为建国街建设巷叶某某家宅第门额为"书传海绿",由权景猷所写,草书。现已不存。其巷原唐甲三宅第门额为"晋阳遗泽",由曾任新疆沙河县县长、书法家段永恩书写,楷书。毁于 20 世纪 60 年代。

坐落于原和平街县府巷 7 号胡钰宅第门额为"安国遗风",楷书,自题。与其毗邻之胡应先宅第门额亦为"安国遗风"。两胡同姓不同宗。胡应元门庭装饰讲究,门额拓制康陶然楷书。

坐落于原北关街杨府巷 47 号耿生保宅第门额为"琴音贻美",由吴南泉所书,行书。

坐落于原和平街进步巷 3 号钟家宅第门额为"甲第鼎新",由武威书法家杨联璧所书,楷书。杨联璧为凉州怪杰杨成绪之子。匾之内容为祝福语,未毁坏。

坐落于原蔡家井、后为北关街中心巷 34 号贾垣宅第门额为"望重长沙"。由清末翰林、凉州府台王步瀛所书,楷书。贾垣曾任武威商会会长,于 1915 年亲自督工在原东巷子路北、倚张铣府第左侧建宅起第。1919 年,又在原蔡家井旧宅,大兴土木,修葺楼台、仪门,门额仍用王步瀛所题"望重长沙"。两大门以重绘油饰,门额以大蓝底字配饰。其后,建于原东巷子之宅第由贾坛一门户族居住。贾坛时任武威县农会会长。所以有"一门两会长"之称。扩建后的蔡家井宅第,则由晋垣一门户族居住。两处宅第,东巷子宅第已于 20 世纪 50 年代拆卖,现存贾坛故居已搬迁至武威六中西侧。

坐落于原县府巷 9 号窦生光先生父宅门额为"吴郡高风",由王保元所题,行书。楼匾为"德业齐兴"。20 世纪 60 年代修武威县医院时拆除。

坐落于原会馆巷 19 号顾某某宅第门额为"吴郡世族",隶书。

坐落于原北关街杨府巷 22 号郝某某住宅门额为"南轩遗泽",由段永新书写,楷书。据说为段永新年轻时的力作。

坐落于原和平街海子巷路北徐庆洪宅第门额为"东海雅望",楷书,现已不存。

坐落于原共和街新建巷 34 号徐奎先生祖宅门额为"望重南州",由周文山书写,楷书。现已不存。

坐落于原唐府街、后为建国街民富巷 12 号杜仲宽父宅门额为"武库犹存",由吴南泉所书,楷书,现已不存。

坐落于原马神庙街路南、后为和平街钟楼巷 3 号章烜先生父宅门额为"望出河间",行书。与其宅相依的钟楼巷 2 号院门额为"柱下遗史",其宅于 1911 年后由马绍庭开设人像摄影照相馆,马为南方人。宅门两廊悬挂"照相馆"方盘匾,黑底金字。

坐落于原共和街东小井 31 号、武威书画家郭中藩先生父宅门额为"汾阳遗泽",毁于 20 世纪 50 年代。

坐落于原北关"夷亭子",后被人讹传为"雨亭子",人称"郭谩谩家"宅第门额亦为"汾阳遗泽",楷书,未署款。现已不存。

坐落于原沙井巷、后为共和街沙井巷 16 号何某某宅第门额为"清峻高风",由马清鸿书写,楷书。现已不存。

坐落于原建国街学习巷 20 号何某某宅第门额为"庐江遗泽"。有掌故。现已不存。

坐落于原东小北街南端路西"永盛园饭庄"主人庞万珍宅第门额为"始平遗泽",由王保元书写,楷书。现已不存。

坐落于原南大街门西、原武威行署卫生处家属院对面桑某某宅第门额为"宏羊雅术",由周文山书写,楷书。毁于 20 世纪 50 年代。

坐落于原和平街 61、62 号著名大夫柴泽泉先生宅第,两侧大门门额为"陶朱事业""夏禹良谟",绿底蓝字,立粉彩绘,由王保元所题,行书。柴 20 世纪三四十年代私营"同仁诊所"。

坐落于原共和街西巷子 9 号侯国福宅第门额为"西河文苑",由考院宪长赵施忠所题,楷书。与其宅相倚的韩家宅第门额为"仰如山斗",由贡生杨培元所书,楷书。现已不存。

坐落于原仓门街、后为西小北街洪家宅第门额为"敦煌遗泽",由杨合卿所题,楷书。现已不存。

坐落于原玉皇庙滩南、后为原武威市种子公司门前彭象樵宅第为"柱史垂芳",镌刻,由名医、武威书法家权爱棠所题,行书。

坐落于原共和街 24 号周木匠家宅院门额为"迹接濂谿",由清贡生、书法家赵永年所题,行书。毁于 20 世纪 50 年代。

坐落于原沙井巷、后为共和街沙井巷周家宅院门额为"胜继濂谿",由赵永年所题,颜体,行书。

坐落于原和平街县府巷郭家宅第门额为"笏朝雅望",由清副榜举人孙大经所题,楷书。现已不存。

坐落于原和平街海子巷北口蔡子昭宅第门额为"西山雅望",楷书。

　　坐落于原玉皇庙东、原武威市种子公司大门东侧邸膺卿先生祖宅门额为"烈继中山"，由清道光拔贡生刘梧轩（庆元）所题，隶书。20世纪80年代邸膺卿先生重砌街门，补写"烈继中山"门额，楷书，沙浆镌刻。膺卿先生为武威著名中医、书画家。其族弟邸兰亭父宅门额为"繁荣经济"，20世纪40年代由书法家权景猷所题。因其家世代为粮商，故题此匾额。

　　坐落于原建国街劳动巷、原武威师范教师墨奎先生父宅门额为"孤竹留芳"，由道台康陶然所题，行书。1946年其族叔墨兴元在原建国街复兴巷修建砖砌街门时，又拓制其上，署款为主人所书。两门额均毁于20世纪60年代。

后　记

　　一座城市的街巷名、匾牌，既为文化符号，充满着一股浓浓的文化气息，也是一座城市的标签。大凡历史文化名城，门额、匾牌，均以数量多、书法美、历史久为世人称道。譬如武威文庙桂籍殿和其前卷棚廊下悬挂的匾额。

　　门额作为匾额的一类，或砌或悬于宅第门楣，既是主人身份的彰显，也表达着主人的意愿，大多还表明祖根之由来。上述呈现的门额和匾牌，大多在武威匾额史上确是一种有价值的存在。20世纪90年代，我利用余暇，走访了武威许多耆老和文史专家，后至武威日报社工作，更与诸多老文史专家成了忘年交。窦潏、党寿山、孙寿龄、于竹山、赵以太、杨常青、王宝元、冯天民、黎大祥、宋振林、王其英等先生，或以文见，或面晤，为我的武威文史积累给予了有益的帮助和指导。尤其是冯天民先生，总是不吝赐教，慷慨解惑，长者风范，使我受益匪浅。遗憾的是，我未拜会到潘若清和邸膺卿先生。麻永忠先生博闻强志，有凉州活资料之称，对很多人、事的细节都给予了补正。按范文澜先生的观点，从事文史工作一定要注重"二冷"。研究文史，不积二十年之功，很难"通道"。曹道衡先生在序赵以武先生《五凉文化述论》时曰："要进行这种研究，而且能取得一定的成就，那就不但需要较高的学术素养和辛勤的劳动，还需要一定的'不求闻达、甘心寂寞'的献身精神"，李鼎文先生治学严谨，在与我交谈时，曾谆谆告诫我做学问要"实事求是"。愚亦笨，向好本土历史，是为写小说搜寻资料，因为"小说是活的历史"，能通过小说这种载体让许多弥足珍贵的凉州掌故、人文留存,也是我的心愿。长篇小说《末代紧皮手》《国家坐骑》便是我这种心愿的践行。

许多轶闻、掌故,正史不载,流传于民间,能记载并烂熟于心者,大多为读书人、有心人,更有抢救的必要。

因我在武威日报社工作时,大多主持文学、文史栏目,又发愿让许多鲜为人知的史料留诸世,除上述文史专家外,又结识了梁新民、朱子云等先生。梁新民先生为李鼎文先生弟子,他来校发的大多为写李铭汉、李于锴、李鼎超、李鼎文三代醇儒之文章。一日,朱子云先生找我,拿着《武威城区民间"门额"文化》一稿,一眄,大喜过望,遂请示时任武威报社的有关领导,得以刊发。朱子云先生为武威人,生于1934年10月,1949年9月25日在武威参加中国人民解放军四军十一师青干班,先后在部队、地方工作。1982年调入原武威地区群艺馆工作,同年8月任原地区群艺馆副馆长,于1994年3月正式离休,享受副县级待遇。先生书写了大量有关武威文史的文章,尤其是关于武威城区民间门额的。先生几十年来孜孜不倦地考察、搜集、整理,收录原武威老城近百家门额,使这些珍贵遗产得到了保存。此功德大焉。先生所记录时,武威老城的部分故居、宅第门额还有稀存者。为留住历史印迹,凡老城区大多门额均来自先生的原文,并作了适度改写,以表达对先生的敬意和尊重。

2019年,武威市投资36亿多元,高位推进、高质量发展历史文化街区保护建设PPP项目,旨在全面梳理老城历史记忆、古城符号和凉州元素,突出凉州历史风貌和文化内涵,划定文庙、古钟楼、罗什寺为三条历史文化街区。三大街区的落成,将再现武威老城风貌,对推动武威文旅融合发展将会起到重要的作用。现武威市历史文化街区文物建筑古民居院落保护修缮工作已有序开展,将鲜为人知和业已消失的门额和匾牌钩沉面世,让人们在领略武威老城民居门额魅力的同时,也为古民居院落保护修缮提供可资借鉴的资料。

武威匾额所涉进士事略

杨琴琴

武威市凉州文化研究院

武威匾额,洋洋大观,遗存丰富,是武威社会经济、文化教育发展历史的直观反映。这些匾额是前人留下的珍贵的文化遗产,也是后世研究武威历史文化重要的实物资料。笔者翻阅《武威通志》(艺文卷)①、《武威金石录》②时,见武威匾额涉及不少进士,而编著者并未为之作传或注,给读者带来阅读、理解上的不便。兹据文献所载,按照考取进士的时间顺序,对他们的事迹,特别是他们与武威的关系略作考察梳理,以期有助于认识相关匾额题写的历史背景和所包含的历史价值。不当之处,敬祈教正。

(一) 文庙"司文章命",落款"乾隆四年岁次己未二月上浣吉旦……赐进士出身同知管凉州府水利屯田通判加一级纪录三次傅树崇撰……"

傅树崇,字林宗,号嵩樵,河南登封人。康熙五十七年(1718)进士。雍正十一年(1733)任武威知县,捷于判断,力除陋习,教课生儒,多所裨益,后迁镇番柳湖水利厅,③专管屯田,"栉风沐雨,先劳弗倦,教民耕获及时,屯收数倍于前。有《柳林湖赋》及《屯田记》,文章经纬,具见一斑"④。匾额所谓"同知管凉州府水利屯田通判",即指傅树崇以同知衔管柳林湖屯田通判事。乾隆五年(1740)补宁夏府西路同知,⑤八年(1743)卒于任,人

---

① 武威通志编委会编纂:《武威通志》(艺文卷),甘肃人民出版社,2007年。
② 王其英编著:《武威金石录》,兰州大学出版社,2001年。
③ 张珩美修、曾钧等纂:乾隆《武威县志·官师志》,清乾隆十四年(1749)刻本。
④ 陆继萼修,洪亮吉纂:乾隆《登封县志》卷二六《丽藻录》,清乾隆五十二年(1787)刻本。
⑤ 《清高宗实录》卷一百十,乾隆五年二月甲申条,中华书局1986年影印本。按:《甘肃新通志》卷五二《职官志》载,傅树崇乾隆四年(1739)任凉州知府,然《清实录》及乾隆各志书均未有载,存之俟考。

称廉吏。①

（二）文庙"彩振台衡"，落款"赐进士出身翰林院检讨加一级监察御史知甘肃凉州府事何德新……乾隆十七年岁次壬申菊月中浣吉旦补修彩绘工竣立……"

何德新，字晖吉，号西岚子，贵州开州（今开阳）人。乾隆十年（1745）进士。十三年（1748）授检讨，②旋记名御史。③ 十四年（1749）十月补授凉州知府，④任内勤于民事，创办西凉书院，聘张珃美为山长，文风为之一新。著《西凉集》，记甘凉山川、人民、物产、古迹等事，张珃美序云"（是集）不事结构，不事雕琢，自然工雅，时有壮凉激越之调，流露于笔歌墨舞之间"⑤，评价不可谓不高。十八年（1753），调甘州知府，因事革职。二十五年（1760）复官，出为湖南永州知府，卒于任。⑥

（三）文庙"桂宫传箓"，落款"清嘉庆二年八月中浣士庶公建牌坊叩　泗州知州刘作垣敬书"

刘作垣（1732—1813⑦），字星五，武威人。乾隆二十六年（1761）进士。三十五年（1770）任安徽舒城知县，喜造士，创龙山书院，善折狱，廉平明敏。⑧四十二年（1777），迁泗州知州，⑨以谳邻县狱迕上议归。先后在酒泉书院、天梯书院掌教，严立课程，因材施教，成才颇多，乾嘉学术大师张澍即出自其门下。著有《周礼汇解》《左传阐义》，"大抵采宋儒之说，而参以本朝诸家，于方

---

① 乾隆《登封县志》卷二六《丽藻录》。

② 《清高宗实录》卷一百十，乾隆十三年五月庚子条。

③ 周作楫修，萧埙等纂：道光《贵阳府志》卷七七《二何传附袁侣元〈何西岚传〉》，清咸丰二年（1852）刻本。

④ 秦国经主编：《清代官员履历档案全编》（2），华东师范大学出版社，1997年，第21页。

⑤ 刘显世修，任可澄纂：民国《贵州通志》卷一三二《艺文志》，民国三十七年（1948）铅印本。

⑥ 道光《贵阳府志》卷七十七《二何传》。

⑦ 按：此生卒年据《清代官员履历档案全编》（19）、张澍《刘星五先生传》推算。

⑧ 陈守仁修，郭维祺等纂：嘉庆《舒城县志》卷十七《职官志》、卷十九《名宦》，清嘉庆十一年（1806）刻本。张澍：《养素堂文集》卷二十四《刘星五先生传》，枣华书屋刻本。

⑨ 叶兰纂修：乾隆《泗州志》卷七《秩官年表》，清抄本。

灵皋(苞)尤为服膺。其言平实坚确,不尚新奇",是可传之书。① 刘作垣书此
匾时,已在乡教读。

(四) 古浪县大靖镇里城北隅关帝庙内"大义千古"匾,王杰书

王杰(1725—1805),字伟人,号惺园,陕西韩城人。乾隆二十六年
(1761)状元。历官工、刑、礼、吏四部侍郎,充四库、三通馆副总裁,擢兵部尚
书。五十一年(1786)充上书房总师傅、军机大臣。次年晋东阁大学士。嘉
庆四年(1799)充实录馆总裁,七年(1802)致仕。善书法。著有《葆醇阁集》
等。王杰此匾,《武威金石录》未著录,笔者也暂未查到相关史料,惟有传说:
"嘉庆时期,王杰曾任钦差大臣,沿丝绸古道赴甘肃河西、新疆一代查访民情
及水利、农桑、兵戎等事。沿'中六路'过会宁时曾应当时会宁经商陕西人请
求,给会宁山陕会馆关帝庙题写竖匾'大丈夫'、横匾'大义千古'。山陕商人
将'大义千古'四字带到大靖关帝庙。"是匾"每字见方二尺有余,烫金镌刻,
字迹苍劲,笔锋刚健,众口称绝。……'文革'期间,同于右任手书'神恩护
世'匾额一起被破坏。"②姑录于此,聊备一说,俟异日考求。

(五) 松涛寺"烟灭烽台"③,张澍题

张澍(1781—1847),字百瀹,号介侯、介白,甘肃武威人。嘉庆四年
(1799)进士,选翰林院庶吉士。历官贵州玉屏、四川屏山、江西泸溪等地知
县。在文学、经学、史学、方志学、敦煌学、金石学、姓氏学、辑佚学等领域,均
有卓越建树。著有《养素堂文集》《养素堂诗集》《续敦煌实录》《姓氏五书》
等,辑有《二酉堂丛书》。嘉庆十五年(1810),张澍归里;夏,与王鲲、郭楷、马
廷锡等人游松涛寺,并作五律六首,诗中如"十人联玉笋,六月听松涛""寺外
柳婆娑,清溪漾碧波……吾徒尚惮暑,逐热更如何""壶中长日月,画里老林
泉"等等,洵为良言佳句。④ 李鼎文先生认为,张澍这组诗"描写了松涛寺内

①　张澍:《养素堂文集》卷二十四《刘星五先生传》。
②　姚光汉:《关帝庙与"大义千古"匾》,载中国人民政治协商会议甘肃省古浪县委员会编
　　《古浪名胜古迹选编》,2000 年,第 202—203 页。
③　按:此匾,《武威通志》(艺文卷)未收;《武威金石录》第 368 页作"烟无烽台"。
④　张澍:《养素堂诗集》卷十《还辕集》,枣华书屋刻木。

外清幽的景色,叙述了好友在一起避暑的愉快生活,也抒发了对当时官场风气的不满情绪。对仗工整,用典确切,值得一读"。其后数年,张澍曾多次提到避暑松涛寺事,①足见此游给他留下了深刻而美好的印象。"烟灭烽台",可能就是在此时所题。

(六)文庙"桂篆垂青",落款"道光十六年丙申中秋月敬献　赐进士及第光禄大夫都察院左都御史李宗昉书"

李宗昉,字静远,号芝龄,江苏山阳(今淮安)人。嘉庆七年(1802)一甲二名进士及第,授编修。九年(1804)为陕西乡试正考官。② 道光十六年(1836)任都察院左都御史。③ 后历官至礼部尚书,兼署兵部尚书。著有《闻妙香室诗集》《文集》等。李宗昉书此匾之始末,尚未查知。

(七)张兆衡府第"忠刚遗泽""古雪山房",道光姚元之书

姚元之(1783—1852),字伯昂,号荐青,安徽桐城人。嘉庆十年(1805)进士,选翰林院庶吉士。嘉庆十三年(1808),为陕甘乡试正考官。历官至内阁学士。道光二十三年(1843)休致。④ 工诗文,擅书画。著有《竹叶亭杂记》《荐青山人诗文集》等。他曾说:"甘省文风,初惟宁夏最盛,今则莫盛于凉州之武威。"⑤这是他亲身所见所感而发,足见清代武威"文风甲秦陇"信非虚言。

张兆衡字仲嘉,号雪槎,武威人。嘉庆二十五年(1820)进士。道光十五年(1835)任山西和顺知县,"重兴学校,作育人材"⑥。十九年(1839)任曲沃知县,革弊厘奸,修建书院,增修县志,百废俱举,后升朔州知州。⑦ 卒后,牛鉴为撰墓表,碑存武威文庙。

---

① 李鼎文:《从清代武威的进士说到张澍的游松涛寺诗》,载《甘肃文史丛稿》,甘肃人民出版社,1986年,第221页。

② 《清仁宗实录》卷一百三十,嘉庆九年六月己卯条。

③ 《清宣宗实录》卷二百八十三,道光十六年五月戊戌条。

④ 《清宣宗实录》卷三百八十八,道光二十三年正月乙丑条。

⑤ 姚元之撰,李解民点校:《竹叶亭杂记》卷二,中华书局,1982年,第42页。

⑥ 张夑典修,王玉汝纂:《重修和顺县志》卷六《官师志》,民国三年(1914)石印本。

⑦ 张鸿逵等修,韩子泰纂:光绪《续修曲沃县志》卷二十六《名宦志》,清光绪六年(1880)刻本。

由于此二匾已佚，且资料难征，姚氏题匾之始末不清。从字面意思来看，前者当是张氏卒后所题，后者或是张氏堂号。

(八) 文庙"云汉天章"，落款"道光元年辛巳五月　邑人张美如敬书"

张美如(？—1834)，字尊五，号玉溪，又号第五山樵，武威人。嘉庆十三年(1808)进士，选翰林院庶吉士。散馆授户部主事，因亲老告归终养。道光二年(1822)入京补官，升户部员外郎，后弃官归里。曾主讲天梯书院、兰山书院、关中书院。能诗善画。著有《张玉溪先生诗》。[①] 张美如书此匾，正是乡居之时。

(九) 武威陕西会馆"浩气凌霄"，林则徐书

林则徐(1785—1850)，字少穆，福建侯官人。嘉庆十六年(1811)进士，选翰林院庶吉士。曾官湖广总督、两江总督、两广总督，署陕甘总督、云贵总督等职。著有《林文忠公政书》《荷戈纪程》《云左山房文钞》《云左山房诗钞》等。道光二十一年(1841)，林则徐被诬革职，发往伊犁效力赎罪。道光二十二年(1842)八月十四日抵凉州，十五日至二十一日均住在甘凉道署中，二十二日启程西行。其间，林则徐与当地官员、士绅酬唱往还，连日作诗，[②]此"浩气凌霄"匾，即在是时题写。

(十) 文庙"天下文明"，落款"道光十九年岁次己亥九月谷旦　赐进士出身兵部侍郎兼都察院右副都御史巡抚河南等处兼理提督军务前翰林院编修国史馆纂修邑人牛鉴书"[③]；又书陕西会馆"日在天上"、松涛寺"精微机要"

牛鉴(1785—1858)，字镜唐，号雪樵，武威人。嘉庆十九年(1814)进士，

---

① 昇允、长庚修，安维峻纂：《甘肃新通志》卷六九《人物志》，清宣统元年(1909)刻本暨石印本；民国《武威县志》，转引自李鼎文《张美如和他的诗》，载《甘肃社会科学》1982年第2期。

② 《林则徐全集》编辑委员会：《林则徐全集》第九册《日记》，海峡文艺出版社，2002年，第475—476页。

③ 按：《武威金石录》记作"道光十九年己亥九月　两江总督牛鉴"，误。足见此书并不按照原匾额落款著录，稍欠严谨。

选庶吉士,授编修。迁御史、给事中。道光十一年(1831),出为云南粮储道。历山东按察使、顺天府尹、陕西布政使、江苏布政使。十九年(1839),升河南巡抚。二十一年(1841)擢两江总督。二十二年(1842)以贻误封疆罪,褫职逮问。二十四年(1844)被释,命赴河南中牟河工效力。后因功加二品顶戴,以病乞归。牛鉴在河南整顿吏治,停分发,止摊捐,筑河堤,浚卫河,甚有政声,颇得民心。① 他能文善书,据说道光帝曾为其府第题写"夫子博学"牌匾。② 其书"天下文明"匾时,才升任河南巡抚不久。③ "国史馆纂修",《清史列传》作"协修"。"日在天上""精微机要"题写时间不明。

(十一) 文庙"文以载道",落款"宣统建元己酉季秋　赐进士出身知凉州府事郿县王步瀛谨题"

　　王步瀛(1852—1927),字仙洲,号白麓,陕西郿县(今眉县)人。光绪二年(1876)进士。三十四年(1908)任凉州知府,④署甘凉兵备道。任内革除官场陋习,创办模范小学,授以新文。甘肃提学使视学之凉,称誉其创办之新学为全省之冠;又提倡种桑,发展农业;悉心军务,保境安民,很有政声。辛亥鼎革归里。民国政府曾延聘其担任甘肃省提学使,以老病拒绝。⑤ 王步瀛为文庙题匾,在宣统元年(1909)。此举亦可视为他重视地方教育之举措,兴新学的同时,仍不废旧学。

(十二) 文庙"辅元开化",落款"中华民国三年岁次甲寅六月下浣谷旦邑人权尚忠熏沐敬书"

　　权尚忠(1861—?),字莨臣,武威人,光绪二十四年(1898)进士。曾与李于锴、张思永等人联名撰写《请废〈马关条约〉呈文》。⑥ 二十九年(1903)补为

---

① 王钟翰点校:《清史列传》卷四十八《牛鉴传》,中华书局,1987 年,第 3778—3782 页。

② 武威通志编委会编纂:《武威通志》(艺文卷),第 98 页。

③ 《清宣宗实录》卷三百二十三,道光十九年六月丙寅条。

④ 《甘肃新通志》卷五二《职官志》。

⑤ 何维贤:《王步瀛先生传略》,见《眉县文史资料选辑》(第 5 辑),1989 年,第 30—34 页。

⑥ 《甘肃举人呈请政府废除马关条约文》,见李鼎文校点《李于锴遗稿辑存》,兰州大学出版社,1987 年,第 45 页。

山西崞县知县。① 书法家。由于其事迹所见不多，尚不能确知此匾题写始末。

　　以上即是武威匾额所涉进士的基本情况。通过梳理，我们可以得到如下认识：第一，外籍进士来武威做官者，大多重视文化教育，促进了武威地区文风的兴盛，使得本地科第相继、进士辈出；第二，本地进士热爱乡土，无论游宦在外，还是归里乡居，均心系桑梓，为故乡的教育倾尽心力；第三，部分进士如王杰、李宗昉、林则徐、张澍、牛鉴等都是名重一时的学者或大臣，他们在武威留下的墨迹，不仅是宝贵的文化财富，也是今日武威旅游宣传的亮点；第四，这些进士所题匾额引经据典，彰显了他们深厚的经史底蕴，而其高超的书法艺术水平，又正可见中国传统士人的风姿。此外，从林则徐与武威士绅的唱和、李宗昉对武威文风的评论、张澍的在外游历来看，清代武威与中原的文化交流实是值得探索的一个论题。

---

① 山西巡抚张曾敭光绪二十九年八月十六日奏折，见中国第一历史档案馆编《光绪朝朱批奏折》第19辑《内政·职官》，第270—271页。按：权氏生年，亦据此折推算。

客籍官员对清代武威文化的贡献
——以武威文庙匾额为例

李元辉

武威市凉州文化研究院

明清时期,武威文风兴盛,文化又迎来一个黄金阶段。明代扩建了文庙,儒学达到一个新的高度,清代创立了成章书院、北溟书院、雍凉书院等众多书院,文教事业得到了蓬勃发展,人文荟萃,英才辈出,出现了"书城不夜"的浓郁文化氛围,对后世文化事业产生了广泛而深远的影响。

武威文庙,是明清时期凉州儒家文化发达的地标性建筑,其桂籍殿前廊檐下悬挂的44块匾额,则是武威儒学兴盛的象征与标志。这些匾额,有好几块都是外地官员在武威任职期间题写的,如"万世文宗"匾,扬州范仕佳谨献于康熙五十七年;"司文章命"匾,特简文林郎知武威县事、顺天宛平王守曾题于乾隆四年;"辉腾七曲"匾,武威县知县、四川王汝地题于乾隆四十年;"聚精扬纪"匾,清嘉庆十一年甘肃按察使司按察使、前分守甘凉兵备道山西洪洞刘大懿题;"桂禄垂青"匾,都察院左都御史、江苏淮安李宗昉题于道光十六年;"文以载道"匾,赐进士出身知凉州府事、陕西郿县王步瀛题于宣统建元己酉秋;等等。

中国古代,朝廷为了防止官员结党营私、垄断地方权力等,实行官员异地任职制度,即"仕宦避本籍"制度。清代,作为西部重镇的武威,也迎来送往了大量的外地官员。古代讲究"人过留名,雁过留声",比喻人的一生不能虚度,无论到哪里都应做些有益于当地、后人之事。清代这些异地任职武威的官员,选择在武威文化的标志性建筑文庙题写并悬挂匾额,既体现了他们任职武威时的文化情结,也从侧面展示了其对当地经济文化作出的贡献。

下面仅以"万世文宗"匾与"聚精扬纪"匾为例展开论述。

一

在武威文庙桂籍殿正门之上,悬挂着一块"万世文宗"匾,笔势雄健朴拙,遒劲挺拔,题于康熙五十七年(1718)。此匾是武威文庙桂籍殿悬挂的第一块匾额,从此开启了文庙桂籍殿悬挂匾额的历史先河。

而为文庙献上这块匾额的,是广陵(扬州)人范仕佳。"万世文宗"匾额款识明确记载匾额的悬挂时间及献匾之人:"康熙五十七年岁次戊戌阳月上浣谷旦之吉工竣庆谨立 监督凉州等处仓场巩昌府加五次纪录广陵范仕佳谨献。"

那么,范仕佳是何许人也? 他与武威又有怎样的不解之缘呢?

据史料记载,范仕佳是扬州甘泉人,他于康熙五十三年(1714)任凉州监屯同知,具体负责地方屯田、征收赋税、差派劳役等工作。康熙五十六年(1717)冬天,准噶尔叛军控制了西藏,清廷派大军征讨,路过凉州,要求凉州地方快速供应粮草辎重。因为赋税和劳役的任务十分繁重,凉州百姓不堪承受,不免忧心忡忡。范仕佳看在眼里,急在心里,他积极协调联络,想尽一切办法,在没有过分增加百姓负担的情况下,圆满完成了为大军筹集粮草、承担赋役的任务。凉州百姓得知真相,无不对范仕佳感恩戴德。此外,范仕佳还十分关心地方教育事业,为文庙桂籍殿谨献匾额就是最好的证明。

到了乾隆十四年(1749),武威人张珀美编修完成了《五凉考治六德集全志》,简称《五凉全志》。在《五凉全志·武威县志·名宦》中收录了范仕佳的事迹:"范仕佳,凉州监屯同知。莅任逾年,军兴,凡采买挽运,以催科兼抚字。时大兵屯集,供应浩繁,动与民为难。公调剂有方,上不误公,下不累民,民相倚为命。卒于官,民复建祠署左以祀焉。"

至咸丰元年(1851),范仕佳祠堂经历了一百三十二年,由于年久失修,破败不堪,房屋出现倒塌迹象。由于范仕佳生前十分关心支持文庙儒学院的教育事业,他的事迹便在儒学院师生中间代代流传,因此儒学院一直在寻找机会维修范仕佳祠堂。当时甘凉观察使姓李,来自北平,他阅读《武威县志》后,知道了范仕佳的感人事迹,不由深深钦佩。凉州儒学院师生乘机请求重修范仕佳祠堂,得到了甘凉观察使的赞许并采纳。重修方案批准之后,道台衙门在六月招集工匠，准备材料，经过几个月的紧张施工，工程于闰八月完工，维修后的范仕佳祠堂焕然一新。此前祠堂旁有一处买卖场所，租费用来购买祭祀物品，但有管理者中饱私囊的现象。官府决定收回房屋，让凉州儒学院的生员与监生监督管理祠堂的祭祀事宜。这样一来，祭祀活动就会长期正常进行，不致废弃。

祠堂维修完成后，儒学院又委托本地学者李铭汉撰写维修经过及范仕佳的功绩，以便让后世永远铭记。

> 范公祠记
>
> 县署东范公祠，康熙中阖邑创修，以祀凉州卫监屯同知广陵范公者。按县志，公讳仕佳，莅任多惠政。五十六年冬，准噶尔蒙古侵西藏，大军自青海御之，道于凉，飞刍挽粟，赋役浩繁，公多方调剂，事集而下不扰。民相倚为命。五十八年，军方凯旋，公已积劳成疾，以其年卒于官。阖邑士庶，条其政绩，既请学宪，祠诸名宦矣。又醵金立庙于署左，肖像以祀。迄今百三十余年，堂宇渐圮。旁有市厘一所，其租入本为岁时牲体之资，或且私有之。去岁冬甘凉观察北平李公，阅县志，得其略。阖学因禀请重修，收回市厘。俾学校办公生监，董其祀事，历经久远，期无湮废。观察公深嘉纳之，即蒙批准存案。道署夏六月鸠工庀材，改建堂三楹，广如旧，深加三之一，门垣唐涂悉修治之，闰八月讫工。因撮记颠末，镌木版嵌置于壁，使后之瞻礼者，知公之遗爱。久而弥新，即观察公表章循吏之微意，亦有所考见云。
>
> 咸丰元年九月　李铭汉撰

文稿完成后，人们将文字镌刻在一块木板上，嵌入范仕佳祠堂的墙体之中，供人们瞻仰阅读。

时过境迁，范仕佳祠堂等建筑早已湮灭在历史的长河之中，但范仕佳心系武威地方的感人事迹，却一直流传至今。

二

山西洪洞县人刘大懿是清代乾隆、嘉庆年间的边疆重臣，他与凉州有一段不解之缘。时至今日,他题写的"聚精扬纪"匾,还悬挂于武威文庙桂籍殿,供人观赏。

那么,他是在怎样的背景下来到凉州的呢?

刘大懿(1756—1823),字坚雅,号苇间居士,洪洞县人。乾隆四十二年(1777)中举,五十六年(1791)以刑部云南司员外郎,升为贵州司郎中,不久授福建粮道。乾隆六十年(1795)七月二十五日,刘大懿奉旨任分巡台湾兵备道,八月加福建按察使衔兼提督学政官,以廉政闻名。但是在福建任上却遭人恶意中伤,于嘉庆二年(1797)二月二十八日罢官。事情清白之后复官,刘大懿补授分巡安肃道,千里迢迢来到了西北的肃州,掌察安西、肃州二州官吏的善恶政治得失。后刘大懿又任分守甘凉兵备道,就这样,他来到了凉州。

驻甘肃期间,刘大懿治理有方,"边民怀德,藩部畏威",功绩卓著。尤其在凉州的工作生活经历,与凉州的近距离接触,使刘大懿对凉州产生了一种第二故乡的情怀。嘉庆十年(1805)十一月十三日,年已50岁的分守甘凉兵备道刘大懿升任甘肃按察使,负责甘肃一地的司法和刑狱。甘肃按察使设立于康熙三年(1664)二月,驻巩昌府,后于康熙八年(1669)十二月移驻兰州。

虽然调离了凉州,但刘大懿对凉州依然念念不忘。任甘肃按察使的第二年,也即嘉庆十一年(1806)正月,51岁的刘大懿再次来到凉州。参观视察武威文庙之后,刘大懿有感于凉州文风昌盛,再加上自己在凉州的经历,遂欣然题写"聚精扬纪"匾,鼓励凉州的莘莘学子。此匾笔力气势磅礴,俊逸浑厚,悬挂于文庙桂籍殿。大意是,集聚精华,弘扬法纪,歌颂文昌,汇聚天下贤才,弘扬和维护法纪,鼓励后学勤奋读书,以礼安邦。

刘大懿此前曾在云南、贵州、福建等地任职,当时又在甘肃任职,从西南之地到东南海疆,再到西北边陲,辗转边疆各地,深感培养人才的重要性,显示了他对文化教育的期盼和重视。

后来,刘大懿离开甘肃,先后在福建、山东等地任职,再也没有来过武威。刘大懿虽已远去,但底蕴厚重的"聚精扬纪"匾仍然悬挂在武威文庙桂籍殿前廊檐下,默默诉说着两百多年前的那段往事,尽情彰显着浓郁的文化气息。值得一提的是,"聚精扬纪"与另一块"书城不夜"匾,已被收入《中华名匾》一书。

也许是机缘巧合,刘大懿的儿子刘师陆,与武威也有一段传奇经历。

刘师陆(1784—1850),字子敬,号青园,刘大懿的四子,清代著名藏书家、金石学家。因为刘大懿曾在凉州及甘肃任职,为酷爱收藏古代钱币的刘师陆提供了诸多便利,也使他与凉州有了一段经久不衰、至今为人称道的传奇故事。

嘉庆十年(1805)六月,刘师陆"在凉州得'凉造新泉'三枚",开启了人们对"凉造新泉"钱币的重新认识,为钱币学研究增添了新内容。同年,刘师陆还在凉州得到一批西夏时期窖藏出土的古钱,共一千多枚,其中"梵字钱亦有数品"。刘师陆发现并认定梵字钱为西夏文钱币,是钱币学史上的一段佳话,其意义不同凡响,为后人研究西夏钱币揭开了新的一页。

从刘大懿、刘师陆父子的人生经历,从"聚精扬纪"匾额到"凉造新泉"、西夏钱币的历史故事,我们深深感受到了凉州文化的传承和延续、厚重与魅力。

以上述清代悬挂在武威文庙桂籍殿的两块匾额为例,人们既感受到有清一代在武威任职的异地官员浓郁的武威文化情结,也能认识到他们关心武威当地的经济、文化及社会发展,为弘扬文化、推崇儒学教育、倡导教化作出了积极的贡献。

参考文献:

［1］王其英:《武威金石志》,天津古籍出版社,2020年。
［2］郭承录主编:《武威史话》,甘肃文化出版社,2005年。
［3］武威通志编委会编纂:《武威通志·人物卷》,甘肃人民出版社,2007年。
［4］武威市地方志编纂委员会编纂:《武威地区志》,方志出版社,2016年。
［5］张克复等校注:《五凉全志校注》,甘肃人民出版社,1999年。
［6］关汉亨:《中华珍泉追踪录》,上海书店出版社,2001年。
［7］林声:《中国名匾》,辽宁人民出版社,1992年。

清代的送学礼及助学义举与尊师重教的公益精神

王其英

武威市公积金中心

武威现存教育类碑刻较多。本文试图以武威教育类碑刻为基本依据，探析清代的送学礼及其捐资助学义举，进而了解中国古代礼重人才、尊师重道的公益精神与公益传统。

一、清代陕甘分闱及其历史背景

1644年，清朝建立，时沿袭明制，陕甘仍为一省。康熙初年，陕甘分省，甘肃省会迁至兰州。到光绪以前，陕甘分省已两百多年，但陕甘仍然合闱（试院合二为一），两省士子均在西安的陕西举院参加乡试。光绪元年（1875），两省正式实现分闱。当时的甘肃省辖今甘肃、宁夏全部以及青海河湟地区和新疆东部地区，地广人稀，交通不便，士子们前去西安应试路途遥远，困难重重，花费巨大，难以承受。离西安最近的陇东士子要走八九百里，兰州士子要走一千多里，河湟士子要走三四千里，新疆士子要走五六千里。士子们参加一次乡试，来回少则一两个月，多则三四个月，许多士子要提前半年出发做准备；参加乡试所需费用更是惊人，少则数十两、多则数百两银子。

交通和经济的制约，使甘肃有能力参加乡试的士子，少之又少，绝大多数士子皓首穷经，因种种困难无法参加乡试而饮恨终身。为解决这些问题，时任陕甘总督的左宗棠，向朝廷上书要求陕甘分闱。同时，甘肃士绅也联名上书，请求朝廷切实解决参加考试难的问题。

位于今兰州市城关区临夏路北翠英门，即西关什字的兰大二院内，有两座百年古建筑,这就是清朝的甘肃举院,也称甘肃贡院。甘肃举院是陕甘总督左宗棠为解决甘肃乡试问题,经朝廷批准,于光绪元年(1875)陕甘两省正式实现分闱时募银建成。

举院原占地 13 万平方米,坐东朝西,门楣悬左宗棠书"至公堂"木匾。现存观成堂和贡院至公堂。观成堂占地 323 平方米,面阔三间(19 米),进深三间(12.5 米),灰瓦歇山顶,高 14 米;至公堂占地 600 平方米,面阔七间,进深三间,十六檩四步廊悬山式,高 15 米,青瓦顶,斗拱。甘肃举院是清末全国 17 座省级贡院中最后建立的,也是中国最西部的一座举院。

举院,顾名思义就是生员、贡生、监生、荫生等参加乡试,考取举人的场所。各省乡试都在省城举院举行。甘肃举院建立之前,有 3 000 士子在西安参加陕甘乡试,而甘肃(包括甘宁青新)学子仅 600 人左右。光绪元年秋天,在甘肃举院举行陕甘分闱后的首次甘肃乡试,有近 3 000 人参加,左宗棠以监临身份入闱监察考试。

陕甘合闱时共取 62 名举人,绝大多数是得天时、地利之便的陕西士子。分闱后,左宗棠奏请甘肃取 40 名,朝廷只批准 30 名;光绪二年(1876),追加 10 名。自此,每科乡试,甘肃可考取 40 名举人。

陕甘分闱与甘肃举院的建成,是甘肃文化教育史上的重要事件,结束了科举制度建立一千多年以来河陇子弟赴外省赶考的历史,为甘肃文化教育事业的发展创造了极为有利的条件。对武威而言,清代是科举人才的最高峰,所取进士、举人、贡生在甘肃省均名列前茅。

二、清代送学礼的基本内容

送学礼是清代地方官员为官学新生举行的入学典礼,它所体现的是尊师重教、爱生崇礼的价值观。清代学校以府(州)、县为基本单位,各建一所学校,称为"儒学"。在本省学政主持的每三年一次的岁试和科试中,各儒学可以按既定名额,招收新生。在新生入学时,往往会举行送学礼。乾隆《洛阳县志·礼乐志》较为详细地记载了送学礼的基本程序:

　　每学政岁科试新生红案到学之后,知县晓示各生送学日期。至期,各生诣县署,集寅宾馆。知县公服升堂,各生由东角门进至檐下,行庭参礼……毕,各生面北三揖。具鼓乐,由中门出。知县亲送至文庙殿阶下,率行三跪九叩头礼。毕,诣明伦堂,知县、教官行交拜礼。诸生拜师,两拜;谢知县,两拜。入座,行酒数巡,肃揖而退。

乾隆《五凉全志·平番县志·建置志》详细记载了举行送学礼时必备的祭器、乐器、舞器、书籍,而且凉州府五县俱同。

清代送学礼有三个共有的核心环节:1. 地方长官发帖邀集新生,为其簪挂花红;2. 地方官率领新生到孔庙大成殿,向孔子圣像行三跪九叩之礼;3. 地方官率领新生到儒学明伦堂,向教官行谒师礼。

中国自古是礼仪之邦,学礼是各类学校教化学子的重要途径。清代各地的儒学主要有释奠(或为释菜,古代生童入学时祭祀先圣先师的一种典礼)、朔望行香、乡饮酒礼和射礼四种学礼,在京城国子监则有皇帝视学、临雍讲学和新进士释褐等礼仪。

武威现存的教育类碑刻(主要是清代)中的许多记载很好地诠释了以上内容。

立于清康熙五十一年(1712)的《大方伯整饬分守凉庄道恩宪何大宗师优崇学校设立乡会路费垂远戴德碑记》,有不少送学礼内容:凉庄道何廷圭"大宗师旌节抵凉,视学之初,即以奋兴科名,作养庠士,拔识儒童……而且尊先师,崇祀典,朔望谒庙,补设丁祭太牢,牲必亲省,缺典渐次修举,而俎豆维新矣"。

立于清嘉庆年间的《文昌宫敬惜字纸会碑记》载:"谨考文昌宫之始建,越今三□余年,仲春将享,义取入学释菜之期,先时牲用特仪,尚未备,至乾隆壬申岁,厘旧祭田,租有常额,由是奉牲奉盛奉酒醴,丰洁与大成殿相配。"

在这里,地方官员视学(到儒学考察、向教官行谒师礼、勉励生员等)、朔望谒庙(阴历每月的初一、十五日拜孔子圣像)、丁祭太牢(每年阴历二月、八月第一个丁日祭祀孔子的典礼称为"丁祭",祭祀时牛羊猪三牲全备称为"太牢")、入学释菜(古代的一种尊师礼仪)等都是送学礼的基本内容。

立于康熙四十三年(1704)的《凉庄道宪武廷适创建书院碑》中说道,武廷适"下车视庙,即以鼓励人文为谆谆"。

立于康熙四十三年(1704)的《重修文庙碑记》中,突出了地方官员武廷适"下车日,恭谒圣庙"的人文情怀。

立于道光六年(1826)的《甘肃凉州府圣庙碑铭》:凉州知府英启"予再莅斯土,每逢春秋仲丁,率诸生肃恭行礼,具言朝廷嘉惠海内士,重道尊师……"

古浪县令徐思靖"尝于课桑视稼至余,单车简从,进弟子而导之,示以礼让,勖以课程"(见徐思靖撰《增建义学记》,碑约立于乾隆九至十一年)

以上碑刻,都是在强调和突出送学礼的内容。

送学礼中还有射礼、入泮等。立于明成化六年(1470)的《重修凉州卫儒学记》中有"惟射圃旧混草场之中,遂为草场所有。乃命所司移草场于南,置射圃于北,筑垣堵为界"的记载,实际上就是为四种学礼之一的"射礼"创造条件。

"射"乃中国古代六艺之一,古代重武习射,常举行射礼。射礼蕴涵着华夏特有的人文体育精神,有助于国民国防观念的塑造,有助于国民开放、勇敢、大气的气质与性格的形成,成为中华礼仪文化的重要形式之一。

所谓"入泮",指新生入学仪式。在古代,凡是新入学的生员,都需进行称为"入泮"的入学仪式。《礼记·王制》记载:"学童首先换上学服,拜笔、入泮池、跨壁桥,然后上大成殿,拜孔子,行入学礼。"因此,泮池就成为文庙的重要组成部分。立于嘉庆五年(1800)的《泮池水利碑记》云:"五凉为人才薮,建修文庙,即立泮池。"道光六年《甘肃凉州府圣庙碑铭》载:"顾庙与学相表里,有宫有墙,有室有序,有圆桥,有泮林,有射堂射圃。凡习礼读书,学于教舞,与夫养老合乐,讲经献捷,皆得有事于其中。"

此外,有些府县还有别具特色的送学礼设计,如在文昌宫或泮池桥前为新生簪挂花红,希望新生借此追怀先贤,志存高远,成就伟业;少数地方还有演出戏剧和酒宴环节,在新生向教官行礼之后,官员、教师、新生共同入席宴饮、观看戏剧等。

三、主要助学内容和方式

送学礼名为"送学",实际上它是地方官员为发展教育、发挥教化作用而举行的一种礼仪,必然涉及一个经费问题。清代教官不像地方官员有养廉银待遇,每年俸禄不到 50 两银子,生活水平一般。据乾隆《武威县志·地理志》载:凉州府学教授岁俸 45 两,训导 40 两,门斗(仆役)18 两;武威县学教谕岁俸 40 两,门斗 18 两。因此,新生在入学之前需向学师缴纳束修等费用。这样一来,必然会加重生徒的负担。这是问题的两个方面,教官学师要增收,生徒和家长需减负,那么钱从哪里来?

为了纾解学师收入微薄的困窘,减少新生入学压力,各地士绅纷纷捐资捐产,建立公益基金组织,公举管理首事,议定管理章程,代新生向学师缴纳印卷、束修费,其中较具代表性的有兴文社、字纸会、学田(祭田)、庙产收入等,并通过购置田产出租、修建房屋出租、将捐资等收入交商家营运生息等多种方式增加收入,每年可收取银两数千两。

明清地方官员捐资助学已形成传统。因此,许多府县官员、驻军首领带头捐资,并倡导乡绅、大户捐资,设置学田等增加收入。武威教育类碑刻中所表现出的助学内容和方式主要有下列几种。

(一) 乡绅助学

立于 1760 年的《乾隆二十五年碑记》载,士庶张觐光偕三子,将地价银 160 两捐赠文昌宫,用于置办产业及祭祀之用。张氏既是有产阶层,也是书香门第,其子张朝相为国子监学生,张朝聘为生员,张朝会为业儒(正在谋取功名的学童)。张氏助银,实为助学,也有祈求文昌帝君保佑其子孙飞黄腾达之意。

立于乾隆四十二年(1777)的《大清张公碑记》载,张公先世为武威望族,先太公静翁念及乡人冥顽愚昧,教导乡人除在乡间耕作并自食其力外,还要读书明理。张公兄弟四人继承先太公遗志,带头施义塾学舍、田地,“共价银贰百两整”,以实际行动惠及地方教育事业发展。

嘉庆年间,“武邑绅士陈琨、杨增思等,复念兴文社甚裨士子……得银共计三千两……以广欧阳之法”(嘉庆十二年《武威广兴文社碑记》)。此事在乾隆《武威县志·人物志》“节义”条也有类似记载:进士杨增思,生员白之潞、杨培元等,倡导城乡士庶,捐出三千余两银子,设立兴文社,以利息收入为参加乡试、会试的寒士提供路费。还有名宦、乡贤、节义之士捐资设立字纸会、积善会,建立义学等助学的感人行为。这实在是武威科举史上的幸事,也是士子之福气。

在清代、民国持续不断的助学义举中,名宦、乡贤和地方绅衿、名士发挥了重要作用,涌现出孙诏、杨增思、刘述武、贾坛、唐发科等一大批助学模范,他们在捐资助学中的示范效应影响深远。

(二) 生员助学

生员助学实际上也是乡绅助学的另一种表现形式,不过民间成分更为突出,包含着生员家庭、家族和士庶这一庞大的社会群体。

乾隆年间,国学生宣升彪一家,"义施杂木渠暖泉坝自置田地捌石,价银肆百叁拾伍两……以备帝君圣诞之费,余作香灯资"(乾隆十七年《文昌宫补修彩绘碑记》)。

嘉庆年间,"幸有生员汪雨霖、乡耆党作霖,于嘉庆四年,将公典金渠小二沟孟姓四地二石一斗,捐入会中;生员刘培荣于嘉庆九年,又将所典永渠石碑沟张姓田地五石七斗,接踵捐输……会议生息,久远为采拾字纸之赀"(嘉庆十一年《文昌宫敬惜字纸会碑记》)。

监生张汉辅,捐房二间,地三石五斗,为张义堡义学膏火之费(乾隆《武威县志·人物志》)。

道光年间,"武威县儒学生员李如林,将典质金渠……田地二石,用制钱二佰千文……于道光冬季捐入学校以作祭田。殊贇寺僧月峰姓刘,将典质黄渠……田地四石五斗,用制钱一佰四十千文……于道光十二年春季捐入学校以作祭田"(道光十三年《苍夫子神座祭田记》)。

(三) 官员助学

康熙初年,镇番名士孟良允等"阖邑绅衿,各助俸捐资",为重修学宫捐纳俸银(康熙三年《重修学宫记》)。

乾隆中叶,武威知县黎公"慨捐米俸七百余金",并晓谕缙绅士庶捐资助学。这种"创典祭田"模式,将"为武威丕振文风"产生深远影响,武威学界共同立碑,彰显其为教育文化持续发展所作出的贡献(乾隆三十一年《魁星阁创典祭田题名记》)。

乾隆年间，镇番知县王赐均倡建苏山书院，募捐二千金，除建设费用外，以助生童膏火之需（乾隆四十八年《建置书院碑记》）；古浪县令徐思靖"捐俸资、聘贤士，于土门建学，于大靖建学，于安远、黑松建学"（见徐思靖撰《增建义学记》）。

嘉庆年间，镇番学宫"以释菜视礼之地，竟为沙碛蔓草之场……爰商同邑宰，会集阖学，公议重修。众皆踊跃乐输，共襄厥事"（康熙三年《重修学宫记》）。

自明代正统年间徐晞等创建武威文庙以来，凉州府（卫、道）、武威县官员及驻军首领徐廷章、何廷圭、苏铣、武廷适、何德新、张之浚、范仕佳、傅显、阿炳安、乜承圣、郑松龄、欧阳永禔、刘大懿、李如瑄、章攀桂、英启等都有捐资修缮文庙、资助生员学费的碑刻记录。

在官员助学的同时，一些官员的后代子孙也加入其中。康熙末年，武威名宦之后王隆照、范嘉年，主动捐资维修文庙名宦祠，同时，买田建房，将租金收入用于名宦祠的祭祀和资助贫困学子的灯火之费，"捐奉增田，积少成多，更可助寒儒灯火之费。以祭田之余为学田，使凉州从此有学田"（康熙五十九年《始置名宦祠祭田碑记》）。

（四）学产助学

祭田（学田）是文庙的重要组成部分，是学产的主要来源。立于乾隆十六年（1751）的《重修文庙祭田碑记》，比较详细地叙述了文庙祭田的基本情况及其创立、沿革、管理、收益、祭祀等。另有名宦之后王隆照、范嘉年捐入的学田，成为文庙学产的有益补充。除以上外，还有其他一些学产。这些学产，形成比较稳定的收入，加之管理者的善于运营和其他收入，基本上保证了正常的助学活动。

立于乾隆十五年（1750）的《城隍庙甬道学产执照碑记》载，凉州离省城西安、京城较远，不菲的考试费用，成为士子们功名路上的拦路虎。入清以来，凉州历任官员在创办书院、建立学校、增加生员及解决士子考试资费方面作出了许多努力。

乾隆年间，欧阳永禔任武威县令和凉州知府期间，为解决乡、会两级考生的费用，倡议并首先捐资扩大城隍庙周围地界，修建费用由阖城士绅及乡民捐助,所建铺面租金收入用于生员的考试费用,此项惠政大得人心。当时的凉庄道、凉州知府和武威县两任知县都发给印照,作为时任官员的德政惠政,既强化了捐资助学的社会效应,也具有法律保护和道德示范的双重作用;既鞭策官员,也警示世人。

立于乾隆三年(1738)的《湾泉湖水租增入书院碑》记载,乾隆三年,为解决成章书院的经费问题,凉庄道阿炳安与凉州知府乜承圣,决定将城东北隅"久成旷地"的湾泉湖(今凉州区中坝镇境内)一片土地,通过引水浇灌改造为良田,"增入书院",将每年地块的粮租收入,加上道署府署每年的捐俸银两,作为保证书院运转的经费,这反映出地方官员"育人才,储国器"及振兴文教事业的远见卓识。

立于乾隆十五年(1750)的《城隍庙宫隙地及铺面入租佐乡会试碑记》载,乾隆九年(1744),武威县令欧阳永祷念及贫寒学子参加乡试、会试路费无着,将城隍庙空地修成铺面数十间出租,以租金收入作为士子参加考试的路费。历经半个多世纪之后,管理此项事业的诸位同仁谨遵欧阳公教诲,严格租金收益用途,发挥了很好的助学作用。嘉庆十七年(1812),学校和经理人共同商定:继续保证士子乡、会两试费用,节余部分用于祭祀之用;同时,将刘陞荣经营字纸会田租三年所得收入"大钱叁拾陆千文,以作乡试卷价"。将以上商定内容由官员、乡绅、儒学生员和管理人员等 96 人签名,武威学界共同立碑见证。所列人员中有不少是凉州乃至陇上知名人士,如张澍、郭楷、潘挹奎、张兆亨(衡)、牛鉴等,他们的成功及其对此的感激应当说是发自内心并铭刻于心的。

立于乾隆四十八年(1783)的《建置书院碑记》载,乾隆四十八年,镇番创建苏山书院,知县王赐均募捐二千金,"而邑人亦踊跃乐输,其捐制钱二千串零五十千文,交商营运,每月一分五厘行息,月朔呈交。并设义田四处,得租麦九十六石五斗"。

(五) 基金助学

地方缙绅慷慨解囊,筹设公益基金,议定垂久章程,试图尽其所能,解决士子赴省上京考试费用。

据嘉庆年间的《武威兴文社当商营运生息碑记》(嘉庆十年)、《武威广兴文社碑记》(嘉庆十二年)记载,武威兴文社,是为本邑士子筹措赴省上京考试费用而成立的民间机构,最初由武威知县(以后又任凉州知府)的欧阳永裪于乾隆五年(1740)倡导设立。后"武邑绅士陈琨、杨增思等,复念兴文社甚裨士子……得银共计三千两……以广欧阳之法"。自设立以来,武邑人士,输材捐资,加上城隍庙房租收入,切实给武威士子带来了许多实惠。但由于多种原因,后来一度停运。

"武威文风甲于秦陇,而寒士居多。"(《武威兴文社当商营运生息碑记》)每逢乡试、会试,总有士子因费用无着落而放弃应试。时任甘凉兵备道容海与天梯书院主讲张玉溪(美如)、绅士杨增思等商议后恢复了兴文社,专门为乡、会试士子提供资金支持。由于他们的带头资助,阖邑上下积极响应,筹银三千两,推举社长管理。为使这批资金发挥可持续作用,经兴文社成员公议,将本息3 822两银子平均分配给信誉好的商号273家运转生息。

兴文社就是通过这种资本运营的方式增加收入,又将收入部分按照一定的标准发给参加乡、会试的士子,作为他们参加应试的费用保障。之后,知府刘大懿任职凉州期间,了解到租费及本郡士绅捐资早已入不敷出,于是动员督促城乡绅矜士庶捐资助学,共得银三千两,推举当地绅商轮流经营生息。此事初创不易,坚守更难;利之所存,必有弊患。为使欧阳公等有识之士振兴武威教育的理念发扬光大,使这一善举延续经远而不半途而废,特此勒石铭记,勉励后辈。

《武威兴文社当商营运生息碑记》《武威广兴文社碑记》简述了武威文风之盛、士子奋志功名的情形,笔锋一转,"而风尘困顿者,殆不少矣"(《武威兴文社当商营运生息碑记》)。于是一批有识之士,同心协力,善作善成,为武威教育文化事业的可持续发展作出了有益的探索和积极的贡献。两篇碑文立意高远,情真意切,立诸当代,期冀未来,读之,令人敬仰,令人感佩,在今天仍然不失借鉴作用。

以上助学的内容和方式,其实也是助学收入的内容。各项收入的主要用途主要有三种。

第一是祭祀,即敬神、求神和祭拜祖先、神灵等。儒教的祭祀对象分为天神、人、鬼和地祇,文庙的祭祀对象还包括先贤、名宦、节义、忠孝等。祭祀是华夏礼典的重要部分,也是儒家礼仪中的主要内容,其礼节、祭品、祭器都有一定的规范。"礼有五经,莫重于祭"(《礼记·祭统》),其目的是以事神致福。

第二是助学,包括生员学费、生活费补助,参加乡试、会试的路费补助,孤贫学童补助等。这是真正意义上的助学举措,解决了一大批学子在求学、赴考路上的困难,是清代武威"人文蔚起"的物质保证。

第三是维修学宫(大型的重建、修缮工程除外)。立于道光二十五年(1845)的《莲花山文昌阁重修碑记》,记载了阖学绅士拨付兴文社公项银两,用以重修"颓废日久"的莲花山文昌阁事宜,同时突出了邑人李本枝等捐银、典地、纳粮为莲花山文昌阁贡献祭祀、看庙之费的善举,这对人们了解学产收入与支出事项有了一个基本的头绪。

四、清代送学礼在当代的价值

科举公益基金的勃兴,是清代科举社会异于此前历代社会的重要特征,也是中国教育公益文化发展的重要阶段。科举公益基金,有些职能较为单一,是专为新生入学阶段的考费、规费而设;有些则职能较为齐备,除资助学童相关费用外,还全面资助生员乡试、举人会试和优贡、拔贡、朝考等一切与科举考试有关的费用。兴文社等科举公益基金组织的出现,在一定程度上缓解了新生入学和考生赴考的压力,提升了教育与考试起点的公平性。

时至今日,清代的送学礼早已不存,缙绅士庶自发兴起且面广量大的捐资助学也已罕见,但它对于今天的教育发展仍然具有积极的意义。

首先,它是中国古代礼重人才传统的集中体现。新生在正式入学之前只是一介白丁,在送学礼过程中,他们被官员以礼相待,实现了由平民向绅士的转变,正式踏上了科举入仕的青云之路,向全社会传递着尊重知识、礼重人才的信息,从而提高了文化和文化人的社会地位。

其次,是中国古代尊师重道传统的集中体现。在送学礼中,儒学教师被置于重要地位。一方面,教官具有与地方官员对等的社会地位;另一方面,新生父母亲自带领生童入学,要与生童一起拜谒教官,通过这一制度安排而形成礼仪养成。尊敬师长,在任何时代都是最基本的礼节,但必须要有仪式感去体现和体验。英国人类学家维克多·特纳认为,仪式能够在最深的层次揭示一个群体的价值,表达他们最为之感动的东西。①

　　再次,是中国古代公益精神与公益传统的发扬光大。为了教官的师道尊严和新生的青云梦想,地方缙绅士庶慷慨解囊,筹设公益基金,议定垂久章程,试图维护社会公平,这种代表中国公益精神的民族传统应该得到尊重与褒扬,理应成为当代中国公益文化自信的固有基因。

　　[说明:文章所引碑文均出自王其英编著《武威金石志》,天津古籍出版社,2020年;部分引文出自(清)乾隆《五凉全志》,张克复等校注,甘肃人民出版社,1999年。]

---

① 彭晓宁:《"释菜":致敬先师的礼仪》,《文史知识》2017年第11期。

清代学者张澍与西北史地研究

柴多茂

武威市凉州文化研究院

清代乾嘉、道咸年间,受顾炎武"经世致用"思想的影响,在学术界掀起了一股西北史地研究热潮,西北史地学遂成为了一门显学。这一时期的重要学者大抵有齐韵士、俞正燮、张澍、徐松、王筠、程恩泽、龚自珍、魏源、张穆、何秋涛等,他们通过交游聚会、书札往来等切磋交流,共同探讨西北史地之学。其中,甘肃武威人张澍博览经史,在姓氏学、辑佚学、金石学、方志学、西夏学、敦煌学等方面均卓有建树,纂有《姓氏五书》《五凉旧闻》《三古人苑》《续黔书》《秦音》《蜀典》等。张之洞在其《书目答问·国朝著述诸家姓名略》中,将张澍归入经学家、史学家和金石学家。梁启超在《近代学风之地理分布》中赞曰:"甘肃与中原弯隔,文化自昔朴僿,然乾嘉间亦有一第二流之学者,曰武威张介侯(澍)。善考证,勤辑佚,尤娴熟河西掌故。"赵俪生称其为"乾嘉学者之后劲",是由"乾嘉之精"到"道咸之新"过渡中的一座"桥梁"。

一、敦 煌 学 研 究

敦煌学是国际显学,是近现代西北史地研究的重点。赵俪牛指出,敦煌学的背景和基础是河西学,河西学则包括河西四郡、五凉、三秦与一夏,其中五凉为最根本。

嘉庆十二年(1807)秋,张澍主讲兰山书院。兰山书院以藏书之丰富名冠陇右,讲学之余,张澍沉浸于典籍之中,饱读了书院庋藏的 200 多种经史子集,开始研究河西史地,编纂完成了《五凉旧闻》40 卷。在《五凉旧闻·自序》中,张澍写道:

　　凉州为金天奥区,自汉武开辟,刺史宣化,名贤鹊起。洎五代割据,张氏四世忠晋,多士翳荟,郁若邓林,往籍可按。已隋、唐之际,尚多为人。迨宋、元,则荒伧已甚。我朝文教覃敷,玉关以西,黉序莘莘。凉州甲科,鳞次不绝,人文蒸上,而读书士夫,莫规远大。乡贤之品高学茂,堪为师范者,不惟不率;而叩以姓氏,或且瞢如。余惧前哲芳徽,日就烟沉;而学侣娇修,罔知考镜。因于翻阅所及,辄著录之。物诞事奇,扩益见闻,亦杂记焉,用以祛末学之陋。

　　张澍在敦煌学研究方面的另一重要成果是《续敦煌实录》。《敦煌实录》的作者刘昞,字延明,敦煌人,曾隐居酒泉,“不应州郡之命,弟子受业者五百余人”。该书记载了敦煌地区的人物资料,极具史料价值,可惜在唐时已散佚。张澍“恐前哲芳规,零落无征,而学侣娇修,罔知考镜”,遂搜集各种资料,不仅辑出《敦煌实录》原文,并且又补充编辑刘昞所遗的敦煌人物的资料,故名《续敦煌实录》。在《续敦煌实录》中,张澍搜集记载自东汉至五代期间敦煌120位贤达的事迹,兼述当时的重要史事。在人物传记的后面,张澍又大多加上按语。

　　王重民在《阅张介侯先生遗稿记》中赞道:

　　　敦煌为通西域之孔道,自与西域交通以来,人文渐盛,世家大族,颇有稍显于两汉三国之世者。逮晋室南迁,六朝递嬗,五凉三秦,建国西夏,诸世族之贤者,或仕中朝,或佐霸主,惜载记丧失,多不可考。介侯是书,征引博洽;言敦煌人物者,宜莫先于是矣。

　　另外,王重民也指出:“唯所引佚书,或不著出处,是其小疵。”瑕不掩瑜,张澍的《续敦煌实录》可称是敦煌学的滥觞之作。

二、西夏学研究

　　张澍是西夏学的奠基人。嘉庆九年(1804)秋,张澍回到武威约请朋友郭楷、何承先、张美如等到武威城东北隅的大云寺游玩,无意间发现了被史学界称为“天下绝碑”的西夏碑。西夏碑的发现,令张澍激动不已,在其撰写的《书西夏天祐民安碑后》中写道:

　　　　　此碑自余发之，乃始见于天壤，金石家又增一种奇书矣！

　　从此，张澍开始了对西夏历史的探索和研究。张澍原本计划编撰一部西夏史，可惜一日和朋友去武威城北郊的松涛寺避暑，家人将其"六巨束"草稿误认为废纸烧毁，这给他以沉重打击，从此不再编写西夏史。直到晚年编纂《凉州府志备考》时，作《西夏纪年》附录于后。他在《序》中写道："姑据《宏简录》《金史》内附载西夏事迹，次为《西夏纪年》二卷，以补前志之阙。"

　　《西夏纪年》共二卷，卷一记述西夏起源及拓跋思恭、李继迁、李元昊、李谅祚生平事迹，卷二记述李秉常、李乾顺、李仁孝、李遵顼、李睍生平事迹。同时，兼及叙述西夏政治、经济、文化、军事等方面的内容，是一部西夏编年简史。

　　另外，在《凉州府志备考》人物志、艺文志中也有关于西夏的内容。《人物志》中有对西夏仕元人物余阙的生平介绍，涉及其父沙剌臧卜、子德生、女福童、妻耶律氏。《艺文志》引录《西夏天祐民安碑》和《敕黑河神文》全文。

　　同时，张澍还从姓氏的角度对西夏的历史和文化进行了研究和探索，撰成《西夏姓氏录》，作为《姓氏五书》之一《辽金元三史姓氏录》的附录。

　　《西夏姓氏录》是现存西夏文献中惟一一部研究西夏姓氏的专著，最能代表张澍西夏学研究的成果。张澍根据《资治通鉴长编》《宋史》《辽史》《金史》《元史》《续通志》等历史文献，析理出西夏姓氏 162 个，其中一字姓 83 种，二字姓 77 种，三字姓和四字姓各 1 种。张澍在每条姓氏之后均附录人物事迹，注明史料出处，并摘抄原文，有的还加按语，说明其他文献中的不同音译名。如：在"把里氏"条，张澍引"《元史》作芭里，或作巴哩"，并引用《金史·交聘表》中的史料为佐证："天会元年三月夏，使把里公亮等来上誓表。""大定二年夏，武功大夫芭里昌祖宣德郎杨彦敬等贺正旦。"

　　张澍通过研究西夏姓氏，还试图考察西夏姓氏的演变，探讨西北地区民族关系及宋、辽、金、西夏各王朝相互渗透的历史。如"于弥氏"条，张澍写道：《元史》西夏国主李恒其先姓于弥氏，唐末赐姓李。又如"野浦氏"条，张澍认为野浦亦作也浦，并引用了《元史·昂吉儿传》："昂吉儿，张掖人，姓野浦氏，世为西夏将家。岁辛巳，父甘卜率所部归太祖，以其军隶蒙古军籍，仍以甘卜为千户主之。"

《西夏姓氏录》原稿现藏法国巴黎国家图书馆，著录在伯希和乙库（即史部文献）1633号。近代学者罗振玉曾从巴黎移录原稿，收入其《雪堂丛刻》中，才使国内学者得以见到这部重要的西夏姓氏学专著。

三、河西史研究

在我国古代学术史上，运用辑佚于学术研究，并不始自乾嘉诸儒，然乾嘉时期文人士子视之为专门学问，甚至作为一种个人毕生竭力的学术事业而蔚成风气。由于乾嘉诸儒用力专一，因而在古籍整理上取得了很大的成绩。在这方面，张澍以其精湛的辑佚学造诣，贡献尤为卓著。

道光元年（1821）五月，侨居西安的张澍出资刊刻了《二酉堂丛书》。这部丛书的刊刻，轰动了当时的学界，因其所辑主要是关陇地区古代已佚典籍和古代极具历史价值的已佚古书并严谨考释，这使张澍成为古代辑汇乡邦古书的开拓者，被后世学者列为清代十大辑佚家之一。梁启超在《中国近三百年学术史》中评价道：

> 张介侯（澍）以甘肃之特，注意甘凉掌故，专辑乡邦遗籍，所辑有赵岐《三辅决录》、佚名《三辅故事》、辛氏《三秦记》、李孚《凉州异物志》、张谘《凉州记》、佚名《西河旧事》、喻归《西河记》、佚名《沙州记》，皆两晋六朝史籍碎金也。

在《二酉堂丛书·自序》中，张澍写道：

> 因慨前贤著述，日久掩沉，乃搜辑关陇作者，肇周、秦、汉洎于隋唐，凡得二十四种。即籍非乡邦，其书阙佚，世所鲜传，亦为摭摭，凡得十二种，辄以谀闻，疏通演释。

但《二酉堂丛书》实收书21种，现按目录略加摘要和评析，以见张澍辑佚这部丛书的价值。

（1）《司马法》一卷，后附逸文一卷。张澍在《司马法·自序》中写道：吾乡阶州邢雨民（澍）太守曾辑是书，刊之浙中，字多错讹，仍有阙漏；孙氏星衍所刊，遗脱尤多。余为补而正之，以授学侣。"孙子注云：'司马法者，周大司马之法也。'司马法所从来尚矣。古者即有司马法，非穰苴始作，亦威王时附穰苴法于司马法中,非附司马法于穰苴兵法中也。"

(2)《子夏易传》一卷。张澍考据《子夏易传》作者是孔子弟子卜子夏,并辑录《周易正义》《周易集解》《经典释文》《汉上易传》《周易古占法》《周易口诀义》《周易辑闻》《困学纪闻》《路史》等古书中所引《子夏易传》佚文,依王弼本六十四卦的排列次序编次,分列于各相关的卦辞、爻辞之下。

(3)《世本》五卷。张澍考证《世本》撰于秦汉以前,指出:"司马迁为《史记》,既效《周谱》,实依《世本》;《大德礼》纪帝德,虽次帝系,亦原《世本》。"并认为《世本》是最早研究姓氏的重要典籍之一,曰:"若孙卿《血脉》,子云《家牒》,薛宗《宗图》,幼安姓氏之歌,《潜夫》姓氏之志,仲远姓氏之篇,挚虞族姓之记,杜预世族之书,承天《姓苑》之撰,贾家之《要状》《英贤》,王俭之《百家集谱》,皆因袭此书,非同创造也。"

(4)《三辅决录》二卷。张澍辑录佚文,将诸书征引原文与注分开,考证纠谬,编为二卷,在《三辅决录·序》中写道:"按岐纂《决录》,据其自序,并入征引逸篇,其书不类谱牒。大抵简者为录,详者为注。又《决录》多作韵语,即《史通》所谓文言美句也。诸书征引,与注不尽分晰,余钞撮特分别之。"

(5)《皇甫司农集》一卷。张澍从群书中辑其文 11 篇,成《皇甫司农集》一卷,在《序》中赞曰:"为国御侮,屡殪疆敌,荐绅归仰,既免宦孽,可不谓智寿乎?况乃文成石画,可见施行,忠謇之风,溢于楮墨,不得示为浮藻,饱彼蟫蠹虫也。"

(6)《张太常集》一卷。张澍采辑群书,成《张太常集》一卷,在《序》中赞曰:"勋伐颉颃,非由学赅群籍,兼持志节,用能还据立功,闭门守静乎?"

(7)《段太尉集》一卷。张澍"刊其疏奏,俾强易之吏,得筹边之方,激敌忾之心,守死绥之义。亦所以龟镜将来,不没其实之意耳",成《段太尉集》一卷,在《序》中赞曰:"新丰侯以虓阚之气,摧骁杰之虏,慰国殇之魂。广堂之威,在炎汉世实无其仪。"

(8)《周生烈子》一卷。《十六国春秋》载:沮渠茂虔永和五年,遣使如宋表献方物,并献书一百五十四卷,内有《周生子》十三卷。《隋书·经籍志》载《周生子要论》一卷。原著已佚,张澍搜辑群书佚文,辑成《周生烈子》一卷。

(9)《汉皇德传》一卷。记东汉光武帝至冲帝行事,原著已佚。张澍搜辑佚文 5 则,并作序,成《汉皇德传》一卷。

（10）《风俗通·姓氏篇》二卷。记载东汉以前姓氏望族的来源和本氏的闻名人物，至明代已佚。张澍搜辑群书，辑成《风俗通·姓氏篇》二卷，收单姓 365，复姓 113，每氏加按注。

（11）《三秦记》一卷。记载陕西都邑、宫室、苑囿的地理志。原著已佚，唐宋诸书征引颇多。张澍引《太平寰宇记》《太平御览》等，"抄撮成卷，汇之箧笥，以稽乡邦故实"，收佚文 82 则，辑成《三秦记》一卷。在辑佚中，张澍将其相似或相近文献编于一处，对内容相近者，或别而兼列，或加按语详明；对典籍未直接引用者，据其文意而加以编辑。

（12）《三辅旧事》一卷。张澍据《三辅黄图》《太平御览》《北堂书钞》和宋敏求《长安志》等著作中的有关记载，辑成《三辅旧事》一卷，载秦汉时长安及其附近地区宫殿、桥梁建筑和掌故。

（13）《三辅故事》一卷。作者及成书年代不详。原著已佚。张澍据有关记载，辑成《三辅故事》一卷，载秦汉时长安及其附近地区宫殿、楼台、池苑和历史。

（14）《十三州志》一卷。以汉代版图内所设司隶、豫、冀、兖、徐、青、荆、扬、益、凉、并、幽、交十三州为纲，系统介绍各地的郡县沿革、河道发源及流向、社会风俗等地理现象。至宋元时散佚。张澍"搜集传注，都为二卷，并旁采传记以疏通之，玄阴之作，于是粲然矣!"收佚文 299 条，辑成《十三州志》一卷。佚文依内容分类分区排列，官职一类排在前列，其后按地域排列，加按语说明出处，并考证、注解。

（15）《凉州记》一卷。记载吕光、吕纂、吕隆三朝事，原著已佚。张澍据《北堂书钞》《太平御览》等，收佚文 33 条，辑成《凉州记》一卷，并加按语说明出处。比汤球辑的多 10 条。

（16）《凉州异物志》一卷。记述凉州地区异物奇珍、地理风俗，原著已佚。张澍搜辑群书佚文 54 条，成《凉州异物志》一卷，内容为四言韵文，并加按语说明出处。

（17）《西河旧事》一卷。记载河西地区山川物产、风俗传说，原著已佚。张澍在《史记》《汉书》《太平御览》《齐民要术》等中搜得佚文 18 条，辑成《西河旧事》一卷，并加按语说明出处。

（18）《西河记》一卷。辑张重华时期事迹，原著已佚。张澍搜辑群书佚文 7 条，辑成《西河记》一卷，并加按语说明出处。比汤球辑的多 3 条。

（19）《沙州记》一卷，附录一卷。这是一部记载古吐谷浑国的地理志，原著已佚。张澍搜辑群书，辑成《沙河记》一卷，并附录一卷，加按语说明出处。

（20）《阴常侍诗集》一卷。阴铿尤善五言诗，与何逊齐名，并称"阴何"。张澍从《文苑英华》及诸类书中辑录 35 首，参冯北海《诗纪》校其字之同异，辑成《阴常侍诗集》一卷。

（21）《李尚书诗集》一卷，附李氏事迹一卷。李益以边塞诗作名世，擅长绝句，尤其工于七绝。张澍"搜集为一卷，受之梓人，而道其梗概如此"。辑成《李尚书诗集》一卷。

《二酉堂丛书》对了解唐以前西北文献、作家作品，研究河西地区早期历史、地理、中西交通等都具有重要的参考价值，是研究汉唐西北史地的一部重要文献。同时，《二酉堂丛书》以辑佚方法研究西北史地，深刻地影响了道咸以后研究西北史地的学术风气，对当时和后来的学者产生过重大影响。清马国翰即以张澍《二酉堂丛书》为蓝本，编辑出著名的《玉函山房辑佚书》。鲁迅在《会稽郡故书杂集序》中说："幼时尝见武威张澍所辑书，于凉土文献撰集甚众，笃恭乡里，尚此之谓，而会稽故籍，零落至今，未闻后贤为之纲纪，乃创就所见书传，刺取遗篇，累为一帙。"向达先生也在其《唐代长安与西域文明》中说："（介侯）先生一生，于关陇文献，网罗放失，不遗余力。生平著作等身，其《二酉堂丛书》藏书家几于家喻户晓。"

张澍涉猎广泛、博闻强识，所辑丛书皆是辑佚而来，但亦有误辑和错辑的现象，不过瑕不掩瑜，绝大部分的辑佚、按语和注释都是有理有据，具有很高的学术价值。张澍披沙拣金，广搜博采，尽力恢复古书原貌，为后世学人提供了弥足珍贵的史料，"实值得后世学人予以发扬与继承"。

参考文献：

［1］张澍辑、李鼎文校点：《续敦煌实录》，甘肃人民出版社，1985 年。

［2］郭丽萍：《绝域与绝学——清代中叶西北史地学研究》，生活·新知·读书三联书店，2007 年。

［3］赵俪生：《张澍的生平及其著述——为敦煌学研究贡一脔》，《兰州大学学报》1980 年第 4 期。

［4］郝润华、王照年：《张澍与清代的西北史地研究》，《文史知识》2006 年第 10 期。

郭沫若与"铜奔马"新论

张 勇
中国社会科学院郭沫若纪念馆

作为中国旅游标识的铜奔马出土于甘肃武威雷台汉墓之中,以其奔腾的姿态、精湛的工艺,在英、法等多个国家相继展出后得到了世界的认可与喜爱,成为沟通中国文化与世界文化的桥梁与纽带。铜奔马之所以能够获得如今殊高的地位与荣誉,主要还是得益于郭沫若的慧眼识物,经由他的大力举荐及精密安排,铜奔马的价值得到充分诠释与合理认知,并以此走向世界文化的舞台,走进公众的视野之中,毫无疑问郭沫若是铜奔马的"伯乐"。①

一、有关郭沫若与"铜奔马"的两件史实阐论

目前对于郭沫若与铜奔马的相关史事,虽然已有很多报道和阐述,但是有些基本的史实需要进一步明晰和澄清。

基本史实一:郭沫若没有发掘出土铜奔马。

2000 年 10 月 18 日《中国文物报》刊发了一篇名为《铜奔马的启示》的文章,作者在文中叙述到:"1972 年,时任中国科学院院长的郭沫若先生从新疆返回北京途中,路经武威,看到了这尊扬鬃奋蹄追飞燕的铜制千里马。'马踏飞燕'那浪漫主义的奇妙构思和生动流畅的艺术神韵,顿时激起这位天才诗人和大学问家迸涌的灵感,他洞察出铜奔马潜在的巨大的思想价值和艺术价值。郭沫若将它带回北京。"②这篇文章中有关郭沫若发现铜奔马的时间、地点以及经过等基本常识性史实都出现了错误,对此王廷芳先生在《郭

---

① 王廷芳:《郭沫若是发现铜奔马的伯乐》,《郭沫若学刊》1991 年第 3 期。
② 麦克:《铜奔马的启示》,《中国文物报》2010 年 10 月 18 日。

沫若与铜奔马》①一文中,已经做了详细阐述及有针对性的纠错,在本文中就不再赘述。在此只想表达一下对于类似有关郭沫若历史叙述真实性的关注与担忧。

基本史实二:郭沫若既未命名"铜奔马",也未命名"马踏飞燕"。

对于武威出土的这匹以奔腾之中的骏马造型为主的青铜器,至今为止已经有了很多命名,主要有"铜奔马""马踏飞燕""马超龙雀""飞马奔雀"等。其中有关"铜奔马"和"马踏飞燕"这两个耳熟能详的称谓多被认为是由郭沫若命名的。即便是如此,各家说法也有分歧,笔者将分为以下几个类别进行分析:

一是直接命名"马踏飞燕"说。

关于这匹马的命名,史学界可谓煞费苦心。郭沫若先生命之为"马踏飞燕"。②

1971年,郭沫若陪同外宾访问兰州,在参观博物馆时见到这件青铜奔马,被其强大的艺术魅力打动,立刻为其命名"马踏飞燕",并当场挥毫泼墨,写下了"四海盛赞铜奔马,人人争说金缕衣"的豪迈诗句。郭沫若一眼认定,铜奔马所踩的这只鸟是燕子,因此为铜奔马取名"马踏飞燕"。③

曾经见到过无数文物的郭沫若被深深地打动了,他惊讶于作品无可挑剔的形体、姿态以及完美的平衡感。郭沫若将它命名为"马踏飞燕"。④

二是沿袭别人说。

有人将其称为"马踏飞燕",以表明奔马正在作凌空掠过燕背的飞驰。据说过,郭沫若也将之命名为"马踏飞燕"。⑤

---

① 王廷芳:《郭沫若与铜奔马》,《回忆郭沫若》,知识产权出版社,2004年,第214—215页。
② 江川:《"铜奔马"命名品味》,《咬文嚼字》1996年第4期。
③ 《线装经典》编委会编:《中华考古事典》,云南人民出版社,2017年,第237页。
④ 郑建斌:《解密传世国宝》,现代出版社,2008年,第130页。
⑤ 韩经太:《中国审美文化焦点问题研究》,人民文学出版社,2015年,第271页。

三是"铜奔马"与"马踏飞燕"并存说。

1969 年 9 月在甘肃武威,一座东汉后期的张姓将军墓被无意之中打开,出土了二百多件陶俑及青铜俑。其中有一件青铜马俑很是特别:此俑高 34.5 厘米,长 41 厘米,马作疾速奔腾状,其右后蹄下附有一飞鸟,经郭沫若先生鉴定,命名为"铜奔马"。这是该铜马俑最早的名称。因为这件"铜奔马"的脚下有一"飞鸟",仅以"奔马"名之显然不能反映这件作品的精妙特色。两年以后,郭沫若又将它命名为"马踏飞燕"。①

据说 1971 年 9 月郭沫若陪同柬埔寨宾奴亲王访问兰州时,看到这件稀世珍宝,曾有"天马行空,独往独来,就是拿到世界上去,都是一流的艺术珍品"的赞语,并依造型将其命名为"马踏飞燕"。因其为青铜制成,他回京后,斟酌再三,又将其定名为"铜奔马"(亦称"青铜奔马")。②

四是只提"铜奔马"说。

铜马俑的造型雄骏非凡,它昂首嘶鸣,马蹄腾空,作风驰电掣般的奔驰,因而,经郭沫若先生鉴定,命名为"铜奔马",因为是由青铜制成,也称"青铜奔马",这也是对这具铜马俑最早的称法。③

另外,据有人查到的资料,说武威当时给甘肃省博物馆移交这件文物时使用的就是"马踏飞燕",后来郭沫若先生在见到这件文物时,称其为"铜奔马"。④

前两者的叙述还仅仅只是一般性的认知,第三种认知中有关郭沫若对于这件以马为造型青铜器命名的论述就非常确切了,既有时间的记载,又有命名原因的阐述。经此以往,社会上目前普遍都认为,将武威出土的这件奔马造型的青铜器命名为"铜奔马"和"马踏飞燕"就是源自郭沫若了。那么事实如此吗?

郭沫若的秘书王廷芳,发表了《郭沫若是发现铜奔马的伯乐》《郭沫若与

---

① 姜一鸣:《"马踏飞燕"考辩》,《中国文化画报》2018 年第 4 期。
② 朱文杰、商子秦主编:《国家名片上的丝绸之路》,陕西师范大学出版总社,2017 年,第377 页。
③ 韩经太:《中国审美文化焦点问题研究》,第 271 页。
④ 韩经太:《中国审美文化焦点问题研究》,第 271 页。

铜奔马》两篇文章,详细介绍了有关郭沫若发现铜奔马的经过,其中不乏细节之处。比如,郭沫若是如何赞许铜奔马的,是如何将铜奔马引介到北京故宫展览,并随之推介到英法等国家展出等重要事件,但是唯独对于郭沫若对这件文物的命名没有提及,更没有任何有关郭沫若将其称为"铜奔马"以及"马踏飞燕"的表述。

笔者又查询了新近出版的《郭沫若年谱长编》,在这个时间段内,也没有有关郭沫若对这件青铜器命名为"铜奔马"与"马踏飞燕"的任何文字记载。

1972年,刚刚复刊的《文物》第2期刊发了署名为甘博文的《甘肃武威雷台东汉墓清理简报》一文,对于武威雷台汉墓中所发掘出土的各类文物做了详细的介绍,并配有相关图片,对于今天我们看到的铜奔马的说明为"奔马。亦可称为飞马。此马为一罕见的古代艺术品,造型异常矫健精美,做昂首嘶鸣,飞跃奔驰状。头微左扬,长尾飘举,三足腾空,右后足蹄踏一飞燕,飞燕展翅回首,注目惊视"①。另外,在此文物图片的图注中就清晰地标明为"铜奔马",此说明文字及图注,应是"马踏飞燕"与"铜奔马"较早以文字形式所确定的命名吧。这种判断也基本与初世宾在《也说说铜奔马的名称》一文中"这批文物在省博物馆初步整理期间,王毅正在省博物馆等候分派工作,我曾亲耳听到他将铜奔马称作'马踏飞燕'"的叙述相吻合。②

因此,郭沫若对于甘肃武威出土的青铜奔马的命名,据以上材料的分析,笔者基本上可以得出如下几点的结论:

一是"铜奔马"与"马踏飞燕"均应不是郭沫若最先命名的,对于甘肃武威雷台出土的青铜奔马的最初命名,郭沫若只是在见到它,或者谈论它时沿袭了别人对它的称谓而已。

二是"铜奔马"与"马踏飞燕"虽不是郭沫若对于此件青铜器的命名,但是借助于郭沫若的名人效应,这两个命名才得以广泛流传,并被大众所接受,并误认为是郭沫若对此的命名,应是不争的事实。

三是无论是"铜奔马"还是"马踏飞燕",都显示出民众对于这件出土青铜器的喜爱之情,这与郭沫若初见此文物,并希冀将之推广的心境是一致的。

---

① 甘博文:《甘肃武威雷台东汉墓清理简报》,《文物》1972年第2期。
② 初世宾:《也说说铜奔马的名称》,2018年6月19日《中国文物报》。

二、郭沫若是如何成为"铜奔马"伯乐的?

郭沫若发现了铜奔马巨大的学术价值和审美特性,并将它推广到了世界。那么郭沫若是从哪几个方面助力了"铜奔马"成为世人公认的文化瑰宝,进而成为"铜奔马"伯乐的呢?

1. 着手推动了"铜奔马"走向公共文化空间

铜奔马原本只是陈列于甘肃省博物馆中的一件普通展品,它能够走向世界,成为家喻户晓的国宝级物品,完全得益于郭沫若不遗余力的举荐与推广。郭沫若是在无意之中看到了"铜奔马"的,对于这样一件稀世珍宝,他没有如一般的文物管理人员一样,将之束之高阁,珍藏于无人问津之处,而是积极地向外界推广与宣传,使其最大限度呈现出原有的价值与风采。

1969 年 9 月,在甘肃武威的雷台下挖掘出土了这件青铜制作的奔马及其他多样的古代器物,12 月这批雷台出土的文物被上调到甘肃省博物馆保存。直到两年后,郭沫若见到了这座制作精美的古代文物珍品时,它一直不为外人所知。"铜奔马"真正被世人所熟知是在其被借调到北京故宫,参加当时的全国文物展览之后。郭沫若在结束甘肃之行,回到北京后所做的第一件重要事情,便是与时任国家文物局局长的王冶秋,商议与筹划将"铜奔马"借调到北京来,参加正在故宫举办的全国十省(区)出土文物展览的事宜。为了尽快促成此事,郭沫若又专门在两天后陪同周恩来总理接见外宾时,向周总理做了请示,得到了周总理的首肯。仅仅就是为了这么一件出土不久、还没有任何定性的、更是无任何名气的文物,郭沫若就如此用力,可见他对于"铜奔马"独特价值的肯定与认可,虽然他没有对铜奔马有过专门的论断与研究,但他为此所做的一切就足以说明了"铜奔马"出土对于中国古代史研究以及考古事业的重要价值了。借此机会,铜奔马迈出了走出甘肃、奔向全国的第一步。同时,能够在故宫展出其实也已经完全说明了这件青铜器所具有的极其重要的历史价值了。

随后,郭沫若又积极推动使"铜奔马"走向世界文化的大舞台。铜奔马奔向世界的第一步也是郭沫若多方沟通的结果。1973 年 4 月至 1975 年 8 月间,铜奔马先后在法国、英国、日本、罗马尼亚、奥地利、南斯拉夫、瑞典、墨西哥、加拿大、荷兰、比利时、美国等国家展出,有近 500 万各国观众目睹了"铜奔马"的卓绝风采,并赞誉到"虽然这种'天马'现在早已绝种,但是它的形象在汉、唐雕刻家和艺术家的手下则并未磨灭。其中最精彩的模拟品,是 1969 年在曾经是汉武帝的京城西安附近的丝绸之路上,被中国考古学家所挖掘出来的闻名世界的青铜飞马"①。

"铜奔马"走出甘肃,一夜飘红,所带来的影响并非仅局限于文物自身,如要往更深广处来探究,我们可以看到在"铜奔马"被世界各地人们所接受,并由深藏仓库的不为世人所知的出土文物,迅速成为公共文化空间热议主题等现象的背后,所蕴含的重要文化命题,那就是"铜奔马"丰富与拓展了中国当代公共文化的空间与内涵。

"公共文化空间是具有意义阐释与价值生产功能的文化空间在公共性内涵不断加强和体现的过程中所形成的新的空间内容与形式,它不仅强调空间的文化性,而且还突出空间的公共性。"②"铜奔马"能够拉近文化与生活、古代与现代之间的距离,是与其本质特征有密切关联的。"铜奔马"既是被奉为至宝的珍贵出土文物,又是赏心悦目的上乘艺术佳品,使它本身便具有可供多元阐释的特征,又由于马是中国乃至世界民众都熟悉、能接受、可认知的生物物种,因此它也具有了普遍的大众性特点,特别是以"铜奔马"为元素和标示的旅游纪念品以及文化创意产品的出现,使它还具有了商品性,以上都是与公共文化空间的基本特征与属性高度吻合的。

凭借着铜奔马所蕴含的多元而丰富的文化内涵,以及被世界观众所广泛认可,它顺理成章地入选了邮票,并于 1983 年 10 月成为中国旅游标志,从而一跃成为代表中国文化的象征符号。如果从这个角度来讲,郭沫若就名副其实地成为"铜奔马"的"伯乐"了。

2. 引领对"铜奔马"学术研究的热议话题与主题探究

随着"铜奔马"走进公共文化空间后,它便立刻成为举世瞩目的文化焦

---

① 杜静薇、王琦:《武威铜奔马发现追记》,《档案》2009 年第 3 期。
② 王玲:《公共文化空间与城市博物馆旅游发展——以上海为例》,浙江大学出版社,2014 年,第 52 页。

点,就此也形成了独特的"天马热"①现象,具体到学术领域来讲,对"铜奔马"的学理探究与细节阐述也随着它的社会影响力不断扩大而逐渐升温与深化,其中郭沫若所起到的助推与引领作用也至关重要。基于深厚的学术储备和敏锐的学术判断,郭沫若在雷台汉墓出土的众多文物中,第一眼就辨识出了铜奔马不同寻常的重要价值,他肯定地认为"这是一件罕见的艺术珍宝,也是这批文物中的宝中之宝!就是拿到世界上去,都是第一流的"②!

不得不说,作为著名的历史学家、考古学家的郭沫若在参观现场就能给予"铜奔马"如此准确的、高度的定位与评价,一方面展现了郭沫若渊博的学识,他能够将"铜奔马"放置于中国历史发展的长河之中来界定,可见他对于中国青铜器发展的历史、对于中国考古发掘以及文物的现状都了然于胸的熟稔程度;另一方面经过他的研判,也凸显出"铜奔马"不同寻常的历史价值,特别是郭沫若使用了"前所未有"这样的词语,赋予了"铜奔马"至高的历史地位,而这不仅仅只是简单提升了"铜奔马"的文化高度,也激发出学术界对"铜奔马"展开全面研究的热情。

作为一件青铜器来讲,"铜奔马"具有举足轻重的历史价值,这种基本认知,研究者们都是高度认同的。就目前来看,研究话题多集中在此青铜器为谁所造、汉墓主人究竟为谁,以及马为何种马、所踏之鸟为哪种飞禽等几个重要方面,但是围绕上述有关"铜奔马"的历史细节,大家却众说纷纭,莫衷一是。而且每个议题基本上都形成了有效的学术论争。比如有关"铜奔马"为谁所造的问题,李鼎文就发表了《铜奔马是张江制造的吗》,对于有关报道中认为铜奔马为张江所造的问题进行了质疑与阐释,并得出了"墓主张君不是张江,'马踏飞隼'不是平乐馆的飞廉、铜马,张江不是'马踏飞隼'的制造者"③的论断;再比如对于汉墓主人的研究也存有争议,张永明的《所谓"铁证"与"石证"——也谈武威雷台东汉铜奔马的主人问题》一文,对时有雷台汉墓主人为张江的说法予以驳斥,同样认为"武威雷台汉墓主即铜奔马主人

① 有关"铜奔马"展出后所形成的巨大国际影响的表述,请参阅凉州史话编写组编写的《凉州史话》,甘肃人民出版社,1988年,第127至131页的相关内容。
② 郑建斌:《解密传世国宝》,第129页。
③ 李鼎文:《铜奔马是张江制造的吗》,《西北师大学报》1992年第4期。

'守张掖长张君'、'守左骑千人张掖张君'不是张江"①,也极大地促进了对"铜奔马"的全面认知,以及对于历史细节的深刻把握。引发最多争论的还是有关"铜奔马"的命名问题,因传其中牵涉到郭沫若,所以也备受关注。伍德煦、陈守忠在论文《武威雷台汉墓出土铜奔马命名商榷》中提出"这件铜奔马应称名为'马神——天驷'"②;张崇宁则认为"此铜马应直接了当取名为'紫燕骝'或'飞燕骝',三字之名恰合古意,最为雅训贴切"③。"马踏飞燕"的命名更引发很多学者的思考与争议,如《"马踏飞燕"实为"马踏飞鹰"》一文中认为"武威铜奔马正是以夸张的艺术手法,将凉州马与凉州鹰融合在一起,应称之为'马踏飞鹰'"④;而曹定云则认为"武威雷台奔马铜雕应是'天马逮乌',而非'马踏飞燕'、'马踏飞鸟'或'神马蹄踏龙雀'"⑤。

有关"铜奔马"如此多的学术成果和探索中,虽然郭沫若并没有直接参与其中,也未有相关的研究成果问世,但是他却首先以一名历史学家的眼光,洞悉并指出了"铜奔马"作为学术研究对象的可行性,进而经过多方努力使"铜奔马"以最快的速度进入公共文化空间,为学术研究提供了可能性的选题。另外,因与"铜奔马"与"马踏飞燕"的命名有着密切的关联,借助于他的名人效应也为"铜奔马"相关的研究设置了学术议题,引发系列思考与争鸣。

综上来看,如果从"铜奔马"的社会影响和历史价值两个重要维度发展来讲,它都与郭沫若有着直接或间接的关联,因此,郭沫若的确就当之无愧地成为"铜奔马"的"伯乐"了。

三、"铜奔马"何以吸引了郭沫若关注的目光

郭沫若之所以能够成为"铜奔马"的伯乐,主要还是源于"铜奔马"本身

---

① 张永明:《所谓"铁证"与"石证"——也谈武威雷台东汉铜奔马的主人问题》,《甘肃社会科学》1994 年第 5 期。

② 伍德煦、陈守忠:《武威雷台汉墓出土铜奔马命名商榷》,《西北师大学报》1984 年第 3 期。

③ 张崇宁:《铜奔马正名》,《文物季刊》1999 年第 2 期。

④ 牛敬飞:《"马踏飞燕"实为"马踏飞鹰"》,2018 年 3 月 12 日《中国社会科学报》。

⑤ 曹定云:《武威雷台奔马铜雕应是"天马逮乌"》,2003 年 8 月 5 日《光明日报》。

所具有吸引他的诸多因素,从而形成了"伯乐"与"奔马"互为成就的统一体。"铜奔马"所具有的卓绝的史学价值、学术内涵以及精美外形,使其在众多文物展品中脱颖而出,被郭沫若慧眼识中。那么,在郭沫若发现"铜奔马"及其随后极力推荐展示于各种观众面前等系列事件的背后,折射出在新中国建设及发展时期他怎样的思维质素呢?

1. 彰显优秀史学家敏锐的学术洞察力和历史使命感

铜奔马是一件具有重要史学价值的稀世珍品,但是在郭沫若发现它之前,却多年沉寂于甘肃省博物馆的展柜之中。在甘肃省博物馆参观时,郭沫若也是在偶然之间发现的这尊陈列于众多展品之中的古代青铜器,甫一见到"铜奔马"时他就动心悦目,毫不掩饰自己的赞许之情,激动地说道:"我到过很多国家,看到过很多马的雕像和骑士骑马雕像,那些雕像最古的也只有几百年,从未见过超过一千年的。而我们的祖先却在将近两千年前就制造出这样生动绝妙的铜像,无论从艺术构思的巧妙、工艺技术水平的高超,还是从结构力学角度来说,都达到了前所未有的水平,是我们民族的骄傲。"①郭沫若对于铜奔马评判与赞许的文字其实并不多,也无专业性研究的文章,但他能够在未有任何学术准备及心理认知的前提下,基于自己对古代青铜器的深入研究,以及所取得的惊人成果,对铜奔马的史学价值做出了超乎寻常的预判,而事实也却如郭沫若所讲到的,随着对铜奔马研究的不断深入,它的史学价值以及美学特征越来越凸显出来,上述的判断可以从如下两个方面来深化理解。

一是,郭沫若具有高度敏锐的学术洞察力。敏锐而超强的学术判断力,是郭沫若开展史学研究的重要前提和方法。郭沫若是现代著名的历史学家、考古学家和古文字学家,其中他对于古代器物研究别有心得。他先后著有《殷商青铜器铭文研究》《出土文物二三事》等诸多史学研究的学术论著,其中尤其对于青铜器研究别出心裁,他"以青铜器的形制、花纹推断该器所从出的历史年代,以历史年代所特有的审美意识来研究历史及其相关的人类文化史、社会史及美学史"②,为青铜器研究做出了开创性的贡献,以此也

① 王廷芳:《郭沫若与铜奔马》,《回忆郭沫若》,第215页。
② 魏红姗:《历史考古与美学阐释》,《山东师范大学学报》2004年第4期。

逐步形成了郭沫若深湛的对于器物识别与研究的超强能力。在上述的引文中,我们可以知晓郭沫若对于铜奔马是从"艺术构思""工艺技术"以及"结构力学"三个方面产生直观认知和评判的,这首先充分体现了"他在观察问题和分析问题时,能从多个角度、多种层次全面考虑,使问题在融会贯通中得到发现"①的独特的思维能力,从而使郭沫若看到了在这件青铜器铜奔马的背后,所蕴含着丰富待解的史学密码。就铜奔马自身来讲,它具有高超的铸造工艺,反映中国青铜器的铸造技艺已经达到了非常高的水准;它还具有独特的设计理念与美学标准,说明了该时期中国文化艺术审美已经日趋成熟。铜奔马成为热议的话题后,学术界展开了一系列研究,所取得的一系列丰硕研究成果也从另一侧面,证实了郭沫若的学术直觉判断。

二是,郭沫若怀有深厚的爱国主义情怀。对于铜奔马,郭沫若并非只是简单地把它当作一件普通的文物来对待,而是将铜奔马的价值提升到民族文化的高度进行认识与宣传。他第一时间推进铜奔马走出甘肃,使其能够在第一时间展示于全国民众面前,特别是在铜奔马出国巡展的事情上,他更是力排众议,全力支持铜奔马在世界各地展出展示。通过这些事情,不仅仅反映出郭沫若单纯对铜奔马的喜爱之情,更主要的还是郭沫若希冀借助于铜奔马的广泛展示,让不同文化区域、不同文化类型的世界民众了解中国传统文化,以此来重塑中华民族悠久灿烂文明的形象,重拾中华民族的文化自信力。在对待传统文化与民族文化复兴的问题上,郭沫若始终坚持"凭借着对古老文化本身的探究发现传统的价值,并与外来的文化相对接"②的方法与原则,铜奔马的展示与展出更是进一步契合了郭沫若一贯坚持的民族复兴的思想与抱负。

在郭沫若看来,"自我抒情从来不只关乎一己的悲欢,自我的扩张并非个人主义意识形态的呈现,也不以现代自我的生成为最终目的,而是在对善的追求中,成就自我,融入民族新生的历史洪流,最终实现齐家治国的儒家

---

① 刘茂林:《郭沫若治史的个性特色》,《历史研究》1992 年第 2 期。
② 李怡:《复兴什么,为什么复兴? ——郭沫若的民族复兴思想一瞥》,《中国现代文学研究丛刊》2016 年第 4 期。

政治理想"①。铜奔马的身上便寄寓着郭沫若浓郁的爱国主义情怀。对于郭沫若来讲,铜奔马既是他史学研究视野中的重要学术发现,证实了他敏锐的学术判断力,同时又是中华民族优秀传统文化和精神的重要载体,借此也进一步实现了他复兴中国传统文化的目的与使命。

2. 赓续浓郁的浪漫主义生活情愫

如果说"铜奔马"作为稀世文物的学术价值触发了郭沫若喜爱之感的话,那么它作为艺术品的独特造型及美学样态,在瞬间触发起郭沫若泛陈于内心的强大浪漫主义情愫。

作为一种古代精美的器物,铜奔马另外一个特性便是,它是一种"有意味的形式"②的存在,古代青铜器多是艺术造型与史学价值的双位统一,如司母戊方鼎等。而其中的铜奔马更是古代青铜器中的精品之作。铜奔马首先吸引观者眼球的就是其精致造型,它高 34.5 厘米,长 45.5 厘米,宽 10.1 厘米,重 7.15 千克,整个造型匀称合理,马头部微向左侧,三足腾空,右后足轻踏在一只正在飞翔的鸟类翅膀之上,显示出独具匠心的静态之美。除了独特的造型外,"铜奔马"独特的美学特征,就是其所展示出的完美动态之美,使它超越了作为纯粹"物体"存在的无生命特征,而具备了旺盛而强健的生命力和浪漫美学之感。"铜奔马"的动态之美具体表现在,它具有昂首天外的奔腾之势,傲空一切的无畏之感,引领千军的强悍之魄以及征服畏途的雄壮之胆,然而在造型表像的背后,其实还蕴含着强大的理性智慧,它带给我们更多的是积极向上的精神洗礼与力量支撑。彰显出"与理性智慧相契合的理性想象时代,其特征是在保持人体固有形态的同时凭借着与自然飞翔之物的结合来实现飞升的梦想"③。

"铜奔马"的动态之美饱含了郭沫若对于浪漫主义情愫的所有想象。以往我们谈到郭沫若的浪漫主义,首先想到的就是郭沫若是五四新文化运动所造就的浪漫主义巨匠,他的思维方式、情感抒发都深深烙刻上了浪漫主义的印记。因此也必然简单"在创作方法上仅阐述其浪漫主义激情倾吐、直抒

---

① 尚晓进:《从宇宙更新到政治革命:郭沫若基于泛神论的思想转向》,《现代文学研究丛刊》2021 年第 6 期。

② 牛宏宝:《西方现代美学》,上海人民出版社,2002 年,第 292 页。

③ 韩经太:《中国审美文化焦点问题研究》,第 284 页。

胸臆的一面"①。此种简单论断往往会造成,浪漫主义只是作为一种创作方式影响了郭沫若,而郭沫若受浪漫主义的影响也只是在创作领域的偏颇认知。而笔者认为,如此将会大大限制对郭沫若浪漫主义情感范畴的理解与实质的把握。其实浪漫主义对于郭沫若来讲,并不是某种具体的理论,也不是某首具体的诗歌创作,而是浸透于内心的一种情感表征,"对郭沫若而言,浪漫主义哲学决定了他看待人与宇宙、个体与整体的关系以及两者沟通和关联的方式"②。如果具体来讲,浪漫主义对于郭沫若来说,就是使其始终处于一种动态的选择与行动之中,有时甚至是进行自我的否定与革新。

因此,郭沫若浪漫主义情感最主要的表征就是动态性的,无论是在诗歌、小说以及戏剧的文学作品创作上,还是在古代社会研究、古文字研究、考古等学术研究中,抑或是在郭沫若人生道路的选择以及处理问题的方式上,都满溢着浓郁的浪漫主义动态情感之美。具体来讲,如《女神》中无不洋溢着浪漫主义的律动,凤凰四处碰壁后的生命涅槃,创造出鲜活的生命个体,天狗充满能量的动情释放等都将浪漫主义的动态之美展示得淋漓尽致;《甲骨文研究》中郭沫若跳出传统古文字研究皓首穷经的研究路径,借助于历史动态发展的原理,超越了个别字句的辨识,而发现了隐藏于千年古书之中的殷商时代,以此也展现出别具特色的浪漫主义动态美学风采;人生选择上,郭沫若更是由一名泛神论者蜕变为马克思主义的信仰者、拥护者和宣传者,其中所经历的思想变迁也是极其曲折多样、动态变化的。上述的这些领域无一不是郭沫若独特浪漫主义情感的动态展现。

但时代的发展、民族的危机,使郭沫若的浪漫主义情怀逐步由显性转为了隐性,特别是在中华人民共和国成立后,由于身份的变化、年龄的增长等因素,虽无《女神》式内心激情的直接抒发,但其也在行动上处处显示出浪漫主义的心理基因与情感认同,如他与毛泽东主席的和诗及对毛诗的解读等方面,就充分显示出他隐藏于内心的独特浪漫情怀。

正是基于此种心理机制,当郭沫若首见铜奔马时,必然勾连起内心本有

---

①　黄曼君:《郭沫若前期浪漫主义诗学的现代性观照》,《华中师范大学学报》2002 年第6 期。

②　尚晓进:《从宇宙更新到政治革命:郭沫若基于泛神论的思想转向》,《现代文学研究丛刊》2021 年第 6 期。

的浪漫主义情愫的涟漪,使其将铜奔马幻化为自己浪漫情志和理性智慧的现实寄托。

结　语

郭沫若与"铜奔马"的话题,是以往有关郭沫若研究中不太被重视的视角。通过上述分析,我们也可以看到,在过去我们所熟悉的有关命题与论断中,依然存在着诸多应解而未解的学术难题、应知而未知的基本史实。通过铜奔马与郭沫若主客体之间的逻辑分析,我们可以进一步认识到郭沫若对于中国传统文化的重视与关注,同时也折射出,他作为一名史学家的社会责任担当意识。

武威传统文化资源开发与利用浅谈

张颐洋

澳门城市大学旅游学院

武威作为河西四郡之一,在中国历史发展的长河中,孕育形成了一股独具特色的文化气象。悠远的历史中,先民们创造出了辉煌灿烂的凉州文化,为我们留下了丰富的传统文化资源。弘扬凉州文化,传承丝路精神,做大做强文化旅游产业,建设文化旅游名市,现已成为全市上下的思想共识和行动自觉。当前,要对标要求,以更加自信的心态、更加宽广的胸怀,深入挖掘文化资源,打造凉州文化品牌,让城市特质更加彰显、文化事业更加繁荣、文旅产业深度融合、文化交流愈加频繁、优秀人才更加集聚,切实提升凉州文化价值,增强凉州文化的影响力和吸引力,为文化兴市和文化旅游名市建设提供丰富滋养。

如何发挥深厚的传统文化资源优势,做强区域经济,就要着重解决好传统文化的开发与利用问题。

一、武威的历史地位及其文化特征

武威,古称凉州。汉辟河西四郡,武威始设郡县,为彰显其"武功军威"而得名。西汉时设十三州刺史部,武威属凉州刺史部,以"地处西方,常寒凉也"故称凉州,凉州之名自此始。三国时,置凉州,上升为全国十三州之一。十六国时期,前凉、后凉、南凉、北凉以及隋末大凉政权都曾在此建都,使凉州成为当时具有全国意义的三大据点之一。唐时先后为凉州总管府、都督府,河西节度使治所,一度成为中国仅次于长安的通都大邑。西夏时为西夏辅郡,其地位仅次于都城兴庆府(今银川)。蒙元时期,成吉思汗之孙西凉王阔端与西藏宗教领袖萨迦班智达在凉州白塔寺举行了著名的"凉州会盟",

使西藏地区正式纳入中央政府行政管辖。明清以来，文化传承不辍，"文风甲于秦陇"，享有"银武威"之美誉。

武威具有得天独厚的自然地理条件和悠久灿烂的历史文化，使其成为中原王朝经营西域的战略要地，也是我国古代蒙古文化圈、青藏文化圈的交汇地带。农耕文明与游牧文明、中西方文化、多民族文化在这里交汇融合、包容开放，形成了在中国文化史上占有重要地位的凉州文化，其蕴含的历史和地域特色鲜明的汉唐文化、五凉文化、西夏文化、佛教文化、民族民俗文化等，成为在凉州长达5 000多年的历史发展长河中的一朵朵奇葩，绽放出绚丽多姿的光彩。

（一）独具魅力的汉唐文化

汉武帝在武威设郡置县以来，实行移民、屯田，中原地区先进的农耕技术、种植技术、生产工具及文化先后在凉州境内推广、应用，推动了当地经济、文化的发展。在武威境内出土的《仪礼简》《医药简》《王杖简》及汉笔"白马作"、丝织品、漆器等，足以说明先进的中原农耕文明在这里繁荣发展。特别是雷台汉墓出土的铜奔马及铜车马仪仗俑，再现了当时精湛的青铜铸造技艺，铜奔马以其高超的艺术价值享誉世界，被定为中国旅游标志。隋唐时期，由西域音乐与中原音乐在凉州融合产生的西凉乐舞在中原广为流传，著名的宫廷大型歌舞曲《霓裳羽衣舞》就改编自西凉乐舞；岑参、高适、王之涣、王翰等杰出诗人，在这里写出了许多脍炙人口的诗篇，以《凉州词》为代表的反映凉州浓郁边塞风味的诗歌已成为当时一种特有的格调，其中不少已成为经久不衰的"千古绝唱"。

（二）影响深远的五凉文化

东晋十六国时期，中原大乱，河西地区相对安定，"中州避难来者日月相继"，大批文人学者荟萃于凉州，保存了中原汉族传统文化，同时吸收了西域文化，使中原文化、西域文化、游牧文化在这里交流融合，共同发展，形成了独具特色的五凉文化。北凉时期开凿的武威天梯山石窟，是龙门、云冈等中原石窟的历史源头，形成了中国石窟艺术史上著名的"凉州模式"。前凉时期姑臧城的建筑格局，影响了北魏洛阳、隋唐长安城的营建，形成了古代都市建设的新格局。此外五凉文化在经学、儒学、史学、文学、佛教、艺术、科学等方面取得了极其丰富、辉煌的成果,对后来中原地区的文化复兴起到了十分重要的作用。陈寅恪先生对此有精辟的论述,认为它是唐代文化的源头之一。美国学者谢赫认为,"凉州是一座地地道道的熔炉,正如夏威夷对于二十世纪的美国一样。对于中原的唐人,凉州本身就是外来奇异事物的亲切象征"。

(三) 神秘诱人的西夏文化

西夏作为 11 至 13 世纪初在我国西北地区包括武威境内存在的一个以党项族为主体的少数民族政权,在它灭亡后的 100 多年,其主体民族与创造的文化渐渐消失得无影无踪。19 世纪初由清代著名学者武威人张澍在武威发现"西夏碑"后,才使学界知道西夏有自己的文字,揭开了西夏文化神秘的面纱,拉开了近代西夏学研究的序幕。武威亥母洞石窟寺遗址出土的西夏文《维摩诘所说经》是迄今发现的世界上最早的泥活字版本佛经。此外,武威天梯山石窟、修行洞、塔儿湾等遗址出土的西夏文医方、占卜辞、官府文书、历日、契约、木缘塔、木棺、彩绘木板画、各类瓷器等珍贵文物,内容相当丰富,使武威成为保存西夏文化遗存数量最多、级别最高、价值最大的地区之一,为深入推动西夏历史、经济、社会、宗教等方面的研究提供了珍贵的实物资料,是光辉灿烂的凉州文化的重要组成部分。

(四) 源远流长的佛教文化

汉晋以来,佛教文化沿着丝绸之路,经过河西走廊,由凉州转向中原传播,凉州成为中国北方地区佛教的中心和佛教东渐的中转站,在我国佛教史上占有特殊的地位。特别是魏晋十六国时期,河西与中原相对隔绝,也由于当时统治者的崇奉提倡,佛教首先在这里留驻兴发,然后开始了它中国化的进程。西域佛学大师鸠摩罗什在十六国时期滞留凉州 17 年,在此开坛说法,收徒讲授佛法,为后来佛经翻译事业打下了坚实的基础,成为中国古代佛教四大翻译家之一。从 401 年到 413 年的十二年时间里,鸠摩罗什在众多弟子的协助下,共译经 25 部 294 卷。他所译的经典大多是大乘经论,其中重要的有《摩可般若波罗蜜经》《金刚经》《妙法莲花经》《维摩诘经》《中论》《百论《十二门论》等。这些经论在我国的传播,对中国佛教宗派理论的形成有着划时代的影响。特别是大乘空宗理论,以其丰富的内涵极大地启发了中国哲学界。他所翻译的三论是中国三论宗所依据的基本经典,其本人亦被佛教界奉为三论宗的鼻祖之一;《妙法莲花经》则是中国天台宗赖以创宗的主要经典;《金刚经》对中国禅宗的形成产生过直接的影响。从一定意义上说,中国佛教正是从鸠摩罗什才正式开始的。

(五) 多姿多彩的民族民俗文化

武威境内多民族文化融合,藏、土等民族风俗习惯保留原始风貌。截至2021 年底,已有凉州贤孝、河西宝卷、凉州攻鼓子、华锐藏族民歌等 7 项进入国家级非遗保护名录,29 项进入省级非遗保护名录(另有 9 项已进入甘肃省第四批省级非遗项目公示名单),15 个非遗传习所得到挂牌保护。

二、武威文化旅游资源开发与利用

近年来,武威市本着继承和发扬传统文化的指导思想,深入挖掘传统文化资源的潜力,取得了可观的成绩,积累了宝贵的经验。在传统文化资源开发利用的道路上探索出了自己的文化旅游模式。在文化旅游景点建设、旅游服务设施建设、旅游宣传管理、经济效益等方面都做出了积极努力,有了很大的提升。而当下若要针对武威文化旅游资源的集中开发,则必须要把握凉州文化资源的深度开发与创新,以确保旅游文化产业能够做到转型升级和质量提升,这就离不开文旅融合。

(一) 加强文化旅游产业融合发展

文旅融合是时下最重要的一个旅游概念,它将文化产业与旅游产业合二为一,从文化角度开发出旅游价值。首先要做好资源的集中统一。目前,由于历史文化资源分布的不集中性和开发层次较低的客观原因,武威文化旅游资源的分散性和滞后性,已经成为武威文旅产业发展中较为明显的短板。文化旅游资源在武威经济层面的体现,主要集中在两个方面。

首先是地域分布较为分散。一些文化旅游资源分布在不同地方,而受到经济和基础设施状况、交通便利程度的限制,无法有效调解这种分散性的问题。

其次是资源种类的分散性。武威存在着多元化的文化旅游资源,这种特点集中在历史文化、红色旅游、休闲康养等诸多方面,必须要统筹兼顾,建立起武威文化旅游资源的整体化规划,服从文化资源规划与开发的大局,做到全方位多层次的旅游文化资源开发,以彻底挖掘武威文化旅游资源的发展潜力,形成一条完整的文化旅游消费链。此外,由于武威地处多民族交融居住地区,因此,在发展历史文化旅游的同时,也应注重打造多民族文化风情旅游路线,形成特色的民族风情旅游品牌。

(二) 注重文旅 IP 的打造

不论是以旅游文化深入挖掘为基本目标,还是以创新文化内容为基本导向,都离不开文旅融合这一关键要素。IP 是知识产权和一种独特的知识识别物的简称,它包括诸多识别体系,其中有视觉文化识别、理念文化识别等,它是一种文化创意的集中化表述。若要创造旅游文化的一个超级 IP,打造文旅融合的品牌化标志,则必须要求 IP 有以下三个特点:

第一是创。即无中生有,进行创作、创造和创新,结合自身发展状况和市场需求创新出一种适应性极广、识别度极高的旅游 IP。

第二是转。就是要做到对原有文化的创新性转化和发展,如近年来故宫博物院推出的文创即是一种转化出来的 IP。

第三是联。就是连接,它强调地域文化与其他文化的多重连接,从而催生出一种新的 IP。如方特是一种结合当地特色与公司企业自身发展经营状况而诞生出的文旅 IP。

在对县域发展的大趋势进行综合评定的当下,我们发现文旅融合中 IP 已成为必然的趋势,IP 早已成为吸引游客的强烈文化符号,它本身就具有极高的延展性和附加值,有了极高的排他性,这十分有利于县域文化旅游产品品牌的形成。

在武威文化旅游发展过程中也要重视 IP 故事性的打造,让其成为一种具有十分旺盛生命力的旅游文化符号。当下针对旅游 IP 的打造,主要是以网络为主要的宣传途径,当下具有庞大受众的网络新媒体媒介,诸如短视频、vlog、旅游 App 等诸多方式,可以获得较为庞大的流量热度以及巨大的消费者注意力,以此来进行宣传。这种 IP 在网络用语中常常被描述为网红景点。网红景点抓住了 IP 的重要环节——即时创造这一点,形成消费者的关注点和注意力。如时下青海地区的茶卡盐湖,它通过抖音、微博等诸多方式来获取足够大的网络流量,并在充分的资本介入之后,有效地抓住人们的眼球,在更加系统化和专业化的运营团队推进之后,实现了这种注意力资源的有效配置。茶卡盐湖抓住了其自身的旅游特点:一是让人们在发现茶卡盐湖的过程当中,产生了对未知核心区景点的好奇心;二是在追逐新景点的人群目标把握方面,茶卡盐湖的旅游消费对象撒网十分广阔,大体具有年轻化的特征,因此,其网罗了一大批适宜年龄段的旅游潜在顾客。

(三) 处理好文化资源保护与开发之间的矛盾

文化旅游资源的保护与开发看似存在着一定矛盾,但一旦对两者进行充分的关注和处理,就会使这两种对立的行为做到有机的融合。一方面要注重对文旅产品的深度挖掘,做好对其历史故事、文化价值、民族意义、产业意义等诸多方面的发掘与开发。另一方面也要在文化资源开发的同时做到开发与保护的并重,这样不仅会让文化资源获得更多的关注度,也会使相关部门有一定的经济利益来反哺文化资源的保护,达成文旅融合的理想化模式。如当下针对武威天梯山石窟的文化发掘和旅游资源的利用。天梯山石窟具有丰富的历史文化底蕴,其具有极高的旅游开发价值,但同时石窟壁画、雕塑又由于其脆弱性和特殊性,易遭致严重的破坏。因此,如何保护性地开发石窟,曾经成为天梯山石窟发展旅游业亟待解决的课题。应本着以保护和修复为主,开展旅游产业发展的规划。应将保护放在最为优先的位置,做到历史文物古迹保护和开发的可行化衔接,在充分的可行保护措施基础之上,做到对历史文化旅游资源的挖掘,以便积极地保护当地的物质文化遗产。

(四) 强化营销手段

县域旅游文化资源往往特点鲜明,在进行旅游目的地营销时,采取大量新型的营销手段可有效提升自身旅游文化品牌的影响力。极富特点的即是乡村旅游。乡村旅游自从在国内风行起至今已有 20 年之久,近年来随着城市化的发展及生活节奏的加快,人们更加期待着谋划一场与乡村的邂逅。打造武威乡村生活旅游品牌,要做到精准定位。农业旅游本就是农业与旅游交叉的产业,两者密不可分。而扎根于自然和生活习俗的乡土性则是农业旅游的灵魂,若抛开乡土性而谈旅游,那么农业旅游也就不能称之为农业旅游了。打造乡村生活品牌是乡村旅游发展的关键所在。如何在不影响居民原有生活习惯的同时发展旅游业,不应该只是向顾客销售产品,更要向他们宣传一种生活方式。以乡村生活为卖点的旅游模式,最重要的应该是在食、住、行、游、购、娱方面真实再现乡村生活。

结　语

凉州文化资源特色鲜明,有着无穷的魅力、强大的生命力和吸引力。这些对于建成具有凉州特色的区域经济将起到积极的推动作用。

(一) 首先要加大宣传力度,提高凉州传统文化的知名度

利用传统文化资源优势推动经济的振兴应该是武威经济发展的必由之路。就目前而言,武威市的旅游业与沿海地区发达的旅游城市还有相当大的差距。大力宣传凉州的传统文化,就要投入大量的人力、物力和财力,多渠道、多方位地抓好宣传工作,凸显凉州的传统文化资源优势。

(二) 其次是大力扶持传统文化资源的开发利用

传统文化资源的开发利用,不仅可以直接转化为现实的经济,而且能从各个方面刺激和带动区域经济的健康发展。在经济发展过程中,应优先考虑开发利用传统文化资源,应该加大这方面的资金投入。另外,在政策上,更应向开发传统文化资源的产业进行倾斜。

(三) 再次是着力培育市场,为传统文化资源的开发创造良好的运作环境

要重视调整开发传统文化资源的产业结构,既要整体发展,又要重点突

破,坚定不移地把旅游业放在先导产业和支柱产业的地位,继续抓好像土特产这样具有优势产品的行业。要大力整顿市场,净化企业运营的环境。要协调好各种关系,努力开拓外部市场,确保外部资金引得进来、内部产品打得出去。

另外,武威具有极为丰富的历史演化背景,且具有独特的民俗民风。它可以使人们从现代化都市的喧嚣中走出来,获得心灵上片刻的宁静,去走进一种多元化、独特化的古老空间,感受与城市迥异的独特情调和传统文化的独特魅力。

在武威悠久的历史中,有诸多绚丽灿烂的文化遗迹,诸多文人墨客、能工巧匠在这里留下了他们的痕迹,因此,一定要做好文化遗产价值的深度开发。对于武威经济发展而言,做到保护性开发就可以实现社会效益和经济效益的统一,建立起一种旅游与文化发展的双向良好循环局面,以达成文化经济协调发展的目标。

打造凉州文化品牌,
助力武威文化旅游名市建设

齐作锋　董堂寿
中共武威市委党校

一、打造凉州文化品牌的背景与意义

习近平同志在党的十九大报告中指出:"文化是一个国家、一个民族的灵魂。文化兴国运兴,文化强民族强。没有高度的文化自信,没有文化的繁荣兴盛,就没有中华民族伟大复兴。""要坚持中国特色社会主义文化发展道路,激发全民族文化创新创造活力",要"坚持创造性转化、创新性发展,不断铸就中华文化新辉煌"。这为我们在新时代坚定文化自信、增强文化自觉、建设社会主义文化强国提出了新要求、新任务。

中共武威市四届四次全体(扩大)会议上明确提出,武威要努力建设"文化旅游名市","要把文化旅游产业培育成支柱产业","大力发展历史文化游、乡村休闲游、生态观光游、民俗风情游等特色旅游"。建设"文化旅游名市",符合党的十九大精神,符合《"丝绸之路经济带"甘肃段建设总体方案》对武威的定位,是发挥武威文化资源富集优势,实现武威经济转型的突破口和经济社会发展的重要引擎。

武威具有建设"文化旅游名市"的先天优势。早在两千多年前,随着丝绸之路的开通,这里就以"通一线于广漠,控五郡之咽喉"的军事战略要地,成为中国西北的军政中心和区域性都市、中外商贸经济和交通网络中心、文化整合和民族汇聚中心,也是中国历史上北方佛教的中心和佛教东渐的中转站,创造了"人烟扑地桑柘稠"的富庶和"五凉京华、河西都会"的辉煌。在武威长期的历史演进中,东西方文化广泛交流,农耕文明与游牧文明交汇融合,各民族多元文化荟萃杂糅,汇成了气象恢宏的凉州文化。

　　文化品牌体现着特定区域文化的特色、风貌乃至品位，是特定区域长期积累和凝聚的人类社会智慧的结晶，是当代人生产和生活的文化的集中体现，它集中体现了特定区域的文化体系架构，是一个区域在文化建设中沉淀形成的具有特殊价值和广泛影响力的文化现象，凝聚着特定区域独特的价值理念、审美情趣以及知名度、美誉度和信誉度。文化品牌能够有效吸引人流、物流、资金流和信息流，最大限度地整合文化资源、拓展文化市场发展空间、扩大特定区域的影响力和感召力。武威有丰厚的历史文化资源，但并非都是品牌，建设"文化旅游名市"，就要重点在文化品牌的打造上下功夫，只有把武威丰厚的历史文化资源打造成最具有地域特色、最具有影响力、最具有代表性的凉州文化的一个个品牌，才能释放文化能量，提升武威文化影响力，才能为"文化旅游名市"建设注入灵魂。

二、打造凉州文化品牌的基础与条件

　　打造特色文化品牌，既需要有奇丽的自然景观与灿烂的人文遗产汇集，又需要有悠久的历史积淀与现代的时尚气息交融，这两者在武威都是具备的，武威具有打响凉州文化品牌得天独厚的基础与条件。

（一）武威是中国历史文化名城

　　以中国旅游标志"马踏飞燕"、稀世珍宝西夏碑、"陇右学宫之冠"文庙、"石窟鼻祖"天梯山石窟、西藏地区纳入中国版图的历史见证地白塔寺、鸠摩罗什舍利塔等珍贵历史文化遗存为代表的汉唐文化、五凉文化、天马文化、佛教文化、乐舞文化、边塞文化、简牍文化、石窟文化、贤孝文化等，造就了武威作为"国家历史文化名城"、"中国优秀旅游城市"的品牌形象和独特魅力。以更广袤的历史眼光来观照凉州文化的底蕴和内涵，它不仅表现在丰富多彩的物化形象上，而且表现在门类齐全的人文形态上，更表现在其文化创造的活跃、文化氛围的浓厚、民俗风情的淳朴等方面。丰厚的凉州文化，对今天而言，是一种品牌、一种生产力，是建设旅游文化名市的不竭资源。

（二）武威是中国优秀旅游城市，中国旅游标志"马踏飞燕"的故乡，文化旅游资源极具特色

武威境内名胜古迹众多，雪域高原、绿洲风光和大漠戈壁等自然景观与历史文化、民族风情交相辉映，魅力独具，有较高的文化旅游价值。已建成开放的旅游景区、景点 20 多处，文物保护单位 500 多处，拥有珍贵的馆藏文物 4.74 万件。凉州贤孝、凉州宝卷、武威攻鼓子、华锐藏族民歌等非物质文化遗产进入国家级名录。完全可以逐步打造成以历史文化游、民族风情游、沙漠生态观光游、乡村绿色和休闲度假游、红色文化游等为代表的旅游目的地。

（三）武威是中国葡萄酒城，是酿葡萄酒的绝佳产地

武威葡萄酒酿造历史悠久，葡萄酒文化底蕴深厚，具有独特的人文资源优势和良好的产业政策环境。目前已建成葡萄酒酿造基地 25.95 万亩，分别占全国、全省酿造种植面积的 15％、84％。

（四）武威是丝绸之路经济带黄金节点城市，产业发展极具潜力

随着甘肃（武威）国际陆港等一批重点项目和国家"一带一路"建设的实施，作为丝绸之路经济带甘肃黄金段的重要节点、西北重要的综合交通枢纽、物流节点和商贸集散地的区位优势进一步凸显。同时，各主导产业及配套产业各要素相对聚集，已成为承接中东部产业转移的重要载体和平台。

（五）武威自古有"书城不夜"的文化氛围

探究凉州文化、传承凉州文化，挖掘凉州文化资源、传播凉州文化魅力、重塑凉州文化辉煌、建设文化旅游名市，已经成为武威上下的共同认识。

总之，凉州文化底蕴深厚，具备创造享誉全国乃至世界的文化品牌的条件，而一旦成功打造出知名的文化品牌，将助力武威"文化旅游名市"的建设，推动全市文化建设发展到新的高度。

三、凉州文化品牌的初步定位

究竟哪些是凉州真正的品牌文化，存在不同的定位和表达。所以，明确哪些是凉州真正的品牌文化，具有着力打造的价值，是当前急需明确的问题。经过细致查阅资料，实地走访勘测，认真挖掘整理，广泛征求意见，遴选出了以下具有较高开发价值和可供切实打造的文化品牌：

（一）中国旅游标志马踏飞燕出土地、雷台道观（道教文化）、汉墓、马踏飞燕、休屠城遗址——汉文化或天马文化品牌

（二）罗什寺（鸠摩罗什舌舍利塔）、大云寺（释迦牟尼佛舍利）、海藏寺、松涛寺、白塔寺、金塔寺、莲花山、温泉——佛教文化品牌

（三）石窟鼻祖天梯山石窟、金刚亥母洞、磨嘴子文化遗迹——石窟文化品牌

（四）凉州词、凉州贤孝、凉州宝卷、凉州小曲子（民歌）、武威攻鼓子——凉州乐舞（或贤孝）文化品牌（可借鉴陕西华阴老腔文化品牌的打造方式）

（五）姑臧城遗址、大云寺——五凉文化品牌

（六）"陇右学宫之冠"文庙、凉州贤孝——儒学文化品牌

（七）仪礼简、王杖简、医药简——简牍文化品牌

（八）武威、葡萄酿酒、葡萄酒城——葡萄酒文化品牌

（九）西夏碑、西夏辅郡——西夏文化品牌

（十）中国工农红军西路军古浪战役遗址、四十里铺战役遗址——红色文化品牌

（十一）金日磾、贾诩、阴铿、段秀实、李益、余阙、阔端、班智达、达云、张美如、张澍、牛鉴、尹绾、章嘉·若贝多吉、李铭汉、齐飞卿等——武威籍名人文化品牌（或姓氏寻根文化品牌）

（十二）葡萄、葡萄酒、软儿梨、核桃、酿皮、凉面、三套车、月饼、油馃子——饮食文化品牌

（十三）石窟、洞窟居住、大漠戈壁风光、沙漠地窝子——穴居体验文化品牌

四、打造凉州文化品牌的制约因素

（一）对打造凉州文化品牌的重要性认识不够

从调研的情况来看，全市上下对凉州文化品牌打造的重要性已有了一定认识，但区县有些部门对此的认识仅停留在表面，还不全面、不系统，对文化品牌打造与文化产业发展及经济社会发展相互融合的趋势、文化品牌在经济竞争中的作用、文化品牌对经济增长的巨大推动力认识不足，更没有上升到凉州文化品牌打造是建设"文化旅游名市"的核心要素和关键的高度上来。在文化品牌打造上，还存在畏难情绪和等待观望现象，热情不高，进展不大。

（二）资金投入不足，宣传力度亟需加强

无论是文化品牌的打造工程，还是文化产业、旅游产业的发展，都需要大量的资金投入、金融保障。但在以往的思维定式主导下，许多文旅项目多由政府投资，因而资金投入或融资渠道受到一定限制。一方面，政府资金投入不足及民间融资渠道不畅，既影响到项目推进，也影响到地方文化品牌的打造、文化工程的建设和旅游服务配套体系的完善。在资金投入不足的背景下，文化品牌的打造和文化旅游产品的包装、宣传等市场运营也必然受到很大影响。特别是"做大品牌"、"打响文化品牌"的思想意识不强，再加上资金匮乏，导致难以建立完善的宣传机制，无法进行多角度、大范围的宣传，制约了文化品牌的打造、打响工程。

（三）规划体系不尽完善，各相关部门职能发挥不力

从大凉州视野来审视，规划缺乏前瞻性和系统性，文化品牌打造和旅游产业发展规划与我市旅游产业发展战略实施对接不足，部分专项规划还存在缺失，规划对建设的调控引导作用还不够有力有效，规划的执行力有待进一步提升。其次，在文化品牌的打造过程中，政府各相关部门的行政职能不仅体现为制定规划、财政支持、建设基础设施、推进体制改革等方面，更须在思想意识、规划引导、配套设施建设、行政监管等方面强势助力。在以往制

定的发展思路上，政府相关部门不是缺位，就是越位、错位，这在很大程度上制约了政府各相关部门合理作用的协调发挥。有些部门对如何完善凉州文化品牌建设中的行政职能，处理文化建设与经济建设、文化事业与文化产业、政府与文化市场、政府与市场组织、政府与非营利组织之间的关系等，不能宏观把控。有些部门没有认真研究文化品牌打造的可能性路径选择，未能从深化文化体制改革、培育现代文化市场体系、构建政策资金人才等支撑体系方面提出具体的政策措施等，也是制约因素。

（四）特色（强势）挖掘不深，开发强度有待提升

文化品牌的打造，只有两条路可行：一是特色，二是强势。因而要打造凉州文化品牌，就要科学论证分析，宜强则强，宜特则特。一方面，要在建设"特色（强势）凉州文化品牌"上大做文章、做大文章，建成特色（强势）文化人才、特色（强势）人文学科、特色（强势）文化活动、特色（强势）文化品牌和特色（强势）文化产业。另一方面，我市部分代表凉州文化品牌的旅游景点还处于"边规划、边建设"的状态，目标定位不准确，设计缺乏凉州文化品牌内涵，文化品位不高，同质化现象明显。还有部分代表凉州文化品牌的旅游景点基础设施建设不完善，如路况差、如厕难、行车难等落后状况未得到彻底改善。因而，在特色（强势）资源挖掘不够的薄弱基础上，一些已经形成的文化品牌和重点旅游景区不论是在投资开发强度还是深度上，都需要继续加大加强，这一点尤为重要。

（五）打造文化品牌的能力不强，人才队伍整体素质亟待提高

文化品牌的打造重在创新，没有创新，就没有生命力。目前，我市的文化产业与数字技术、信息产业没有实现全面接轨和有效融合，文化产品和服务的技术含量低，在文学艺术、影视作品、普及读物、推介形式以及文化名人的纪念、博览场所和标志性建筑等方面，出现整合性差、互补性差、优势发挥错位等现象，有的还处于零开发阶段。另一方面，文化品牌打造，离不开人才的强大支持与参与。目前，武威文化研究活动受人才、财力等影响，活动开展不够经常化和多样化，影响力、辐射力有限，没有创新动力。文化产业人才的培养、激励和流动机制还不健全，缺乏高素质、高水平的行政管理人才、文化经营人才和文化专业人才。

五、打造凉州文化品牌的路径选择

文化品牌打造包含着经济实力的可行性、品牌本身功能的表现力、历史文化的传承性、文化品牌与形势发展的融合度,等等。打造凉州文化品牌,目的是为武威的发展服务,为武威"文化旅游名市"建设注入灵魂。因此,在品牌打造的过程中,必须审时度势,以科学性可持续性和对历史负责的态度与责任感,全面思考。

(一) 提高认识,统一思想,为打造凉州文化品牌营造良好氛围

首先,社会各界要充分认识传统的产品品牌都会经历一个从有形产品价值到无形品牌价值发展的过程。而文化品牌诞生初期并没有实物化的内容产品,它的发展传播主要依靠其无形的文化价值。一旦文化品牌影响力达到一定强度、被公众广泛接受时,其品牌的价值就会辐射到相关的各个产业。换句话说,一个知名的文化品牌能够产生"光环效应"。"光环效应"将会形成积极的推动力,不仅促进本产业发展,而且还会带动相关产业快速进步。例如"迪斯尼""好莱坞",这些举世闻名的文化品牌,形成了无可比拟的发展优势。其次,文化品牌的打造和旅游资源的开发核心在于文化创意,要坚持文物、文化与文艺相结合,精心策划、挖掘、保护、储备和包装五凉文化、佛教文化、天马文化、葡萄酒文化等本地独特的旅游文化资源和旅游产品,使旅游产品内涵凉州文化品牌元素,成为宣传凉州文化品牌的"使者"。要精心打造集中展示凉州民风民俗、佛教文化和五凉文化等的民俗文化街,使其成为都市休闲旅游精品,成为具有凉州文化品牌元素的旅游项目。

(二) 突出政府主导,统一规划,为打造凉州文化品牌提供政策保障

首先,要聘请国内一流的专业规划团队,结合武威实际,编制"文化品牌"创建规划,制定项目实施清单,把规划落实到每一个项目建设上,分年分步实施。要有文化发展的长远眼光,立足共建大凉州,进一步完善文化品牌打造工程和旅游产业发展规划。着力抓好组织动员、规划制定、统筹协调、

规范引导等关键环节，形成推动文化品牌建设的强大合力。要根据国家"一带一路"倡议和大凉州文化产业发展规划，按照"瞄准周边、立足西部、引领全国、带动丝绸之路经济带沿线国家和城市的文化及旅游业发展"的目标定位，加快完善武威市文化产业总体规划及专项规划，合理布局和配置产业要素，进一步明晰发展路径、发展目标。其次，要科学实施特色旅游及文化品牌战略。文化品牌彰显文化名市效应，文化品牌也必须走产业化发展之路。建议在实施文化旅游名市战略中，以产业化理念科学谋划，使之既彰显文化品牌的形象，又能以自身形象的魅力和良好影响力，获得良好的社会效益、经济效益、文化效益。坚持"政府引导、市场运作、企业为主、社会参与"的原则，建立健全文化艺术协会组织，积极引导群众参与文化品牌建设，形成全民参与、共建共享的文化产业，把凉州这盘文化蛋糕做得更大更好。

（三）搭建平台，借名人效应，为打造凉州文化品牌提升影响力

要充分运用"凉州文化论坛""凉州讲坛"等平台，邀请国内一流专家学者、文艺工作者来我市调研考察，让一流专家学者从古代文明、考古、地理位置、东西方文化交流等角度阐述关于凉州文化的意义，共同探究凉州文化，论道如何打造凉州文化品牌、提升凉州文化价值、弘扬凉州文化的身份以及确定生态旅游融合发展的方向，为凉州文化发展献计献策，把脉定向。依托整合梳理好的文化品牌，聘请全国一流的编剧作家创作反映凉州文化的电影或电视剧剧本；聘请全国一流的导演拍摄反映凉州文化的电视剧、电影或纪录片；聘请全国一流作曲家、歌唱家创作演唱反映凉州文化的歌曲。组织武威本土文化专家精心编辑出版一套全面地介绍凉州文化的通俗读物，使凉州文化从学术走向通俗，从书斋走向大众。组织武威本土画家创作反映凉州文化的连环绘画作品，悬挂在地标建筑上，并装订成册。聘请全国著名书法家并组织武威本土书法家创作反映凉州文化的书法作品，悬挂在"祁连大道"两侧，让"祁连大道"成为宣传凉州文化的长廊。组织服装设计专家设计制作出具有浓郁凉州品牌文化元素的服装，武威各大酒店、旅游单位、服务业窗口单位工作人员可以着此服装迎接四方宾客。通过书籍、书画作品在机关、企事业单位、学校的推广，增强全市人民的历史文化意识和自豪感，扩大凉州文化品牌的影响力。

（四）加大投资力度，恢复和再建文化遗迹，重现凉州文化品牌的历史风采和现代魅力

首先，要多渠道筹资修复或重建书院、寺庙、古城遗址等历史文化建筑，以"李铭汉故居"为例，规划修复"北城门楼""东门牌楼""西门牌楼""牛家花园"，新修建武威"段氏、贾氏、达氏"博物馆，仿照巴黎先贤祠的思路，建设武威"武威籍古代名人蜡像馆"，将其打造为人文景点，成为武威城的文化地标，提升城市形象。其次，要把凉州的历史文化元素注入全市的各项建设中去，要恢复凉州古城"东小北门、东小北街、东小十字、东小南街、东小南门、西小北门、西小北街、西小十字、西小南街、西小南门"以及"王府街、杨府街、达府巷、龙门街、西巷子、东巷子、百家巷、县府巷、沙井巷"等地名路名。对新建的城市道路、公园等公共设施，依托梳理出来的可以打造的文化品牌进行命名。第三，抓住实施"乡村振兴战略"机遇并结合精准扶贫，大力整合涉农资金，对历史文化名镇、名村和特色民族村镇建设给予重点扶持，经过几年持续投入，在保护乡村原生态环境不变的前提下，修复古村落建筑，并完善交通、网络等基础设施，努力把历史文化名镇、名村和特色民族村镇打造成既有丰富文化内涵，又有浓郁民族风情和地域特色的靓丽文化名片。

（五）组建专业队伍，加快人才培养，为打造凉州文化品牌提供智力支持

要引进专家型人才，以凉州文化研究院为平台，组建研究凉州历史文化的专业队伍，对武威文化资源深度挖掘整理，使其鲜活于世并形成体系，为文化品牌建设提供学术支撑。要创新人才机制，加快人才培养，尤其是抓好优秀文化艺术传承人的树立和接班人的培养，如贤孝艺人、说宝卷艺人、攻鼓子领头人、凉州武术嫡系传人等等，防止"人死艺绝"。要加强代表文化品牌的旅游景点导游队伍建设，提升其整体素质，特别要对他们进行凉州历史、地理、文化以及民风民俗知识的专门教育和培训，使他们在完成任务的同时，也发挥宣传、推介凉州，展示家乡良好风貌的作用。

武威市文旅融合发展思考与探析

许春华　王　曙

武威职业学院经济管理学院

武威市文化馆创作研究部

随着文旅深度融合发展趋势的不断增强,旅游者在旅游过程中对旅游产品文化内涵及品位的追求日益强烈,文旅融合以其独特的品质和吸引力,已发展成为当今世界旅游业发展的新潮流。武威市有着深厚的历史文化底蕴,其文化旅游资源十分丰富,但文旅融合发展还比较滞后,如何抢抓机遇,使武威市走出一条文旅融合发展的新路子,将成为提高武威市旅游业核心竞争力的关键所在。

一、文旅融合的内涵

文化和旅游是密不可分的,文化是旅游景观吸引力的源泉,也称之为旅游的灵魂,旅游是文化的载体,文旅融合发展,是诗与远方的完美结合。那么,何为文旅融合呢? 文旅融合是指文化、旅游产业及相关要素之间相互渗透、交叉汇合重组,逐步突破原有的产业边界或要素领域,彼此交融而形成新的共生体的现象与过程。[①] 文化和旅游两种或两种以上的要素相互渗透,共生共赢,实现功能重组和价值创新,形成新的文旅产品、产业体系和价值链,产生"1＋1＞2"的产业叠加效应,增强旅游魅力,培育文化自信。近年来,我国文旅融合发展在速度、广度和深度上不断加强,取得初步成效。国家层面明确了坚持"宜融则融、能融尽融"的基本原则和"以文塑旅、以旅彰文"的发展方向。

---

① 黄永林:《文旅融合发展的文化阐释与旅游实践》,《人民论坛·学术前沿》2019年第11期,第16—23页。

二、武威市地脉和文脉分析

　　地脉是一个地域(国家、城市、风景区)的地理背景,即自然地理脉络;文脉是指一个地域(国家、城市、风景区)的社会文化氛围和社会文化脉承,即社会人文脉络。① 准确地把握、分析一个地域的地脉和文脉,对于精准把握区域独有特色,抢占更广阔的文旅发展高地具有较强的实践意义。

(一) 武威市文旅融合发展的地脉分析

　　武威市地处河西走廊东端,南依祁连山,北接腾格里和巴丹吉林两大沙漠,中间为绿洲。全市下辖凉州区、古浪县、天祝藏族自治县和民勤县。面积3.3万平方公里,人口146.5万,有汉、藏、土、东乡、蒙古、回等26个民族。武威市地势西南高东北低,中部平均海拔1 632米,文化旅游资源在空间分布上形成了一定的区域性:天祝草原区藏族、土族风情浓厚,古浪山地区红色旅游资源卓绝,民勤沙漠逶迤雄浑,凉州绿洲圈历史文化浓厚。这种草原森林、沙漠绿洲与人文资源相生共融的局面,为文旅融合发展创造了得天独厚的条件。

(二) 武威市文旅融合发展的文脉分析

　　2 100年前匈奴人修筑姑臧城,是凉州城最早的雏形。汉武帝派骠骑将军霍去病"将万骑,出陇西",大败匈奴,设置了武威郡,彰显了汉朝的武功军威。张骞"凿空"西域,开通"丝绸之路"后,武威又发展成为丝路重镇、西北民族文化交汇和中西方经济文化交流的中心。三国魏文帝因武威地处寒凉而设置凉州,上升为全国十三州之一。东晋十六国时期,前凉、后凉、南凉、北凉都曾在这里建都兴国,加上隋末唐初李轨在武威建立的大凉国,凉州又成为显赫一时的"五凉古都"。②

---

① 刘安乐、杨承玥、明庆忠、张红梅、陆保一:《中国文化产业与旅游产业协调态势及其驱动力》,《经济地理》2020年第6期,第203—213页。
② 许春华:《武威市文化旅游开发与思考》,《重庆科技学院学报》2010年第8期,第63—64、67页。

武威市境内现有文物保护单位 1 029 处,其中全国重点文物保护单位 12 处。拥有馆藏文物 5.17 万件,其中国宝级文物 9 件,国家一级文物 150 多件,可供游览的古遗址、古建筑群、古墓葬、石碑等景点遍布全境。① 古代造型艺术杰作铜奔马、"陇右学宫之冠"武威文庙、举世无双的西夏碑、西藏地区归属中国的历史见证地白塔寺、中国石窟鼻祖的天梯山石窟、最早的泥活字印本《维摩诘所说经》、伟大的佛学法师鸠摩罗什葬舌舍利的罗什寺塔、民族和平友好使者弘化公主的墓葬……文化旅游资源极具独特性,文化内涵深、资源价值高,是在国际国内旅游市场中独树一帜的文化旅游资源。绽放在凉州大地的凉州贤孝、武威攻鼓子、凉州宝卷、华锐藏族民歌、民勤小曲戏、西凉乐舞等非物质文化遗产具有很大的吸引力,构成了独特的民俗风情。在武威这块土地上萌生繁衍的天马文化、五凉文化、边塞文化、佛教文化、西夏文化等曾对中华历史文化产生过深远的影响,1986 年 12 月 8 日,武威被国务院正式批准为国家级历史文化名城。深厚的历史文化积淀,悠远灿烂的独特人文优势,为武威市文旅融合发展奠定了坚实的基础。

三、武威市文旅融合发展现状与存在的问题

(一) 发展现状

"十三五"期间,武威市制定和完善了促进旅游业发展的一系列政策措施,并加大投资力度,加强旅游基础设施建设,深入发掘历史文化资源,加快培育文化旅游产业体系,努力建设文化旅游名市,打响了"天马行空·自在武威"的文化旅游品牌。凉州文化的知名度和影响力显著提升,文化旅游产业成为助推武威高质量发展、绿色发展崛起的新引擎,"十三五"期间,累计接待游客 6 794.2 万人次,实现旅游综合收入 377.1 亿元。②

一是把文化旅游名市建设同创建全国文明城市、全国绿化先进城市、国家卫生城市等国家级荣誉城市有机结合起来,着力打造"德城""文城""绿

---

① 帅华峰:《甘肃武威:古都之魅力》,《西部大开发》2018 年第 12 期,第 150—151 页。

② 贾维平、张兴林:《全力打造生态美、产业优、百姓富的和谐武威》,《环境保护》2020 年第 7 期,第 69—71 页。

城""清城",推进烟头革命、厕所革命、交通革命"三项革命",实施基础设施提升行动、城市功能完善行动、绿地倍增行动"三项行动",配套旅游功能,改善城市旅游环境,全面塑造文化旅游名市的外在形象和内在品质。

二是以"弘扬凉州文化 推动文旅融合"为主题持续举办多届凉州文化论坛,国内文旅界知名专家学者齐聚武威,共享凉州历史文化魅力,探寻文旅融合发展路径。

三是全力推进全域旅游发展,打造全域旅游发展"凉州样本",打响"天马故乡,醉美凉州"文化旅游品牌形象,凉州区成功创建省级全域旅游示范区。

四是完成李铭汉故居修缮工程,开工建设武威历史文化街区,建成投用天梯山大景区精品民宿,提升改造神州荒漠野生动物园,建成投运武威温泉度假村、天祝乌鞘岭国际滑雪场、普康田园综合体、民勤沙漠雕塑艺术主题公园、苏武沙漠大景区"摘星小镇"等一批由社会资本投入的重点项目。建设打造雷台旅游综合体,该项目集雷台遗址保护、历史教育、旅游休闲、文创基地等配套公共服务设施于一体,是综合型 5A 级城市中央文化观光景区。通过以上举措培育了我市文化旅游拳头产品,极大地提升了产品核心竞争力。

五是大力发展乡村旅游。民勤县重兴镇"红旗谷"、西渠镇号顺村,凉州区高坝镇蜻蜓村,天祝县天堂镇天堂村被评为全省乡村旅游示范村。

(二) 存在的问题

近年来,尽管武威市文旅融合发展在速度、广度和深度上不断加强,取得初步成效,但仍存在一些问题短板。主要表现在:

一是文旅融合深度和广度不够。文化和旅游融合型的高质量产品或精品还比较欠缺,缺乏区域联动和带动机制,综合性效益未能得到充分发挥,产品多而不精,深度体验产品不够,产业链条不长,文化旅游产品难以满足个性化、细分化、品质化消费需求,市场供给还存在结构性缺失。文旅产业融合发展对城市、区域能级提升的功能尚未被充分认识和发挥,以文旅融合推动高质量产城融合还需要深化和加强。

二是政府治理优化水平有待提升。目前,武威市文体广电机构融合虽然已经完成,但文旅融合形成价值共识、理顺体制机制、提升规划技术尚需时日。文旅数字化发展程度不强,功能效用融合尚需进一步磨合,空间载体融合核心内容的嫁接步履缓慢。公共设施设备资金投入不足,综合利用水平较低,缺乏有效的服务管理和维护,不能满足文旅融合发展需求。

三是营销宣传力度后劲不足。作为中国旅游标志铜奔马的出土地,武威市文化旅游资源的知名度低,品牌效应差,宣传推广渠道不够丰富,手段不够创新,政府和企业整体形象宣传和市场精准营销的实效不够理想。

四是产业人才队伍不强。人才培养和引进力度不够,产业领军人才少,复合型、创新型、开拓型人才缺乏。基层和一线工作人员专业性不强,数量不够。

四、推进武威市文旅深度融合发展的对策

(一) 强化规划引领,打造文旅标杆

召集旅游、文化、法律、历史、文物保护、经济、环境等方面的专家学者共同研讨,在科学论证的基础上,制订统一的规划,大力推进产业融合、产城融合,凝聚发展新合力,构建文旅融合发展新格局。依托丝绸之路黄金段的地理优势,积极响应国家"一带一路"倡议和建设华夏文明传承创新区号召,主动融入甘肃省着力打造河西走廊国家遗产线路总体规划部署,深入挖掘天马文化、五凉文化、边塞文化、西夏文化、佛教文化的内涵,大力弘扬"八步沙"六老汉困难面前不低头、敢把沙漠变绿洲的时代精神,构建"一核五星三带四区"的文旅产业发展新格局,[①]着力打造"凉州学"品牌形象,奏响"天马行空、自在武威"的文旅强音,做到规划科学合理、符合实际、面向市场、突出创新。通过制定科学、合理的文旅发展规划,着力打造一批有分量的文旅标杆,加快雷台旅游综合体、历史文化街区等重大文旅项目落实落地,高水平运营天梯山石窟、凉州白塔寺等一批引领性文旅项目,大力推进凉州历史文化游、民勤沙漠生态游、古浪丝路驿站游、天祝雪域藏乡风情游等特色旅游

---

① 武威文体广电和旅游局:《武威市"十四五"文体广电旅游发展规划》2021 年,第 12—14 页。

服务品质提升,推动武威文旅融合高质量发展。

(二)促进业态融合,突出文化体验

实施"文化＋""旅游＋""互联网＋"战略,推动文化、旅游与科技融合发展,不断培育新业态。扶持本土题材的舞台剧目、动漫电影、网络文学等创作生产的文化艺术精品,并积极搭建文艺展演平台,提升武威文艺影响力。例如,可将汉武帝追寻汗血宝马、唐代边塞诗人书千古文章、品葡萄美酒的故事搬上荧幕或舞台。将红西路军古浪战役纪念馆、凉州战役纪念馆、八步沙两山实践创新基地等建成红色教育基地,充分发挥其爱国主义教育的功效,进一步丰富武威市文化旅游的内涵。继续推进凉州文化论坛、武威文庙、天梯山大景区等已有文旅品牌项目提质升级。结合文化生态保护区和全域旅游示范区创建,推动凉州贤孝、武威攻鼓子、西凉乐舞、武威宝卷等非遗项目进历史文化街区、雷台旅游综合体、温泉度假村、乌鞘岭国际滑雪场、沙漠雕塑艺术主题公园等重点旅游景区、度假区,让游客近距离感受地方优秀传统文化的魅力。大力开发以农耕文化为魂、村落民宅为形、田园风光为韵、生态农业为基的乡村旅游。让游客能望得见山、看得见水、记得住乡愁,擦亮乡村旅游示范区的靓丽名片。

突破传统的导游讲解、游客游览、文物观赏线串点、"走马观花"式的模式,精心设计,充分调动游客的参与性与积极性,通过多种方式让游客沉浸式体验景区蕴涵的文化内涵和异质文化带来的奇特感受,进而开阔视野,丰富阅历,并从中得到无穷的乐趣。例如在雷台旅游景区可修建汉文化村,让游客当一回名副其实的"汉人",着汉服入村,骑汉代名马"汗血宝马",住汉式村落,吃富有汉代气息的生态餐饮,并亲身体验铜奔马的铸造制作,从而体验穿越时空的乐趣;在南部天祝藏族风情旅游区,可邀请游客体验浪漫的篝火晚会,共跳藏族锅庄舞,唱听华锐藏族民歌,宿藏式"农家乐",品藏家饮食;在北部沙漠地带组织游客参观并亲手创作沙雕作品,骑骆驼,玩沙漠越野,"手可摘星辰"感受浩瀚的星海魅力,体验"大漠孤烟直,长河落日圆"的雄浑与壮观;还可在中部绿洲平原,观光绿洲农业,开展葡萄酒故乡风情旅游活动,观葡萄长廊、摘葡萄鲜果、饮葡萄美酒、尝绿色瓜果。

（三）提升治理优化，完善服务供给

政府要创新管理机制，提升治理效能，努力破除制约文旅融合发展的瓶颈与障碍，建立各部门联动、全社会参与的旅游综合协调机制，不断完善文旅融合发展的体制机制；要进一步出台扶持文化事业、旅游产业、旅游景区（景点）要素和文化场馆功能相融相生的政策措施，通过招商引资、重点扶持，培育一批带动能力强、辐射范围广的文化旅游项目，打造文旅融合发展的典型，形成可借鉴可推广的经验，完善文旅融合发展的政策措施和产业体系；要多元筹资，积极打造文旅结合背景下的新型文化旅游综合服务平台，实施公共文化场馆（站、中心）免费开放服务，培育群众文化活动品牌，优化旅游环境，提升文化旅游的服务质量。

（四）加强宣传力度，重视联合促销

旅游宣传是旅游发展的开路先锋。目前，武威市虽然拥有较多拳头文化旅游产品，但依然处在"养在深闺人未识"的层面上，知名度太低。因此，做好旅游宣传，提高产品的知名度势在必行。应树立全国一盘棋的思想，把一些分散的名胜古迹联合起来，进行区域性联合，生产出一些全国性的专题旅游产品。武威市可与其他城市联合开辟一些精品旅游线路，如：与西安、兰州、张掖、嘉峪关敦煌联合开辟丝绸之路精华游；与银川、青铜峡、中卫、张掖联合开辟西夏历史文化风情游；与酒泉、高台等城市联合开辟中国葡萄酒文化走廊观光休闲游；还可与乌鲁木齐、西宁、银川、敦煌、西安等城市联合开辟"神秘的西部探秘游"等等。可定期邀请各地电视、报刊等新闻媒体对武威市文化旅游做国内、国际的推广促销活动，在省市电视台开设武威文化旅游专题；印制图文并茂的文化旅游指南，并在各景点向游客发放、销售；组织人员到主要客源地进行宣传，举办武威文化旅游展览，并与当地旅游部门或大旅行社建立长期合作伙伴关系，联合促销，相互组团。

（五）实施人才强旅，建设高素质人才队伍

人才是文旅产业可持续发展的根本保障，实施"人才强旅"战略，用足用活各类人才优惠政策和激励机制，全面提升文旅产业对人才的吸引力，改善旅游人才成长环境，提升旅游行业社会地位，增强从业人员的行业自信、事

业自信和产业自信,建设一支高素质的人才队伍。要坚持引进、培养、培训三管齐下,加快建设一支涵盖行政管理、企业经营和行业服务三个层面相配套的旅游人才队伍体系,配强各级文旅管理服务机构人员,加快培养出一批事业心强,专业技能过硬,熟悉武威历史文化、风土人情及旅游景点,有创新精神的文化旅游管理人员和服务人员。抓好旅游高层次英才培养和引进,多渠道、多类型、多层次、多模式地加强对公交、出租车、旅行社、旅游饭店、旅游景区(点)等旅游窗口行业从业人员的职业道德教育和业务培训,积极开展旅游职业资格考试和职业技能认定工作,定期举办武威市文旅优质服务竞赛、旅游标兵人物评选等活动,推出一批旅游领军人物。探索建立科学合理的旅游服务薪酬机制,设立行业指导性最低工资标准,完善基本保障体系。推进旅游万众创新、大众创业,出台旅游"双创"激励政策,构建旅游"双创"服务平台,发展壮大文化志愿者队伍,支持新文艺群体、新文艺组织、新文艺业态建设发展。

关于解决武威文化旅游产业发展资金的思考

常红军

甘肃省社会科学院区域经济研究所

文化旅游产业是市场经济条件下繁荣发展社会主义文化的重要载体，是满足人民群众多样化、多层次、多方面精神文化需求的重要途径，也是推动产业结构调整、转变经济发展方式的重要着力点。武威市近年来以着重解决文化旅游产业发展资金为抓手，积极抓住机遇着力发展文化旅游产业，充分发挥文化旅游产业在调整经济结构、扩大内需、增加就业、推动武威市经济社会发展中的重要作用。深度融合的文化旅游产业，正日渐成为助推武威市经济转型升级发展的重要引擎和支柱产业。

一、发展武威文化旅游产业的意义和作用

武威市作为历史文化名城，发展文化旅游产业对武威市文化、经济、社会诸多方面发展都有着积极促进作用。

1. 弘扬武威历史文化

早在西汉元狩二年(前121)，霍去病击败匈奴，西汉政府在河西走廊设郡置县，为显示大汉帝国的武功军威，在原休屠王领地置武威郡，武威由此得名，武威郡隶属凉州刺史部。历经两千多年的不断发展，武威有着悠久的历史。改革开放以来，武威注重文化保护和发展，1986年被国务院命名为全国历史文化名城和对外开放城市，2005年被命名为中国优秀旅游城市，2012年10月被命名为中国葡萄酒城。武威在长期发展中，形成积淀了自身独特的凉州文化，在国内具有重要的地位。武威历史文化弘扬和交流，单靠发展文化事业还远远不够，必须大力发展文化旅游产业，保

护传统文化,使武威历史文化产品和服务日益丰富,武威历史文化才能得到广泛的传播,发展武威文化旅游产业对于弘扬武威历史文化有着重要的作用和意义。

2. 打造文化旅游名市

近年来,武威市委市政府全面贯彻落实党中央、国务院和省委、省政府各项决策部署,坚持"走生态优先、绿色发展之路,努力建设经济强市、生态大市、文化旅游名市,全力打造生态美、产业优、百姓富的和谐武威"的总体发展思路,做出建设"文化旅游名市"的决策部署,坚持以文塑旅、以旅彰文,大力推动文化与旅游深度融合发展。发展文化旅游产业能够提升武威文化旅游产业竞争力,助力打造具有西部魅力、丝路风情、武威特色、国内知名的文化旅游名市,是武威打造文化旅游名市的重要举措。

3. 促进武威市经济发展

近年来,武威经济发展势头良好,2020 年,全市生产总值突破 500 亿元大关,达到 526.41 亿元,同比增长 4.3%。其中,第一产业增加值 161.71 亿元,增长 5.7%;第二产业增加值 85.12 亿元,增长 3.6%;第三产业增加值 279.59 亿元,增长 3.9%。其中,武威市立足武威实际,依托武威丰富的历史文化资源、旅游资源等,培育和发展文化旅游产业,取得了良好的成效,由 2016 年全年接待国内外游客 786.47 万人次,实现旅游总收入 39.89 亿元,发展到 2020 年的全年接待国内外游客 1 168.7 万人次,实现旅游总收入 66 亿元。文化旅游产业作为武威市新的经济增长点,能够进一步优化产业结构,助力区域经济发展,成为武威市综合竞争力和可持续发展能力的重要影响因素。

4. 能够更充分地满足人民群众日益增长的文化需求

十九大报告中指出,中国特色社会主义进入新时代,我国社会主要矛盾已经转化为人民日益增长的美好生活需要和不平衡不充分的发展之间的矛盾。随着人们收入不断增长、物质生活需求日益得到满足,对文化旅游产品和服务的需求会越来越丰富,越来越强烈。武威市积极发展文化旅游产业,在把握巨大商机的同时,也能更充分地满足武威市内外人民群众日益增长的文化旅游需求,推动武威市精神文明发展。

二、武威文化旅游产业发展现状

改革开放以来,武威市顺应社会发展潮流、文化发展潮流,着力挖掘武威丰厚的历史文化资源,积极发展文化旅游产业,取得了瞩目成就。

1. 做好文化旅游项目开发建设

近年来,以雷台文化旅游综合体建设工程、历史文化街区建设工程、天梯山大景区建设工程、苏武沙漠大景区建设工程、游客集散中心及房车露营地建设工程、国家第四批公共文化服务体系示范项目建设工程、神州荒漠野生动物园建设工程、"两馆一院"建设工程、文化遗产保护工程等为代表的文化旅游项目陆续开发建设,2020年全市共实施重大文化旅游项目31个。这些重点文化旅游项目建成投运,培育了武威市文化旅游拳头产品,提升了产品核心竞争力,为武威市文化旅游产业发展进一步奠定了良好的基础。

2. 着重做好文化旅游产业发展资金筹集工作

一是做好文化旅游产业项目资金的招商引资、筹集资金工作。其中,投资58.5亿元的全省规模最大的省列重大文化旅游项目——雷台文化旅游综合体PPP项目、投资37.5亿元的武威历史文化街区建设项目、天梯山大景区精品民宿建设、神州荒漠野生动物园提升改造及改扩建工程等重点项目稳步推进;武威温泉度假村、普康田园综合体、天祝乌鞘岭国际滑雪场、民勤沙漠雕塑艺术主题公园等一批由社会资本投入的重点项目建成投运。二是积极争取项目补助资金。2020年,武威市游客集散中心及房车露营地、天梯山石窟景区停车场及旅游厕所建设项目等24个项目获得省级旅游发展专项资金936万元。旅游厕所建设争取到国家旅游发展补助资金320.8万元。

3. 做好"十四五"文化旅游项目规划工作

《武威市"十四五"文化旅游发展规划》已完成初稿,共谋划项目94项,总投资417亿元。积极衔接省上相关部门,将雷台文化旅游综合体、历史文化街区、沙漠公园综合开发、古浪县八步沙文化旅游综合开发等14个项目纳入甘肃省"十四五"规划,正在积极争取将凉州会盟纪念地建设项目纳入国家"十四五"规划。

4. 加大文创产品研发销售

鼓励引导文旅企业投资研发特色文创旅游商品,积极组织文创旅游商品企业参加中国旅游商品大赛,2020中国特色旅游商品展,甘肃省旅游商品大赛等国家、省级大赛,"书城不夜"书灯获2020年甘肃省文化旅游商品大赛铜奖。

5. 做好乡村旅游规范发展

凉州区张义镇灯山村等6个村被评为省级乡村旅游示范村,天堂镇本康村等7个村列入全省2020年乡村旅游示范村创建计划,天祝县大红沟村成功入选第二批全国乡村旅游重点村名录,天祝县安远镇获"甘肃特色气候小镇"称号,完成100户星级农家乐目标创建任务。

6. 着力加快新型文化旅游城市建设

全市智慧旅游建设方案已完成评审,上线"扫码游武威"小程序,包括了22个A级景区和20多个乡村旅游点,实现武威全境导游、导览、导航各项功能全覆盖。在G30、G569、G3017高速公路武威段沿线设置旅游景区标识牌5块,在武威、安门、土门、双城等高速公路服务区设置全域旅游导览牌8个,进一步方便游客旅游出行。全面发力,以全域旅游、全季旅游、智慧旅游、数字旅游、全产业链旅游发展为方向,扎实推进文化旅游与农业、体育、康养等相关产业融合发展,促进高质量发展。围绕实施乡村振兴战略,全面实施《武威市乡村旅游发展规划》,培育了民勤红旗谷、古浪金水源、天祝大红沟村等一批乡村旅游示范点;依托体育资源,着力培育品牌赛事,成功举办了甘肃武威第一届沙漠T3汽车越野赛、2018丝绸之路国际露营大会,连续举办天祝少数民族传统赛马大会、"环湖赛"武威段、"野性祁连"越野跑等体育活动,用赛事活动拉动旅游消费;以发展中医药生态养生经济、弘扬中医药生态养生文化为重点,打造"食养""药养""水养""沙养"等为特色的中医药生态保健旅游品牌,形成了以武威温泉度假村、甘肃蓉宝中医药养生生态旅游创新园等为主的中医药养生旅游产品。

7. 多渠道宣传文化旅游品牌

武威市积极创新文化旅游宣传形式。《一把手谈发展》、武威文旅发展等短视频,在央视、甘肃卫视等8个平台上宣传推介武威文旅产品。组织参加"环西部火车游"系列宣传推介活动和甘肃金塔西部大环线联盟暨2020

年西部主力城市旅游交流推介会。在凤凰网甘肃频道开设"风情武威""故事武威"等宣传专版,加强与兰州指点传媒、中国甘肃网等媒体合作宣传,持续扩大武威文旅宣传影响力。受邀参加了央视《中国地名大会》第二季节目录制,邀请央视少儿频道《赢在博物馆》栏目、《国宝发现》栏目来武威市拍摄专题宣传片,邀请甘肃省电视台拍摄《邂逅最美的凉州古今》专题片。策划推出"跟着文物(镜头、课本、诗词、非遗、美食)游武威"等6大线上系列活动,配合完成《武威石窟》《摘星小镇》《白塔寺》《马踏飞燕》《凉州老城门》《度假村夜景》《公园》《摩天轮》等优秀短视频拍摄。

8. 着力打造凉州文化品牌

举办凉州文化论坛、河西走廊有机葡萄美酒节、民勤沙漠雕塑国际创作营、天祝少数民族传统赛马大会、古浪红色文化旅游节、凉州区民间文艺大赛等活动,品牌影响力不断提高,凉州文化沙龙、凉州讲坛常态化举办。武威市荣获"美丽中国全域旅游精品目的地"荣誉称号,武威文体广电旅游今日头条号在文旅产业指数实验室发布的全国地级文旅新媒体传播力指数榜单中多次位列前十。围绕打造"天马行空·自在武威"旅游形象品牌,成功举办凉州文化论坛,著名文化学者余秋雨等文化"大咖"来武威纵论凉州文化;以"弘扬凉州文化、传承丝路精神"为主题的《凉州讲坛》开讲,邀请著名文化学者来武威作主旨讲座;策划举办"武威最中国"元宵文化艺术灯会,举办了"万人吟诵凉州词"、"一带一路"生态治理民间合作国际论坛第三届绿色公益盛典等活动;大力发展研学旅游,启动"十万学子"游武威活动;通过央视《味道》、今日头条、微信、抖音、中国甘肃网等新媒体平台,持续开展历史文化游、沙漠生态游、冬春旅游等精品旅游线路和产品的宣传推介,武威文化旅游的知名度和影响力进一步提升。

三、武威文化旅游产业发展优势

1. 武威有着深厚的文化底蕴

武威位于甘肃省中部、河西走廊东端,是中国旅游标志——马踏飞燕的出土地。1986年被国务院命名为全国历史文化名城和对外开放城市,2001年5月经国务院批准撤地设市,2005年被命名为中国优秀旅游城市,2012

年10月被命名为中国葡萄酒城。武威历史悠久,公元前121年,汉武帝派骠骑将军霍去病远征河西,击败匈奴,为彰其大汉帝国"武功军威"命名武威。武威是古丝绸之路要冲,境内文化遗产丰富,名胜古迹众多,自然景观瑰丽,具有较高的文化旅游价值。武威市坚持以"凉州文化,武威名片"为基本定位,深入挖掘研究凉州文化的深厚底蕴,加大保护、研究、宣传、阐释、传承力度,进一步促进凉州文化创造性转化和创新性发展,让凉州文化更好地推陈出新、古为今用、助力发展。武威市委市政府高度重视五凉文化的挖掘、整理和研究,坚持在保护中发展、在发展中保护,加强历史文化遗产保护,加快推进文旅重点项目建设,创意发展"天马行空·自在武威"的文化旅游品牌形象,文化旅游产业已成为全市高质量发展的新引擎。

2. 武威市历史悠久

西汉元狩二年(前121),霍去病击败匈奴,西汉政府在河西走廊设郡置县,为显示大汉帝国的武功军威,在原休屠王领地置武威郡,武威由此得名,武威郡隶属凉州刺史部。三国魏文帝黄初元年(220)十月,重置凉州,辖武威等7郡,州治武威郡姑臧县。西晋初,武威隶属凉州。晋愍帝建兴五年(317),张寔建立前凉。东晋孝武帝太元十一年(386)十月,吕光改元太安,定都姑臧,史称后凉。晋安帝隆安元年(397)正月,河西鲜卑族秃发乌孤自称大都督、大将军、大单于、西平王,建元太初,建都西平(今青海西宁),是为南凉。晋安帝隆安元年(397)五月,段业创建北凉,置有凉、秦、沙三州。晋安帝隆安四年(400),李暠建国西凉。

3. 历史文化资源丰富

武威是颇具盛名的文化名城、旅游胜地,全市现有各类文物点1 029处,其中全国重点文物保护单位13处,省级文物保护单位49处,馆藏文物5万多件。中国旅游标志"马踏飞燕"享誉世界,"中国石窟鼻祖"天梯山石窟、"凉州会盟"纪念地白塔寺、"陇右学宫之冠"武威文庙、稀世珍宝西夏碑、四大佛经翻译家之首鸠摩罗什舌舍利塔等历史文化遗存珍贵独特。

4. 武威市具有区位优势

武威区位优越,东接兰州、南靠西宁、北临银川和内蒙古、西通新疆,处于亚欧大陆桥的咽喉地位和西陇海兰新线经济带的中心地段,兰新、干武铁路、G30、金武高速、G312国道贯穿全境,是西部重要的交通隘口城市和区域中心城市。

5. 政策支持优势

武威市委市政府坚持以习近平新时代中国特色社会主义思想为指导,始终把习近平总书记对甘肃重要讲话和指示精神作为全部工作的统揽和主线,全面贯彻落实党中央、国务院和省委、省政府各项决策部署,坚持"走生态优先、绿色发展之路,努力建设经济强市、生态大市、文化旅游名市,全力打造生态美、产业优、百姓富的和谐武威"的总体发展思路,武威市做出"培育文化旅游支柱产业"、建设"文化旅游名市"的决策部署,坚持以文塑旅、以旅彰文,大力推动文化与旅游深度融合发展。

四、资金不足是制约武威文化旅游产业发展的重要原因

1. 招商引资是武威市的重要工作

由于武威市地处西部欠发达地区,改革开放以来,尽管武威市经济社会发展取得了显著成果,但整体来看,财政收入低、国有经济稀少、民营经济薄弱、经济发展缺乏活力等诸多因素,使武威市在推动经济社会发展中资金匮乏成为主要问题。武威市一直把招商引资作为主要工作来抓,也吸引到一些企业、机构来武威市投资,但是招商引资工作办法不多,招商引资落地率不高,还远远不能满足武威市经济社会发展的需求(见表1)。

表1　武威市近年招商引资一览表

年 份	实施招商引资项目数量(个)	实施招商引资项目总投资(亿元)	落实到位资金(亿元)
2020	290	1 066.52	215.38
2019	296	1 081.99	225.91
2018	360	1 366.63	212.58

续表

年　份	实施招商引资项目数量(个)	实施招商引资项目总投资(亿元)	落实到位资金(亿元)
2017	670	2 043.00	418.00
合计	1 616	5 558.14	1 071.87

数据来源:武威市人民政府网 https://www.gswuwei.gov.cn/index.html。

2. 资金不足是制约武威文化旅游产业发展的重要原因

武威市 2017 年实施文化旅游项目 2 项,计划总投资 3.41 亿元,已全部建成,实际到位资金 4.1 亿元;2018 年实施文化旅游项目 6 项,总投资 62.04 亿元,已建成 5 项,全部到位资金 41.82 亿元;2019 年实施文化旅游项目 4 项,总投资 41.37 亿元,已建成 3 项,全部到位资金 23.72 亿元;2020 年实施文化旅游项目 2 项,总投资 1.28 亿元,已建成 1 项,全部到位资金 1.24 亿元。2021 年 9 月武威市发布的 2021 年招商引资重点项目目录中,共有 117 项,其中文化旅游项目有 34 项,占比达 29%。武威市文化旅游产业招商引资无论是项目数量、投资总额,还是实际到位资金都远远不能满足武威市文化旅游产业发展的需求,资金不足是制约武威文化旅游产业发展的重要原因。

五、解决武威文化旅游产业资金不足
问题的意义和作用

文化旅游产业作为武威市近年来快速发展、积极发展的主要产业,存在着发展资金短缺的问题,这严重影响着武威市文化旅游产业乃至武威经济社会文化的快速发展。

1. 资金问题是发展武威文化旅游产业的根本所在

文化旅游产业的发展依托于每一个文化旅游产业项目的发展,每一个文化旅游产业项目的发展,都依赖于资金的投入。因此资金问题是发展武威文化旅游产业的根本所在。

2. 武威市全面深化改革的重要举措

武威市改革发展至今,全面深化改革成为当前首要任务,迫在眉睫。解

决武威文化旅游产业资金不足问题,能够体现武威市招商引资的能力和水平的提高。积极推动发展文化旅游产业,优化武威市产业结构,拓宽就业渠道,传承和弘扬武威独特悠久的历史文化,充分满足人民群众日益增长的文化生活需求,是武威市全面深化改革开放的重要举措。

3. 武威市招商引资的主要内容

长期以来,招商引资工作在武威市各级党委政府的积极推动下,在干部群众的积极努力下,取得了良好的效果,招商引资项目为武威市经济社会文化等各项事业的快速发展做出了重大贡献。文化旅游产业招商引资工作近年来发展较快,落地的招商引资文化旅游产业项目对武威市文化旅游产业发展做出了很大的贡献,成为了武威市招商引资的主要内容。

4. 混合所有制改革的有效方式

一方面武威市近年来积极响应国家和甘肃省的号召,积极推进混合所有制改革;另一方面,武威市文化旅游产业项目大多由各级政府规划发起,相关资产为国有或集体所有。因此,吸引武威市内外资金到武威市发展文化旅游产业能够有效地推动混合所有制改革。

六、解决武威文化旅游产业发展资金的思考

1. 做好文化遗产重点文物的开发保护宣传工作

武威市开发文化旅游产业项目、发展文化旅游产业,主要是依托武威市重点文物等历史文化资源。武威市一是要开发保护好雷台、天梯山石窟、白塔寺、武威文庙、鸠摩罗什寺塔,讲好武威故事;二是要积极开发挖掘唐代吐谷浑王族墓葬群等重点文物,进一步丰富武威市文化旅游资源;三是要加大文化旅游品牌宣传推介力度,持续办好凉州文化论坛、丝绸之路(敦煌)国际文化博览会和敦煌行·丝绸之路国际旅游节武威分项活动等各类文化旅游节会,加大"走出去""请进来"营销力度,丰富传统媒体、新媒体宣传方式,加强区域旅游合作,拓宽客源地市场。

2. 做好高质量文化旅游项目的市场化开发

当前,大多数文化旅游产业项目前期的规划基本都是由政府及相关部门在设计,存在着主观性强、计划性强等问题。因此,要解决好文化旅游产

业项目资金问题,应该将项目进行市场化开放,项目相关资产定价以及盈利预期通过市场化的方式来确定。

3. 积极做好人才队伍建设

武威市做好文化旅游产业招商引资工作,必须要打造一支专业人才队伍,他们一方面要对发展武威市文化旅游产业有着强烈的事业心,另一方面要精通文化旅游产业、项目投资、金融等专业知识。要做好人才队伍建设,要改革现有的管理体制和人事制度,建立科学合理的用人机制和内部分配机制,探索实行聘任(用)制、竞争上岗制、绩效考评制。

4. 进一步提升武威市文化旅游产业招商引资质量和能力

做好文化旅游产业招商引资工作,解决武威文化旅游产业资金不足问题,武威市不仅要依靠土地政策、税收政策等方面的优惠来吸引投资,更主要的是要在武威市文化旅游产业布局能力、价值发现能力和金融创新能力方面积极做好工作,由"招商引资"向"招商投资"发展,注重项目投资收益。

5. 开拓创新文化旅游产业招商引资模式

武威市应该积极开拓创新文化旅游产业招商引资模式和方法。一是社会化。招商引资不仅仅是各级党委政府部门的工作,也要启动发挥民间力量,成为全社会关注推动的一项工作。二是产业化。应围绕文化旅游产业发展打造产业链,形成产业、企业、机构等集群,集约化发展。三是媒介化。要充分利用证券公司、产业基金等专业机构,利用它们的关系网络、人脉资源,推介武威市文化旅游产业发展优势和前景,引介投资人到武威市投资文化旅游产业。四是数字化。武威市要顺应文化旅游产业数字化发展趋势,加快发展新型文化业态,改造提升传统文化业态,提高质量效益和核心竞争力。

6. 多举措优化投资环境

营商环境常年来一直是武威市乃至甘肃省经济发展的瓶颈,近年来甘肃省十分重视营商环境治理和优化。武威市优化营商环境一是要切实改变机械的、形式的各项政策措施的制定和落实,各级党政部门要换位思考,积极营造优化营商环境,打造良好的投资环境。二是深入落实国家、甘肃省出台的结构性减税、普遍性降费、财政性奖励等支持政策,通过多种渠道降低企业经营成本,不断增强对外来投资的吸引力。三是支持符合条件的招商引资企业申请各类专项扶持资金,对重大产业项目给予一定的资金扶持。

四是设立政府文化旅游产业基金和引导基金,加大文化旅游产业发展支持力度。

参考文献:

［1］甘肃政务服务网站[EB/OL]. http://www. gansu. gov. cn/。

［2］武威市人民政府网站[EB/OL]. https://www. gswuwei. gov. cn/。

［3］甘肃省统计局网站[EB/OL]. http://www. gstj. gov. cn/。

推动文化与旅游深度融合，
促进武威经济社会全面发展

王　霖

甘肃省社会科学院马克思主义研究所

机构改革之后，全国文旅融合呈现高质量发展新态势，文旅产业迅速成为区域经济发展的"绿色引擎"，文化旅游业在国民经济发展产业链中占有举足轻重的地位。近些年来，在文旅融合的大背景下，在甘肃省委省政府的坚强领导下，武威市紧抓"一带一路"建设、西部陆海新通道建设、新时代西部大开发新格局的推进、黄河流域生态保护和高质量发展以及乡村振兴战略深入实施等的新发展机遇，依托独特人文资源禀赋，牢固树立文化旅游融合发展理念，按照"宜融则融，能融尽融，以文促旅，以旅彰文"的文旅融合思路，深入发掘丰厚的历史文化自然资源，通过设立文化研究机构、举办凉州文化学术研讨会、实施重点文旅项目等举措，使武威历史文化品牌形象和美誉度得到全面提升，文旅产业发展蓬勃向上。未来，武威在充分保留古老韵味的同时，需要更进一步推动文化与旅游深度融合，加快武威经济强市、生态大市、文化旅游名市的建设步伐，进一步促进武威市经济社会全面发展。

一、推动文化与旅游深度融合对武威市
经济社会发展意义重大

（一）挖掘资源禀赋，培育武威新经济增长点的现实选择

文化是旅游的灵魂和重要内容，旅游是文化的载体和传播途径。随着经济的发展，人们生活水平的提高，大众对"精神食粮"的需求愈发向高、精方向发展。没有文化的旅游显得苍白无力、枯燥乏味，没有文化内涵的旅游产品已不能吸引大众眼球，市场竞争乏力，而没有旅游推动的文化最终也会

失去发展繁荣的动力和活力。实践证明，文化与旅游广深融合是形成两个产业良性循环、加快实现由文化旅游资源优势向竞争优势、发展优势转变的有效途径。近年来，武威市全面贯彻落实省委、省政府关于构建生态产业体系推动绿色发展崛起的决策部署，以建设文化旅游名市为目标，以融合发展、高质量发展为主线，加快文旅项目建设步伐，提升文旅服务水平，开发特色文旅产品，全面打响"天马行空·自在武威"品牌形象，全市文化旅游产业呈现快速发展态势，文化旅游的资源优势正在向经济优势转化。据统计，2021年1至7月，武威市接待游客813.4万人，同比增长30%，实现旅游综合收入45.3亿元，同比增长30%。国庆假期，武威推出的"探寻丝路文化，感受古凉州魅力"等八大特色文化旅游产品受到广大游客的欢迎。雷台景区、武威文庙、天梯山石窟、凉州会盟纪念馆等景区成为甘肃兰神国际旅行社有限责任公司组织的"中颐号"旅游专列近700名游客武威精彩之旅的热门"打卡地"。数据显示，仅国庆假期，武威市就接待游客56.02万人次，实现旅游收入30 551.25万元。因此，全市上下抢抓丝绸之路经济带建设等历史机遇，乘势而上，精准发力，挖掘大文化、建设大景区、开拓大市场、推动大产业、发展大旅游，把文化旅游业打造成为支撑全市经济发展的重要增长点。

(二) 优化产业结构，提升武威经济社会发展水平的重要抓手

文化旅游产业对于促进城市经济社会全面发展、提高综合竞争实力和经济结构调整具有十分重要的战略意义。文化旅游业具有资源消耗低、污染排放少、就业机会多、综合效益好的特点，既是典型的绿色低碳产业，又是服务业的龙头引领产业，可以直接带动交通运输、宾馆餐饮、商品贸易等市场的繁荣，有力促进金融、保险、信息等产业的联动发展，能够起到"兴一业、旺百业"的牵引辐射作用，进而提高现代服务业在三次产业中的比重。中央及省市高度重视文化旅游的融合发展。党的十八大提出要发展新型文化旅游产业，提高文化产业规模化、集约化、专业化水平；党的十九大提出要"满足人民过上美好生活的新期待，必须提供丰富的精神食粮"，文化旅游关乎人民精神需求，理应成为发展之重；国务院要求"要把旅游业培育成为国民经济战略性支柱产业和人民群众更加满意的现代服务业"，省、市委领导提

出要把发展文化旅游产业摆在经济社会发展的战略地位，作为培育发展多元支柱产业的重点，加快旅游产业转型升级，推动旅游产业全面发展。文化旅游产业对于促进全市经济社会全面发展，提高综合竞争实力和经济结构调整具有十分重要的战略意义。因此，深度挖掘武威文化旅游资源，推进文化旅游广度、深度融合高质量发展，是优化武威市产业结构、提升武威市自我发展水平的重要抓手。

（三）扩大对外开放，加快武威转型发展的有效途径

近些年来，文化与旅游融合发展所催生的新业态——文化旅游产业发展势头日益迅猛，推进文化与旅游广深融合发展已经成为建构城市符号、塑造城市形象的路径之一，也成为一个城市软实力提升的新选择。同时，文化旅游产业以其高附加值、强融合性和高品牌影响力为当地经济社会的发展注入了新的活力和动力。武威独特的历史、文化、交通、区位等比较优势，随着丝绸之路经济带建设的有序推进，将更好地发挥承东启西的节点作用。加快文化与旅游从深度和广度上的深度融合、互动发展，形成两个产业相互作用、良性循环，将促进武威市的文化旅游资源优势向竞争优势、发展优势转变。实践充分证明，加快文化旅游业发展，不仅能够广泛宣传武威市的资源优势、投资环境、发展成就，提高知名度和影响力，而且可以带动区域间资金、技术、人才、管理等生产要素的合理流动，是提高武威对外开放水平、促进转型跨越发展的有效途径。

（四）满足大众需求，促进武威文化繁荣发展的关键动力

随着人们生活水平的不断提高，一方面旅游成为人们常态化生活消费的重要选项，而且人们对旅游的品质有了越来越高的要求；另一方面，人们文化需求和文化消费逐年提高，呈现出多样化、多层次，并由低层次向高层次逐步发展的趋势和特征。因此，推动文化旅游深度融合发展，更加注重旅游的文化内涵，更好地满足广大人民日益增长的美好生活需要，使得越来越多的省市明确提出要把文化旅游作为战略性支柱产业和产业转型升级的主攻方向。推动文化旅游深度融合发展也是武威市当下需要着力解决的重要问题。旅游者消费需求的日益多样化，满足大众文化旅游消费需求是推动旅游产业与文化产业融合发展的重要动力。随着旅游业的不断发展,自然观光旅游与文化体验旅游并重,自然观光已不能满足游客的需求。人们对于文化充满好奇,希望文化消费多样化,更大程度上得到精神上的满足成为文化产业发展的方向和途径。武威市通过进一步充分挖掘和整合文化旅游资源,提升文化旅游活动的内涵和品味,文化旅游消费才能提高人们的生活质量,进而促进武威市文化繁荣发展,加快武威市精神文明建设,提升武威市整体素质和竞争力,实现持久繁荣。

(五) 合力做强文旅产业,推动全省文旅融合发展集聚区建设的内在要求

近期,甘肃省人民政府办公厅印发《"十四五"河西走廊经济带发展规划》,《规划》对河西走廊的定位之一就是"全省文旅融合发展集聚区"、"丝绸之路重要开放廊道",提出要"以文塑旅、以旅彰文,建设文旅康养深度融合发展示范区,打造世界级丝绸之路旅游目的地、中国户外体验大本营和西部自驾游黄金线"。"紧抓深入推进'一带一路'建设机遇,主动参与新亚欧大陆桥、中国—中亚—西亚经济走廊、中巴经济走廊和西部陆海新通道建设,从文化、生态、枢纽、技术、信息等方面积极融入和服务国家开放大局,打造丝绸之路重要开放廊道"。"以河西走廊整体联动发展为关键,打造'一带一路'文化产业高地;以大敦煌文化旅游经济圈建设为抓手,打造全省文化旅游产业链的核心依托和重要增长极。联动挖掘河西走廊深厚的历史文化底蕴和丰厚的旅游资源,提升丝绸之路黄金文化旅游带的辐射带动力。合力做强文旅产业"。河西走廊自古以来就是我国西北地区交通要道和对外开放前沿阵地,具有十分重要的战略意义,"一带一路"建设深入推进使河西走廊重要性更加突出。武威地处甘肃省中部、河西走廊东端,东接兰州,南靠西宁,北邻银川和内蒙古,西通新疆,自古就是连接西域、欧亚的交通要冲,地理位置特殊,区位优势明显。武威历史文化底蕴深厚,自然景观丰富独特,是国家历史文化名城、中国旅游标志之都;是古丝绸之路上重要的黄金节点,东西方经济、文化交流的重要驿站和商埠,中原文化和西域文化融汇、传播与辐射之地;是全省文旅融合发展集聚区中的重要节点城市。天马文化、五凉文化、西夏文化、佛教文化、民族民俗文化等地域文化特色浓郁;雪

域高原、绿洲农业以及大漠戈壁,涵盖着除海洋以外绝大多数的地形地貌,构成了武威独一无二的旅游资源。立足新发展阶段,赋能历史文化新内涵,推动文化与旅游深度融合,是合力做强文旅产业,推动全省文旅融合发展集聚区建设的内在要求。

二、武威市文化与旅游融合发展现状

(一)体制机制变革破题,构建文旅融合发展"四梁八柱"

文化旅游产业作为朝阳产业、绿色产业、富民产业,是高成长性、高带动性、发展潜力最大的产业,具有"一业兴、百业旺"的联动效应。武威市以体制机制变革破题,构建文旅融合发展"四梁八柱",先后出台支持文化旅游产业发展的"黄金21条"等政策措施,高起点编制实施《全域旅游发展规划》《乡村旅游发展规划》,制定出台文化旅游产业发展办法意见,从做大做强市场主体、文化旅游品牌培育、旅游公共服务设施建设、强化宣传营销等方面提出40条和21条极具含金量的政策措施,文化旅游产业发展专项资金从2016年的500万元提高到5 000万元,全市文化旅游产业发展总体架构基本搭建。

(二)健全完善服务体系,优化文旅产业发展环境

武威市强力推进文化旅游基础设施和公共服务设施建设,天马剧院、市博物馆、市图书档案馆、天祝县博物馆、民勤县体育场等文化体育健身场地先后建成投用,各类文化服务中心覆盖率达到100%,全市各级各类体育场地达5 131个,总面积338万平方米,并完成广播电视高山台站改扩建工程和中央广播电视节目无线数字化覆盖工程。兰张高铁中川机场至武威段加快建设,S316线至白塔寺景区旅游公路、S588高坝至祁连旅游公路基本建成,S308南部山区旅游扶贫公路加快建设。古浪黑松驿房车自驾车营地建成投运,武威游客集散中心及房车露营地项目已完成主体工程。特色餐饮街区从无到有,规模不断壮大,现已建成凉州老街、北关市场、万达广场、红星时代广场、士林不夜城等餐饮美食街区。

（三）以项目建设为突破口，推进文旅产业发展

近些年来，武威市积极探索文化旅游融合发展的新思路、新方法、新途径，把重点文旅项目建设作为全市经济结构调整的重要突破口，狠抓有效投资这个"牛鼻子"，围绕扩量、提质、增效的投资要求，着力推进和招引一批文旅项目，重点构筑以项目为支撑的全域旅游发展新格局，形成了既有"顶天立地"大项目，又有"铺天盖地"小项目的良好发展局面。省内最大的文化旅游综合体 PPP 项目——雷台文化旅游综合体全面实施；武威历史文化街区保护建设项目累计完成投资 7.27 亿元；神州荒漠野生动物园提升改造及改扩建、天梯山生态文化旅游区、五凉历史文化陈列布展及南城门楼基础设施提升改造等重点文旅项目顺利推进；塔尔湾冰雪嘉年华、乌鞘岭国际滑雪场、冰沟河生态文化旅游区等一批由社会资本投入的多业态文化旅游项目建成投用，提升了武威文化旅游产品的竞争力和吸引力。

（四）传承活化历史文化资源，催生文旅融合发展内生动力

武威市连续举办了四届凉州文化论坛，常态化举办凉州讲坛、凉州文化沙龙，邀请余秋雨、卜宪群、王子今、康震等知名专家学者进行主旨演讲。出版了《话说五凉》《五凉名儒》等一批文化研究著作。恢复了李铭汉等一批名人故居，营造出浓厚的文化氛围。文化遗产保护得到加强，先后实施了长城遗址抢险加固、海藏寺保护修缮等一批文物保护维修工程。组织举办五届"武威市民族民间文艺汇演"、四届"凉州贤孝大奖赛"、四届"民勤小曲戏调演"等文化活动，连续两年参加多起大型群众性非遗文化活动，建成武威市非物质文化遗产电子资料库，编辑出版了《武威非物质文化遗产图典》。市博物馆对外赴内蒙古赤峰市博物馆、永昌县博物馆举办武威西夏历史文物展和水陆画精品展，引进和举办临时展览 8 个。

（五）打造丰富文旅产品，满足公众旅游需求

以天祝冰沟河、民勤沙漠国际雕塑创作营为代表的生态观光游；天祝县大红沟镇大红沟村、民勤红旗谷生态旅游村为代表的乡村休闲游；天祝天堂寺、抓喜秀龙草原、民勤乡村记忆博物馆为代表的民俗风情游；古浪战役纪

念馆、八步沙"六老汉"治沙纪念馆、民勤防沙治沙展览馆为代表的红色体验游,以及武威市"迎国庆·颂党恩"非物质文化遗产保护成果展演暨第十届民族民间文艺大奖赛、《闪闪的红星》国庆节爱国主义主题社教活动等系列活动精彩纷呈,满足了公众的旅游需求,丰富了节假日生活,刺激了消费,拉动了内需,对繁荣地方经济,发挥了积极重要的作用。

(六) 创新宣传营销模式,提升品牌知名度

加强线上线下融合,举办"陇上花开·乡约武威"、"主流媒体带货武威文旅"深度采风等活动,推介宣传武威文旅产品。摄制了《一把手谈发展》、武威文旅发展等短视频,在央视、甘肃卫视等8个平台上宣传推介武威文旅产品。组织参加"环西部火车游"系列宣传推介活动和甘肃金塔西部大环线联盟暨2020年西部主力城市旅游交流推介会。在凤凰网甘肃频道开设"风情武威""故事武威"等宣传专版,加强与兰州指点传媒、中国甘肃网等媒体合作宣传,持续扩大武威文旅宣传影响力。受邀参加了央视《中国地名大会》第二季节目录制,邀请央视少儿频道《赢在博物馆》栏目、《国宝发现》栏目来武威市拍摄专题宣传片,邀请省电视台拍摄《邂逅最美的凉州古今》专题片。策划推出"跟着文物(镜头、课本、诗词、非遗、美食)游武威"等6大线上系列活动,配合完成《武威石窟》《摘星小镇》《白塔寺》《马踏飞燕》《凉州老城门》《度假村夜景》《公园》《摩天轮》等优秀短视频拍摄。开展"您是人间四月天,武威文旅邀您游"医护人员优待活动,启动短线游、市内游、周边游、乡村游市场,综合运用传统媒体、融媒体、新媒体,以全局视野、多维角度、立体手法宣传推介文旅产品。实施"扫码游武威"等智慧旅游项目,将武威旅游全面融入"一部手机游甘肃"平台。武威市先后荣获"全国十大最具人气旅游目的地"金峰奖,"最美中国·优质旅游目的地城市"首批全国文化旅游胜地,"最美中国文化旅游城市""2019全域旅游发展优秀城市""2020全域旅游精品目的地"等荣誉称号。《梦幻凉州》的首演、民族歌舞剧《千年华锐》的表演以及"百村万户"的文艺巡演,都受到了游客的热捧。"天马行空·自在武威"品牌影响力和知名度进一步提升。

三、武威市文化与旅游深度融合发展制约
因素及尚需改进之处

近些年来,武威市持续推进文化与旅游融合发展,文旅经济效益明显,但在深度融合发展中仍存在一些制约因素以及尚需改进之处。

(一) 推进文化与旅游深度融合发展的体制机制有待完善

目前,武威市在推进文化与旅游深度融合发展的顶层设计、体制机制方面还有待进一步完善。一是一些市级层面的政策文件缺乏进一步的细化,缺少可操作性,尤其是财政、税收、金融等关键手段及关键措施支持不力。二是文化旅游资源产权关系不清晰,旅游管理和旅游区域合作机制体制不健全,许多旅游资源、景区景点的所有权、经营权和管理权等权限模糊,旅游管理体制不健全,多头管理、文化旅游景区自收自支事业单位人员问题等仍然是文化旅游行政管理体系中最突出的问题。三是演艺市场、文博市场、出版市场和旅游市场缺乏有效对接,演出单位和旅行社之间缺乏合作。凉州文化、丝路文化、宗教文化、民俗文化等文化元素未能有效贯穿到吃住行游购娱各个环节,缺少值得游客回味的深层次文化内容,缺少高品质旅游演艺产品和特色旅游纪念品。四是缺少向旅客展示武威传统文化的平台,文化和旅游仍存在条块分割的现象,在一些项目凝练、资金支持、政策和规划制订方面还没有实现统筹部署,相关部门联动的协调机制有待进一步理顺,文化和旅游行业的利益共享、互利共赢机制还没有完全形成。

(二) 推进文化与旅游深度融合发展的支撑基础尚显不足

一是文化与旅游深度融合发展的环境和基础设施建设,尤其是景区景点和农村欠账太多,突出表现在部分地区乡村旅游外部连接景区道路、停车场等基础设施建设滞后,垃圾和污水等农村人居环境整治历史欠账多,乡村民宿、农家乐等产品和服务标准不完善。二是城乡经济差距大,地区内市场乏力,消费水平低,制约武威文化旅游产业在既定目标下的发展要求。三是缺乏有核心影响力的文化旅游产品。武威市拥有丰富的文化旅游资源,但

文化旅游资源利用程度不高,在项目开发、品牌打造、景区宣传等方面都存在分散、小弱和创意不足的问题,大部分景区为传统的观光型景区,体验性、休闲性、互动型、度假型景区缺乏,在全国乃至西部知名度高、吸引力强的文化旅游景区基本上处于空白,缺乏具有吸引力和吸附力的文化旅游产品和休闲娱乐项目,文化旅游业依然停留在"过路经济"的层面。四是推进文化与旅游深度融合发展的投融资机制尚不完备。文化旅游投融资机制不畅,国有文化投融资平台作用发挥不明显,社会资本进入比重很低,文化与银行、证券、保险、风投等金融机构的合作力度还不够,尚未全面形成支撑文化产业良好发展的现代文化金融体系。

(三) 推进文化与旅游深度融合发展的人才储备还很缺乏

推进文化与旅游深度融合发展需要在创意、产品、运营、市场、管理、增值服务等方面都具备专业知识和专业胜任能力,同时也要熟悉现代文化旅游产业发展的特征和规律的复合型专业人才。武威文化旅游领域,一是人才集聚能力、培养水平与引进力度仍然较低。二是文化旅游人力资源总量偏少,学历偏低,结构性矛盾突出。三是缺少真正能够引领文化旅游产业发展的各领域、各层次领军人物。四是缺乏既有宽广人文视野,又有精深产业理念的复合型高素质文化旅游产业经营管理人才。五是全市培养和引进文化旅游人才的政策激励还远远不够。

(四) 对文化资源的开发深度和整合活用有待进一步加强

武威是一个既有足够历史长度,又有足够文化厚度的城市。天马文化、五凉文化、西夏文化、佛教文化、民族民俗文化等地域文化特色浓郁,在中国文化发展史上留下了辉煌灿烂的绚丽篇章,构成了凉州文化的丰富内涵,积淀了武威深厚的历史文化底蕴。推动文化旅游深度融合,武威不缺文化资源,但要让文化资源成为旅游的"魂",助力武威"文化旅游名市"建设,需对武威文化资源作更深层次的挖掘开发以及整合活用。如位于武威城东南的凉州文庙,其形制与规模,在全国亦算得上宏大,被誉为"陇上第一学宫",但是文庙对于凉州,对于整个西部的一个历史存在并没有产生如它历史地位的社会影响。再如鸠摩罗什寺、雷台汉墓等,在历史梳理、形式展现、传播方式、讲解人才培养等方面皆有待进一步加强。

四、进一步推进武威文化与旅游
深度融合发展的思考

丰富的历史文化旅游资源、优越的区位条件以及"一带一路"、新西部大开发等带来的发展机遇为武威文化旅游业的发展奠定了良好的基础。然而资源优势并不等于产业竞争优势，要把资源优势转变为产业竞争优势需要从创新体制机制、创新发展理念、加强开发建设等方面入手，深入推进文化与旅游产业融合发展，实现全市文化旅游产业转型升级，提升文化旅游的内涵与品位。进一步推动武威文化与旅游业融合发展不仅是贯彻落实十九大精神和国家相关方针政策的重要举措，更是满足民众精神文化等诸多现实需求的必然选择，同时对武威经济社会发展起到重要的推动作用。

（一）创新体制机制，加快推进文化与旅游深度融合

按照"政府主导、市场运作，企业主体、社会参与，群众受益、永续利用"的发展战略，突破地区、部门、行业、所有制等方面的壁垒，建立议事协调机构和良性运行机制。按照省委、省政府关于促进文化旅游业改革发展的意见要求，着力推进文化与旅游深度融合的体制创新，整合组建大景区管委会，成立大景区旅游开发公司，逐步实现景区内文化旅游资源统一开发、统一经营。充分发挥市场在资源配置中的决定性作用，建立健全政策支持机制和资源资本化运作机制，在不断加大财政扶持力度的同时，建立融合发展的投融资体系，搭建文化与旅游深度融合发展的投融资平台，吸纳社会资本，推进各类文化旅游资源向社会资本全面开放。建立健全文化旅游人才培养、吸引、使用、奖励新机制，在坚持党管人才的前提下，"不求所有、但求所用"，加快文化旅游人才队伍建设。建立健全文化与旅游深度融合运营管理机制，提升运营管理水平。深入贯彻落实《旅游法》，建立规范文化旅游市场经营秩序的联合监管机制，坚决打击各种不法行为，打造规范有序、健康文明、安全舒心的文化旅游良好环境。

（二）完善服务功能，着力加快文化与旅游深度融合发展基础建设

一是以服务大景区为抓手，构建大环线、形成大产业，构建安全、方便、快捷的综合交通运输体系，完善游客中心、旅游购物、餐饮、旅游厕所、旅游标识牌等基础设施。二是把文化旅游发展与城市功能提升相结合，与美丽乡村和新型城镇化建设相结合，与群众生产生活条件的改善相结合，完善服务功能，夯实发展基础。三是着眼完善旅游"吃、住、行、游、购、娱"六要素，进一步加快景区景点道路、停车场、公厕以及展览、展示、接待、参与、体验等基础设施建设，重点解决一些景区景点有文化资源无展示载体、有观光游览价值无可视平台的问题。尤其要加快景区道路、停车场、宾馆等基础设施建设，有效缓解旅游高峰期交通拥堵、停车难、无处食宿等问题。四是着力加快智慧城市、智慧旅游建设步伐，大力推进以信息查询、电子商务、微博微信、电子导览、虚拟旅游为一体的智慧旅游网络建设，为游客提供全方位的服务。五是在火车站汽车客运中心建设游客集散服务中心，为游客提供景区、线路、交通信息和咨询服务，形成全方位服务体系。六是规划和建设一批参与性、体验式的特色游乐项目、文化演艺场所、旅游产品加工销售中心等，让游客在互动中感受武威深厚的历史文化底蕴。七是加强对景区周边农家乐的建设运营和管理，提高准入门槛，严格环境监测和保护，治理脏乱差，确保景区景点的长远可持续发展。

（三）创新方式方法，切实找准文化与旅游融合发展着力点

开发利用好现有资源，积极发现新型资源。作为文化产业的重要组成部分，文创产业、创意设计是推动优秀传统文化创造性转化和创新性发展的重要媒介和手段，同时也是人们了解历史、了解传统文化的一个新窗口。一是要加强对文化旅游历史文献的收集整理和开发利用，使蕴含在旅游资源中的文化潜能得以充分释放。二是要通过举办一系列的旅游节庆活动或者建设一批主题文化公园，来显示博大精深的历史文化内涵。三是培育充满活力的文化消费市场。推进文化与旅游融合发展既是政府顶层设计下的主动探索，也是市场需求导向的结果。推进文化与旅游融合发展需要积极培育文化消费群体，繁荣文化消费市场。需要调动和发挥各级各类文化企事业单位及创作者个人的积极性和创新意识，紧跟时代发展和科技进步的步

伐,加强对大众尤其是年轻一代消费方式、消费偏好等的研判,从满足当前消费需求和引导未来消费意愿两个方面入手,开发更多文化消费方式和内容,培育文化消费热点,促进消费群体不断壮大。四是创新文化旅游发展新模式,探索文化旅游发展新业态,实施文化旅游发展新项目,培育文化旅游发展新商品。比如全力构建全域性的"图书馆+"旅游路线,包括"图书馆+智造游""图书馆+研学游""图书馆+生态游"等,让图书馆成为市民群众的网红打卡点。

(四) 培育创新型文化企业,增强武威文化旅游产业竞争力

无论推进文化与旅游融合发展的体制机制如何创新,扶持文化旅游产业发展的政策体系如何完善,没有创新型文化企业去具体施行,也是"纸上谈兵"。培育创新型文化企业是推进文化与旅游融合发展的一项重要内容。随着文化体制改革工作的逐步推进,那些转制成企业的文化单位要树立自主经营、自负盈亏的经营管理理念,企业必须摒弃过去那些完全依靠政府的思想,摒弃过去避免竞争的思想,树立与社会主义市场经济相适应的新的经营理念、经营模式以及追求创新图变的精神,利用现代管理理论和管理实践来实现企业的独立运行、科学管理和创新发展,从而增强市场竞争力,获得更高水平和层次的发展。

(五) 更加注重全民素质提升,树立武威美好城市形象

"城市既属于本地市民,在一定程度上也属于外来游客,兼顾市民与游客需求,以全域旅游理念为指导,建设宜居并宜游的城市,成为现代城市发展的必然选择。"①市民素质关乎城市形象,高素质的市民群体可以大幅提升旅游地的吸引力。互联网时代,几乎人人皆媒介,具有很强的传播能力,热情友好、文明礼让的市民形象会让游人对旅游地的好感百倍增长并广泛传播。武威市要按照"人人都是旅游形象,处处都是旅游环境"的要求,宣传引导广大群众进一步增强对武威文化与旅游融合发展的认同感、归属感,提高

---

① 胡跃龙等:《全域旅游需全新的发展理念》,《中国旅游报》2015 年 10 月 26 日第004 版。

荣誉感、自豪感。要重视加强文化与旅游从业人员的学习培训,提高导游、导引等工作人员的服务能力和水平,把文化内涵、人文关怀体现到文化与旅游的全过程。

结　　语

文旅融合"不仅仅体现为经济效益,而且更多地体现为国家文化的建构价值,它推动了个体的文化身份与族群文化共同体之间的同构"。推进文旅融合过程中可牢牢把握人这一核心要素和关键,抓住人的价值观念、思维方式、精神文化、行为活动等,把寻求游客和旅游目的地两者之间产生的共融共通共情之处作为文旅融合的突破口,让诗与远方从美好的憧憬成为可以惬意享受的体验。依托悠久历史和丰富的文旅资源,以文促旅,以旅彰文,武威市正向着文化旅游名市华丽转身。推动文化与旅游在更广范围、更深层次、更高水平上实现融合发展,就一定能把武威建设成名副其实的文化旅游名市。

参考文献:

[1] 昝胜锋:《云经济时代下文化和旅游融合发展的价值再造》,《中国文化产业评论》2015 年第 1 期。

[2] 苏牧:《丝绸之路经济带战略视角下甘肃文化和旅游的融合发展》,《民主协商报》2016 年 1 月 29 日第 004 版。

[3] 夏红民:《以改革创新精神推进现代服务业发展——甘肃推进文化、旅游、体育、健康产业融合发展初探》,《甘肃行政学院学报》2017 年第 2 期,第 92—98 页。

[4] 李元辉、赵大泰:《武威文化名片亮相魅力敦煌——"五凉"文化论坛综述》,凉州文化网,http://www.lzwenhuawang.com/show-20-1023-1.html。

关于长城、黄河（甘肃段）国家文化公园建设的几点思考

王俊莲

甘肃省社会科学院

建设国家文化公园，是以习近平同志为核心的党中央作出的重大决策部署，是推动新时代文化繁荣发展的重大文化工程。长城是中华民族的象征，承载着中华民族伟大创造精神、伟大奋斗精神、伟大团结精神、伟大梦想精神，建设好长城国家文化公园，对弘扬中华民族精神至关重要。黄河是中华民族的母亲河，以黄河文化为核心，形成了中华文明。2019 年 9 月，习近平总书记在黄河流域生态保护和高质量发展座谈会上强调指出，"黄河文化是中华文明的重要组成部分，是中华民族的根和魂。要推进黄河文化遗产的系统保护，守好老祖宗留给我们的宝贵遗产。要深入挖掘黄河文化蕴含的时代价值，讲好'黄河故事'，延续历史文脉，坚定文化自信，为实现中华民族伟大复兴的中国梦凝聚精神力量"。黄河国家文化公园的建设，是黄河文化保护与传承的重要举措与手段。中宣部、国家发展改革委、文化和旅游部等国家文化公园建设工作领导小组各组成单位和有关地方高度重视，密切沟通协调，克服新冠肺炎疫情影响，有序推进各项工作。长城、大运河、长征国家文化公园建设保护规划的印发，为沿线省份完善分省份建设保护规划，推进国家文化公园建设提供了科学指引。

甘肃地处黄河上游，是华夏文明的重要发祥地，是黄河上游文化的中心代表地。同时，甘肃是长城资源大省，秦、汉、明三代万里长城的西端都在甘肃境内，总里程达 4 000 公里，占全国的四分之一，居全国第二，明长城长度为全国之首。其中，景泰县明长城索桥堡段、玉门花海汉长城于 2020 年底被确定为第一批国家级长城重要点段。索桥古渡始建于汉唐，是古丝绸之路北线的一个重要黄河渡口。在索桥堡黄河下游 300 米处，是明代长城的

起始之处。索桥古渡将黄河、长城、古渡融为一体,黄河文化、丝路文化、长城文化交汇于一点,遥相辉映,实属罕见。建设长城、黄河(甘肃段)国家文化公园,深入挖掘甘肃长城文化、黄河文化蕴含的时代价值,讲好新时代甘肃"黄河故事""长城故事",是延续历史文脉,坚定文化自信,促进黄河流域高质量发展,开启全面建设社会主义现代国家新征程的重要战略任务。

新时代甘肃融入"一带一路"建设打造"五个制高点"和文化旅游强省战略的实施,为长城文化、黄河文化保护传承弘扬提供了有力支撑。数字经济和"新基建"为长城文化、黄河文化保护传承弘扬提供了智慧驱动。"兰西城市群""关中平原城市群"等区域发展战略,为甘肃长城文化、黄河文化统筹保护和创新利用搭建了广阔平台。推动长城国家文化公园(甘肃段)建设与旅游融合发展,构建甘肃黄河文化旅游新格局,是保护传承弘扬长城文化、黄河文化(甘肃段)的重要举措。

一、推动长城国家文化公园(甘肃段)建设与旅游融合发展

长城国家文化公园是通过公园化的形式,实现长城文化、教育、旅游等功能的充分发挥。文旅融合是长城国家文化公园重点建设的四大主体功能区之一。长城国家文化公园(甘肃段)建设和旅游融合发展有利于整合甘肃长城文化资源,提升甘肃长城保护利用整体水平,突出甘肃长城文化传承使命感,开创甘肃文化旅游深度融合新局面。

(一) 主要挑战

1. 在严格意义上,长城国家文化公园建设对文旅融合发展程度的要求是适度的,否则,长城国家文化公园就会成为纯粹的旅游风景区,这会给长城资源带来巨大损害。如何科学把握适度原则将面临较大困难。

2. 甘肃长城分布广,线路长,既要保护长城生态,又要凸显保护国家文化符号,在相对集中管理上、在文旅融合发展上,对于经济欠发达省份甘肃而言,需要巨大的物力财力支撑,这将会面临许多困难。

3. 甘肃长城分布地多在山顶沟壑、屏障险要之处,交通极为不便,这将

为长城国家文化公园(甘肃段)建设中的交通设施建设带来诸多困难,事实上,许多点段目前还不具备建设国家文化公园的基本条件。

4. 甘肃一些长城本体年代久远,历经风雨剥蚀,自然倒塌现象较为严重,人为破坏情况也不容忽视。大量长城本体的损坏为国家文化公园(甘肃段)建设的基本要求带来了困难,旅游的可观赏性、可体验性大打折扣。

5. 游客对遗址文物保护意识一直以来比较薄弱,长城野炊、长城探险、夜宿长城、长城刻画等游客行为在甘肃也有存在,需要严厉禁止。

(二) 发展对策

1. 推进长城国家文化公园(甘肃段)建设与旅游融合发展顶层设计

坚持保护第一、适度旅游的原则。规划好以敦煌玉门关、嘉峪关关城、山丹县新河驿长城、天祝县乌鞘岭汉明长城、临洮县新添镇望儿嘴秦长城起首处为核心的五大园区建设。逐步改变将具有国家象征意义且能够激发民族自豪感、培育爱国情怀、增进民族团结、增强文化自信的名山大川、历史古迹等重要文化旅游资源作为地方经济收入重要来源的传统做法,探索由政府买单、政府建设,对民众免费的国家文化公园形式。在营利性旅游线路设计中,引入长城国家文化公园游(甘肃段)免费旅游项目,并将其作为团旅必游项目。在"一部手机游甘肃"应用平台上开设"长城国家文化公园(甘肃段)"栏目,完善推介长城公园(甘肃段)文旅融合信息。

2. 打造嘉峪关世界知名长城文化旅游目的地

整合河西长城文化资源,在嘉峪关市打造嘉峪关长城自驾游、空中游体育旅游示范基地。按照"馆园一体"思路,改扩建中国嘉峪关长城博物馆为甘肃省长城博物馆,增加露天长城展馆,对甘肃段重要长城关城、营堡、墩台、壕堑及长城墙体等文物古迹及环境进行数据建模,形成个体和整体模型数据库,依数据库建设甘肃长城微缩景观。在嘉峪关关城附近建设长城方志馆,对长城防御体系的建立、完善、演变进行研究。在嘉峪关市内建设长城文化一条街,开发特色旅游餐饮,发展长城主题等多元住宿业态。围绕长城文化,将嘉峪关长城建成长城国家文化公园(甘肃段)样板公园。

3. 培育标志性长城国家文化公园(甘肃段)旅游产品

创新长城国家文化公园(甘肃段)旅游产品,探索推出四大旅游产品。

一是敦煌长城大漠游。汉长城西段在敦煌,敦煌汉长城历史悠久,和敦煌莫高窟、月牙泉、雅丹地貌等著名景点联通旅游,十分方便。二是嘉峪关长城逐梦游。明长城西端在嘉峪关,嘉峪关是明长城的西端,三座雄伟的关楼傲然屹立,雄阔宏大,建筑精湛,保存完好,登高凭吊,满足游客对长城雄关的无限想象,也易于引起游客无比自豪的民族家国感。三是临洮长城怀旧游。秦长城西段在临洮,至今遗留有长城坡、长城巷、长城岭、长城堡等和长城有关的地名,长城虽已风雨剥蚀,断壁残垣,但秦代、三国、唐代长城军事历史记载清晰,昔日将士战场厮杀,犹历历在目,亦足以发思古之幽情。四是陇东长城研学游。陇东战国秦长城集中于镇原、环县、华池,城墩、城障、烽燧遗址保存较好。陇东战国秦长城工程浩大,蜿蜒穿梭于梁峁河沟、山背峰巅,或夯土为城或削崖成墙,或居高临下,或扼守关寨,其独特的设计和珍贵的文化遗存为研究古长城提供了绝佳的素材。

4. 实施长城国家文化公园(甘肃段)文旅融合体验项目

推进多样性旅游体验,在长城本体进行长城防御功能演示参与游,在长城周边以塞上风光为特色发展生态文化游。推进数字再现工程,利用影像技术对嘉峪关、玉门关、山丹峡口等重要长城点段进行高精度数字影像采集、测绘,制作虚拟漫游,在游客中心建设数字模拟馆,还原古长城雄姿,以声光电模拟再现昔日金戈铁马的场面。设立"穿越游"娱乐项目,让游客模拟军事年代的活动,如射箭,又称为"射柳"和"射草狗",举行穿戴古代戍边将士服饰巡城活动等。在河西地区打造以通用航空、低空飞行为主的长城航空旅游线路,在空中领略长城雄姿。

5. 丰富长城国家文化公园(甘肃段)旅游载体

建设长城文化遗产旅游廊道。以长城为载体,统合沿线文化旅游资源,以线串点,以点带面,形成以长城本体为主体的线性文化旅游带。吸纳长城沿线居民参与长城国家文化公园建设,共享长城国家文化公园建设成果,增强幸福感和获得感。打造长城文化创意产品、数字旅游产品、民俗工艺品、旅游商品和纪念品,推出"不到长城非好汉"长城纪念币等标志性旅游商品。规范一批以长城命名的商品,命名一批长城旅游酒店、旅游专线。

6. 建立长城国家文化公园(甘肃段)建设与旅游融合协同发展机制

建立长城国家文化公园 15 省跨区域协同机制,共同促进长城国家文化公园建设和旅游融合发展经验交流。积极推进省内 11 市(州)38 个县(区)部门联动、共商共建,形成协调发展、同频共振的工作格局,共同推进长城国家文化公园(甘肃段)建设和旅游融合发展。

二、构建甘肃黄河文化旅游新格局

对于大众来说,黄河国家文化公园将是他们深度感受黄河魂的最佳场所;对于广大文化和旅游工作者来说,如何向大众呈现黄河文化,增强中华民族的文化自尊和文化自信,为实现中华民族伟大复兴的中国梦凝聚精神力量,是一个业界正在努力探索的课题。

(一) 主要挑战

一是甘肃经济社会发展相对滞后,对黄河文化保护传承弘扬的支撑作用不强;二是自然、人为因素对文物本体安全及其周边环境影响明显,黄河文化遗产保护压力较大;三是黄河文化资源系统性、整体性保护水平不高;四是推动黄河文化创造性转化、创新性发展能力不足,适应现代生活的文创产品不多、文艺精品有限;五是黄河文化宣传推广、研究阐发、弘扬传播等方面仍待加强。

(二) 发展对策

1. 建设黄河国家文化公园

一是构建甘肃黄河文化标识体系。整合甘肃黄河文化资源,构建以始祖文化、红色文化、治水文化、生态文化等为代表的黄河文化精神标识体系,以大地湾、马家窑、敦煌莫高窟、麦积山石窟、炳灵寺石窟及花儿、皮影等为代表的黄河文化遗产标识体系,以黄河首曲、黄河三峡、黄河石林、渭河源、崆峒山等为代表的黄河文化地理标识体系,形成黄河国家文化公园资源主干,打造黄河国家文化公园甘肃地标。

二是完善黄河国家文化公园功能。统筹推进管控保护、主题展示、文旅融合、传统利用四类主体功能区建设,实施保护传承、研究发掘、环境配套、全域旅游、数字再现等重点项目,形成集保护、传承、展示、利用功能于一体,具有特定开放空间的公共文化载体,全面提升甘肃黄河文化综合利用价值。

三是建设黄河文化精品展示廊道。按照黄河主干水系和重点资源分布,着力打造洮河、大夏河、渭河、泾河、湟水等黄河文化精品展示带,充分发挥"黄河文化+"融合示范效应,加快培育文化产业聚集带和文旅消费经济带,切实发挥黄河国家文化公园助力经济社会高质量发展的重要作用。

2. 放大黄河文化旅游综合效应

一是培育文旅融合新业态。按照"宜融则融,能融尽融"原则,整合各类资源动力要素,加快推动黄河文化与商务会展、生态康养、休闲度假、户外运动、赛事活动、红色励志、研学体验等领域深度融合,提高产业关联度和附加值。大力发展黄河文化主题酒店、特色民俗、休闲街区等,积极培育黄河旅游驻场、实景演艺精品,因地制宜发展中小型、主题性、特色类旅游演艺项目。

二是打造文旅融合新支撑。深入推进全域旅游示范区、文化产业示范园区、文化旅游产业融合发展示范区创建行动和旅游大景区提质增效行动,支持甘肃与青海、四川毗邻地区共建国家生态旅游示范区。集中建设、提升一批黄河文化创意产业园区(基地),重点打造一批文旅融合示范村镇,改造一批城市文化游憩功能街区,推动公共文化机构旅游功能化改造提升,将黄河文化的传承展示体验融入旅游设施和服务,打造宜居宜游宜业的综合服务空间。

三是提振文旅融合新消费。深入推动大众旅游消费,支持商旅文体综合体、市内免税店建设,创新黄河文化旅游产品供给,健全文化消费信用体系,创建兰州、敦煌全国文化和旅游消费试点(示范)城市。大力发展夜间经济和城市点亮行动,深入实施乡村旅游周末休闲工程,着力打造"大敦煌文化旅游经济圈"和"大兰州黄河文化旅游经济圈"。

3. 创新培育黄河文化旅游品牌

一是推进黄河文化旅游带建设。深度挖掘全省黄河文化旅游资源,联合周边省份共建黄河文化旅游带。着力打造兰州黄河文化之都、中华母亲河文化地标城市、黄河文化旅游西北集散中心城市,打造敦煌国际文化旅游名城、大敦煌文化旅游经济圈和世界级文化旅游目的地,打造大地湾黄河文明制高点和天水黄河文化旅游新高地,努力将甘肃黄河文化旅游带建设成为全国黄河文化旅游带先行示范区和全省新的文化旅游增长极。

二是培育黄河文化旅游精品线路。突出资源特色,挖掘文化内涵,强化景点支撑,优化产品供给,重点建设甘南—临夏—兰州—白银黄河"黄金水道"旅游风景线,着力打造黄河文化世界遗产旅游线、黄河古文明探源旅游线、黄河祖脉文化旅游线、黄河多彩民族风情旅游线、黄河水利与生态文化旅游线、黄河红色文化传承旅游线等六大旅游精品线路。

三是打造黄河文化旅游特色品牌。围绕"传奇丝路、壮美河西""九曲黄河、奇峡秀水"和"华夏祖脉、养生福地"三大旅游目的地品牌形象,深入挖掘甘肃黄河流域标志性文化符号,实施"黄河之滨也很美"IP打造工程,打造以永靖县为代表的黄河文化旅游名县和高质量发展样板,打造以陕甘宁革命老区、红军长征路线、西路军西征路线、南梁革命根据地等为依托的甘肃红色旅游走廊等品牌。加大黄河文化旅游产品的宣传、展销和营销,构建甘肃黄河文化品牌支撑体系和市场传播体系。

4. 优化黄河文化旅游服务功能

一是推进黄河风景道体系建设。依托黄河干流及湟、洮、渭、泾等支流岸线和主干道路分布,强化城镇、村落、景区之间的衔接和沿线生态环境综合治理、自驾营地、绿道系统建设等内容,打造一批景观优美、体验性强、带动效应明显的自然与人文风景道。

二是完善文化旅游配套服务设施。以补短板、拓功能、促衔接、强服务为重点,加快构建黄河流域"快进慢游"现代综合交通体系,优化提升三级旅游集散中心体系,高质量推进"厕所革命",大力发展黄河文化特色民宿,健全完善旅游安全保障体系,全面提升旅游服务保障能力。

三是实施文化旅游智慧赋能行动。深入推进黄河流域智慧文旅服务体系建设,优化提升"一部手机游甘肃"综合服务平台,加快5G、AI等新技术在智慧文旅消费场景中的应用,促进线上线下文旅信息服务同步融合发展,持续推进智慧城市、智慧景区、智慧交通建设,全面提升文化旅游智能化、信息化服务水平。

明清河西走廊与丝绸之路振兴

吴四伍

中国社会科学院古代史研究所

　　河西走廊是明清丝绸之路陆上交通的重要枢纽,是朝廷经略西北的重要军事基地。明清以降,伴随朝廷对西北经略的加强,凉州府的位置愈显重要,其在明清政府治理中发挥着新的作用。如何通过展示凉州府在明清治理中的位置及其变化,进而揭示明清丝绸之路的发展规模、演变特点、交易内涵等,从而界定河西走廊发展的战略意义,成为本文的主旨讨论所在。

一、明清丝路研究的新方向

　　"一带一路"倡议的提出,使有关历史上"丝绸之路"的研究开始得到学人们的高度关注。从传统到现代,从陆路到海路,从中国到世界,丝路研究正展现出前所未有的繁荣景象。不过明清丝路研究中也存在"头重脚轻、重海轻陆"的问题。[①] 具体来说,人们更多注重丝路的起源、开端以及前期研究,而忽视丝路的整体性与长时段性;而明清以来又重视海上贸易,对陆路贸易有所忽视。

　　关于明代丝绸之路的"重海轻陆"现象,学人早有论及,并认为明代陆上西部丝绸之路其实并不逊色。[②] 清代的陆上丝绸之路衰落起始,学界有所争议。有学人认为持续到 18 世纪,"历时两千五百多年、横亘欧亚大陆的丝绸

---

① 本文写作得到"明清时期丝绸之路档案"课题组诸位师友的指教,特别感谢鱼宏亮、李国荣、王澈、郭琪等老师的帮助。有关丝路研究相关概说可以参见李明伟《丝绸之路研究百年历史回顾》,《西北民族研究》2005 年第 2 期;刘进宝《"丝绸之路"概念的形成及其在中国的传播》,《中国社会科学》2018 年第 11 期等研究。
② 杨富学:《明代陆路丝绸之路及其贸易》,《中国边疆史地研究》1997 年第 3 期。

之路是人类文明的运河,东西方文化交流的桥梁。在公元后,以中国、印度、罗马帝国、安息(波斯)和阿拉伯世界为枢纽,汇聚欧亚主要文明和沿途各民族文化的丝绸之路的功能和格局,一直延续到 18 世纪末,直到 19 世纪西方列强掀起瓜分世界的狂潮,丝绸之路平等文明的经济文化交流被打破为止"[1];也有学人认为陆路丝绸之路衰落的时间应该是清末民初。[2]

　明清政府对于以河西走廊为基础、凉州府等地为支点的西部陆路贸易,始终给予极大的政策操作空间,鼓励发展中西方经济贸易。在长期的西部陆路贸易交往中,和平、通畅是主流,而战乱、隔阂只是插曲。不过,自明清以来,世界贸易体系发生巨大变化,以陆路交通为纽带的传统大陆贸易体系逐渐让位于以海洋航线为纽带的世界贸易体系。[3] 在相当长的时间内,客观上讲,陆路贸易的规模都难以与海洋贸易相比。

　事实上,着眼于全球贸易体系的近代转变,陆上西部丝绸之路在整体贸易之中越来越边缘,这是一个客观的历史趋势。但是,陆路丝绸贸易在特定的边境贸易中,如中亚地区的贸易,仍有其不可替代性。事实上,特别是纵向地观察历史变迁,明清时期的陆上西部丝绸之路贸易达到过一个新的高度。如学人指出:"清代'丝绸之路'上的新疆的丝绸贸易,不仅是整个古代'丝绸之路'中的一个重要篇章。而且,在新的历史条件和背景下,发展和兴盛起来的这种贸易……较之以往,其贸易规模更大、贸易缎匹数量更多、丝绸花色品种更繁,贸易区域更广、持续时间更长、贸易形式更灵活多样。"[4]清代的陆路丝绸贸易达到一个历史的高度,河西走廊在明清丝路恢复和发展方面发挥了不可替代的枢纽作用。

二、清代凉州府的崛起与兴盛

　明代对西北的经略多有努力,但碍于势力和客观条件,未能取得明显成

[1]　李明伟:《丝绸之路研究百年历史回顾》,《西北民族研究》2005 年第 2 期。
[2]　张燕、王友文:《清代伊犁将军与哈萨克草原丝绸之路发展的政治考量》,《广西社会科学》2015 年第 10 期。
[3]　鱼宏亮:《超越与重构:亚欧大陆和海洋秩序的变迁》,《南京大学学报》2017 年第 2 期。
[4]　王熹、林永匡:《清代新疆的丝绸贸易》,《新疆社会科学》1986 年第 6 期。

绩,更多地处于防御的状况。清代却迎来了西北治理的新高峰,以乾隆统一新疆、管辖天山南北而言,无论是统治规模,还是治理技术,中国对西北的经略都达到了新的高峰。以凉州府为代表的河西走廊,在清代政府西北治理中扮演着越来越重要的角色。

雍正十三年(1735)九月,刚刚继位的乾隆帝同意宁远大将军查郎阿调整西北驻军的建议:"与其止住进口之回兵,不若整顿挑派之战兵,请先在肃州镇标挑派二千名,甘省提标挑派三千名,凉州挑派四千名,西宁挑派四千名,宁夏挑派一千名,河州挑派五百名,固原挑派二千名。"①同年十二月,陕西总督刘于义奏请调整凉州府属柳州湖等处屯田设置,仿照直隶屯田事例,归于地方管辖:"凉州府属之柳林湖等处屯员呼应不灵,应照直隶屯田例,归地方官管辖。查该处知县俱系冲要,各有地方事件,应于凉州府添设通判一员驻札镇番专管屯田,仍责成凉州道督查。高台县添设县丞一员驻札镇夷堡,专管毛目城、双树墩屯田,添设主簿一员专管三清湾、柔远堡和平州堡屯田,肃州添设州判一员驻札九家窖专管屯务,兼查南山一带地方事件,其肃、高二处屯田俱责成肃州道督查。"②朝廷很快答应陕西总督的要求,强化对凉州府的屯田和地方事务管理。

清朝政府加强对西北地区的统治,最有力的措施无疑是驻军设官,特别是派遣自己最信赖的八旗兵,驻扎西北。乾隆元年(1736),朝廷同意西安将军沁布奏请,派遣八旗兵驻防凉州府一带:"总理事务王大臣议覆西安将军沁布奏称,汉军生齿日繁,请与满洲蒙古兵丁,一并挑往庄浪凉州驻防。"③同年三月,陕西总督刘于义奏请加强西路巡查,得到朝廷兵部同意:"凉州总兵官所属辽阔,请自乾隆元年为始,每三月间巡查西路十四营,八月间巡查东路十六营,不过半月,即可周遍,于镇城事务,亦得兼顾,即定为例。"④乾隆三年(1738),为了西北地区的长治久安,朝廷在凉州等地修建城池,部署营房,做好长期驻防的准备。"凉州、庄浪建造满城并衙署营房,专委凉庄道阿炳安、榆葭道王凝总理,工程既能速葳,帑项亦多节省,且番民土人习耐勤劳,

---

① 《清高宗纯皇帝实录》卷3,雍正十三年九月。
② 《清高宗纯皇帝实录》卷9,雍正十三年十二月甲申。
③ 《清高宗纯皇帝实录》卷10,乾隆元年正月戊戌。
④ 《清高宗纯皇帝实录》卷14,乾隆元年三月丙申。

是以事半功倍,节省银至三万二千九百余两之多,请即以此项余银,修葺肃
州城垣。"①凉州府等地驻军演练,也得到兵部重视。乾隆三年,凉州将军乌
和图奏请加强演练,得到朝廷允许,但鸟枪演练时间略有限制:"凉州庄浪为
西边要地,所有新添兵丁,其马步弓箭,请每日亲阅。至凉州路通山谷,险隘
尚未深悉,请于田禾收获之后,带领官兵操演射猎二十日,每年打围一次。
所有牲畜马匹派出官兵操习收放,并令不时巡查牧厂,均应如所请。至所称
增放鸟枪每年演习十个月,炮位亦加至八十日,为期太多。请将鸟枪演六个
月,炮位演三十日,俟二年后,俱照西安定例。"②同年四月,凉州等地兵丁,得
到朝廷恩赐,赏给滋生银两。"镇守凉州等处将军乌和图奏,凉州庄浪兵丁
照各省驻防之例,赏给滋生银两,为红白之资,下部知之。"③同年九月,朝廷
同意川陕总督查郎阿的奏请,在凉州新设理事同知,颁给关防。④　同年,朝廷
还在凉州设置凉州将军、庄浪副都统:"甘肃新设分驻凉州将军、庄浪副都
统,各衙门书役工食等项请自本年为始,于兰州司库存公银内动支,以六百
两交将军,三百两交副都统分给。"⑤乾隆初年,凉州府军事地位急剧上升,成
为朝廷谋划西北的重要据点。

　　乾隆二十四年(1759),署陕西固原提督延绥镇总兵张接天奏请新设总
督在凉州驻扎:"甘肃新设总督,议驻肃州,不若仍照前议,驻扎凉州,弹压诸
番,控制口外,实能扼要。且与甘州提臣、肃州镇臣,声势联络。"⑥但是,乾隆
帝对于此奏甚为不满,要求大臣们集体讨论:"总督驻扎地方,关系控制西
陲,事体崇重。前经该督杨应琚折奏改设事宜,令议政王大臣集议,斟酌允
行,张接天特一武臣,何以冒昧建议及此。或伊别有真知灼见之处,亦未可
定,但思常人之情,多徇目前。难于虑始,如总督标下所属员弁兵丁等甚属
纷繁,恐以凉州地近腹里,商贾云集,居处乐就便安。若肃州地在千里之外,
较此殊为窎远,因而腾其口说。该镇为所怂恿,即据以入告,既得于朕前有

---

① 《清高宗纯皇帝实录》卷69,乾隆三年五月己巳。
② 《清高宗纯皇帝实录》卷72,乾隆三年七月戊午。
③ 《清高宗纯皇帝实录》卷66,乾隆三年四月辛卯。
④ 《清高宗纯皇帝实录》卷77,乾隆三年九月辛未。
⑤ 《清高宗纯皇帝实录》卷82,乾隆三年十二月甲申。
⑥ 《清高宗纯皇帝实录》卷597,乾隆二十四年九月丁卯。

所建白,并以博庸人之称誉,此又武途之习气所不能免者。殊不知就甘肃内地而论,则凉州固为适中,若就统驭新附各部落而言,则肃州犹为近地,而凉州则相距转遥,但徇庸众私情,岂能远计国家大体。且改设总督,一切新定规制,原俟军务告竣之日,再令候旨遵行,现在仍循其旧。此时正毋庸议改。"①后经大臣们讨论,改设甘州。"肃州虽为厄要,而增置标营,办理供支,诸多掣肘。惟甘州距肃止四百余里,紧要文报,不日可达。若以总督驻扎,即将提标五营,改为督标,一切妥便。"②乾隆二十七年(1762),随着新疆统一,西北局势更加稳定,凉州府军事战略地位有所下降,部分八旗兵要求迁往伊犁。"今大功告成,巴里坤以西,皆成内地。凉、庄既非边徼,而该处并无行围习艺之所,以致兵丁怠惰偷安,俱归无用。现在伊犁建造城堡,设立将军驻防屯田,与其三年一次派兵,更番戍守,何如即以凉、庄兵丁,挈眷迁移,较为省便。"③但是,凉州仍是清朝西北驻军的重要基地,乾隆三十二年(1767),凉州副都统伟善奏:"天津移来满洲、蒙古马兵一千名,官五十九员,及凉州驻防马步兵一千五百名,官二十四员,请将两处官兵分为八旗,每旗设佐领二,蒙古亦分为八旗,每旗设佐领一,其兵均匀分隶。……其马匹、饷银、口粮、铅弹、火药等项,悉照凉州例支给。"④以凉州府为代表的河西走廊牢牢掌控在朝廷手中,成为丝路发展的关键通道,为丝路贸易提供了便利的交通条件。

三、清代丝路贸易的壮大与繁荣

乾隆朝以后,清朝与中亚等地的贸易得到迅速发展,河西走廊之上,到处流动着贸易队伍,最为著名的是丝绸交易。从江南到新疆的丝路交易,达到了惊人的发展规模,河西走廊的枢纽作用值得重视。关于江南地区与新疆地区的交易规模,更是得到学人详细的论证。据范金民教授考证,自乾隆二十五年(1760)至咸丰三年(1853)的 94 年之中,江南与新疆的贸易绸缎总

① 《清高宗纯皇帝实录》卷 597,乾隆二十四年九月戊辰。
② 《清高宗纯皇帝实录》卷 599,乾隆二十四年十月丁酉。
③ 《清高宗纯皇帝实录》卷 677,乾隆二十七年十二月甲寅。
④ 《清高宗纯皇帝实录》卷 800,乾隆三十二年十二月庚午。

量为 416 072 匹,年平均量为 4 380 匹;其中乾隆朝交易量最高,年平均量为 6 760 两。①

需要指出的是,为了建立良好的贸易渠道,清朝政府实施定点贸易,同时派兵保护,方便贸易平稳进行。乾隆二十二年(1757),朝廷恢复与哈萨克的贸易,陕甘总督黄廷桂考虑交易地点路途要求,奏请派兵保护、先期沟通:"再臣前奏带兵一百名,原因吐鲁番就近,今廷议定于乌鲁木齐交易,去巴里坤有二十大站,道路之间,需兵防护,庶于照料弹压,均得其力,惟是乌鲁木齐相距遥远,如哈萨克贸易人等,先期已至,而我处货物未到,则远人有守候之累,若我处货物先到,而哈萨克或衍其期,亦不免稽延时日,致滋糜费,并请敕下副将军兆惠等晓示哈萨克,将明秋何日起程,约于何时至乌鲁木齐先行通知,咨会到臣,以便文武官兵依期齐至,两无守候,更为妥协。"②

陆路丝绸交易是一个非常复杂的管理体系,为了转运丝绸、瓷器等物,清朝各级官员遵循严格的相关规定,执行相关的报销手续。乾隆二十八年(1763),大学士傅恒题报有关陕西省采办缎匹瓷器等事情。此次采办经甘肃,转运至新疆的喀什噶尔交易,采办的部分物品和价格如下:

> 查册开旧管军需银五十万五千二百六十九两六钱五分八厘五毫零,新收无,开除银七百九十两二钱六分九厘六毫,实在银五十万四千四百七十九两三钱八分八厘九毫零。所有支存各款开列于后:一、采买大红、香色、月白、宝蓝、沙绿等色锦缎各四匹,共二十匹,每匹俱宽二尺,长一丈二尺,价银四两二钱,共用银八十四两;又采买瓷器饭碗五百件,每件价银三分二厘,共银一十六两;汤碗三百件,每件价银三分二厘,共银九两六钱;大茶钟二百件,每件价银二分,共银四两;七寸盘二百件,每件价银四分,共银八两;五寸盘二百件,每件价银二分八厘,共银五两六钱;菜碟一百件,每件价银二分,共银二两;又置办装盛缎匹瓷

① 范金民:《清代江南与新疆官方丝绸贸易的数量、品种和色彩诸问题》,《西北民族研究》1989 年第 1 期;《清代江南与新疆地区丝绸贸易(上)》,《新疆大学学报》1988 年第 4 期;《清代江南与新疆地区丝绸贸易(下)》,《新疆大学学报》1989 年第 1 期。

② 中国第一历史档案馆藏:大学士管陕甘总督黄廷桂《遵复与哈萨克贸易宜并请于范清洪等内定一员来肃办理交易等事宜》,宫中朱批奏折,乾隆二十二年十一月二十八日,档号:04 - 01 - 13 - 0025 - 014。

器需用木箱等物,各价值银一式二两二钱八分,以上共用银一百四十一两四钱八分,俱在司库军需银内动支。①

此次采办地为陕西西安,经甘肃转运至喀什噶尔交易。物品采购价值和相关数量,都必须严格核对,显示了丝路贸易管理中严谨与科学的一面。

明清陆路丝绸贸易在朝廷的管控之下,商品质量和商业信誉始终是朝廷关注的重点。乾隆中期清朝恢复与哈萨克的交往后,双边贸易不断增长,不过其中亦有不少摩擦,包括内地商人的偷工减料。据官员明瑞奏报,乾隆三十年(1765)前解到苏州、杭州等地缎匹,每匹四十二三两不等,三十一年(1766)解到者每匹仅三十五六两,两者比较,每匹减轻六七两不等,但是价格却如前,即每匹十三两,此等情况遭到乾隆帝训斥,"明系草率浮冒,以致物料减恶,何以惠远人而通贸易? 现在此项缎匹着交与明瑞等,减价发售,其所减之价,即着落各承办之织造,照数赔补,并将该织造交与内务府大臣议处"②。同样,在清朝政府与哈萨克的贸易中,朝廷注意哈方贸易需求,尊重外方民众需要。如在绸缎的颜色方面,特别强调尊重哈方习惯。乾隆三十三年(1768),乾隆帝针对哈萨克方面"其缎匹一项,回人惟喜好青蓝大红酱色古铜茶色棕色驼色米色库灰油绿等色,其月白粉红桃红水红黄色绿色之缎,俱不易换",要求尽量满足哈萨克方面的请求:"贸易缎匹自应酌照各该处风土好尚,随宜备用,除二十五年先办之四千二百五十匹,业经该抚等咨称,如数办齐,委员起解,无庸另办外,二十六年应办缎四千二百五十匹,现须织办尚应如该督所请,悉照所开颜色。"③

四、余 论

明清时期丝绸之路的维护与发展,与河西走廊的繁荣稳定密不可分,也

---

① 中国第一历史档案馆藏:大学士兼管户部事务傅恒《遵旨察核陕省上年采办解肃转运喀什噶尔交易缎匹瓷器收支银两应准开销》,内阁户科题本,乾隆二十八年五月十五日,档号: 02 - 01 - 04 - 15561 - 008。
② 中国第一历史档案馆藏:《乾隆帝上谕:着令原办人员赔偿布匹质量不达标造成的贸易损失》,乾隆三十一年十二月二十六日,档号: 第 2 条盒号 605 册号 2。
③ 中国第一历史档案馆藏:《乾隆帝上谕:奏报将伊犁贸易马匹派拨往新疆及内地具体事宜》,军机处上谕档,乾隆三十三年三月初六日,档号: 第 1 条盒号 614 册号 1。

与王朝的治国方略息息相关。从陆路的丝绸之路贸易管理来看,朝廷更多希望收获的是西域各部落的认同以及边疆的和平稳定。

首先,在朝廷看来,贸易从属于政治。在清朝经略西北和丝绸之路贸易的开拓、恢复和维护中,朝廷的政治考量是第一位的,国家的战略安全重于局部的经济利益。乾隆帝对此认识清晰:"但贸易之事,不过因其输诚内向,俾得贸迁有无,稍资生计,而彼处为产马之区,则收换马匹,亦可以补内地调拨缺额,并非借此以示抚循,亦非利其所有,而欲贱值以取之也。将来交易之际,不必过于繁苛,更不必过于迁就,但以两得其平为是。"①对于西域各部落来说,获取经济利益更强于政治认同,双方的交往目的是有一定差异的。

其次,和平与交融是丝绸之路的发展主旋律。从明清政府管理来看,西北安定和民众富庶是国家的重要治国方略。对传统丝绸之路的精心维护,对凉州府的精细管理,以及对各族民众交易的合理让利,都是为了丝路贸易的和平与安宁考虑。正是明清政府对于丝绸之路的良好做法,使得丝路上各民族对于中央政府产生认同和好感。正是在弘扬传统丝绸之路和平交往的理念中,土尔扈特部落的东归,具有划时代的爱国意义。该事件正发生在西方殖民主义肆掠全球的时代,也是沙俄帝国侵略的产物。它有力地说明,清朝政府对于周边国家的和平友好政策,取得了丝路沿线民众的高度认同。清朝政府虽然基于维护自身政权稳定、边境安定、边境民众生活稳定的目的,从而开展和维护边境贸易,但是,其政策给沿路民众带来实惠与利益,成为沿路民众认同和愿意交往的重要内在动力。从陆上西部丝绸之路的实践来看,清朝的国家认同是各民族的大认同,而非某些论调所谓的"满族认同",是一种超越民族局限、超越地区局限的中华文化认同和国家认同。明清时期丝路贸易得以繁荣昌盛,其内在的动力在于中华民族的和平与友好传统、合理的贸易政策等,从而也赢得了各族民众对国家的高度认同。

再次,诚信经营、互惠互利是丝路繁荣的重要保障。以乾隆帝为代表的清朝政府,基于自身国力的雄厚,考虑周边部落和民众的生活,始终要求内

---

① 中国第一历史档案馆藏:大学士管陕甘总督黄廷桂《遵复与哈萨克贸易宜并请于范清洪等内定一员来肃办理交易等事宜》,宫中朱批奏折,乾隆二十二年十一月二十八日,档号:04-01-13-0025-014。

地商人保证商品质量,重视客户要求,方便丝路沿路民众。此种诚信原则,使得双方的交易得以延续,尽管中间不乏换代、突发事件等,但是陆上西部丝绸之路的规模水平和交易文化始终得以发展。

概而言之,明清丝路的振兴与河西走廊的稳定发展关系十分紧密,伴随国家对西北经略的成功,以凉州府为代表的河西走廊战略位置愈显重要,丝路贸易的发展得到了更大的保障。

交流史视野下的中国与中亚新型关系

马玉凤

西北师范大学历史文化学院

"中亚"位于亚洲内陆地区,处于中华文明、希腊罗马文明、印度文明、波斯文明、阿拉伯文明等各大文明的交汇之处,有广义与狭义之称。目前,学界主要采用狭义的中亚,即指哈萨克斯坦、吉尔吉斯斯坦、塔吉克斯坦、乌兹别克斯坦和土库曼斯坦五国地区。

众所周知,现今中亚地区在历史上包括在"西域"概念之中,所以说,中国与中亚地区交流的历史源远流长。德国学者李希霍芬所提出的"丝绸之路"概念,其实就是指中国与中亚的交通之路。后来,经过学者的不断发展,才变为自汉代以来全时段的中西交通之路。毋庸置疑,中亚是中国官方主导下的最早的对外交流区域,是丝绸之路的关键路段和黄金路网,张骞出使西域被史家称为"凿空"之举,形象地描绘了汉朝为加强中国与中亚的交往所作出的史无前例的贡献和中亚在中国向西开放中所具有的特殊地位。在中国与中亚密切联系的基础上,丝绸之路不断延伸和扩展,从中亚走向西亚南亚,从亚洲走向欧洲,从陆路走向海路,从单线变成多线乃至网状线路。在历史上,中亚是民族迁徙的大通道,匈奴、鲜卑、柔然、突厥、回纥、契丹、蒙古等先后在中亚地区活动。在蒙古的多次西征中,空前地改变了亚欧地缘政治格局,打通了交往的政治空间,提供了海陆两道的交通便利,大大降低了交往的成本,改善了民族交融的环境。在这一巨变中,中亚各民族纷纷东来,不断迁入中原地区,对中国的民族结构产生了巨大影响。

作为中国历史上第一个建立"大一统"王朝的少数民族,蒙古族留下了丰富的政治遗产。明朝建立后,长期面临着北方巨大的防御压力,这是汉唐时期未有之局面。正是在这一背景下,明朝只能通过和平的朝贡贸易来维持与包括中亚在内的广大西域政治体间的密切联系,将传统的朝贡贸易体系推向历史高峰。在清朝统一天山南北之后,中亚哈萨克等部落归附清朝,与清朝保持着密切的朝贡贸易,对中亚与新疆地区的经济文化交流发挥着重要作用。

在苏联解体后,中国与中亚国家的关系进入一个全新的时期。中国庄严宣告承认各国独立、主权和领土完整,尊重各国的发展道路,建立睦邻友好关系,并在各个层面与中亚保持着频繁的交流和密切的合作。中国与中亚合作领域和范围不断扩大,从能源合作到人文交流,从双边合作到多边合作,从边界安全到区域安全,从"上海五国"会晤机制到"上海合作组织",形成了"互信、互利、平等、协商、尊重多样文明、谋求联合发展"的"上海精神"。上海合作组织的建立,是中国与中亚友好交流史上的重大事件,标志着中国与中亚关系从此进入了新的时代,使彼此的政治互信不断加强,务实合作不断深入。如中国与哈萨克斯坦先后签订了《中华人民共和国和哈萨克斯坦共和国睦邻友好合作条约》《中华人民共和国和哈萨克斯坦共和国关于发展全面战略伙伴关系的联合声明》《中华人民共和国和哈萨克斯坦共和国关于进一步深化全面战略伙伴关系的联合宣言》《中华人民共和国和哈萨克斯坦共和国关于全面战略伙伴关系新阶段的联合宣言》《中华人民共和国和哈萨克斯坦共和国联合声明》等双边条约和协议。在上海合作组织框架内,中国与中亚国家进行了安全、经济、人文领域合作机制和法律基础建设,进一步深化了成员国之间睦邻互信和友好关系,极大地丰富了不同国家合作共赢的实践,对构建新型国际关系产生了积极而又深远的影响。

而"丝绸之路经济带"的提出,将中国与中亚关系推向了新的高峰。2013 年 9 月,习近平总书记在访问哈萨克斯坦期间,创造性地提出了"丝绸之路经济带"的倡议,主张加强政策沟通、道路连通、贸易畅通、货币流通、民心相通,开启了中国与中亚关系的崭新局面。该倡议赢得了中亚各国的热烈响应和积极支持,中国先后与哈萨克斯坦、塔吉克斯坦、吉尔吉斯斯坦、乌兹别克斯坦签署了共建丝绸之路经济带的合作文件。

在"丝绸之路经济带"框架下,由于中国与中亚地区的经济互补性和经济合作的巨大潜力,中国与中亚国家在经贸合作中成果斐然。如开通与哈萨克斯坦、吉尔吉斯斯坦、塔吉克斯坦农产品口岸快速"绿色通道",合作建设中哈霍尔果斯国际边境合作口岸、中塔工业园、中乌朋盛工业园等,陆续建成"安格连—帕普"隧道等交通项目,与哈萨克斯坦、乌兹别克斯坦签订边境本币结算协议,成立中哈产能合作基金等,与中亚国家的经贸合作进入了前所未有的新时代。同时,一些省市与中亚城市结成友好城市,积极推进城市外交,加强彼此的联系,为进一步的合作共赢奠定了更加坚实的基础。如北京与哈萨克斯坦的阿斯塔纳市,上海与乌兹别克斯坦的塔什干市,陕西省与哈萨克斯坦的江布尔州,西安与土库曼斯坦的马雷市,西安与乌兹别克斯坦的撒马尔罕市,甘肃省与哈萨克斯坦的库斯塔奈州,甘肃省与吉尔吉斯斯坦的奥什州,兰州与土库曼斯坦的阿什喀巴德,兰州与吉尔吉斯斯坦的奥什市,白银与哈萨克斯坦的奇姆肯特市,银川与吉尔吉斯斯坦的比什凯克市,乌鲁木齐与塔吉克斯坦的杜尚别市,乌鲁木齐与吉尔吉斯斯坦的奥什市,塔城与哈萨克斯坦的乌斯卡缅市等。

在政治和经贸合作快速发展的同时,中国与中亚国家的文化交流活动也空前加强。目前中国已在中亚国家开设了13所孔子学院和22所孔子课堂,较好地满足了中亚地区学习汉语的需要,成为该地区学习汉语的重要基地,为增进中国与中亚国家的友谊发挥着重要作用。同时,中亚国家来华留学生人数迅速上升,中国已成为中亚留学生优选目的国之一。而中国设立的"丝绸之路"中国政府奖学金,为沿线国家学生来华学习或研修提供了更好的平台,是落实《推进共建"一带一路"教育行动》的重要举措之一。为了使丝绸之路沿线高校有效融入"一带一路"建设,各地先后成立高校联盟,进一步加强大学之间的交流。如2015年在西安成立"新丝绸之路大学联盟"(后改为"丝绸之路大学联盟"),以"和平合作、开放包容、互学互鉴、互利共赢"的丝绸之路精神为宗旨,推动参与高校之间的校际交流、人才培养、科研合作、文化沟通、政策研究、医疗服务等方面的交流合作,培养具有国际视野的高素质、复合型人才。同年,在敦煌成立了"'一带一路'高校战略联盟",通过学术资源共享、科研人员与学生交流、联合开发研究、共同培养具有国际视野的人才等,来服务"一带一路"沿线国家和地区的经济社会发展。2016年,在乌鲁木齐成立"中国—中亚国家大学联盟",丝绸之路经济带沿线七个国家的50多所高校加入联盟,旨在打造开放性、国际化互动平台,深化"一带一路"科教合作。基于多种联盟的中国与中亚国家高校之间的紧密合作,对推动高等教育的共同发展,进一步深化中国在中亚地区教育领域的合作和有效促进国际人文交流及加强民心相通,有着十分重要的意义。

　　"一带一路"的提出,是 21 世纪中国对传统丝绸之路的伟大复兴,标志着中国与中亚关系进入崭新的时代。只有秉持丝绸之路精神,进一步加强战略互信,积极探索中国与中亚国家新的区域合作模式,密切人文交流,夯实民心基础,才能提升合作共赢的水平,打造"一带一路"建设的典范,在互联互通中实现中国与中亚国家的可持续发展。也只有同舟共济、守望相助,才能构建休戚与共、安危共担、长久和平、共同繁荣的利益共同体、责任共同体和命运共同体。

后　记

2021 年 9 月 10 日至 13 日，由中国社会科学院古代史研究所、中共武威市委、武威市人民政府联合主办的"明清时期河西走廊社会变迁"学术研讨会，在武威市隆重召开。本次会议由中国社会科学院古代史研究所明史研究室、清史研究室，中共武威市委宣传部、武威市凉州文化研究院、武威市新闻传媒集团联合承办。来自中国社会科学院古代史研究所、清华大学、中央民族大学、浙江大学、河南大学、甘肃省社会科学院、西北师范大学、兰州大学、西北民族大学、敦煌研究院、河西学院等国内多所科研院所、高等院校及武威市当地文史专家、新闻媒体记者近百人，参与了本次会议。

由于疫情的原因，本次会议在筹备期间，面临着多次的波折。但在中国社会科学院古代史研究所、中共武威市委、武威市人民政府的高度重视下，在学界同仁的大力支持下，学术研讨会最终成功举办。会议在很短的时间内，收到了 30 多篇高度契合主题、研究十分深入、既具有学术性又有很强现实意义的学术论文，从各领域、各视角，对明清时期河西走廊社会变迁，进行了整体性、全方位的考察。会议论文上溯至中古时期，下延至当代，既展现出深邃的河西文化，又具有深沉的现实关怀，见解独到，具有思想深度，提出了许多非常新颖的观点，让人耳目一新，有力地推动了河西走廊历史的深入开展、武威历史文化资源的深入挖掘。

为推动本次会议的顺利召开，中国社会科学院古代史研究所科研处、中共武威市委宣传部统筹各方面力量，努力推动筹备工作的全面开展。作为具体承办单位，中国社会科学院古代史研究所明史研究室、清史研究室、中共武威市委宣传部、武威市凉州文化研究院、武威市新闻传媒集团，踏踏实实地做好每项工作，制定会议方案，联络专家学者，编订会议议程，做好服务接待，积极对外宣传。

我本来在中国社会科学院古代史研究所明史研究室任职，会议召开时，我受中国社会科学院院党组及院人事教育局选派,任中国社会科学院甘肃挂职团团长、武威市凉州文化研究院副院长,带着双重身份,参与了本次会议的筹备工作。虽然我以前也曾经多次筹备过一些学术会议,但本次会议筹备的艰难反复、工作的繁重复杂,大家为完成这项艰巨但很有意义的工作的高度责任心、所付出的巨大努力,都给我留下了十分深刻的印象。尤其武威市凉州文化研究院的全体同事们,承担起会议筹备的众多具体工作,在张国才院长的带领下,以高度的责任心和崇高的使命感,积极完成这项重要的任务。从他们身上,我看到了基层文化工作者的忘我工作热情与责任担当。

会议结束以后,武威市凉州文化研究院向市里申请了出版资金。中西书局的李碧妍老师认真负责地编校论文,核对文字,与作者往复沟通,最终呈现出高质量的书稿。在论文集即将出版之际,我作为会议筹备人员的代表,受命撰写这篇后记,表达一份真挚的感谢:感谢各位领导的殷切关注,感谢各位学界同仁的大力支持,感谢为会议举办与论文集出版而努力工作、奉献自己力量的各位朋友。这本厚实的论文集,凝聚的是大家共同的心血,谱写的是时代的文化之歌,相信她将在河西历史研究与武威文化建设历程中,描绘出浓墨重彩的一笔。

赵现海

2022 年 11 月